地銀改革史

回転ドアで見た金融自由化、金融庁、そして将来

遠藤俊英
ENDO TOSHIHIDE
日下智晴
KUSAKA TOMOHARU
玉木淳
TAMAKI JUN

日本経済新聞出版

はじめに　地銀を監督する意味

遠藤俊英

私の金融行政体験は「違和感」から始まった。

1990年代初め、私は大蔵省銀行局で2年間課長補佐をつとめた。このころはすでに戦後金融行政の特徴とされた「護送船団行政」が事実上崩壊していたのだが、それでもなお、「金融システムの安定」の名の下に担当業界と他業態との利害調整に明け暮れている自分の仕事にしばしば「違和感」を感じていた。こういう行政スタイルは長続きしないだろうと思っていたが、まさか大蔵省から金融監督部門が独立し金融庁が生まれることになろうとは当時は予想もしなかった。

この本の対象とする地方銀行は、大蔵省の「護送船団行政」時代には長短分離の下で短期金融を担う普通銀行と位置づけられていた。普通銀行のあり方について銀行局が議論するのはつねに都市銀行であったため、地方銀行が主役となることはほとんどなかった。地方銀行を行政が正面から捉えなおしたのは、2000年代初めに金融庁がリレーションシップバンキング（地域密着型金融、通称リレバン）を提唱してからだ。2002年に米国勤務から帰国した私は、以後金融庁で様々なポストを経験したがいずれの仕事においても直接間接に地方銀行に関わることになった。

長く携わってみての実感だが、金融行政の中でも地方銀行への対応は格段に難しいと思う。地方銀行は他の金融業態以上に「経路依存性」と「制度的補完性」が強いからだ。

「経路依存性」は「護送船団行政」の副作用といえるかもしれない。その時々の行政の方針を銀行経営の方針として焼き直していれば、地域の預金を原資に安定的な業務が維持できた時代が長く続いたために、地方銀行はそのやり方に慣れきってしまった。そのため、コーポレートガバナンスを発揮しながら差別的なビジネスモデルを確立し利益を確保していく。そんな株式会社として当然求められる形を地方銀行（多くは上場株式会社）はなかなか実現できなかった。

仮に地方銀行が強い問題意識をもって現在の組織やビジネスモデルを変革しようとしても、銀行単体ではそれを実現できないのが「制度的補完性」だ。地方銀行はその地域の最有力の経済主体であり、地域経済社会に深く入り込んでいる。地域に暮らす人々にとって子供が地方銀行に就職するのは一族の誇りだし、過疎地の銀行支店はその土地の生命線だ。そのため、銀行の経営改善のためのリストラや賃金カット、支店の統廃合などは地域の経済社会、つまり地域の「制度」に大きな影響を与えかねない。結果、地方銀行は他の金融業態や非金融の企業にくらべなかなか変わることができない。

リレバン以降の金融庁の地方銀行行政は、こうした現状維持バイアスの強い地方銀行に何とか行動変容を起こそうとして挑戦してきた歴史であった。正直いくつかの失敗もあったと思う。検査マニュアルに基づく金融検査はマニュアルのチェックリストを形式的になぞるだけの悪弊を生んでしまった。検査マニュアル別冊の記述は地域の中小企業に実質資本を提供していた単コロの商慣行をつぶしてしまった。件数報告ばかりを求める行政手法は数の取りまとめと公表をもって完結してしまい、本来目指した行政目的をあいまいにしてしまった。

こうした失敗を経た地方銀行行政は、より地域の実態を自らの目で確認しつつその射程を銀行のみならず銀行の取引相手方、さらには地域経済社会まで広げて把握しようと企図するようになった。金融庁職員は初めて地域コミュニティと地域経済エコシステムを意識するようになった。また、行政の基本的な姿勢は、金融機関への過度の干渉を控え、できるだけ地方銀行の自主性・自立性を引き出すための環境整備に重きが置かれるようになってきた。この本は、こうした地域金融行政の変化、変革の姿をそれに携わった個人の経験を通じて具体的に記録しようとする試みである。

私の地域金融行政へのこだわりは、自分が地方出身者であり、人口減少による地域の疲弊を地方銀行の活躍で何とか救ってほしいと願う気持ちに端を発している。

私は、1959年に山梨県甲府市で生まれ育った。1977年の大学入学以降東京が生活の場になったが、時折帰郷するふるさとの風景は、どんどんさびしいものになっていった。子供のころに親に連れられて楽しく歩いた甲府銀座のアーケード街はシャッター通りと化し、かつて通った小学校も少子化により廃校となった。郊外型の大型店舗が新しいバイパス沿いにできたものの、その景観は日本のどこの地域でもみられる画一的で味気ないものだった。

2011年に封切られ海外の賞も受賞した映画「サウダーヂ」(ポルトガル語で〝望郷〟の意)は、甲府出身の監督が地元を舞台に撮った作品だけに私には刺さった。映画のハイライトはこんなシーンだった。

主人公は複雑な思いを胸に誰もいないシャッター通りを黙々と歩いている。車が1台画面に登場するやいなや、突然あたりはけばけばしいネオンまたたく歓楽街に一変する。暴走族のバイクがクラクションを鳴らし次々に主人公を追い越していく。しかし、主人公はあたりを気にする様子もなく一心に歩き続ける。

こういう猥雑《わいざつ》さを感じるほどのパワーをこの町にもう一度是が非でも取り戻したいな。映画が終わりタイトルバックを眺めながら切にそう感じた。

この本は、立場は違うが、地方銀行、地域金融行政に長くかかわった三人の合作である。

玉木エディターは、私の銀行第一課参事官（２００４年）時代からの畏敬すべきカウンターパートであった。何度も彼のスクープを止めようと深夜に電話し説得を試みた（が、いつも失敗した）。行政官の通常のヒアリングでは得ることができない、金融機関トップの本音や現場の空気のようなものをむしろ逆取材させてもらった。個別の事案について鋭い見立てをされ、何度も目を開かされる思いをしたものだ。

「地銀にはこれほどの人材がいるのか」。日下さんとの出会いは衝撃だった。ヒアリングで広島を訪れた際、中国財務局の知り合いに誰か議論して面白い人を紹介してくれとお願いしたところ、強く推薦されたのが日下さんだった。限られた面会時間の中、こちらの質問に対して簡にして要を得た答えをされる。こういう人物が金融庁のご意見番になってくれればと感じたが、後年一緒に働くことができるとは思いもしなかった。期待にたがわずこれまでの豊かな地銀マンとしての経験、地域課題についての深い洞察、地域社会への深い思いをともに仕事をしながら教えていただいた。

両氏との出会いにとどまらず、地域金融行政を実践する中で、地域で活躍される多くの人々と出会い、じっくりお話を聞くことができた。勇気づけられるエピソードがあったりぽろっと漏らされる言葉が滋味深かったりで人生の先達から指南を受けているような感覚だった。この本はそうした地域で出会い啓発いただいた多くの「師」に感謝を込めてささげたい。

最後に、準備を始めて2年間、出版に至る道のりを支援していただいた日経ＢＰの平井修一氏に感謝申し上げたい。

目次

第2章 金融処分庁の時代——地銀と20年論争 75

第3章 金融育成庁の時代——金融庁の試行錯誤（遠藤俊英） 171

第4章 金融共創の時代――地銀の理想と現実（日下智晴） 267

第5章　金融挑戦の時代―試される信用創造機能（玉木淳）

第6章 座談会 金融庁模索の時代——命令から対話へ 419

写真：日本経済新聞社／共同通信社／本人提供／筆者撮影

序章　今、『地銀改革史』を書く理由《わけ》

玉木淳

銀行と聞いて、三菱ＵＦＪ銀行、三井住友銀行、みずほ銀行の３メガバンクを思い出すとしたら、その人は大都市育ちだろう。全国を見渡すと日本を代表する銀行は地銀だ。

数字から見ても明らかだ。３メガバンクの日本全国の預金シェアは48％と圧倒的だが、都道府県別に見ると、東京都、大阪府、愛知県をのぞく44道府県のトップシェアを握るのは地銀だ。日本全国では地銀のシェアは40％と見劣りするが、各地での存在感は抜群だ。

力の源泉は縦横無尽に張り巡らしてきた地域ネットワークにある。設置する店舗数は３メガのおよそ４・５倍の１万店超（２０２２年３月末時点、全国銀行協会調べ）。そこに配置される銀行員数は３メガの２・１倍の16万人弱（同）。地縁、血縁、学閥、閨閥などなど。数字に表れない人的関係もその地を支配するキーファクターだ。

一口に地銀と言っても２タイプ存在する。

１つは全国地方銀行協会に加盟する地方銀行を指す。通称、第一地銀と呼ばれ、戦前から存在する名門地銀や戦後、地元の商工業者が新設した戦後地銀で構成する。

第一地銀の大半は都道府県庁をはじめ市町村の指定金融機関を務め、地域を代表する中核企業のメインバンクの座にあり、頭取や副頭取経験者などが地域の経済団体トップも務める。エスタブリッシュメントの象徴であり、エリート集団でもある。近寄りがたい存在感が多くの個人や中小企業に畏怖の念を抱かせる。銀行界の公式行事の場で上座に座ることもある。

もう1つは第二地方銀行協会に加盟する、通称、第二地銀だ。銀行ではない無尽が発祥で、戦後長らく、相互銀行として活動していたが、1989年、第一地銀と同じ普通銀行に転換し、地銀の仲間入りをした。

第二地銀は中小零細企業に食い込む地域密着を旨としてきた。相互銀行という名前の通り銀行と企業の共存共栄を模索するDNAを刻むところが多く、第一地銀と異なり地域経済の裾野まで広く入り込んでいる。

日本はGDPの約6割が地方で生まれており、雇用の約7割が中小企業によって担われている。日本経済の浮沈のカギを握るのは「地方」であり「中小企業」であり、それを支えているのが「地銀」である。

それだけの影響力を持っているにもかかわらず、それに見合った力を発揮できているのだろうか。なぜ、もっと影響力を行使して、地域経済、中小企業経営を反転攻勢に持っていけないのだろうか。本書のテーマ「地銀改革」を取り上げる問題意識はこんな素朴な疑問が原点にある。

2021年夏、本書執筆のため、元金融庁長官の遠藤俊英さん、元金融庁室長で広島銀行出身の日下智晴さんと勉強会を始めた。そこでのアプローチは「不幸な歴史」と「複雑な因果関係」を理解することだった。「なぜ、地銀が保守的なのか」「なぜ、ご都合主義的に行動するのか」と批判したところで建設的な対話が成り立つわけはなく、地銀に身を置いていた日下さんの実話をもとに地銀が陥ったシンドロームを知るところからスタートした。知れば知るほど、その原因は遠藤さん、日下さんともに在籍した金融庁との抜き差しならない因縁抜きには語れないことがわかった。

第二地銀は前身の相互銀行時代、ピーク（１９７２～75年）に72行も存在したが、平成金融危機を経て37行までほぼ半減してしまった。再編を通じて第一地銀の傘下に収まったほか、不良債権の重荷を抱え、淘汰されてしまったところも少なくない。バブル経済の崩壊がその背景にあるのは間違いないが、金融庁が策定した「金融検査マニュアル」とそれを武器にした「金融検査官」の存在と無縁ではない。

第一地銀は第二地銀と違い、60行超の体制を維持してきたが、おそらく業態発足以降初めてかもしれないほど、行員の大量離職が発生し、存立基盤が揺らいでいる。無借金企業が増える一方、取引先企業の廃業も相次ぎ、経営基盤も崩れかけている。２０１６年に導入された日銀のマイナス金利政策の影響も大きいが、自由と規制の両面でゲームのルールを形作る「銀行法」が複雑な因果関係を醸し出している。

本書は金融庁と地銀の両方の視点で立体的に描くことを心がけた点だ。

金融庁には金融庁の事情がある。とりわけ時代のうねりにのみ込まれ、「銀行の健全化」と「企業（経済）の活性化」の間で板挟みに陥ってしまった。危機が訪れるたび前者に傾き、平時に戻れば後者を唱える。地銀側は頭取も部長も現場も振り回されてきたが、金融庁にとっては政治主導への傾斜、政権交代という政治の世界のうねりにのみ込まれて振り回された四半世紀だった。

地銀には地銀の事情がある。メガバンクの影に隠れて目立たないようにしていたが、その間に「安全」「安定」にこだわるカルチャーが醸成される。本来、「自由化」と「規制」のベストミックスを見つけ出し、新しいことにチャレンジするはずが、「経営者の保身」「既得権益」という副作用を招いてしまう。それが金融庁の不興を買い、時に行政処分を出されることもあり、金融庁の意向を忖度する悪循環に陥った。金融庁が規制の自由化を進めても、いつまでも歩みが遅いのは、金融処分庁の後遺症でもあった。

地銀改革史は裏を返せば、金融庁自身の改革史でもある。相互不信に陥った地銀との関係を修復し、どうすれば信頼関係を取り戻すことができるのか。相互に運命共同体になることで地域経済を活性化させる共通価値を創造できないのか。金融処分庁から金融育成庁への転換を志向した遠藤さん、地銀から金融庁に身を移した日下さんの思考回路を綴ることが、そのまま地銀改革の意味を映し出すことになると考えた。

第1章「金融自由化の時代」は金融庁発足前の大蔵省時代、遠藤さん、日下さんが金融界の門を叩いた1980年代以降の古い歴史を取り上げたが、「地銀とは何か?」を読み解く原点がそこにあると考えたからだ。グローバル化の大きなうねりに地銀経営も影響を受け、その衝撃に大蔵官僚も地銀経営者も鈍感だった。

第2章「金融処分庁の時代」は自由化された世界で当局も経営者も失敗した後の世界を論じる。バブル崩壊後の不良債権問題を解決するため、不健全な経営、不適切な運営、法令違反を見つけたら例外なく厳罰に処す百罰百戒路線を敷いた。その功罪と後遺症を解説する。

第3章「金融育成庁の時代」は遠藤さんが長官就任時まで歩んだ軌跡を解説する。自ら金融処分庁時代を経験し、そこで感じた疑問、教訓、気づき、それによって意識を変え、行動を変え、行政を変えた試行錯誤の歴史をたどる。

第4章「金融共創の時代」は日下さんが広島銀行員時代に抱いた理想とそれに近づくため挑戦してき

た体験記である。地銀だけで解決できない現実も知り、金融庁に身を投じる。地銀と金融庁の2つの視点で見たからこそ、不都合な真実をあぶり出していく。

第5章「金融挑戦の時代」は第三者（メディア）からの視点で地銀が反転攻勢できる条件を探った。20年に及ぶ地銀取材の経験で探ると、本来、役割を期待されている信用創造機能を発揮する意識や環境、体制は、地銀本丸ではなく周縁部にヒントが隠れていた。

第6章「座談会　金融庁模索の時代〜命令から対話へ〜」は金融育成庁への転換を現場目線で読み解いた。金融庁出向時、官民交流コミュニティ「ちいきん会」を主催した東北財務局出身の菅野大志さんを招いて、遠藤さん、日下さんとともにゼロから立ち上げた金融育成庁の軌跡を解説してもらった。山形県西川町長に転じた菅野さんの問題意識は地銀改革が目指す近未来を浮き彫りにした。

本書に通底する問題意識は菅野さん同様、「地銀改革とは何だろうか」という問いだ。今回明らかになったのは、世の中を広く俯瞰できる「鳥の目（金融庁）」と地域に潜む不具合を見つける「虫の目（地銀）」が、時代の変化を読み、先に手を打つ「魚の目」に進化することではないだろうか。それぞれの利害が対立することを素直に受け止め、価値観をぶつけ合って初めて、地域経済の現実に目を向けるきっかけを創ることができたと思う。

金融育成庁はそれを実践する手法だが、単に甘やかすことと誤解されている面がある。本書を読んでもらえば、お互い異質なものを受け入れ、化学反応を起こすことに真髄があり、遠藤さん、日下さんが目指した育成庁路線は語感ほどたやすくないいばらの道だ。

本書発刊の準備中、図らずも遠藤さんがソニーフィナンシャルグループ社長に就任し、日下さんが商工中金の社外取締役に就いた。異質な世界に身を投じ、化学反応を起こし続けようというお二人の姿勢は止まらない。軋轢を恐れず、刺激を生み出し、内省的な意識変革を生み出そうという改革マインドはなお健在だ。

「21世紀になって、地方に新しい産業が創造されていない」と警鐘を鳴らしてきた日下さん。「地域の衰退を見て見ぬ振りはできない」と突き動かされた遠藤さん。地銀改革の先に見据えた世界は単に地銀セクターの改革ではない。地域経済の復興と持続的成長につなげる土壌作りにこそ、地銀を改革する意味を見い出したと考えている。

本書は遠藤さん、日下さんの2人の体験をベースにしているが、自叙伝のように編集しないよう心がけた。

2人の発言には自身が所属した組織に対する辛辣な批判や深い自己反省も少なくない。そこで語られた等身大の内容は、金融庁の行政論、地銀のビジネス論、金融庁と地銀の関係論として、記録しておくべき証言集になっている。

都市銀行系地方銀行（1行、地銀協・第二地銀協未加盟）	本店所在地
埼玉りそな	さいたま市

地銀持ち株会社（24社）	子会社である地銀名			
フィデアホールディングス	荘内	北都		
じもとホールディングス	きらやか	仙台		
プロクレアホールディングス	青森	みちのく		
第四北越フィナンシャルグループ	第四北越			
めぶきフィナンシャルグループ	常陽	足利		
東京きらぼしフィナンシャルグループ	きらぼし			
コンコルディア・フィナンシャルグループ	横浜	東日本	神奈川	
三十三フィナンシャルグループ	三十三			
十六フィナンシャルグループ	十六			
しずおかフィナンシャルグループ	静岡			
あいちフィナンシャルグループ	愛知	中京		
ほくほくフィナンシャルグループ	北海道	北陸		
北國フィナンシャルホールディングス	北國			
池田泉州ホールディングス	池田泉州			
関西みらいフィナンシャルグループ	関西みらい	みなと		
山口フィナンシャルグループ	山口	もみじ	北九州	
ひろぎんホールディングス	広島			
ちゅうぎんフィナンシャルグループ	中国			
トモニホールディングス	徳島大正	香川		
いよぎんホールディングス	伊予			
ふくおかフィナンシャルグループ	福岡	十八親和	熊本	福岡中央
西日本フィナンシャルホールディングス	西日本シティ	長崎		
九州フィナンシャルグループ	肥後	鹿児島		
おきなわフィナンシャルグループ	沖縄			

地方銀行一覧（2023年8月時点）

地方銀行（62行、全国地方銀行協会加盟）	本店所在地
北海道	札幌市
青森	青森市
みちのく	青森市
秋田	秋田市
北都	秋田市
荘内	鶴岡市
山形	山形市
岩手	盛岡市
東北	盛岡市
七十七	仙台市
東邦	福島市
群馬	前橋市
足利	宇都宮市
常陽	水戸市
筑波	土浦市
武蔵野	さいたま市
千葉	千葉市
千葉興業	千葉市
きらぼし	東京都
横浜	横浜市
第四北越	新潟市
山梨中央	甲府市
八十二	長野市
北陸	富山市
富山	高岡市
北國	金沢市
福井	福井市
静岡	静岡市
スルガ	沼津市
清水	静岡市
大垣共立	大垣市
十六	岐阜市
三十三	四日市市
百五	津市
滋賀	大津市
京都	京都市

地方銀行（62行、全国地方銀行協会加盟）	本店所在地
関西みらい	大阪市
池田泉州	大阪市
南都	奈良市
紀陽	和歌山市
但馬	豊岡市
鳥取	鳥取市
山陰合同	松江市
中国	岡山市
広島	広島市
山口	下関市
阿波	徳島市
百十四	高松市
伊予	松山市
四国	高知市
福岡	福岡市
筑邦	久留米市
佐賀	佐賀市
十八親和	長崎市
肥後	熊本市
大分	大分市
宮崎	宮崎市
鹿児島	鹿児島市
琉球	那覇市
沖縄	那覇市
西日本シティ	福岡市
北九州	北九州市

第二地方銀行（37行 、第二地方銀行協会加盟）	本店所在地
北洋	札幌市
きらやか	山形市
北日本	盛岡市
仙台	仙台市
福島	福島市
大東	郡山市
東和	前橋市
栃木	宇都宮市
京葉	千葉市
東日本	東京都
東京スター	東京都
神奈川	横浜市
大光	長岡市
長野	松本市
富山第一	富山市
福邦	福井市
静岡中央	沼津市
愛知	名古屋市
名古屋	名古屋市
中京	名古屋市
みなと	神戸市
島根	松江市
トマト	岡山市
もみじ	広島市
西京	周南市
徳島大正	徳島市
香川	高松市
愛媛	松山市
高知	高知市
福岡中央	福岡市
佐賀共栄	佐賀市
長崎	長崎市
熊本	熊本市
豊和	大分市
宮崎太陽	宮崎市
南日本	鹿児島市
沖縄海邦	那覇市

（出典）全国銀行協会の資料より
（注）銀行は省略

第1章

金融自由化の時代

「新人類」が見た風景

地銀改革史

回転ドアで見た
金融自由化、
金融庁、
そして将来

金融庁元長官の遠藤俊英は1982（昭和57）年、大蔵省に入省した。

金融庁元地域金融企画室長の日下智晴はその2年後、1984（昭和59）年、広島銀行に入行した。

時代背景 「金融自由化」の意味

高度成長期に幼少期を過ごし、バブル経済が始まる直前に社会人となった2人が門をたたいたのはちょうど金融行政が大きく転換するタイミングだった。1981（昭和56）年、銀行法が半世紀ぶりに改正され、銀行を監督するスタイルも、銀行を経営するガバナンスも、銀行に期待するビジネスも、180度転換した。カタチの上では「自由化の世界」の扉を開けた。

それまでの行政スタイルは「護送船団行政」と呼ばれていた。一隻たりとも脱落を許さないスローガンを掲げていたことからそうネーミングされていたが、実際、金融機関自身が自由に経営することは許されず、大蔵省が事実上、経営していたと言ってもよい。「箸の上げ下ろし」と形容されるように、店舗も商品も金利も規制下に置き、行政指導を通じて、大蔵省が微に入り細に入り目を光らせていた。

そのスタイルが「持続可能ではない」と危機感を感じていたのは、護送船団行政の引率役だったほかならぬ大蔵省自身だった。1980年代、世界2位の経済大国に成長した一方、高度経済成長は終焉を迎えていた。行政指導を通じ、基幹産業へ資金を効率的に供給し続けても、産業の成長に限界が生じれば不良債権化しかねないからだ。

ただ、大蔵省自身も自らの打った手に翻弄されることになる。金融自由化は裏返すと行政権限の

バブル崩壊で一変した―日経平均株価の推移―

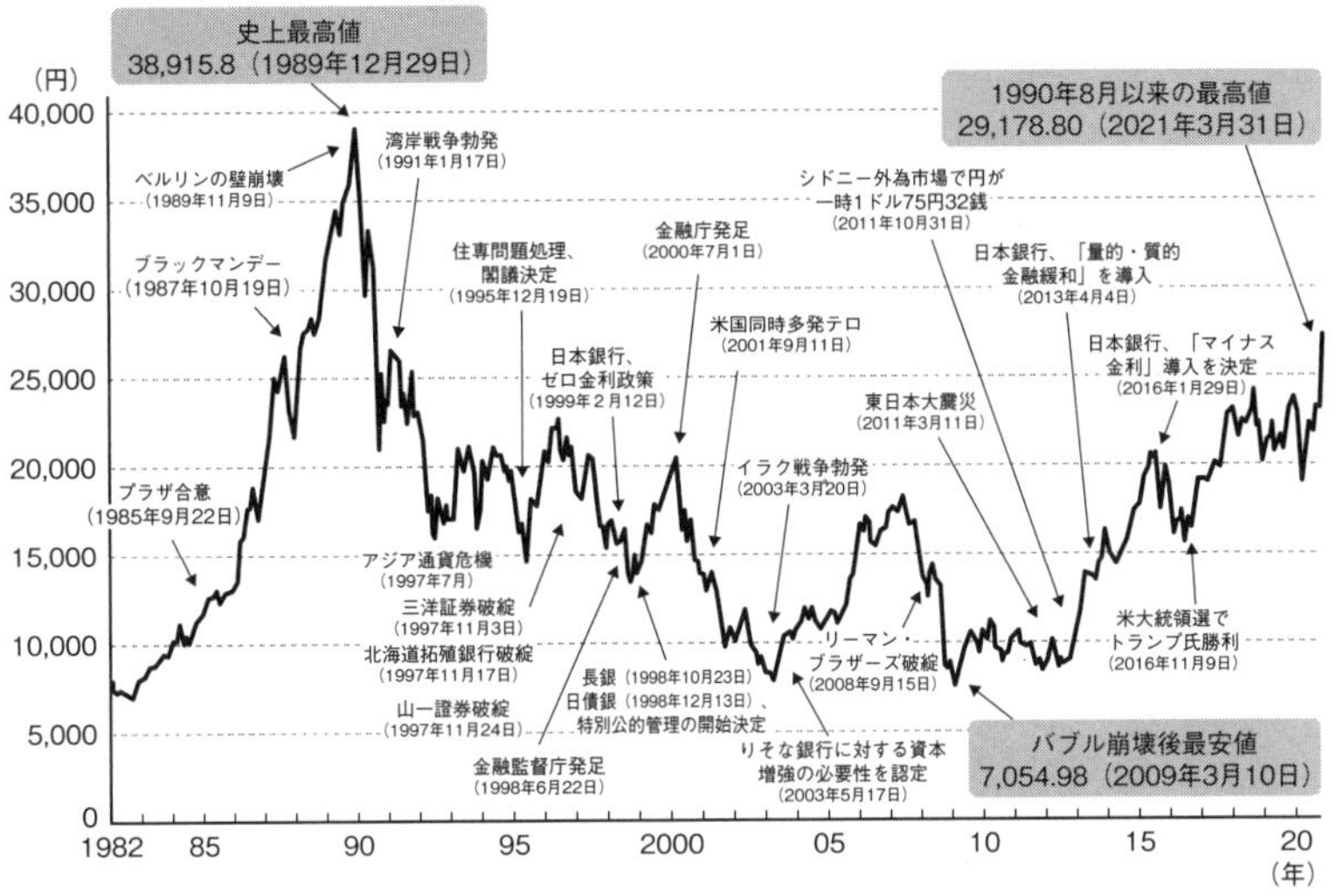

（出所）筆者（遠藤）作成

縮小である。金融機関に自由を与えれば、それだけ監督する側の仕事は減る。自由とはつまり、経営に失敗すれば破綻の憂き目に遭う優勝劣敗の世界の扉を開くことだったが、一気にそこまで突き放すことができなかった。

そのカベとなった構造が役人と業界の癒着体質であり、それをわかりやすく映したのが「天下り」と呼ばれる大蔵省ＯＢの存在だった。

事務次官や局長、その他幹部を経験した後、銀行トップに就く人事慣行だが、護送船団行政時代は潤滑油といえた。監督者と被監督者が入れ替わる「回転ドア人事」はスムーズな意思疎通、円滑な業務運営、的確な経営判断を導く点において、畏敬の念を持って迎え入れられていた。

しかし、バブル経済の発生とその後の崩壊にともない、「回転ドア人事」はオセロが白から黒にひっくり返ってしまった。東京商工リサーチの天下り調査によると、大蔵省出身者が銀行（都市銀行、長期信用銀行、信託銀行、地方銀行、第二地方銀行）トップに就いていた数はバブル崩壊直後の１９９３年8月時点で全頭取の４人に１人、１５０行中39人を数えた。バブル崩壊の一因が「金融行政転換の後れ」と勘繰った世間は、「天下り頭取が改革を先送りしてきた」と疑った面がある。

金融システムは持続不能に陥り、ついには平成金融危機を引き起こしてしまう。バブル崩壊の犯人捜しの矛先は大蔵省自身に向かい、ついには逮捕者を出すところまでエスカレートしてしまう。バブル崩壊から10年以上も前の１９８１年に自由化の扉を開け、護送船団行政の終結へかじを切っていたはずの大蔵省。しかし、現実は理想通り進まない。それは単なる役人と業界の癒着体質に原因があったからなのだろうか。ＯＢを送り込む天下り人事は本当に改革を先送りする弊害だったのだろうか。

遠藤も日下も日本経済がバブル経済に走っていく時代、まさに監督する側とされる側に身を置いた。当時「新人類」と呼ばれた世代にあたる２人は、そこで何を見て、何を聞いて、何を感じたのか。行政も銀行もビジネスモデルを転換できなかったのはなぜなのか。第１章は『地銀改革史』を読み解く上で原点となる１９８０～90年代を２人の証言を元に綴《つづ》ってみることにする。

1

「護送船団行政」への違和感
——大蔵省銀行局の現実（遠藤俊英）

◆「恐るべき会議だな」

地銀との初めての出会いは1991年だった。

「おい、遠藤。地銀協というのはすごいところだろう。俺は毎回、口頭試問を受けている心境だよ」。全国地方銀行協会が今（2023年時点）も本拠地を構える東京・神田の地銀会館から大蔵省に戻る車の中、当時の上司、土田正顕銀行局長がこうつぶやいたことを今でも鮮明に記憶している。

土田正顕大蔵省銀行局長（1990年）
＝提供：共同通信社

少し勉強させてやろうという気持ちがあったのかもしれない。当時、私は銀行局銀行課に在席していたが、担当は地銀ではなかった。そんな私に土田局長が随行を命じたのだ。傍観者的な軽い気持ちでついていったが、目撃した光景に衝撃を受けた。

監督する側の大蔵省、監督に服する側の地銀が定期的に顔を合わせ、意見交換、情報交換する「例会」だった。当時の例会は意見交換と言うには軽い語感がするほど、緊張感に満ちていた。

初めて入った地銀会館の大講堂は、当時の自分には途方もなく大きな器に感じられた。全国の地銀トップと随行者がずらりと並び、ちょっとしたささやき声さえ反響する静寂な空気。局長以下、銀行局幹部がひな壇に着席すると、沈黙とともにすべての目線がそこに集中する。銀行側の上座で局長に最も近い位置に陣取るのは、地銀協会長だ。

当時の地銀協会長は広島銀行の橋口収頭取だった。

議論の中身は忘れてしまったが、土田・橋口両トップのやりとりがかなりの時間続いた。土田局長は誠実な方なので橋口会長の質問に丁寧に答えるが、橋口会長は必ずしもその回答に納得しない。私はただ脇から見ていただけだが、単なる儀式でないことは明らかだった。「恐るべき会議だな」。そうひるむぐらいの気迫を感じた。

あれから30年。私もその間、地銀協例会に何度も足を運んだ。ただ、あの時のプレッシャー、迫力を感じることはなかった。自分が慣れてしまったのだろうか。橋口会長が大蔵省の先輩だったからだろうか。いや、そんなことはない。なぜだろう――。

この書を書くにあたり、自分なりに行きついた答えは地銀の置かれていた環境がガラッと変わってしまったことにあると考えている。30年前の地方銀行はまだまだ自信にあふれていた。「当局何するものぞ」。こんな空気があの大講堂に満ち溢れていた。ひよっこ補佐の自分はその空気に畏怖を感じたのだと思う。

大蔵省銀行局の行政は「護送船団行政」と呼ばれる。地銀行政を綴るに当たって、この時代の教訓は何かを記録しないわけにはいかない。30歳になったばかりの自分が身を置いた大蔵省銀行課。今では接待汚職事件の記録だけが残り、癒着の象徴と見られてしまう行政指導。真剣勝負で積み上げてきた歴史だったにもかかわらず、平成金融危機を防ぐことができなかった一点において、時代の遺物として置き去りにされようとしている。

大蔵省銀行局を否定するように誕生したのが大蔵省から分離独立して発足した金融庁だ。その前史で刻まれた教訓は何だったのか。正直に言うと、当時の行政手法には違和感を覚えざるを得なかった。源流を知ることが地銀行政の進む針路を探るスタート台になると考えた。

BOX　羅針盤は「きょう　こう　しゅう」

銀行課勤務時代、回覧される財政金融の専門紙に「郵一君物語　ある財務官僚の昭和史」が連載されていた。大蔵省を財務省、銀行局を金融局、銀行課を金融課と言い換えてあり、主人公の名は郵一、上司はイニシャルで表記されているが、戦後から70年代半ば（昭和40年代）までの一大蔵官僚の自伝だ。

時々の財政政策、金融行政の施策をどう構想し、局内で議論し、大臣に報告したかが詳細に描写されている。特に、郵一君は金融課の課長補佐時代に信託銀行を担当し、その後金融課長も歴任した。専門金融機関制度を作り、護送船団行政をどのように構築していったのか。当時の金融課の仕事ぶりの記述は、私にとって銀行課の仕事を日々振り返る上での羅針盤であった。

毎週連載を読みながら、郵一君と比べた己の非力さを反省することが多かった。また、自由闊達に局長室で議論がなされ、議論に敗れた郵一君が「さすが、K局長だ」と清々しい思いを胸に仲間と飲みに出る記述などは、大蔵省の良き伝統を感じた。

昼間の議論よりも夜の会合の方が銀行の本音が聞けるなどと当時の課長補佐生活を正当化するよ

うな自分であったが、心の底では郵一君と比べて随分堕落していると反省することも多かった。
さて、郵一君はその後、資産局長（理財局長）、予算局長（主計局長）に就任し、長い物語は終わる。
この物語の著者は「境　光秀」という。音読みにすると「きょう　こう　しゅう」。かつての広島銀行頭取・地銀協会長　橋口収氏の名前を音読みにすると「きょう　こう　しゅう」。これは偶然の一致であろうか？

◆「仲間はずれ問題」の意味

地銀行政の話から少し離れてしまうが、当時の護送船団行政の一翼をになった自分の経験を述べたい。当時は「専門業態の利害調整」に追われていたが、その姿はともすると今の金融行政においても陥りやすい落とし穴だと思うからだ。

大和銀行の「仲間はずれ問題」。大蔵省銀行課の課長補佐2年目に直面した違和感だった。

今ではなくなった「専門業態制度」が金融システムの土台を形作っていた時代、私は長期信用銀行と信託銀行を担当した。カウンターパートは長期信用銀行法に基づく3行（日本興業銀行、日本長期信用銀行、日本債券信用銀行）、銀行法・信託業法および信託兼営法に基づく専業信託銀行7行（三菱、住友、三井、安田、東洋、中央、日本）および大和銀行だ。

銀行課には5人の課長補佐がいた。①総括・都市銀行、②規制・通達、③銀行財務全般・地銀、④長信銀・信託銀、⑤外銀・外為銀行（東京銀行）・邦銀の国際業務全般・バーゼル委員会、といった分担で、それぞれが日々の仕事を通じて銀行側の担当者（通称、MOF《モフ》担）と議論していた。

おのずとMOF担と接する時間は長くなる。そうするとどうしても銀行界全体を見渡す視野を失い、担当する専門業態の利害を考えがちになる。日本興業銀行を代表とする長信銀は時に私と意見が対立し、どこかよそよそしい関係だったが、信託銀行は対照的だった。結束が強い信託銀行は、担当補佐を自分たちの良き理解者であり利益の代弁者として位置づけていた。


信託銀行を新しく担当する補佐にとってなんとも不思議な場面に遭遇することがある。大和銀行の扱いがその典型だった。

信託専業7行と大和銀行との間には微妙な距離感があり、担当補佐との打ち合わせも大和銀行を含む8行で行う「正式な会合」と、専業7行だけで集まる「非公式会合」があった。行政上の対応も7行と大和銀行で差を設けており、例えば新しい信託商品を7行には即時に、大和銀行には時間をおいて認めるといったことがあった。

今では統合してりそな銀行になったかつての大和銀行は信託兼営を認められていた唯一の都市銀行だった。かつて大蔵省の行政指導に従わなかったがゆえに信託兼営ができていたわけだが、専業7行からは「まじめにご当局の指導に従った我々と大和銀行が同じ扱いを受けるのはおかしい」と一線を引かれていた。

信託分離政策は1955年ごろに大蔵省が打ち出した大きな方針転換だった。戦時の行政方針は信託業・信託会社の脆弱性を銀行業と併営させることで補おうとしたものだったが、戦後その方針の転換を当時の大蔵省は法律を改正せず、行政指導によって強引に進めてしまった。当時の文書をいくら読み込んでみても、どうもこの対応には納得がいかない。むしろ今以上に大きな権限をもっていた当時の大蔵省に抗して自己の考えを主張した大和銀行に共感を覚えていた。そのため、得も言われぬ大和銀行への差別的扱いを改めたかった。

二重行政的な対応を改めたいと、機会あるごとに訴えた記憶があるが、専業7行の結束は固かった。彼らにしてみれば「これまでの経緯、長い歴史の蓄積を知らない新米補佐が何を言っているんだ」という気持ちだっただろう。他方、大和銀行側は自分の立ち位置を十分理解していて、必要以上に事を荒立てたくないとのスタンスだった。単純な正義感ではとても歯が立たない業界行政の難しさを痛感した1年だった。何ら改善できないまま、私は任期を終えざるをえなかった。大和銀行の「仲間はずれ問題」は、画一的な横並びのカルチャーを生む行政指導の限界と同一業界の利益保持のために他を排除する力の強さを学ばされた。

BOX

「信託分離」とは

大和銀行（今のりそな銀行）は他の専業信託銀行と異なり、普通銀行が信託業務を併営する唯一の銀行だった。

戦後、信託業を営む銀行は、信託会社から転換した信託銀行（専業信託）6行と信託兼営法により信託業務を兼営する銀行（兼営信託）11行が存在していた。大蔵省は1955年ごろから経済が正常化したと判断し、金融制度を戦前の分業体制に戻そうと考え、専業信託の信託主業化をすすめるとともに、兼営銀行の信託分離を打ち出した。

大和銀行という例外が生まれたのは、最後までこの方針に反対し行政指導に従わなかったからだ。

「戦前の体制に戻すべきとする大蔵省の主張は論旨不明」「信託兼営は顧客に幅広いサービスを提供できるため時代の要請に合致」「信託業はその安定的発展のためにも銀行という安定主体に経営させることが最適」。こうした論旨で大和銀行は正面から議論を挑んでいた。

当時の銀行局長は国会に論戦の場を移し、信託兼営を問題視したことで、1965年に国会で論争がピークに至る。「信託分離の行政指導は企業に対する行き過ぎた干渉だ」。関西経済界が大和銀行を支持し、銀行局長からの直接の要請も頭取が拒絶し、強行突破で信託兼営を維持した。

専門業態制度は「長短分離政策」の前提となる体制だった。都市銀行や地方銀行が担う商業銀行機能は融資期間が短い短期金融で、長期信用銀行が担う機能は長期金融と位置づけていた。思うに、当時の銀行局は長短分離の金融制度の下、信託銀行を「長期金融機関」と位置づけたかったのだ。短期金融を営む普通銀行が長期金融である信託を営むのは長短分離の行政方針に反する。しかしながら、信託兼営法が廃止されずに存続しているので、大和銀行の形態は何ら違法ではない。こうした隘路《あいろ》に陥っていたがため、行政指導により大和銀行に翻意を促そうとしたがそれは果たせなかった。

◆「保護」と「育成」の倒錯

「護送船団行政」は金融業界の「保護」と「育成」を倒錯させてしまった。横並び意識を醸成する行政指導は競争力を強化する育成方向に進まず、業界の利害を守る保護方向へ傾いてしまっていた。あたかも大蔵省は金融行政のあるべき姿を見失ってしまっていたように見えるが、事実はどうなのだろう。歴史を紐解けば当時の大蔵省銀行局は、保護路線から生み出された非効率性を是正しようとは動いていた。「専門業態制度」「長短分離政策」から生まれた副作用だけでなく、「店舗規制」「金利規制」「業務範囲規制」が形作ったひずみも認識していた。「効率化」から「自由化」へと、行政の軸足を大きく転換しようという胎動は高度成長期に始まっていた。

護送船団行政を正当化する「規制（銀行法）」を見直す嚆矢《こうし》は1960年代後半の「金融効率化行政」にある。70年代後半の「新金融効率化行政」も「適正な競争原理の導入」と「金融の自由化」を模索していた。

しかし、これは高度成長を謳歌していた社会風潮に押し流され、見直しの内容は限定的になってしまった。

護送船団行政が保護主義に傾いていく環境は銀行法に基づく様々な規制に起因していた。店舗や金利や業務範囲を許認可で制限していた枠組みは優位な立場を享受していた金融機関にとっては既得権益に変わっていく。その利害を調整するのが大蔵省の重要な役回りになってしまったことを、当時あまり自覚できなかったのではないか。

既得権益が強固な中で高い志を掲げてもそれを実現させる労力は想像を絶し、当初の目論見通りにはならないことがある。1981年、銀行法の抜本改正はそんな苦難の道のりを示していた。

有識者で構成する金融制度調査会（金制調＝きんせいちょう、今の金融審議会）は1975年、銀行法改正の諮問を受けた。法改正の第1段階となる答申をまとめるのに4年の歳月を費やした。その間の審議回数は112回。第2段階となる国会審議も逐条審議と呼ばれ、1条1条、国会議員からの質疑をこなした。制定まで6年もかかったのはまさに利害調整のたまものだったが、なぜ、これだけの時間とエネルギーを費やさないといけなかったのか。

1927年以来目立った改正のなかった銀行法を大きく変えるのは半世紀ぶりの大イベントだった。銀行法1条に公共的使命を目的に加えるような銀行経営の根幹にかかわる内容も含まれていたが、大ごとになったのは今につながる「銀証問題」だった。銀行の証券業務参入をどこまで認めるかを巡り、果てしなく議論したことが時間を費やした最大の要因だった。

私は1982年に大蔵省に入ったが、当時、銀行局に配属された同期が新人研修の一環でこの銀行法改正を大事件のように語っていたことを思い出す。公共債（主に日本国債）を銀行窓口で販売したり、銀行のディーリング業務に公共債を加えたり、銀行に一部証券業務を解禁した出来事を指していた。

当時の私は体感として業際問題の重みも複雑さも面倒さも全く分かっていなかった。しかし、6年もかけてできあがった具体的な成果がこれだけなのかと少々残念な気持ちを抱いていた。今振り返ってみても、この銀行法の改正がその後の銀行行政に大きな変化をもたらしたわけではなかったことを考えると、大蔵省による改革が実際のところ漸進的にしか進められない落とし穴にはまっていたのだと感じている。

◆利害調整のワナ

利害調整のワナにはまってしまったのは大蔵省自身の態勢にも起因していた。証券業務と並んで銀行改革の両輪だった国際業務を巡る業態間の調整問題を振り返っても、護送船団行政からの転換は漸進的にしか進められない宿命を感じさせる。

「3局指導」。銀行局と証券局と国際金融局を指して3局と呼び、邦銀の海外業務はこの3局の合意をもってのみ限定的に認める枠組みとした。「3局指導」は1974年と75年の通達発出により形成された行政指導の枠組みであり、1993年の金融制度改革法施行により廃止となるまで、国際業務の分野で大きな力をもった。業際問題にかかる行政指導の象徴だった。

今の証券マンも銀行マンもピンとこないと思うが、大蔵省が銀行の海外証券ビジネスの命運を握っていた。欧州は日本のような専門業態制度ではなく、どの業務も営めるユニバーサルバンク制度だったので、邦銀が欧州で海外現地法人を作れば、おのずと証券業務ができてしまう。

とりわけ、議論を沸き起こしたのは証券会社の根幹業務だった「証券幹事引受業務」の解禁だった。日系企業の海外進出が活発になり、海外で起債する企業が増加していた。当然、その主幹事を誰が取るか競争が起きていた。

証券会社からすると、自らのレーゾンデートルを脅かされると警戒した。海外現法の親会社は銀行であり、その銀行がメインバンクであれば企業に対する影響力は強い。実は欧州で起債する案件も国内の銀行と会社の間で仕切られており、そうした実態は銀行に証券引受業務を禁じていた証券取引法65条に違反する可能性があると指摘されていた。

大蔵省銀行局もこの問題提起を無視するわけにはいかず、3局の合意文書を発出することになる。「目論見書、墓石公告（注：欧州当局が起債を承認する認可証はその券面が墓石に似ていることから墓石公告と通称されていた。券面の左上（トップレフト）には主幹事証券の名前が刻まれる。証券会社はトップレフトの獲得をめぐって熾烈な競争を行っていた）における社名の配列・順序等についても十分配慮すること」。この意味するところは「筆頭主幹事のポジション（トップレフト）は証券会社の指定席にする」という取り決めだ。業態間の利害を調整し落としどころを事実上誘導する典型的な行政指導だ。「3局指導」は海外を舞台にした内向きな国内行政であった。当時、邦銀に海外の証券現法設立を認めた銀行局・証券局の期待は非日系企業の取引を欧米金融機関に伍して獲得し、それによって日系金融機関の国際的なステータスを向上させることではなかったか。行政はそうした金融機関の背中を押すための施策を進めていたが、銀行・証券の内弁慶な競争がエスカレートし、結局両者の利害調整のための行政指導に終わってしまった。官も民もとても外で勝負するレベルに達していなかった時代だといえばそれまでのことだが、「3局指導」は行政のあり方の反省とともに、銀行・証券両業界が市場で堂々と競争するのではなく、当局への働きかけで自己に有利な決定をもたらそうとした「甘え」の表れであり真の競争力強化の機会を自ら放棄したに等しい。業界にとっても反省材料だったのではないか。

BOX　大蔵省は守護神に？

信託銀行担当補佐時代の私の一番大きな仕事は、信託業界全体の地盤沈下が起こらないように、「護送船団行政」的な対応を行うことだった。

通産省が提出した特定債権法案（その後の資産流動化の嚆矢となった、リース・クレジット債権の流動化にかかる法案。2004年に廃止となった）への対応はその一例だ。

通産省は通商産業省の略称で今の経済産業省だ。高度経済成長時代は日本経済の司令塔と自負していた通産省が資産流動化方策の一つとして信託方式を提示してきた。流動化のための選択肢は複数規定されていたが、信託方式をその一つとして潜り込ませることが一番の狙いであることは明らかであり、信託銀行に独占されていた信託業を他の経済主体にも広めることを企図していたのだ。

こういう時の私の仕事は、信託法・信託業法という一般法の下、国民経済的にどんな形で信託を活用していくかを前向きに通産省と議論する形にはならない。信託銀行の既存利益を守るためにどういう論陣をはるのかを、信託銀行とともに作戦を練るのが信託担当補佐たる役割だ。

通産省側は法案チームを作り、徹夜も辞さず資料を作ってくる。こちらは信託銀行のバックアップを受けるが、基本的には私一人の対応だ。数週間の交渉、議論の末、信託方式の使用にかなりの条件を付して決着した。寝不足で疲れきっていたが頭は妙にさえて、「この仕事はいったい誰のために何を目指してやってきたのか」と大きな疑問を抱くにいたった。

考えてみると、銀行局の最大のミッションである「金融システムの安定」が何を意味するのか。具体的に何を堅持し、そのための手段として何をどこまで行っていくべきか。銀行局内に共通認識はなかった。

当時の銀行局を支配していた空気を私なりに解釈すれば、金融システムの安定とは金融機関の現状業務を維持することであった。だから、信託業について通産省と議論するときも、銀行・証券会社の業際問題を証券局と議論するときも、目指すところはいたずらに競争相手を増やさないことになる。それが金融システムの安定につながると我々は信じていた。

また、銀行の不祥事、コンプライアンス問題、ガバナンス問題をうまくソフトランディングさせることも、金融システムの安定につながる重要な任務と認識されていた。当時はバブルが崩壊し始めたタイミングで、バブル時代の銀行のやり過ぎの行状が明るみになってきたところだった。

前述の5人の課長補佐のうちの三席は、銀行課の補佐の中で最もベテランの人物が任にあたる。銀行の財務を担当するが、同時に彼の大きな仕事は、銀行のレピュテーションにかかわる問題の相談を受け、ダメージをできるだけ小さくするための具体的方策を問題銀行と協議することであった。こうした「汚れ役」をきちんとこなすことで、銀行からの信頼を確保しつつ、銀行の世間的な「信用」をゆるがないようにする。それが「金融システムの安定」確保につながっていると考えていた。

◆「地銀も時代に抗いがたい」

私が大蔵省銀行課課長補佐だった1990年代初頭に戻る。「横並び」と「甘え」の構図を引きずってしまった結果、バブル崩壊が始まっていたにもかかわらず、なお行政は業界の要請を受けて既存業態の利害調整に終始していた。

確かに店舗規制も金利規制も最終局面を迎えていたが、もっと深刻な問題に対応し切れていなかった。私が担当していた長期信用銀行と信託銀行はその時すでに長期金融の担い手としての「特別な役割」を失っていたことだ。1992年、大蔵省は業態別子会社方式を通じて長短分離政策を事実上廃止した。長期金融機関の行く末をゼロから考えなければならなかった。

当時自分が担当した長信銀・信託銀のすべてがその後10年以内に姿を変えている。合併・統合や経営破綻などで銀行の数は減ったし、銀行の名前はすべて変わった。戦後の復興期、高度経済成長期に果たした長期金融機関の「特別な役割」の喪失とともに、銀行は変わらざるをえなかった。「時代の大きな流れには何としても抗いがたい」。これが私の学んだ教訓だ。

地方銀行は今、そうした教訓に照らしてその存在意義を考えるタイミングに入っている。人口は20

都銀・信託銀・長信銀の歴史

都市銀行は「４分の１」に集約された

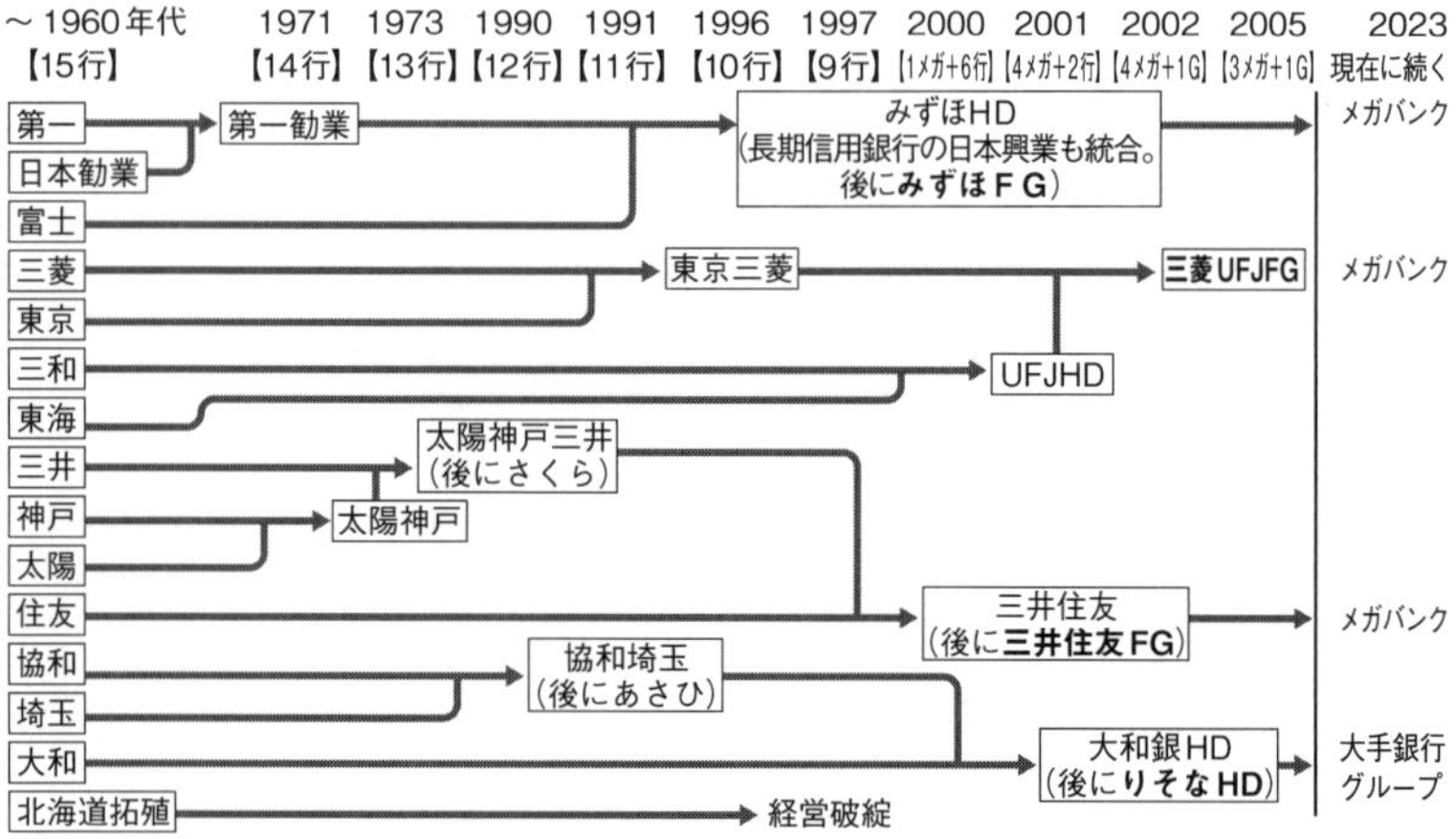

信託銀行は「半減」した

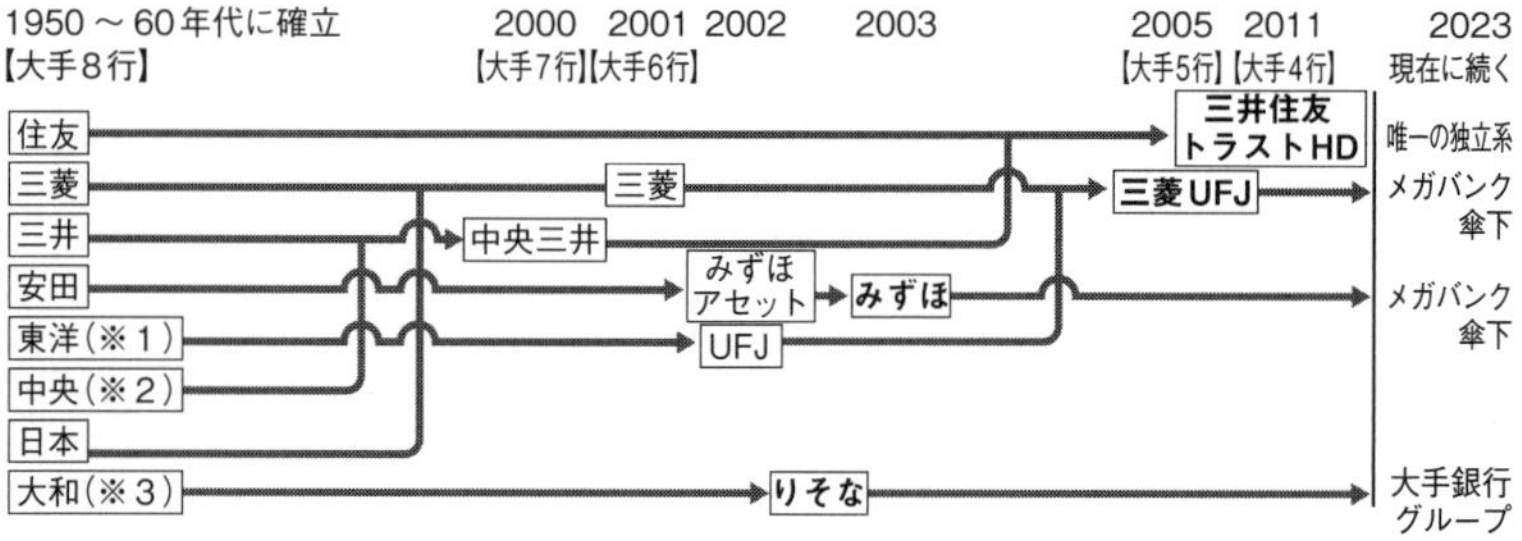

（※１）三和銀行（現・三菱ＵＦＪ銀行）と神戸銀行（現・三井住友銀行）の信託部門を切り離し、野村証券の証券代行・資産管理業務と統合

（※２）東海銀行（現・三菱ＵＦＪ銀行）と第一信託銀行（現・みずほ銀行）の信託部門を中心に設立

（※３）普通銀行で唯一の信託兼営

長期信用銀行は「消滅」した

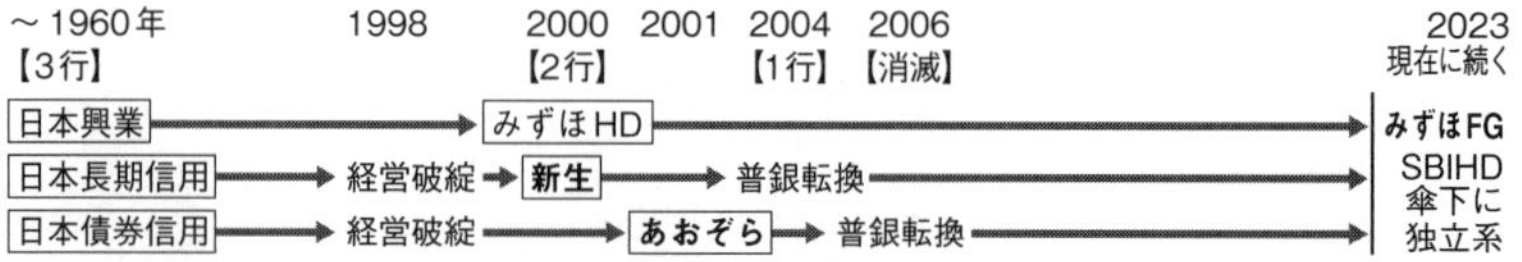

（出典）全国銀行協会「平成元年以降の提携・合併リスト」をもとに加筆した。

（注）銀行は省略。HDはホールディングスの略、FGはフィナンシャルグループの略。太字は存続したグループを指す。

08年をピークに、事業所数は1991年以降減少に転じた。マクロ的にはデットファイナンスの時代からエクイティファイナンスの時代に移ってきた。新型コロナウイルス禍前の2018年とバブルピークの1990年前後を比較すれば、企業の支払利息は6分の1（38兆円→6・5兆円）に減少する一方、支払配当は5倍（5兆円→26兆円）に増加している。無借金企業も着実に増加している。

地方銀行が貸し出し中心のこれまでの機能・役割のみにこだわるのなら、「時代の大きな流れには抗いがたい」ことになるだろう。地方銀行は今、地方経済・社会において期待される役割は何なのかを再定義することが求められている。それに応える形で銀行の態勢を作り直し、安定的なビジネスモデルにまで持っていけるのかが問われている。

◆池尾教授の「遺言」

2021年2月に他界された立正大学の池尾和人教授が執筆した『開発主義の暴走と保身』（2006年、NTT出版、刊行時は慶応大学）を読み返した。その中で膝を打った一文がある。

「1970年代に高度経済成長が終焉し、金融構造も資金不足から資金余剰の時代に転換した。それにもかかわらず、人為的低金利政策と護送船団行政を特徴とする開発主義の金融システムは変わらなかった。1980年代に大蔵省が取り組んだ金融自由化や金融制度改革は、新たな経済発展段階に見合ったアーキテクチャーの再設計とは程遠い、『業際問題』という水争いに矮小化されてしまった」

私の大蔵省銀行課時代を総括すれば、護送船団行政が終わろうとしているときに、長信銀・信託銀のために業際問題の調整にまい進していたといえる。それが金融システムを安定させる途だと信じていた。しかし冷静に考えてみると、私はやるべき仕事をやっていたのだろうか。長信銀、信託業界と将来

参院議運委で所信を述べる日銀審議委員候補時代の池尾和人・慶大教授（2008年6月3日午後）＝提供：共同通信社

を見据えた、ビジネスと組織のあり方を議論したことはなかった。そういった議論は金制調で行われるべきで、業態別子会社方式で決着済みと考えていた。それでよかったのだろうか。

全国地方銀行協会に加盟する地銀は金融危機が起きた平成時代の31年間を通じて64行を維持した。平成時代は生き残ることに成功したが、令和時代に生き残ることに成功できる保証はない。

「やるべき時にやるべき改革を怠ったことが、人為的低金利政策の継続による規模拡大の誘因と企業組織としてのコーポレートガバナンスの弱さを原因に、開発主義金融システムの暴走ともいえる、急激な信用膨張につながった」

池尾教授が著書に記したこの言葉が地銀に対する遺言のような響きを持っている。地銀が長信銀・信託銀行のように存在意義を見失わずに済むにはどうしたらよいのか。今も自問自答を続けている。

BOX 「夜の会合」の是非

大分レベルの低い話になるが、銀行課の日々の仕事（仕事とは言えないかもしれないが）で特徴的なのは、銀行からの夜の会合要請にどこまで応ずるかの判断が難しいことだ。課長補佐としてこなさなければならない業務は山ほどあり、酒を伴う会合などはできればスキップしたいのだが、そうした会合で初めて率直な意見交換ができることが多いのも事実だった。

結局、会合に出席しその後、職場にもどって深夜まで仕事をする生活が続いた。後年、金融機関による接待問題が社会問題化し、検察当局の捜査対象となった。今振り返ってみても、会合の見返りとして行政上の便宜をはかるようなことは当然なく、銀行と当局との腹をわった意見交換の場として機能していたのだが、こうした議論が夜の会合の場で行われること自体、世間常識からずれていると批判されても仕方のないところだ。しかし、金融行政の日々こなさなければならないオペレーションの一部に銀行との会合が組み込まれているようなところがあり、課長補佐としていかんともしがたいところがあった。

銀行課勤務の2年の間、検査部の存在はほとんど意識しなかった。個別銀行の検査結果は決裁文書として回っていたが、あまり活用した記憶はない。銀行課が検査部と協力して銀行の実態をモニタリングしようという発想は薄かったように思う。銀行課の仕事は、担当銀行の要請をよく聞き、彼らの現状を守ること。それが「金融システムの安定」を追求する銀行課の仕事であると認識していた。こうした銀行フレンドリーな行政対応がバブル崩壊後の不良債権問題の谷を深くしてしまったのかもしれない。銀行間あるいは他の金融業態との競争を促す行政、銀行のガバナンスを高めることを意識した行政への転換を行うべきであった。

しかし、当時の行政感覚では、そうした銀行の自立を促す、いわば銀行を「突き放した行政」を行うことは「金融システムの安定」を阻害することになりかねないと考えがちだった。大蔵省銀行局の形が残ったまま、そこで働く行政官の意識だけを転換するのは難しく、だからこそ、大蔵省を財金で分離し、金融庁が生まれたことは時代の必然だったのではないかと思う。

2 「橋口頭取」の道しるべ
――広島銀行の進化論(日下智晴)

◆橋口頭取の誕生

私(日下)の銀行員生活は、橋口収氏とともに始まった。

「頭取に挨拶に行かにゃいけんのう」

1984年3月、神戸大学を卒業して4年ぶりに実家に戻っていた私に、祖父が抹茶を点てながらおもむろに言った。前年の夏、就職先を決めかねていた私に地元の広島銀行を推したのは他ならぬ祖父で、地方銀行が中小企業のためにもっと多くのことをしなければならないと幾度となく言われていた。

そして私が広島銀行に就職することになったため、頭取に挨拶に行くと言い出したのだ。当時の広島銀行の頭取は井藤勲雄氏で、祖父は浅からぬ親交があったのだ。

祖父は1930(昭和5)年に広島県の西条町(現・東広島市)で「日下企業経営相談所」を開設し、途中戦争を挟んだものの一貫して中小企業経営者の相談を受けることを生業としていた。なぜ〝企業経営〟なのかと言えば、大正期から個人事業者の法人成りがブームになっていたことが関係している。2021年のNHK大河ドラマで渋沢栄一氏が視察先のパリで「コンパニー」の仕組みに心動かされたエピソードが描かれていたが、明治時代の旧商法の制定によって日本でもその設立が法制化されていた。

西条では1917（大正6）年に地場産業を代表する酒造業の西条酒造株式会社（現・福美人酒造）がコンパニーとして発起設立されたことが評判となり、多くの事業者が税務署に相談に押し寄せ税務署も困ったため、そこに勤務していた祖父が職を辞して対応にあたったのだ。結果として、江戸時代から続いている事業者の多くを法人成りする過程で〝企業経営〟の何たるかを学び、以降それを多くの経営者に伝授することを自らの役割としたのだ。

その祖父が、井藤勲雄氏の生家が西条であることや、尾道に滞在していた時期に隣家だったことなどで、私的な交流があったのだ。

井藤勲雄氏は、広島銀行の戦後を象徴する頭取である。ヒロシマとナガサキへの原爆投下で太平洋戦争は終わり、ヒロシマ唯一の地方銀行だった芸備銀行（現・広島銀行）は原爆で行員の3分の1を失うという甚大な被害を受けた。

爆心地に近い本店勤務だった井藤勲雄氏は同僚の多くを亡くしたが、本人は当日の出勤に手間取ったことが幸いしたという逸話を持つ。そして失意も乗り越えて当時の副頭取の指揮の下で、原爆投下2日後には今も建物が残る日本銀行広島支店の一角を借りて営業を再開し、通帳証書を焼失した取引先には顔を見て払い戻しを行うなど、瓦礫の中から復興を遂げたヒロシマの紛れもなく立役者の一人だったのだ。

その井藤勲雄氏のもとへ祖父が挨拶に行ったのは、広島銀行が大蔵省出身の橋口収氏を頭取含みの顧問として招くことが公表された直後だった。そのため私の就職話はほどほどに、橋口氏の話題で持ち切りだったらしい。「橋口さんというのは広島には縁はないがなかなかの人物で、『これで美術館が残せる』と頭取が言いよったわ」。そう祖父が教えてくれたのは、面談から1週間後のことだった。

BOX　橋口収（はしぐち・おさむ）

1921（大正10）年に生まれ、43（昭和18）年に東京帝国大学法学部を卒業し、大蔵省に入る。主計局長を務め事務次官コースに乗っていたが、政権与党内の政争に巻き込まれ、国土事務次官を経て公正取引委員会委員長に転じる。84（昭和59）年、広島銀行頭取に就任。90（平成2）年に全国地方銀行協会会長に就任した。多数の著書を残したが、05（平成17）年9月の『小説　銀行頭取』（経済界）の出版を見届けることなく、同年7月に永眠した。

※『小説　銀行頭取』の略歴を参照した。写真提供：共同通信社

◆「ひろしま美術館」の意味

この言葉には解説が必要だ。井藤勲雄氏は、いつの頃からか原爆から復興する広島市民は文化に触れることが大切だと思うようになっていた。その文化とは主に絵画であり、1968年に頭取に就任するや広島銀行の資金を投入して多くの西洋絵画を購入していた。その経緯は長谷川智恵子氏の著書『瓦礫の果てに紅い花』に詳しい。

ところが原爆の被災で自己資本も脆弱な地方銀行が、収益を生まない絵画（動産）を自己のバランス

シートに次々と積み上げていくのを当時の大蔵省はかなり問題視していたらしく、大蔵省検査の際には動産を査定する特別検査官が来ていたそうだ。

そのような当局からの圧力を受けつつも、井藤頭取は1978年の広島銀行創立100周年記念事業で、多くの西洋印象画を常設展示する「ひろしま美術館」を広島市内の中心部にオープンさせたのだ。「ひろしま美術館」の初代館長を兼務した井藤頭取が、将来を託したのが橋口収氏だった。それまで井藤頭取は、創業家の先代頭取にその子息に跡を継がせることを約束しているとされていた。その子息がナンバー2の地位にいるのに橋口氏を招いたことで、広島財界や行内には驚きが広がった。

旧知の祖父に何気なく漏らしたのが本音に違いなく、銀行頭取を譲るのであれば創業家でよかったものを、美術館を託すには橋口氏しかいなかったということだ。入行後広島市内の支店に配属されて多忙な日々を送っていた私は、入行式で見ただけの井藤頭取のその言葉を祖父から聞いたことで、橋口氏に人一倍の興味を持った。

行内に回された通達での人物紹介によると、いくつかの著書を出しておられたようで、『美のフィールドワーク』といったタイトルからして文化・芸術にも造詣が深いことが窺われた。そして著書一覧の中に『日本の銀行　銀行経営の未来図を探ぐる』という本を見つけた私は、〃銀行経営〃というワードに強く反応し、ぜひ読んでみたいと思った。

◆『銀行経営の未来図』

その本は1964（昭和39）年の発刊で、戦後わずか19年しか経っていない時に銀行の未来図という著書を出すとはよほどの慧眼と意思に違いない。早速書店に行ったものの版元にも在庫がなかったため、休みを取って大阪まで行って足を棒にして古書店をめぐってようやく手に入れることができた。それは入行当時の私にはやや難解な内容だったが、印象に残ったのが次の文章だ。

「既存の銀行制度なり、金融制度が確かであり、おおむね満足すべき状態で運営されているならば、すべてのものごとが解決するというなら、世の中は、単純で、簡単で処理がし易いのだが、現実は必ずしもそうはいかない。既存の制度に対する対抗要因や、刺激要因、つまり一般社会の需要を完全に充足できないテンション状態が〝かならず〟といっていいほど、また〝つねに〟といっていいほど存在しているので、そういう意味で既存の制度、ことに銀行は、絶えず自分を客観視していく必要があるし、また行政当局や政策当局も、つねに自分の行政や政策についてある距離をおいてこれを客観視するぐらいのゆとりのある、そして厳しい態度をもつことが必要である。」（『日本の銀行　銀行経営の未来図を探ぐる』より）

大蔵省の現役の銀行課長であり、その地位にありながら行政を客観視するという意思を持って著書を公表されていたことに感銘を受けるとともに、そのような橋口氏が広島銀行の頭取になるにあたって〝客観的に〟見ておられるものが知りたいと思った。「橋口頭取に書籍の感想文を送りたい」と支店長に申し出たところ、後にも先にもないほどこっぴどく叱られてしまい、その後の銀行員人生に少なからず影響を及ぼすとは当時知る由もなかった。

改めて当時を振り返ると、1982年4月に銀行法が改正されている。それは金融の自由化・コクサイ（注：国債と国際を兼ねた表現）化と表現された改正で、広島銀行では資金証券部が創設されインターバンクの資金取引と債券のディーリングが始まっていた。

橋口氏が広島銀行の頭取を引き受けられた背景には、井藤頭取からひろしま美術館に関する要請があったかどうかにかかわらず、改正された銀行法の下で自身が思い描かれていた銀行経営を行おうとされたに違いない。数ある地方銀行の中で私が特別な体験をしたとするならば、それは間違いなく橋口氏の頭取就任とその考えを表した著書に触れたことが銀行員のスタートと重なったことによるものだ。

◆「グレーターひろぎん」

橋口頭取の考えの一端は、就任後1年後には明らかになった。

85年10月、広島銀行は初めての本格的な長期経営計画を策定し、そのスローガンに〝グレーターひろぎん〟という表現を用いて量的拡大に突き進むことになった。

改正銀行法でも我が国の戦後を象徴する間接金融方式と機能別金融（注：長短分離や政府系金融機関、相互銀行・信用金庫などの区分）は維持されていたため、地方銀行からすると、長期資金を融資する長信銀や信託銀への資金供給という機会は引き続き用意されていた。大企業との取引を拡大するための株式の保有も始め、インターバンク市場で調達した資金も含めてそれらへの融資に回せばたちどころにバランスシートは拡大する。それではたして〝グレーター〟かどうかを突き詰めることもなく、広島銀行の総資産はわずか3年で2兆円も増加したのだった。

他方、国際化についても強力に進められた。85年には20代の若手行員の海外留学制度が始まり、それと同時に海外支店の開設が始まった。当時の銀行の支店開設は全て大蔵省の個別認可であり、地銀の上位行もこぞって海外支店の申請を出す中で、広島銀行も次々と申請を出していた。

私は86年に新婚旅行でロンドンを訪れたが、そこに広島銀行の支店開設準備の行員がたった1人で派遣されていて、連絡すると面識もないのにたいそう喜ばれた。夫婦で夕食をご馳走になりながら話を聞くと、現地当局からは「日本には一体いくつ銀行があるのか」と呆れられていたそうだ。それも無理もなく、都市銀行に始まって長信銀、地方銀行が次々と支店申請をするのは、さぞかし奇異だったに違いない。

しかも融資のみならず証券投資まで行うほぼフルバンキングの支店でありながら、先に認可を得た他行の書類をまるごと拝借するなどガバナンスにしてもコンプライアンスにしてもまるでなっていなかったようだ。ところがその先輩行員は、「橋口頭取のおかげでこんな僕が世界相手に仕事をさせてもらっている」と目を輝かせていて、まだ入行した支店に勤務していた私も、何となく将来が大きく開けたような気がしたのだった。

橋口頭取の経営方針は、長期経営計画に盛り込まれた「スケールの大きな経営」と「変化に積極的に対応し攻めの経営」という言葉に表れていた。そして「自由闊達」という言葉も好まれ、若い行員の抜擢も積極的に進められた。

それもあって、新婚旅行から戻って程なくして資金証券部に異動になり、その2年後には東京で債券ディーリングを担当することになった。

◆新銀行法でストレッチ

新入行員であり、頭取と接点などなかった私が、東京事務所廊下で初めて言葉を交わしたのが89年の年初のことだった。地銀の頭取は毎月例会のため東京に集まるため、何度か姿は見かけていたが、会話したのはその日が初めてだった。

その場の状況でとっさに話せると踏んだ私は、すかさず自己紹介をして間髪を入れず『日本の銀行』読みました」と畳みかけた。その甲斐あってか橋口頭取は私の方を向いてくれた。

橋口「君は何の仕事をしているのかね」

日下「債券のディーリングです」

橋口「儲けているかね」

日下「株価の変動に振り回されてなかなか厄介な相場です」

橋口「相場が厄介でもそれを読み切って儲けるのが一流のディーラーだろう」

日下「そうなるよう励みます」

すると少し笑みを浮かべてエレベーターに乗り込んで行かれた。

これには後日談があり、東京事務所長から資金証券部の私の上司に連絡があって、頭取に気軽に話しかけないよう釘をさされたものの、一方で大いにディーリングをするよう発破がかかったそうだ。それ以降は文字通りスケールの大きなディーリングとなり、私のポジション（注：債券の持ち高）も一気に100億円にもなったのだった。

このような急激な資産の拡大や、外資系証券会社にも一目置かれるようなダイナミックなディーリングに危険を感じた役員が、意を決して橋口頭取に進言をされたことがあった。それに対する返答は、「われわれは大蔵省の定めた制度によって最大限やればよい」だった。

この意味するところは、橋口氏の著書に照らすと、銀行が既存の制度内で最大限活動することがテンション状態を作り出し、そうなると行政当局は新たな制度改正をしてくるはずだという信念に違いない。踏み込んで言うなら、「かつて大蔵省に睨まれながらも大量の絵画を買い続けた広島銀行なのに、この程度の資産の拡大で腰が引けるのか」という気持ちだったかもしれない。

広島銀行の歴史の中で、橋口頭取の時代は紛れもなく最大にストレッチしていた。ディーリングや海外支店勤務にピーク時には150名もの行員を投入し、それこそどこまでできるかを試されているようだった。

日本の金融制度の中で、最も制約の少ない普通銀行は新しい銀行法の下で大いにチャレンジするにふさわしい存在（中でも地方銀行）であり、橋口頭取にとっては、その著書のサブタイトルどおりの「銀行経営の未来図を探ぐる」実践の場だったに違いない。そのおかげで私も大いに学び、大いに悩み、大きく成長できたのではないかと思っている。

3

バンクディーリングの世界

——脱銀行の第一歩（日下智晴）

◆上司とぶつかるお騒がせ行員

「日下君、資金証券部に転勤だそうだ」

少し時間をさかのぼる。86年8月、入行した支店でのジョブローテーション（注：新入行員に基本的な業務を順番に体験させる制度）も終えていない私に、融資係の上司が告げた。84年に入行した後、橋口頭取に手紙を書こうとするなど何かとお騒がせ行員だった私の異動に周りの人は驚きよりも安堵している様子であった。

私が支店の上司を手こずらせた理由は、祖父の影響で企業経営に興味があって大学は経営学部を選んでいたところに、入行直後に読んだ『日本の銀行　銀行経営の未来図を探ぐる』に触発されて、勝手に銀行経営の目線でどうなのかという思考になっていたからだ。

最も激しく上司とぶつかったのは渉外係での定期預金獲得のノルマに関して、「普通預金に長く滞留している預金を個別訪問のコストをかけてまで金利が5倍以上もする定期預金に預け換えてもらうのは合理性がない」と主張したことだ。「つべこべ言わずにノルマを達成しろ」と高圧的に言われたものの、以後ことあるたびにその議論をふっかけていた。そして融資係になってからほどなく、ジョブローテーションを終えぬまま異動になってしまったのだ。

かたや、銀行の事情はそれとは異なっていた。84年から銀行にも公共債のディーリングが解禁されていたため、市場関連業務の人員増強が急務だったのだ。

当初は外国為替市場のディーリングを経験した人を即席の国債ディーラーに充てていたが、実需に基づく外国為替のディーリングと実需でない国債のディーリングでは人材要件も異なるため、86年に入行3～5年の若手行員が6名も投入された。つまり、時代の要請に偶然引っ掛かったというのが異動の真相だった。

異動した資金証券部は若手が大量に増員され、一種のカオス状態だったが、そこは広島銀行の懐の深さで若手の育成を任された課長は泰然として「君らの適性など誰も分からん。君らの成果がすなわち適性だから誰にも遠慮せず大いにやってくれ」と言った。私からすると、預金獲得ノルマの不条理の世界から全てが合理性で動く市場の世界へと景色が変わり、大いに視界が開けた気がしたのだった。

◆バンクディーラー促成に乗る

資金証券部配属から2年間は債券ポートフォリオの担当となり、毎期の経営計画の一部をなす債券利息や債券売買損益の予算、執行、管理、決算を行った。そこで銀行全体の予算や決算がどのようなメカニズムで成り立っているかを知り、市場の変動でいかに影響を受けるかを目の当たりにした。

配属後半年で日本興業銀行にトレーニーへ行かせてもらい、そこで債券運用の本質を学ぶとともに、その世界での人脈を広げることができた。同時に証券アナリストの勉強にも取り掛かり、幸先よく2年あまりで資格取得できた。

そして88年には野村マネジメント・スクールでウィリアム・シャープ教授からポートフォリオ理論（CAPM）を直接学び、続けてゴールドマン・サックス証券東京支店のトレーニーとしてオプション理論と実務を習得させてもらった。

言うまでもなく銀行にとってそれら全てが新しい知識であり、その最前線に自分がいることを常に意識する毎日だった。その頃は東京に居を移しており、債券ディーリングの最年少の担当となっていた。

債券ディーリング担当が債券ポートフォリオ担当と異なるのは、予算が債券売買益しかないことだった。今では考えられないことであるが、債券売買益予算が年々大きくなっていた時代で、例えば半期で10億円という予算になるとそれが達成できないと銀行の決算に穴を開けることになる。その危なっかしさを支えていたのが株式市場の値上がりで、いざとなれば期末に株式で益出しをすればよかった。資金証券部は株式売買益の予算も持っていたため、それが常に上振れしていたことが債券ディーリングで大きなリスクを取れる要因だったのだ。ちなみに私のポジション額は、着任直後の20億円が、90年にチーフディーラーになった時には500億円にもなっていた。

債券ディーリング担当になってすぐに分かったことは、「全員が一匹狼だ」ということだった。それぞれが独自に研鑽を重ね、その人なりの相場観を持っている。当時はそれを組織全体で共有することはなく、あるディーラーが買っているのに隣の席のディーラーが同じ銘柄を売っているということも日常茶飯事だった。

◆市場原理と自己責任

なぜそうなるのか――。そこには究極の自己責任原則が貫かれ、成果こそが適性でそれは他人には分け与えられないという感覚だった。

不思議な体験もあった。トップの成績を挙げていたディーラーはどことなく茫洋《ぼうよう》として何を言っているか分からない人だったが、その人が休みの日に限って相場が荒れて他のディーラーが損をすることが重なり、「何か持っている」と思われていた。

当時は支店で定期預金を獲得することが優秀行員の基準だったことを思うと、それとは明らかに違うモノサシが必要ながら、銀行にはそれがない状態だった。

そのため、当時の銀行のディーラーは2タイプに分かれた。果敢に市場に突っ込んで行く人と、怪我をしないように週に1回くらいしか売買をしない人だ。

するとそこに〝市場原理〟が働き、前者で優秀なディーラーは外資系の証券会社や運用会社の草刈り場となる。組織としてはまるで体をなしていなかったが、私はディーラーに性が合って前向きな気持ちが続いていた。

当時の感覚を思い返すと、銀行法の改正で全く新しいフロンティアが出現し、それを銀行経営としてどう取り込むのかを試行錯誤しているのだと思っていた。そこで一匹狼で生きていくことや銀行員のまま時を過ごすことは容易《たやす》かったが、私は第三の道「自分の行く末だけでなく、ディーラーを銀行業務の中にどう位置づけるかを探究する」を選んだ。

そしてディーラー在籍が4年目となった91年末、その考えをまとめた「バンクディーリング第三の波」を書いた。当時の担当役員の岸田俊輔専務を始め資金証券部関係者に広く配布した。

今から30年ほど前に書いた文章だが、今に通じるものもある。バブル期のあだ花のようなディーリングだったが、そこに居合わせたことが得難い経験になったことは間違いない。

BOX バンクディーリング第三の波(原文抜粋)

◆はじめに

世の中は常に変化している。証券関係に身を置く者として、この言葉の重みは痛いほどよく理解できます。しかも変化の一種に「激変」というジャンルがあって、地殻変動のように過日のプラスとマイナスがひっくり返るようなことが目の前で起こるので、物事の連続している事の方を疑ってしまうほどです。相場に限れば上昇したり下降したりするのは無論覚悟の上なのですが、知らず我が身が奈落の底に落ちていたり、市場全体が世間から遊離してしまうという変化は予期できるものではありませんでした。それを見るにつけ、世の中には抗しがたい大きな力が働いていると感じずにはいられません。

今証券のみならず我々の銀行を含めた金融機関そのものが、大きな曲がり角に差し掛かっているということは疑いの余地がない事実です。それは大きな流れでみれば「西側先進国」としての日本が成熟してきた証でしょうし、短期的に言えば80年代後半に無理しすぎたかなあという反省を込めた抑制意識からでしょう。ただこれからどうなるというはっきりした方向が見えないのが皆が等しく感じている不安です。世紀末であるというのも多少は関係あるのでしょうが、これまで目標を掲げられてそれをやり抜いてきた日本が、気付いた時にはもはや追いつくべき計量的な目標及び相手が無かった、または掲げていた計量的目標そのものが大きな問題を孕んでいたということが分かり始めたからでしょう。これからの変化は自ら変化する方向を決めるという作業が必要なのではないでしょうか。

私は84年に入行し86年8月より資金証券部に勤務しております。金融界の歴史的改革により銀行に証券業務が認可されたのが83年、その後84年6月より証券業務の目玉である売買業務（ディーリング）が開始されましたので、私の社会人としての成長の過程には常に銀行における証券業務の拡大が背中合わせに存在していました。その間、銀行における〝証券〟は、ある時には期待の星だったかと思えばある時は鬼っ子だったりと波瀾万丈、千変万化の運命をたどっています。今その歩みを振り返るとともに、時代の流れに身を任せこれからの行く先を自分なりに探す努力をしているところです。その中で朧気《おぼろげ》ながらも感じとったバンクディーラー及びバンクディーリングのこれからのありかたをここにまとめてみようと思っています。

◆過渡期の苦しみ

88年11月以降、国債の周辺銘柄のアービトラージ（裁定）取引を行い、89年4月からは予定通りオプションの専担者になった私ですが、その間ずっと高校数学の参考書との戦いでした。微分、確率、回帰分析、二次関数――もう少し真面目にやっておくのだったと後悔しながら、誰にも質問できず一人で悶々としたものです。けれど、債券市場も様々な部分で金利裁定が働き始めていましたので、クオンツたちがはじく理論値が大変重宝されるようになっていました。私もそれに遅れないように外資系の証券会社と積極的に取引を拡大させるなどして、最先端のノウハウの吸収に日々努めなければなりませんでした。

一方、苦悶していたのは私だけではなく、この間の当行のディーリングチームの成績は惨たんたるもので「何をやっても儲からない」悪循環に陥っていました。直接的原因は、時代の変化に応じて新しい手法（クオンツ的）にどの程度重点を置くのか、又従前のやり方をどのように継承するのか、という点に明確な責任ある意思決定をせぬまま個々のディーラーに目標を課すといった個人責任主義を導入した結果、組織が求心力を失ったためでした。しかし背後には決して本業たり得ないあすなろディーラーに過大な収益期待をしたこと自体の無理と、核となるべき人の退職という損失が重くのしかかっていたのでした。全体を幾つかの班に分けてみたり細かなディーリングルールを制定してみたりしましたが、何一つ事態を打開するには到りませんでした。

この苦悩の日々はある意味で債券市場参加者の殆《ほとん》どに共通するものでした。結果だけ見ると、この期間に儲けたのはノウハウ面で圧倒的に進んでいた外資系証券であり、いち早く新手法に順応できた大手投資家だけでした。特に89年5月に約10年振りに公定歩合が引き上げられ金融引き締めに移行した直後に債券相場が逆に急騰を演じた局面では、国内の銀行と名のつくところはほぼ全てがやられたと言っても過言ではないでしょう。その反対にスタート直後のオプションと債券貸借取引を巧みに使って上げ相場をまる取りした人達がいたことは後になって知ったことでした。多くのディーラー達がそれまで培ってきた相場の見方なりに自信が持てなくなっていました。その間ずっと試行錯誤を繰り返していた当行ではディーラーの入替えも相当のスピードで進みました。88年8月に掲げた「ダイナミックなディーリング」が完全に頓挫したことで、それを担った人達が次々と資金証券部を離れて行きました。そうこうするうちいつの間にか末席で入って二年しか経ってない私がディーラーとしてのキャリアが最長になるという所まで事態が進展し、90年6月にはついにチーフディーラーに任命されたのでした。

ある程度必然の流れとはいえ入行年次は若手ディーラーと変わらない肩書もない28歳の平行員がチーフとは、ここでもバンクディーラーの層の薄さゆえの限界を痛感させられたのでした。けれど、当行のディーリングの危機的状況をほうっておくわけにはいきません。それ以降暫くは様々な人にアドバイスを求めて訪ね歩く日々が続きました。（中略）

◆時代が見えてきた

これまで私が接してきたディーラー達及び経験した出来事を通して、当行のディーリングの歩みを5年以上にわたり振り返ってきました。当然そこに見られる変化は世の中の流れと無縁のものではありませんでしたから、ある意味でそれは時代を認識する作業でもありました。そして今、私にはこれからの時代を生きていくうえでの基礎となるキーワードが見えてきたような気がするのです。これからは現在の自分の思う時代観を披露してみたいと思います。

キーワードの第一は「自由」です。折しも91年はソ連という20世紀における人類最大のチャレンジともいえる共産主義国家の崩壊の年として歴史に刻まれることになるでしょう。ベルリンの壁という物理的には僅かな構築物の崩壊から、わずか2年程の間に雪崩のように社会主義諸国を押し倒した力は、正に国民の自由というものへの希求によるものに他なりませんでした。それを今目の当たりにして、我々西側諸国の人間も、もう一度自由について考え直す時ではないでしょうか。91年12月7日、米ブッシュ大統領はハワイ・オアフ島での「真珠湾攻撃50周年式典」で演説をしました。

過去をしっかりと把握することは大切なことだ。過去の栄光や不名誉を見る透き通った眼を持たなければ、どの国も自らを十分理解できず、世界に占める位置を見いだせない。米国の歴史において不当行為があったことを認める。日系米人の強制収容は大きな不正義であり、こうしたことは決して繰り返してはならない。今日、すべての米国の人々は日本の宮沢首相が真珠湾攻撃について深い自責の念を表明したことを認識すべきである。思慮深く困難な表明であり、米国民は高く評価する。機会の平等、信仰・言論・集会の自由という米国の国家的な価値観は、今日多くの国々で尊ばれている。第二次世界大戦でのわが国の偉大なる勝利は、戦場だけでなく、かつて我々が敵とみなした国々でも示された。民主主義と自由の理念はかつては暴政と独裁に脅かされた世界でも勝利した。我々は、世界が自由に向かって進んでいることを祝福する。我々は、自由の光を見ることのなかった独裁政治の犠牲者とともに、自由を守るために散った英雄たちを追悼する。今年初め、ペルシャ湾での侵略に対して、かつて敵だった国々が我が国とともに立ち上がった時、我々は真珠湾の英雄たちが育んだ価値を確かなものにした。私が失った友人たち――それは米国人すべてにとっての友人だったのだが――は偉大で高貴な大義を支えていた。彼らの犠牲によって世界は今日、かつてないほどの自由と平和を享受しているのだ。我々はここからさらに前に進むべきである。

この演説は様々な意味で時代の節目にあたる記念すべきものであると思います。そしてそこには「東西冷戦」に勝利したのは米国の力というよりも自由の力であったことが力強くうたわれています。この演説を我々日本国民も他山の石と見るのではなく改めて自由というものを考え直すきっかけにしていかなければならないと思うのです。

キーワードの第二は「愛情」です。人類社会が進歩する過程ではあちこちで開発と保存といった背反する命題に直面することが多くなります。資本主義社会でも会社の利益か個人の幸せかといった論議が絶えることはありません。私の印象では、そういった相対する意見には絶対的優位がないことが多く要は視点・視野の違いであり、さらに想定する〝期間〟にはっきりとした相違が見られるような気がするのです。例えば、生活のための森林伐採と地球環境を護るための森林保護の対立にしても、個人が生きる期間と地球の存在し続ける期間とでは決定的な差があります。さらに言えば、短期的視野にはややもすると私利を追求するがゆえの色眼鏡がかかってしまうことが多いと言えます。誤解して頂きたくないのは、私は決して儲けようとする行為を否定しているのではありません。人類の金銭欲は時には大洋をわたり世界地図を変えてしまう力があるのですから。ただ、物事を議論したり先を読んだりする時に、まず「愛情」を持って事にあたり、それにどの程度の個人的利益を乗せて考えるのかをはっきり認識しておく必要があると思うのです。私が否定的に考える行為は自分の利益なり栄誉のためにさももっともらしい主義主張や〝先見性〟などを振りかざすことです。無理を通して道理が引っ込んだ結果が、証券会社の損失補填事件や銀行の架空預金事件であったことを忘れてはなりません。私達は二度とこのようなことを引き起こさないために、思考形態そのものを改めていく必要があるのではないでしょうか。

そして三つ目に知識面でのキーワードとして「社会科」を挙げたいと思います。私は当行のディーリングチームの中でクオンツとしての役割を担うために、三年程前には高校数学を猛烈に復習しました。そして今は、社会科の復習にとりかかるべき時と感じています。

◆社会派ディーラー

前章で私なりに考えている今の時代を生きていく上でのキーワードを三つほど挙げましたが、当然それをまとめるにあたってはバンクディーラーとして見聞きしてきたこの5年間の日々の積み重ねがベースとしてあることはお分かりいただけると思います。繰り返しになりますが、84年から88年までのバンクディーリングの創成期は、「相場師達」が活躍した時代でした。そして投資手法が複雑化するに従って88年頃から「クオンツ達」が頭角を現してきたのです。当行でも相場師達のディーリング、(銀行収益のための)ダイナミックなディーリング、そしてクオンツ時代の(また人材を失ったための)苦悩の日々と、証券部のディーリングチームは時代の流れの中で変化(と試行錯誤）の繰り返しを余儀無くされてきたのです。そして今、私はこれからのバンクディーラーの新しい姿、バンクディーリングの第三の波を、時代の中に位置づけてここに示したいと思います。

それを「社会派ディーラー」と呼称いたします。

けれど、それをここで厳密に定義するつもりはありません。それには人間が生きていく上での基本原理のようなものも含めて考えていきたいからです。私がこうしてみようということを述べているると理解していただきたいと思います。

まず、その知的好奇心は社会科の素養を高めるために向けられるでしょう。もちろんそれは複雑な数学を勉強した後だけに、それと対比させる形で進められると新鮮な知識として吸収されていくはずです。無論、社会科といっても範囲は大変広いので恐らく日々勉強の積み重ねとなることでしょう。けれどそれはクオンツ的な数学の勉強と違い、限定的な目的のためになされるものではありませんので様々な応用の道が開かれることによって報われるはずです。何より、よく世界を見据えたより大きな「債券相場シナリオ」を描く上でこれほどの味方はありません。いささか連想ゲームのようではありますが、ディーラーが張っていく相場の流れは世界情勢を抜きには語れませんので、そこで社会科の知識を持っていることが断然の強みを発揮する原因となるのです。さらに、倫理に裏打ちされた行動、世界の良き理解者となること、政治経済に詳しく時事問題に自分なりの意見を持つといったことを通して、ひとまわりもふたまわりも大きな人間となっているでしょう。知識のバランスは大切ですが、社会派ディーラーにとって社会科は必須の科目なのです。

次に、〝社会〟という言葉には会社の反意語としての性格を持たせています。証券会社や銀行の不祥事で明らかになったように、この世界も会社の論理に流されると損失補填とか一般投資家を無視した相場形成といった結局は誰のためにもならないことがなされてしまう恐れがあるのです。それはひとえに利益という媚薬に感覚が麻痺し、儲け＝ディーラーの価値という認識が会社にも本人にも生じていた結果と言えるでしょう。これからのディーラーは社会人としての感覚を常に持ち続けることと、会社の利益と自己の生活とのバランスを見失なわないようにしなければなりません。そしてその中から真に社会のため、日本のため、世界のためになって行く方向性をシナリオとして示したり、逆に自分の会社なりが誤った方向に進もうとしている時には警鐘を鳴らしたりする役目を担って行く必要があると思います。さらに言うまでもありませんが、シナリオを描いたりする上で基礎となる愛情はひとりひとりが永遠に持ち続けていたいものです。

最後に私はそういった「社会派ディーラー」を含めたこれからのバンクディーリングは、「本業回帰」という終着駅を目指して行くべきものと考えています。銀行における証券業務は、認可後すでに8年を経過し着実に足場を固めてきましたが、将来的な証券子会社構想が浮上したりしているようにまだまだ流動的な付随業務の域を脱してはいません。

しかしながら、日本の資本市場の大きな流れであるセキュリタイゼーションは今後も継続していくのは確実ですので、証券市場での理論や取引手法が銀行員として欠くことのできない知識となってくるのは間違いありません。そういった専門知識を習得している証券部員なり国際部員は確実に増えていきます。それを広めていくこと、およびノウハウを何らかの形で当行の資産として残していくことが重要な任務と言えると思います。

一般的に言われる仕事の三つのステップは「習得する」「実践する」「継承する」です。ことディーラーに関しては、一人で習得し、自己責任で実践する、そしてノウハウはその人とともに消えるというのが当たり前でした。しかしながら、スポーツの世界などでも「フロント」「監督」「コーチ」「選手」といったそれぞれの役割がしっかりとしていて初めて優秀な成績が残せるように、ディーラーもある程度の経験を積めばコーチとしての役割を積極的に担ってこそ明るい後世が開けてくるといえると思います。そういった人材育成、研修面に貢献することは、銀行経営すなわち本業が活躍していけるということを示す意味で大変重要なことだと思います。

4 「普銀転換」は失敗だったのか
――相銀マンの回想（日下智晴）

地銀行政は「第二地方銀行」の存在抜きには語れない。バブル経済とその後のバブル崩壊で最も傷ついた金融機関だからだ。

平成時代の扉を開けた1989年、相互銀行は一斉に普通銀行へ転換した。信用金庫などと同じような協同組織金融機関から地銀などと同じ株式会社金融機関へ衣替えした結果は、銀行と同質化してしまい、存在意義を問われてしまった。普銀転換は失敗だったのか。相互銀行時代に入行した複数の行員の回想をもとに、日下智晴が第二地銀の歴史を読み解く。

◆回想1　「正直、良かったのか分からない」

銀行になって変わったことは、それまで以上に融資の申し込みが増えたことだ。

ちょうどバブル経済だったので、土地やゴルフ会員権を買うという申し込みが急増していた。もともと個人取引先からの融資申し込みは断ることがなかったことに加え、法人でも決算書を見て赤字でなければほぼ融資していた。

殺到する融資申し込みをさばくため、補助をしてくれていた行員までが受付担当になり、自分で抵当権設定とかもしなければならなくなった。そのような状態だから事務は穴だらけで、1年に1回の検査部の臨店時には、それこそ徹夜で契約書の補正などをやるはめになった。それでも開店するとまた新しい融資の申し込みが来るという有様で、外回りの担当は融資申し込みを受けると身動きできなくなるため、大口預金だけを追いかけていた。

銀行になって良かったのかは正直分からない。相互銀行から転換した第二地銀で最大だった兵庫銀行があっと言う間に破綻してしまい、第二地銀イコール危ない銀行というイメージを持たれるようにもなってしまった。

毎日の業務はますます多忙を極め、勉強する時間もなく、本部の指示をこなすことすらできなくなった。同期で辞めた人は銀行になってからの方が多く、経営陣は人が育っていないからと大蔵省からの天下りを受け入れていた。唯一良い方向に行ったのが採用で、中には地元の地銀よりも上位の銀行と思い込んで入ってきた新入行員もいたほどだ。

時間の経過とともに、今日が無事であればそれで良いと思うようになり、自らがどのような役割を果たすべきかなど経営的な観点は誰も考えなくなったような気がする。

◆解説　平成金融危機で、淘汰の波に

１９８９年、相互銀行は一斉に普通銀行に転換した。相互銀行業界が要望した結果だったが、その後「第二地銀」と呼ばれる新しい地銀はいばらの道を歩むことになる。

平成金融危機は１９９５年の兵庫銀行（今のみなと銀行）と翌96年の太平洋銀行（わかしお銀行を経て、今の三井住友銀行）の2件の破綻処理をきっかけに加速した。実はその2行が元相互銀行だった。

これを受け、政府は１９９６年6月、銀行が破綻した時、国が預金を全額保護する緊急避難措置（いわゆるペイオフ凍結）を講じた。破綻するかもしれない「危ない銀行」を一掃するため、２００５年3月までペイオフ凍結を続けた。

この集中対処期間の間に経営破綻した銀行の数は16に上る。歴史年表に書かれている北海道拓殖銀行、日本長期信用銀行、日本債券信用銀行を除く13行を思い出せる人は少ないだろうが、13行すべてが第二地銀、つまり、元相互銀行だった。

相互銀行はリレーションシップバンキング（地域密着型金融、通称リレバン）の原型であり、地域経済の土台となる中小零細企業を相手にした庶民金融を源流に持つ。コミュニティー金融という公共性を帯びた存在だったにもかかわらず、23年8月時点ではその数は過去最少の37行となった。普通銀行に転換する前の相互銀行時代に72行あったその数はほぼ半減し、まさに淘汰の荒波にさらわれてしまったのだ。

◆回想2　銀行との違い

1970年代は2度発生したオイルショックによって新卒採用の厳しい時代だった。銀行に就職できなかった学生が面接に向かった先、それが相互銀行だった。採用の面接官は「今は相互銀行と名乗っているが、そのうち〝相互〟が取れて銀行になる」と言っていた。その意味が学生に分かるわけもなく、「何が銀行と違うのですか」と質問すると、「外国為替ができないだけであとは全部一緒だ」と説明された。「庶民のための銀行」と強調していたことが鮮明に記憶に残った。

入行して配属された支店はとにかく忙しい毎日で、ありとあらゆる雑用をやらされた。来店されるお客さまも多く、その用件も様々。ある時は手形決済のため入金に来たお客さまが支店の前に駐車していたところ、パトカーのサイレンが鳴ったので、代わりに車を移動させたこともある。月末などは3時にシャッターが閉まっても店内で多くのお客さまが事務処理を待っていることが当たり前で、12月にはシャッターが閉められないほどの人だった。

「銀行とはこんなに忙しいところなのか」。そう思い、ある時休みを取って近くの地銀に行ってみた。そこは軽やかな音楽が流れロビーの椅子でお客さまが順番を待っていた。「かなり違うな」。先輩にそのことを話すと、「あっちは金持ちが行くところで、うちは庶民が来るんだ」と言われた。面接官の言っていた「庶民のための金融」の意味が分かった。

事務の知識がつくと、忙しい理由が「手形小切手の処理」にあることが分かった。

近くの商店の人が布袋を持って来るが、そこには現金と輪ゴムで止めた小切手が入っている。それを全部手で数えて入金するが、小切手は要件の確認をしなければならない。振出地がどこかによって入金

相互銀行は『制度創設41年』で消滅した

1951年	相互銀行法
1968年	普通銀行への転換解禁（通称「合併・転換法」施行） 日本相互銀行が普通銀行へ転換（第１号、太陽銀行＝今の三井住友銀行）
1989年	全68行中52行が一斉転換
1992年	最後の相互銀行（愛媛県の東邦相互銀行が転換） 相互銀行法も廃止される

『相互銀行』は『普通銀行』とどこが違うか

① 相互掛け金業務の独占的な取り扱いが認められている
② 最低資本金が異なる
③ 為替業務ができない
④ 営業区域に制限がある
⑤ 大口信用供与の制限、預金支払い準備の規定がある

（出典）『金融システム改革50年の軌跡』（西村吉正著、金融財政事情研究会）

日が変わるので、まず振り分けてから算盤を入れる。窓口の女性の目にもとまらない算盤の速さに驚いたが、そうでなければ到底事務が終わることはない。彼女たちの多くが商業高校から就職していたが、まさに支店の主役で、男性たちはほとんど事務をしていなかった。

2年目に配属されたのが、融資の補助業務だった。

相互銀行の前身は無尽だったが、すでに過去のもの。融資は全て銀行契約だった。駆け出しの行員が担当するのは取引先の社長や従業員向けの個人貸しで、車を買ったり子供の学費を払ったりと使途は様々。中には株を買うための融資申込みもあった。

そこで庶民の銀行と強調されていた意味が分かった。「普通の人がお金を借りたいときに来るのが相互銀行なのだ」。融資係もとても忙しく、補助という雑用係が必要で、先輩が手書きした融資の申請書をコピーしたり稟議書にホッ

チキス留めしたり、はたまたお客さまが買った車の写真を撮りに行かされたりした。

その融資は全て月賦だった。入行して初めて知ったのが利息計算で、同じ金利でも計算方法で利息額が変わるということだった。先輩は「このお客は利息にうるさいから元利均等だ」とか、「このお客は初めてだからアドオンにしよう」とか言っていた。

◆解説 庶民金融の原点

相互銀行は特別の根拠法が存在する中小企業専門銀行と位置づけられていた。その発祥は中世に起源を持つ「無尽」である。

尽きることのない仏の功徳を願う意味だが、金融としての無尽講は、生きながら仏の境涯に至るための修行（六波羅蜜）を庶民の生活に広げる役割を持ち、無尽講に加入して仲間内のきまりを守り、他者への思いやりを持った暮らしをすることが布施、持戒といった修行になるとされた。

集落共同体における相互扶助の精神が根付いていたが、歴史の表舞台に登場しないのは、庶民の生活に溶け込みそこに争いがなかったからだ。

他方、中世に始まった「土倉」と呼ばれる担保金融は、事業向けにも拡大し、江戸時代には江戸や大坂の両替商も武家を相手にした融資を始めた。この担保金融が後の銀行の原点で、明治時代にはあまたの銀行が設立され、その多くが取り付けなどの騒動を起こしていた。

１９１５（大正４）年、我が国で中世から長らく続いた相互扶助の無尽講に終止符が打たれる。無尽業法が制定され、銀行と同様の規制が適用されることになったのだ。

無尽業法の制定は行政官から見ると、かの名言「金融行政はヤミ金融の追認の歴史だ」の嚆矢となった。加えて、橋口氏の著書『日本の銀行　銀行経営の未来図を探ぐる』における以下の指摘が秀逸だ。「われわれ人間的存在はむろんのこと、金融制度も、二十世紀の怪物、この『デモクラシー』という巨大な存在の掌中で、汗水たらして駆けずりまわっている哀れな孫悟空に過ぎないとの感を強くするものである」。金融機関としての無尽業は、大蔵省の規制の下、一握りの認可業者によって新たな歴史を刻むことになった。

そして1951（昭和26）年、大蔵省は無尽業を近代的な銀行組織に転換するため、相互銀行法に基づく相互銀行を創設した。相互掛金業務のほかに、銀行預金、為替業務なども扱えるようにした。庶民金融をいよいよ銀行と名のつく金融機関が担うことになったのだ。

改組した当時の相互銀行は、銀行とは名ばかりで、その経営内容や資金の集め方、運用の方法について、無尽会社時代の旧態依然たるものが多くみられた。掛金業務が相互銀行の特権業務であったが、掛金業務の複雑な利回り計算に不信（疑問）を顧客が抱くようになり、また相互銀行自体も銀行預金、貸付の業務に力を入れはじめたことから、銀行業務の色彩が年を追うごとに強くなっていった。

◆回想3　隣の芝生は青いのか？

支店長が本店で会議があった後の朝礼で、「銀行になる」という話をしばしばしていた。不思議だったのは銀行になるという話ばかりするのに、なったらどうなるかと言えば「何も変わらない」とのこと。

先輩は「相互と付くと銀行より一段下に見られているが、それが対等になる」と言う人もいれば、「相互銀行なので金利を大目に見てくれるお客が多いので、銀行になると金利が下がるな」と言う人もいた。家族などは「銀行になって大丈夫か、銀行は大変だぞ」と言っていたが、都市銀行に勤めていた大学の同級生に聞くと、「大変なのは預金集め」と言っていた。「親戚一同はもとより、同級生にもとにかく預金をお願いしている」とのことで、そんなことがあるのだろうかと思った。少し調べてみると、西日本相互銀行が合併・転換法で普通銀行を目指していて、それは同じ場所に福岡相互銀行もあるからだと言われていた。大都市圏では一県に2つの銀行があってもよいのかなと漠然と思っていた。

そして84年、ついに西日本相互銀行が西日本銀行に転換すると、87年頃から「相互銀行はなくなる」という噂を聞くようになる。入行時に聞いた相互が取れるという話ではなく、法律上銀行に転換するということだった。その頃にはマスコミにもいろいろ書かれるようになり、西日本銀行のように相互を取った名前になるだけでなく、名前も全く新しくなるという話もあった。本店に転勤になった先輩に聞くと、「決まりだ、普通銀行転換が一斉に起きる」とのことだった。

そこから89年の普通銀行転換までは、本当に大騒ぎ。新しい銀行名の噂に振り回されたかと思うと、改めて創業からの歴史を覚えておけとかお客さまにメイン銀行と全く同じことができるようになるから取引を回してもらえだとか、落ち着く暇はなかった。

その中で最も負担だったのが「銀行業務検定試験」に合格しなければならないことだった。それまでは何となく相互銀行だからという逃げ口上だったものを、銀行になるなら避けて通ることはできないとのことだった。

テキストを見て気が遠くなったことを今でもはっきりと覚えている。3級を3科目合格したところでギブアップした。後に他の銀行と情報交換すると、銀行業務検定試験の合格を昇進の条件にしたところもあるようで、行員の意識が変わらないまま、特別の準備もなく銀行になったのは無茶な話だった。

◆解説　「お殿様」にあこがれた

我が国では、戦後長らく「リレーションシップボローイング」の時代が続いた。つまり企業側から積極的な情報開示などの働きかけを行って銀行と親密な関係をつくりあげることで融資をしてもらっていたのだ。銀行においては、言わば「殿様の時代」であり、企業が店頭に列をなしているので上座に座って話を聞いていればよかった。

相互銀行の普通銀行転換の源流は1963（昭和38）年に起きた出来事だ。時の池田勇人総理が、大蔵事務次官を務めた河野一之氏を日本相互銀行の社長に充てた際に、相互銀行が普通銀行に転換できる「金融機関の合併及び転換に関する法律」を作ることを約束したとされている。

その後、1968年に法律ができ、日本相互銀行は太陽銀行に転換し、一足飛びに都市銀行となった。相互銀行はステークホルダーの利害に矛盾を抱えながらも株式を上場してその存在をアピールしてきたが、その法律の制定後は、本格的に普通銀行を目指す動きが胎動することになる。

我が国の金融史には、相互扶助の無尽講を源流にしてその後転換を繰り返した一筋の河が流れている。その河口にあたるのが89年の相互銀行の普通銀行への一斉転換だったが、そもそもこの河は一体何だったのだろうか――。

橋口氏が「20世紀はデモクラシーという怪物に突き動かされた時代だ」と指摘するように、大衆が影響力を持ち始めたのが戦後の特徴である。大衆が望んだ結果なのか、それとも隠れた水脈として、行政官OBまでが殿様になることを望んでいたとするならば、河の流れ自体が人為的ではないかと思えてくる。

※銀行が特定されないよう、複数の証言をまとめている。

第2章

金融処分庁の時代

地銀と20年論争

時代背景　不良債権問題と金融庁

平成時代を揺さぶった不良債権問題は金融自由化の失敗ではない。その世界へ移行するプロセスの失敗が積み重なった結果である。

大蔵省が不良債権問題を公式に認めたのは１９９２年。その時の金額は約8兆円だった。当時、外資系証券会社でアナリストだったデービッド・アトキンソン氏は「不動産市場の崩壊」を見抜き、独自の試算を相次ぎ公表していた。

20兆円、60兆円、１００兆円、１７０兆円――。何年も分析を繰り返すと不良債権額はどんどん膨らんでいく。アトキンソン氏は「銀行界も感情論が先行し、冷静な分析に欠け、ごまかしが横行していた」とも指摘している。自分たちの過ちを認めたくないという心情もあって不良債権は過小評価され、大蔵省もそれに乗っかった。これが公的資金注入の不要論につながり、対策は後手後手に回る。

不良債権問題が解決へ向かい始めるのは１９９８年、大蔵省が解体されて以降だ。代わりに金融庁の前身、金融監督庁が発足し、銀行界の主張は猜疑心を持ってみられるようになった。２００１年、大手銀行すべてを集中検査したが、「進行中の決算づくりに一緒に参加した」（当時の金融庁検査局長、五味広文氏）。越権に近い検査だったが、隠されていた不良債権の実態をつまびらかにするには、こうするほかなかった。

その後、小泉純一郎首相が構造改革路線を掲げ、竹中平蔵金融担当相が就任。政治と行政が一体になって「ハードランディング路線」を敷いた。大蔵省時代の護送船団行政とようやく決別し、銀行界と対決姿勢を強めていく。

その後、金融庁が公表した不良債権の公表額はおよそ100兆円。アトキンソン氏が唱えていた不良債権額と一致する。

政府が不良債権問題の終結を宣言したのは2005年。足かけ13年もかかってしまったのは、過去、組織が下した判断を否定できない官僚組織の無謬《むびゅう》性が影響した面は否めない。


金融庁が所管する地銀・第二地銀の数（2023年3月末）は99に上る。全国の財務局を通じてチェックするとはいえ、何か起きたときの最終責任を負う金融庁の職員数は約1600人に過ぎない。地銀・第二地銀に在籍する銀行員16万人の一人ひとりの行動に、これだけの少人数で目を光らせるのは、数字だけで言えば奇跡に近い。

奇跡のような統制を実現できたのは、一つひとつの融資、一人ひとりの不祥事、それを統べる経営管理体制を事細かに規定し、定期的に立ち入り検査に入っているからだ。検査結果を受けて、監督局が行政処分を発動する黄金ルートこそ、〝最恐官庁〟と恐れられた力の源泉だった。

銀行法25条。「内閣総理大臣は、銀行の業務の健全かつ適切な運営を確保するため必要があると認めるときは、当該職員に銀行の営業所その他の施設に立ち入らせ、その業務若しくは財産の状況に関し質問させ、又は帳簿書類その他の物件を検査させることができる」。1998年、新たに発足した金融庁の前身、金融監督庁はこの権限をフル活用し、〝百罰百戒路線〟を敷いた。大蔵省時代の金融行政から180度転換した強権発動は金融機関に不信感を抱いていた世論を味方に付けた。

地域金融機関はグローバルに業容を拡大しているメガバンクと違い、基本的には「Too Big To Fail

（大きすぎて潰せない）」の対象ではない。だからこそ、時に再編をあっせんし、破綻処理まで強制できる生殺与奪の権を持っていた金融庁は、物理的な距離が離れていても逆らうことが許されない危険な存在だった。

金融監督庁が発足した１９９８年から長くても20年間は金融処分庁時代と表現してよいだろう。「長くても」と前置きしたのは、２０１８年７月に検査局を廃止し、19年12月に検査マニュアルを廃止したからだ。マシンガンのような物騒な武器を携帯していた金融庁が自ら、その武器を倉庫にしまうに至ったのはなぜなのか。第2章は金融処分庁の時代の功罪について、遠藤と日下との座談会を通じて軌跡をたどることにする。

1 検査マニュアルの威力
――最恐官庁の誕生

「本通達は、全ての預金等受入金融機関を対象とし、本年（１９９９年）７月１日以降に実施する検査について適用する」。大蔵省から金融行政を分離して、１９９８年に生まれた金融監督庁（金融庁の前身）が真っ先に取り組んだ政策が金融検査マニュアルの整備だった。発足から１年経た１９９９年７月１日こそ、地域金融業界にマニュアル時代が到来した瞬間だった。

当初１４０ページ足らずしかなかった金融検査マニュアルはあくまでも「検査官の手引書」という位置づけ。たとえて言えば、学校教師に授けた生徒指導書だったが、地域金融機関がこぞって熟読することになる。テスト合格のための参考書のように受け取られ、検査官の発言権が増していく原動力となる。

◆「参考資料」から「参考書」へ

——まずは地域金融機関のバイブルになっていった「金融検査マニュアル」誕生のお話からお願いいたします。

遠藤「私は1990年から2年間、大蔵省銀行局銀行課に在籍していました。監督業務を行っていたわけですが、当時の状況を思い返してみても、金融検査の印象は非常に薄いですね。決裁文書として担当する銀行の検査報告書が回ってきていましたが、ざっと見て印鑑を押すだけ。あくまで監督業務の参考資料ぐらいの位置づけでしたね」

遠藤 俊英

「大蔵省時代の金融行政はMOF担からの相談ごとが毎日のようにあり、それに対応していた時間が長かったですね。金融検査を軸にして、金融機関の経営やリスク管理の実態をよく見ようという意識は希薄だったような気がします。スキャンダルなどのコンプライアンス上の問題や統合・合併など、大きなイベントをフォローする行政でしたね。当時はまだ許認可行政の全盛が続いている時期で、新しい商品やサービスの認可を巡る利害調整に監督部局は力を注いでいました。金融検査はそうした監督部局の動きとは独立していて、自己完結的に1年の検査計画を淡々とこなしていました」

「バブルが崩壊して初めて、実は監督部局は金融機関の真の実態を把握できていないことがわかりました。あれだけ、日々ＭＯＦ担の人たちと意見交換していたにもかかわらずです。だからこそ、新しい金融行政は、従来の大蔵省金融監督部局ではなく、金融庁という新しいプレーヤーを誕生させ、そこにゆだねた。そして金融監督当局が初めて、金融機関のステークホルダーとして存在感を持ちうるようになった武器こそ、金融検査マニュアルだったのです」

BOX 金融検査マニュアルとは

金融監督庁は1998年7月16日、「金融検査マニュアル及びチェックリストの整備」を発表した。8月25日にスタートした「金融検査マニュアル検討会」は東大教授の岩原紳作氏が座長を務めたが、日本興業、第一勧業、住友、東京三菱の各大手銀行と横浜銀行、公認会計士、金融庁、日銀の実務者が委員の大半を占めた。後に金融担当相として不良債権処理を強力に推進する竹中平蔵氏のブレーン、木村剛氏（元日銀、当時はコンサルティング会社代表）も参画していた。

翌99年4月にとりまとめた最終案最大のポイントは自己責任原則を強く打ち出したことだ。「当局主導型から自己管理型へ」「資産査定中心からリスク管理重視へ」と明記し、内部管理と会計監査人による外部監査、そして検査官がチェックした結果、最低基準を満たさなければ責任を追及する姿勢を鮮明にした。

時あたかも不良債権が日本経済の重荷になっていた時代だ。検査官は融資一つひとつの「査定」を再検証し、不良債権を見つければ「償却・引当不足」を追及し、最終的には「自己資本比率」が

「金融検査マニュアル」及び「金融検査に関する基本指針」の目的と構成

○ 1999年、「金融再生トータルプラン（第２次とりまとめ）」等を踏まえ設置された「金融検査マニュアル検討会」において、金融検査マニュアルを策定。以下を促すことで、金融行政全体に対する信頼の確立を目指した。
　① 当局の検査・監督機能の向上
　② 透明な行政の確立
　③ 金融機関の自己責任に基づく経営
○ 2007年には、バーゼルⅡの導入も踏まえ、内部管理態勢部分についての大幅改正を実施し、現在の枠組みに。
○ 金融検査マニュアルの解釈・運用は「金融検査に関する基本指針」（2005年）に基づいて行うこととされている。

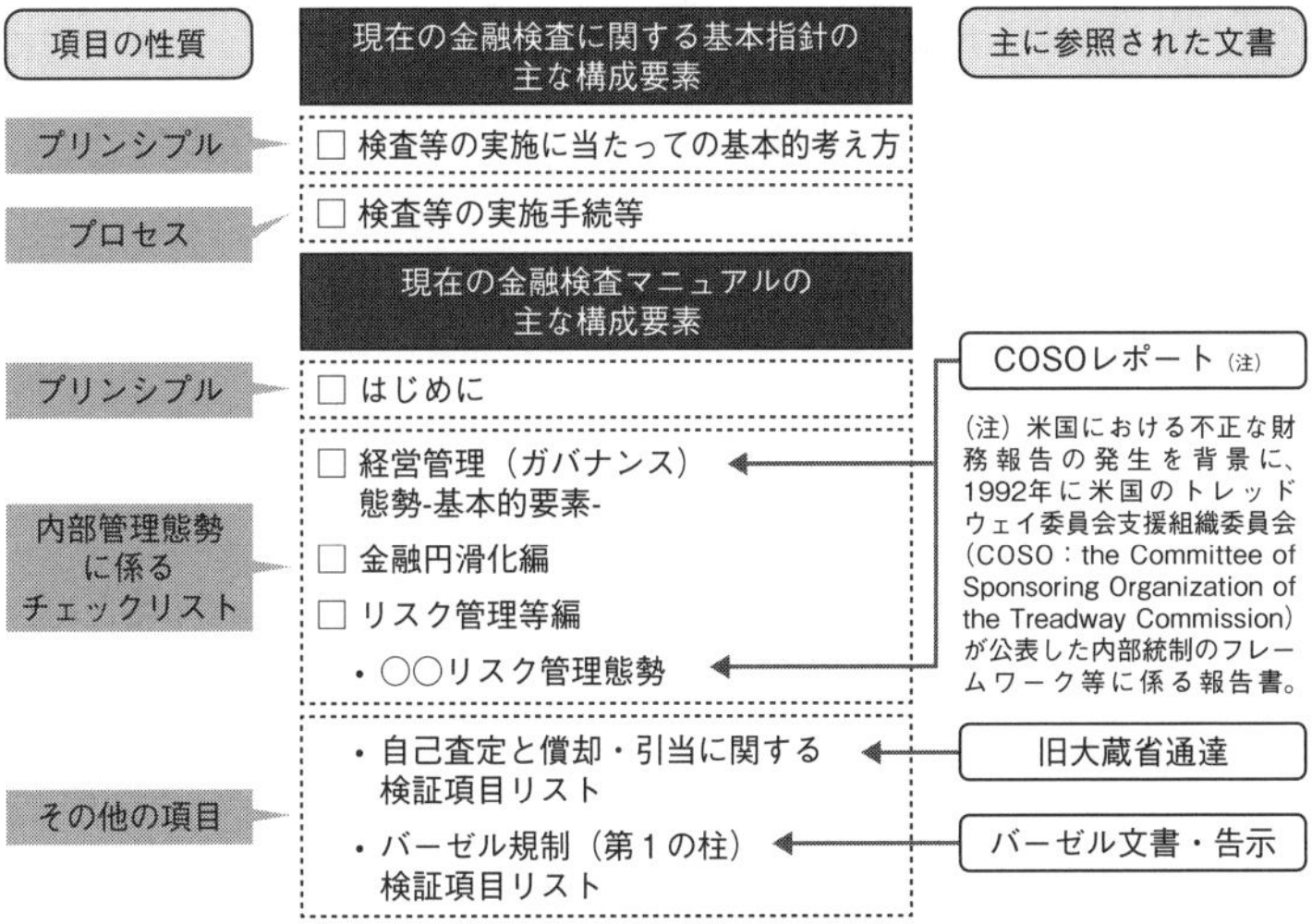

（出典）平成28（2016）年12月12日　第5回金融モニタリング有識者会議資料（金融庁作成）

規制水準を満たすよう要求した。この三段論法こそ、検査官の力の源泉となる。マニュアルには「別表」と呼ばれる詳細な定義書も書き込まれており、検査官はそれに基づき行動すればよく、不良債権の認定及びその処理は加速していくことになった。
　一方、検査マニュアルは当

初、「法令等遵守」と「リスク管理」の二本柱だったが、その後、「システムリスク」「流動性リスク」「経営管理体制」と柱をどんどん増やしていくことになる。140ページに過ぎなかった分量は最終的には360ページあまりに膨らみ、「中小企業融資編」「信託編」といった別冊も登場。「金融持ち株会社向けマニュアル」も加わり、受検する地域金融機関にとっては複雑で煩雑な対応を迫られ、その晩年は「重箱の隅をつつくような検査内容」と批判を受けるようになった。

◆地銀頭取、「マニュアルの申し子」誕生

マニュアル適用の威力を示した初期の事例が2000年12月に起きた、全国最大の信用組合だった関西興銀の破綻処理だった。89社の資産査定を巡り、不良債権と主張する金融監督庁（検査主体は近畿財務局）と反論する関西興銀。最後の最後まで意見は一致せず、当該金融機関が資産超過を主張したまま、つまり破綻申請をしないで金融当局が破綻処理を強行した。

この意見不一致こそ、検査マニュアルが地銀界で「閻魔《えんま》帳」とまで言われる恐怖感を生み出した源泉だ。金融庁に逆らえば、取引先どころか自分たち（地銀）もお取り潰しに遭うという強迫観念を植え付けた面がある。

日下　「地銀頭取の中には、『マニュアルの申し子』のような方たちがおられます。課長時代に金融検査マニュアルが制定され、地銀経営のパラダイムチェンジの中で頭取に上り詰めた人たちです。それまでは営業に長けた方が頭取になるのが地銀らしいキャリアでしたが、金融庁の意をくむにはマニュアルを

完全に体得した人でなければならなくなった。頭取の要件ががらっと変わってしまったのです」

「昭和51～52年入社組などがその象徴で、優秀な頭取ばかりでした。慶応大学を卒業された人が多く、オイルショック後の就職難の時代に地銀に入っておられます。そのような優秀な頭取がそろった結果、地銀にマニュアルが徹底された面がありました」

◆追い込まれた地銀、融資慣行にメス

「中小・零細企業の債務者区分の記述が抽象的でわかりにくい」「機械的・画一的に適用されているのではないか」。金融監督庁が始めた一斉検査は、2000年に金融庁へ衣替えしたころには、社会的な批判がくすぶるようになる。発端は金融機関から不満・批判がわき起こったことだが、「貸し渋り・貸しはがし」が社会的な話題になってしまう。その象徴でもある『金融庁が中小企業をつぶす』（東谷暁、草思社）が発売されたのは2000年8月1日。検査マニュアル犯人説が流布されるようになると、金融庁も重い腰を上げる。02年6月、「金融検査マニュアル別冊（中小企業融資編）」を公表した。

日下　智晴

日下「地銀では、2003年までに金融検査による資産査定で不良債権が次々とあぶり出されました。（注：「地銀」とは全国地方銀行協会に加盟する銀行の

各部門が主として担当する検査対象業態

部門の名称	主として担当する検査対象業態
第1部門	都市銀行
第2部門	
第3部門	
第4部門	長期信用銀行、信託銀行、協同組織金融中央機関
第5部門	外国銀行支店、外資系信託銀行
第6部門	
第7部門	
第8部門	地方銀行、第二地方銀行協会加盟行
第9部門	
第10部門	
第11部門	
第12部門	保険会社
第13部門	
第14部門	
第15部門	証券会社
第16部門	
第17部門	
第18部門	検査応援

（出所）平成12事務年度版「金融庁の1年」（本編）第18章金融検査体制より

通称。いわゆる第一地銀も検査マニュアルの適用初年度の00年3月期から03年3月期まで57行が最終赤字を計上、複数回赤字を出した銀行もある。日下が在籍していた広島銀行も02年3月期に最終赤字を計上してしまう）」

「中小企業融資編は、中小企業の実態に即した資産査定を行うために制定されたということでしたが、『単コロ』（BOX参照）と呼ばれる短期継続融資には言及していませんでした。短期継続融資は、1年なら1年、借り換えを繰り返し、銀行が返済を求めない限り、企業は金利だけ支払い続ければいい。企業にとっては返済負担が免除され、疑似資本として扱える。地銀にとっても貸し倒れが起きなければ安定的に金利収入を得られる双方に好ましい融資手法でした。ところがそれがマニュアルでは『返済が先送りされた不良債権』と位置づけられてしまった。好ましい融資が不良債権に分類されることが確定すれば、完全なゲームチェンジです」

金融検査に従事する職員数の推移

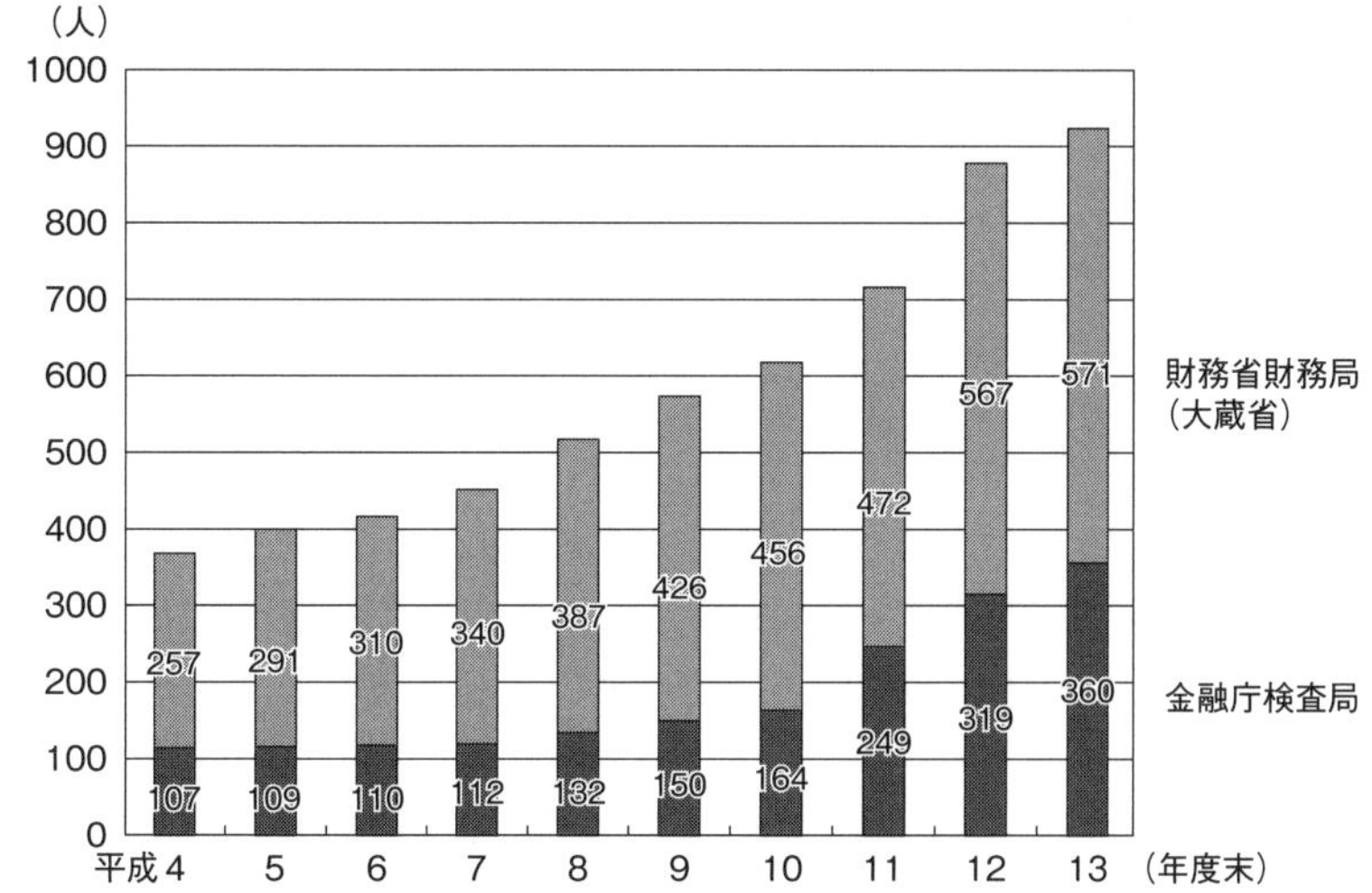

（注1）金融庁検査局の平成9年度末以前は大蔵省大臣官房金融検査部の職員数、10、11年度末は金融監督庁検査部の職員数である。
（注2）金融監督庁発足以降民間から中途採用した専門家も、金融検査に従事している。
（出所）平成13事務年度版「金融庁の1年」（本編）第21章金融検査体制より

「それにより、地銀は一斉に単コロを止めて、長期約定弁済の融資（例えば、５年契約で毎年一定額を返済し続ける方法）に切り替えていきます。これは毎月一定額の元本も返済するため、疑似資本ではなくなりました。毎月のキャッシュフローの中から返済しなければならず、資金繰りが苦しくなる構造原因になってしまいました」

「私は後年、遠藤さんとお会いした時に金融検査マニュアルの廃止を訴えましたが、それはこの短期継続融資を復活させるには、その道しかないと考えたからでした」

BOX 短期継続融資(単コロ)とは

契約期間が1年以内の短期融資を反復継続していくこと。中小企業が本業を円滑に遂行する運転資金として借り入れるのが一般的だ。融資条件も無担保でよい。その代わり、銀行が定期的に業況を審査し、契約を再検討できる。

資産超過の企業であれば、元本を返済せず利払いだけで済むため、企業にとって利点が大きかった。配当を支払えばよい資本調達と事実上同じで、疑似資本と言われた。かつて「単コロ」(「単名手形コロガシの略。単名手形とは手形債務者が1人の手形を指し、約束手形がこれに該当する)と呼ばれ、戦後の高度経済成長を底支えしてきた。

暗転したのは金融庁が1997年7月に策定した金融検査マニュアルだった。中小零細企業の債務者区分に関する記述がわかりにくく、「継続融資すべてが不良債権に分類される」との受け止めが広がってしまう。戸惑った銀行は融資継続を渋ったり(貸し渋り)、元本返済を要求したり(貸しはがし)、単コロに厳しい視線を向けてしまう。中小零細企業から「検査において検査マニュアルが機械的・画一的に適用されているのではないか」との声が相次ぎ、金融庁は2002年6月、「金融検査マニュアル別冊(中小企業融資編)」を別途策定した。

ただ、これも特効薬にはならなかった。別冊は不良債権に該当しない具体的な事例として「書き換え継続中の手形貸付に係る貸出条件緩和債権(元本返済猶予債権)の取り扱いについて」を示したが、ルールと違い、この一例を持って単コロを不良債権に分類しなくてよいと考える地銀はほとんどいなかった。短期融資は99年度の174兆円から13年度に82兆円まで半減。逆に毎月一定額の

短期継続融資――中小企業が運転資金に活用

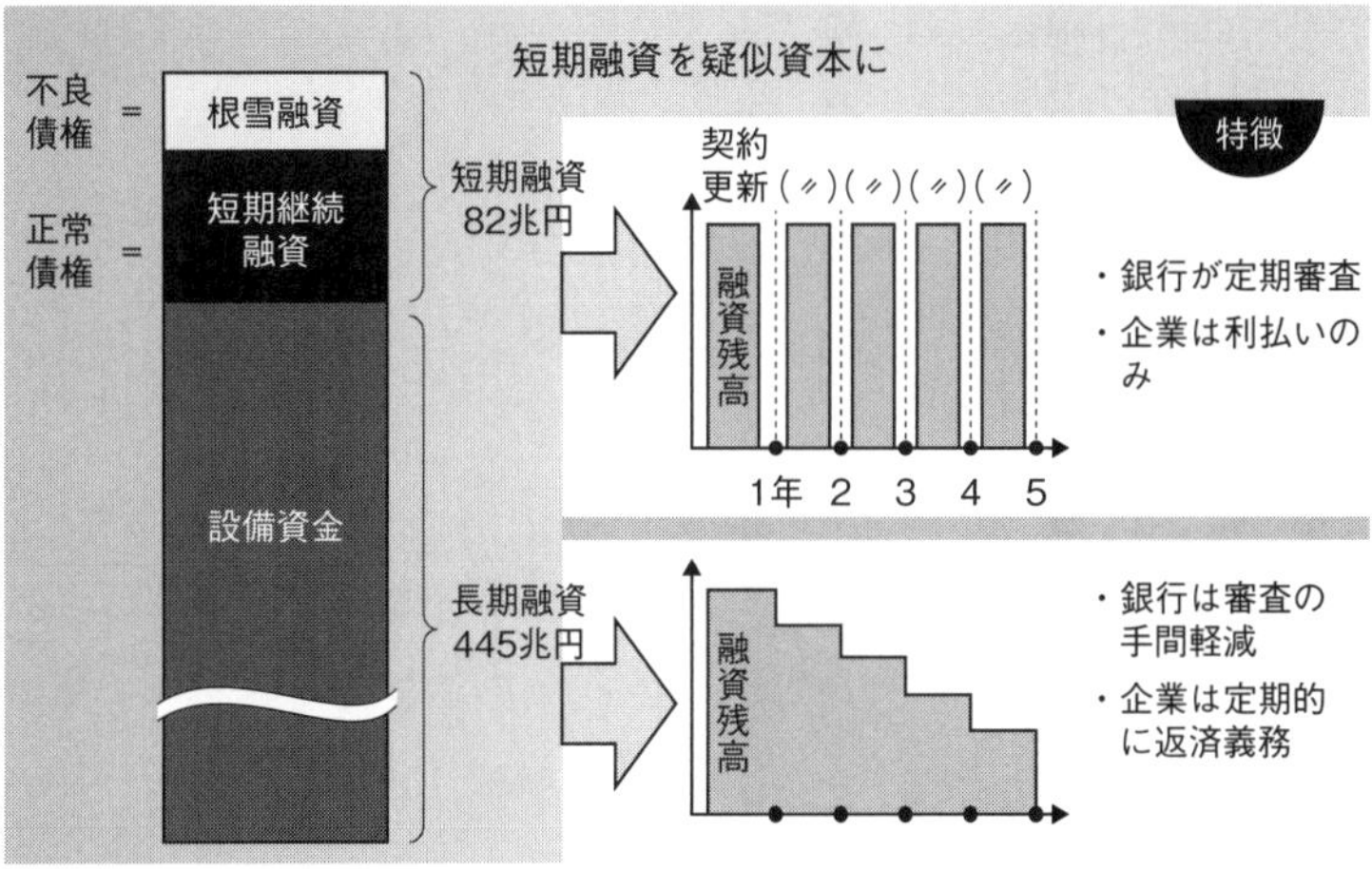

元本返済が必要な長期融資は326兆円から445兆円まで4割弱拡大した。

転機は遠藤俊英が検査局長時代、金融検査マニュアル別冊を改訂した2015年1月に訪れる（詳しくは「第3章　金融育成庁の時代　第4節『探究型対話』の発見」を参照）。単コロを「短期継続融資」と命名し、別冊の中で不良債権に該当しない具体的な事例を追加した。

金融庁が単コロを公式に肯定したのは初めてだった。「『短期継続融資』は金融機関の目利き力発揮の一手法となり得る」と宣言した上で、「債務者が正常な営業を行っていく上で恒常的に必要と認められる運転資金（正常運転資金）に対して、『短期継続融資』で対応することは何ら問題なく、妥当な融資形態の一つであると認められる」と明記した。

長期融資が増えてしまったことは中小企業に様々な弊害を招いていた。毎月決まった金額で元本返済を進めるため、ひとたび危機が起き本業に異変が生じると、企業にとって返済負担が重くなり、資金繰りが経営上の難題になってしまった。危機のたびに返済猶予の声が上がるのは長期融資主体の融資慣行が広がったからだ。長期融資は借り換えするインターバルが長く、銀行員が融資期間中に業況や経営状態を管理する習慣を弱くした面もあり、銀行の目利き力低下の原因という指摘もある。

もっと言うと、メインバンクを曖昧にしてしまう副作用も招いた。単コロはメインバンクが行っていたこともあり、両者の関係に大きな変化が生じてしまう。長期融資の返済が進む過程で他の金融機関が融資をすると残高面で逆転することがしばしば起きてしまう。雨が降ったときに誰が傘を差すのか、倒れそうになっているときに誰が支えるのか、責任所在が不明確になるケースが増えてしまった。

遠藤が単コロの復活にこだわったのは、地銀改革の肝がそこに潜んでいると感じたからだった。

◆「役割終えた後」の役割

「ペイオフ解禁を延期しなければならなかったような状況は無くなった。すなわち、金融不安を醸成しやすい環境は克服され、金融システム全体の安定にはそれなりの信任が得られている状況だ。あるいは当局がコントロールできる、そういった状況の下にある」。2005年4月4日、当時の金融庁長官だった五味広文氏（現在はSBI新生銀行会長）は記者会見で、金融システムの安全宣言を出した。元本1000万円とその利息までしか国が保証しない預金の定額保護制度「ペイオフ」凍結を全面解除し、1990年代後半から日本経済を苦しめてきた不良債権処理にメドを付けた。検査マニュアルは時代の

役割を終えたはずだった。

――検査の結果、金融庁が行政処分を出すという流れが２００５年を境に強まっていきます。業界から「処分庁」と陰口も出てきました。

日下「私が在籍した広島銀行は、金融庁から行政処分（編集注：２００４年10月29日、中国財務局が業務改善命令を発動）を受けました。マニュアルには不良債権処理を促すだけではなく、バブル期に緩みの生じたコンプライアンスを正常化させる狙いもありました。ペイオフ凍結が全面解除された２００５年前後には、地銀も経営管理を最重視するようになり、人事異動ルールのような制度もできあがりました」

玉木 淳

遠藤「私は大蔵省銀行局と金融庁と両方で働きましたが、その経験からすると大蔵省時代の金融行政は財政部局に在籍していた課長補佐がいきなり１～２年のローテーションで銀行監督を行うという、どうしても素人感をぬぐえない行政になってしまったのではないでしょうか。そのため、長く銀行業、証券業に従事しコミュニケーションの能力に優れるMOF担から説明を聞くことが多くなりました。主な仕事は利害調整になり、業界の利益を守り、そのために競合する他業態にどういうけん制球を投げればよいのかを考える仕事でした」

「その反省から、金融機関の業態別の組織編成から金融規制・監督の機能別に組織を再編した金融庁が誕生しました。もちろん金融庁が『本当に専門家集団なのか？』という疑問を呈する向きもあるでしょうが、大蔵省の一部局だった時代とは全然違い、職員の目的意識がはっきりしたことは間違いないと思います。そうした組織のスタートに合わせて検査マニュアルが導入されました。検査マニュアル行政は検査官の強い使命感に裏打ちされ、世論の応援と注目を受けて２０００年代前半までは新しい金融行政の象徴だったと思います」

──金融検査マニュアルが時代の役割を終えたという認識はいつごろから出てきたのでしょうか。

遠藤「節目はやはり主要行が不良債権の半減目標を達成した２００５年だったのではないかと思います。長らく苦しめられていた不良債権問題に区切りがつきました。それによって『金融庁とは何をする役所なのか？』という問いに直面し、新たな模索の時代が始まりました」

「地銀界から検査の指摘があまりに細かいという批判はありましたが、その原因が検査マニュアルにあるので、検査マニュアルを廃止して欲しい、という要望はありませんでした。そうした中で、五味長官の後を継いだ佐藤隆文さんが『プリンシプルベースのレギュレーション』という方向性を出し、新しい金融規制・監督の萌芽も見られはじめたのですが、佐藤さんが長官になった07年7月は不穏な空気が漂っていたタイミングでした。リーマン・ショックが起きなければもっと議論が深まり、検査マニュアル廃止へとつながったのかもしれませんが、結局、金融検査マニュアルというレガシー（遺産）を引きずることになりました」

「検査マニュアルに基づく金融検査は成功体験であり、検査局のアイデンティティーそのものでした。リーマン・ショックが落ち着くまでは、あまり金融庁のあり方や組織論の議論は深まりませんでした。いわば思考停止に陥っていました。しかし、２０１０年代に入ると再び『金融庁とは何をする役所なのか？』と考えるようになりました」

日下「遠藤さんと初めて会ったのは２０１０年10月でした。当時参事官だった遠藤さんが、中小企業金融円滑化法に関するヒアリングで、お忍びで広島に来られた。私は融資企画部長で円滑化法を担当していたので、偶然にもお会いすることになった。そこで、『円滑化法は問題ではない。そもそもの元凶は金融庁が作った検査マニュアルです』と直言しました」

「その３年後の２０１３年、今度は後に長官になられる森信親さんから『事業性評価』のことを聞きたいと連絡があり、金融庁へ説明に行きました。森さんは検査の問題に触れ、『マニュアルではダメだ』と言っておられました」

遠藤「森さんはマニュアルをなくさないといけないと思っていましたが、実際、廃止の方向で具体的な検討にとりかかるのはまだでしたね。森さんは検査局長で、年次の上の監督局長とさらにその上にいる長官を説得しないといけない」

「当時の長官は畑中龍太郎さん。畑中さんは検査官に思い入れのある方なので、検査官の拠って立つマニュアルを廃止することは当時、現実的ではないという判断だったのではないでしょうか。その意味で森さんは検査マニュアル廃止を打ち出す時期を探っていたのだと思います」

解説　マニュアル行政体験記（日下智晴）

2019年12月、20年にわたり金融界を支配してきた「金融検査マニュアル」が廃止された。その日を金融庁職員として迎えた私は、職場の誰よりも感慨深く思っていた。これでようやく当局による不条理な統制が終わる――大げさに言えば争いが終わる――といった感覚は、もし近くの同僚に話したならば、何をそんな、と笑い飛ばされるのは間違いなかった。それほど金融庁は静かにその日を迎えていた。

マニュアル制定の経緯にはここでは触れない。問題はそれを受ける側の金融機関――特に地域金融機関――がどうだったのか、そしてそれが最終的に企業にどのような影響を与えたのかはほとんど議論や検証がなされていない。そこで広島銀行時代からの考えを述べ、今後の議論の礎としたい。

時系列で言うと、96年に日本版ビッグバンが宣言され、大蔵省から発出された金融システム関連法案へ対応するために私は営業店から総合企画部に転勤になった。そして、97年6月の取締役会に日本版ビッグバンへの基本的対処方針を報告して間もない11月に、歴史に残る金融危機に巻き込まれた。

◆自己資本ワースト5位

広島銀行は原爆による甚大な被害に端を発する資本不足が顕著であったため、金融危機の影響をまともに受けてしまった。財務状況を定量的に比較して自己資本が最低水準を下回る可能性のある地方銀行（第二地銀を除く）ランキングで下から5番目に位置していたため、外資系格付け会社に投資不適格と公表される危機が迫っていた。

そのため、海外拠点（ニューヨーク、ロンドン、アムステルダム、香港）の全面撤退を含む大規模なリストラ策へ舵《かじ》を切った。結果的に株価は１００円台まで売り込まれたものの、公的資金を含む外部資本の導入や格付け会社の格下げを自力で回避することができ、一息つきたかった矢先にマニュアルが制定されたのだ。

目的と手段。施策を評価する際に用いられる形式によれば、金融検査マニュアルは目的も手段も問題を孕《はら》んでいた。

金融検査マニュアルの目的は、その制定の経緯からして金融機関の健全性の維持にある。金融危機があまりに鮮烈だったためにその目的に誰も異論がなかったのは無理からぬことであるが、問題を孕んでいたとあえて言うのは、金融機関の健全性とは金融機関単独では決して成し遂げることはできないものだからだ。その目的を企業と金融の一体再生としていたならば、全く違ったものが出来上がっていたに違いない。

広島銀行では取引先の再生のためにサービサーの設立を検討していたが、地銀協主催の説明会に出席したらあまりに違う景色にしばし立ち尽くすほどだった。そこで強調されていたのは、「地銀はリスク管理ができないから健全性が維持できない」という論調だった。

そこにはすでに目的と手段の倒錯が見られ、手段であるリスク管理があたかも目的であるかのような説明ぶりだったのだ。

◆リスク管理派が台頭

広島銀行では、経営戦略として投資銀行化を行いつつも、金融庁に盾突くこともできないのでマニュアルにも対応しなければならないという両面作戦を余儀なくされた。すると不思議なことに、マニュアルへの対応が重要だと言う声が次第に行内で大きくなり、結果的には取引先重視の考えとマニュアル重視の考えが半々程度になってしまった。その時代は各地銀で同じような企画が進展していたが、後で聞くと半々とは格段に良い方で、多くの地銀はリスク管理派が急速に勢力を伸ばしていたようだ。ここに本格的な不幸の時代——目的と手段の倒錯のまん延——が始まってしまったのだ。

リスク管理を進めることの問題は、そもそもの不可能性にある。マニュアル支持派が壊れたレコードのようにリスクリスクと連呼することから、当時リスクについて学びなおした。

１９９８年にはウルリヒ・ベック教授の『危険社会』が翻訳され、リスクは我々が認識すべきものとなっていたのは間違いない。

例えば、市場リスクは投資することで生じ、期待リターンと対比すべきものであるように、リスクは我々の選択・決定から生まれ、しばしば計測不可能なものである。そのような目に見えない不確かなものに銀行の資源をどこまで掛けるのか。それこそ経営判断なのだから、そこにも新たなリスクが生まれるのだ。

リスク管理はその不可能性からして最初から適用する範囲を定めるべきものであるが、金融処分庁としてパワーアップしていた金融庁には、それを容認する雰囲気など微塵《みじん》もなかった。

◆「部分・形式・過去」の弊害

手段としての別の問題点は、容赦のない金融検査にあった。私は総合企画部在籍が13年に及んだため、マニュアルによる検査の開始から連続して3回も担当した。そこでは、毎回呆れるような光景を目にすることができた。

一つだけ紹介すると、ある検査官が「デフォルトした住宅ローンの担保処分額を計量化しないのか」と言ってきた。背景を解説すると、〝統合的リスク管理〟なる概念がもてはやされていた時期で、何でも計量化できるのが良い銀行だということを前提に、過去の担保処分の実績を多面的に解析してデフォルト後の担保処分額（LGD（ロス・ギブン・デフォルト）のようなもの）を予測できれば、住宅ローン全体のリスク量が正確に計測できるはずだと言うのである。

広島銀行では法人取引に傾斜していたため、個人向けの住宅ローンは主力業務ではなかった。にもかかわらずそのエキセントリックな検査官は検査の最初から最後まで関連のデータを要求し続け、何も得られないまま帰って行ったのだ。「住宅ローンのリスク管理に高度化の余地がある」というメモを残して。

このように、目的も手段も問題のあった金融検査マニュアルが引き起こした弊害は書き始めるときりがないが、代表的なものを列挙してみる。

・リスク回避を前面に出した思考停止
・不可能性から目をそらす自己欺瞞《ぎまん》
・金融庁へ物申さないことによる当事者意識の低下

これらには金融庁自身が2016年に自己反省した「部分、形式、過去への傾斜」という秀逸な分析が存在するが、いずれにしてもこの統制は2015年の金融行政の目的の再定義——企業経済の持続的成長に資すること——まで省みられることはなかった。

2002年からの金融検査マニュアル別冊「中小企業融資編」、2003年からのリレーションシップバンキングの機能強化に関するアクションプログラムがかぶさり、地銀経営は目を覆うような混迷の時代を迎えることになる。

信用リスク管理を例に挙げて、改めてその不可能性を述べる。

資産査定の要諦を定めたマニュアル別表を見ると、わざわざ欄外に財務内容と書いてあり、上に矢印があってその先には「不良」と書かれ、反対方向の矢印の先には「健全」と書かれている。その文字列は信用リスク管理は企業の財務内容で行うことを示しており、その手法に不可能性が潜んでいる。

そもそも財務内容という過去情報で将来が見通せるなら、過去の多くの倒産は回避できたはずである。言うまでもなく、信用リスクは財務情報の基になる事業内容の分析なくして語れるはずがない。

にもかかわらず、金融庁が定めたルールだからと、議論することなくそれで信用リスクが測れると自分自身を騙しながら、あらゆる銀行が行内マニュアルを整備した。そして、おかしいと声をあげた普通の行員を、「リスク管理がわかっていない奴《やつ》」と排斥する構造を作り上げたのだ。

さらに金融庁は、その財務内容の良しあしの判定には、債務償還年数という指標を持ち出してきた。これは企業経営とずれた概念で、成長していく企業は債務を完済することなくバランスシートをどんどん大きくする。債務を完済しろというのは成長を止めろと言うに等しく、そのような企業のためにならない指標を誰が考え出したのか。

◆貸倒引当金制度の問題

そして虚構の総仕上げが過去実績に基づく貸倒引当金制度で、青果店の倒産実績を鮮魚店の倒産確率に当てはめるようなことを財務情報だからと正当化していったのだ。

その影響を最も受けたのが信用金庫、信用組合の非営利協同組織である。彼らのポートフォリオは十分に小口分散化された小規模・零細企業融資であり、ウィリアム・シャープ教授のポートフォリオ理論を持ち出すまでもなく、全体で損失量を把握すればよいはずだ。

にもかかわらず、彼らが全く考えようのない方法――個々の融資先に対する引き当て――を財務局のにわか検査官に迫られ、その上でリレーションシップバンキング（地域密着型金融、通称リレバン）によって一律に中小企業に適用してはいけないと言われたものだから、もはや何を信じてよいか全く分からなくなってしまった。

外部機関投資家が投資判断をするための財務情報を開示している上場企業であれば、百歩譲って財務情報から信用リスクの計測が可能かもしれない。ということは、メガバンクには信用リスク管理の可能性がある一方、中小企業へ融資する金融機関には不可能性しかない虚構の世界と言うことである。

そのことを当時の金融庁がどこまで分かっていたのかは、今となっては知る由もない。

2 検査局の栄光と挫折

——捨てられない成功体験

「ある政策を成功させる責任を負った当事者の組織は、その政策が失敗したときのことを考えたり議論したりしてはいけない」。2018年5月22日に掲載された日本経済新聞の「大機小機」。「無謬性の原則と全体主義」と題された匿名コラムは金融庁を論じていたわけではなかったが、金融庁、とりわけ検査局を論じる上で示唆に富んでいる。

政治学者ハンナ・アーレントの著書『全体主義の起原』を引用し、「為政者の無謬性を求める人々の欲求が『無謬の為政者』すなわち独裁者をつくり出し、全体主義をもたらした」と喝破したからだ。

金融庁が「無謬性の原則」に罹患《りかん》し、検査局が銀行業界にある種の全体主義を招いていたのは間違いない。ただ、金融庁も気づいていないわけではなかった。当時の検査がすべて正しいと信じていたわけでもなかった。それでも組織のカルチャーを180度転換させるまでには時間がかかった。検査局の栄光と挫折を検証する。

◆「検査報告会」の力関係

——大蔵省大臣官房金融検査部を廃止し、金融監督庁検査部を新設したのは平成金融危機真っ最中の1998年7月です。その後、検査部は検査局に昇格し、第1項で詳述した金融検査マニュアルという武器も手に入れました。

遠藤　「検査官には成功体験が強く刻み込まれていました。強烈な自負心が芽生え、金融庁内では誰もが認める『偉い』存在でしたね」

「その力関係をよく表していたのが『検査報告会』。個別の金融機関の報告会には監督局の担当課長と課長補佐が陪席することになっています。私も銀行第一課長の時代（05年8月～07年7月）、初めてこれに参加しました。当時は木村耕三さん（2003年から検査局審査課長を務めた）、目黒謙一さん（UFJ銀行で2004年に発覚した検査忌避事件の際、検査管理官だった。19年没）らそうそうたるメンバーがいて、この人たちは率直かつ強烈に議論をリードします。報告会に慣れていない監督局の課長などは格好の攻撃対象ですよ。『この問題に関して、監督局はどう考えているのか？』とガンガン聞いてくる。こちらは『えっ？』と思わずたじろいでしまうわけです」

「検査局幹部は局長、審議官、総務課長以下、いわゆるキャリア組が就いています。人事異動で頻繁に異動してしまうから、必ずしも検査実務に通暁していません。また検査官との間に太いパイプと信頼関係を限られた時間の中で築けるわけでもない。この大組織を名実ともに牛耳っているのは、こうした現場の検査官たちで、彼らからすると、『また、新しい局長が来たな。ご意見伺いましょう』とその識見人格の品定めが繰り返されるわけです」

「検査方針や検査戦略を自分たちの思い通りに決めてもらって、現場に出向き、報告会も検査がほとんど仕上がった段階で行う慣行ができあがっていく。仕事の回し方が検査官中心になり、金融庁を動かす力を持つようになったのです」

BOX　キャリア・ベテランとは

国家公務員はかつてその採用試験がⅠ種・Ⅱ種・Ⅲ種（それより以前は上級・中級・初級など）

の階層に分かれており、この職階が仕事のやり方に影響する。例えば、財務省主計局における細かな予算計数の積み上げ作業や主税局における税法策定作業はキャリア組と呼ばれるI種採用ではないベテラン組が担っている。金融庁においては、検査計画、下準備、実施、検査報告、講評通知までそのすべてがベテラン組の仕事である。

この結果、徒弟制度的な独自の文化ができあがった。厳しさもあるが、仲間としての一体感が生まれる。個別金融機関の検査は数カ月でまとめあげる仕事なので達成感とやりがいを感じることができる。こうした、働く上での価値観は大切にしなければいけないが、それを死守しようとするバイアスがどうしても生じてしまう。

これは、民間企業の創造的破壊を阻む「イノベーションのジレンマ」と同じような現象だ。もっとも行政サービスにはマーケットが存在しないので、市場価値はつかない。明らかに社会的な役割が低下し、デメリットの方が大きくなっているにもかかわらず、その機能を放棄できない。したがって、民間企業以上に行政が時代の流れに応じた変革を行うことは難しい。

◆「半沢直樹」のひな型

銀行法25条「立ち入り検査」の条文には「犯罪捜査のために認められたものと解してはならない」とただし書きが明記されている。施設に立ち入り、質問し、帳簿書類その他の物件を検査できる金融庁の検査権は、それだけ銀行に恐怖感を与える強力な権限である。

それが現実味を帯びた瞬間があった。２００４年10月、ＵＦＪ銀行（現・三菱ＵＦＪ銀行）に対し、

金融庁は検査を妨害したとして「検査忌避罪」を適用し、東京地検特捜部に刑事告発した事件だ。メガバンクどころか日本の銀行を刑事訴追したのは初めてで、その大立ち回りは世間にポジティブサプライズを与えたが、地域金融業界にも金融庁に逆らえない空気ができあがるきっかけとなる。

――この事件で検査官は「特別な存在」になりました。後に人気ドラマ「半沢直樹」も生み出しましたが、銀行界には「検査恐怖症」を植え付けました。

遠藤「そもそも、検査機能を監督機能から独立させて一つの局とするような組織は世界の規制当局にはない特別な形です。1990年代後半の不良債権問題の解決が最大の課題だった時代には、金融機関に厳しい、強気な検査を前面に出す組織は相応に有効だったのですが、2000年代半ば以降になると、やや『鶏を割くに牛刀を用う』ような存在になっていました」

日下「2009年から中小企業金融円滑化法が始まると、リスケ（返済期限の延長）が時の話題となりました。これは約定弁済付きの長期融資（例えば、5年契約で一定額を定期的に返済し続ける方法）の元金弁済を止めることを意味しています。すなわち、短期継続融資のように元金を回収せずに融資額を維持するのです。『そうであれば、マニュアルの見解を変えて短期継続融資も正常債権に分類させて欲しい』と検査官に訴えました」

「すると、検査官は『私たちにそんなことはできない』の一点張り。何とかならないかと監督局の方に話をしたところ、見解を変えていただけた。検査を受ける側からすると、『見解変更など政策判断は監督局』『資産査定など現場判断は検査局』という大きな壁があると感じました」

UFJ銀行東京本部から家宅捜索の押収物を運び出す東京地検の係官ら（2004年10月8日）＝提供：共同通信社

遠藤「検査官は力を持ったとは言え、それは金融検査マニュアルという決められたルールに沿って動く限りにおいての力の発揮です。根本的なルール変更に検査官がコミットしようという意識はありませんでした。検査の実態が地域金融機関の経営にとって本当に益になっているのか、現場からの意見発信はありませんでしたし、いわんや監督局と協力してルールを変えていこうといった動きもありませんでした。マニュアルに合わせた検査はある意味心地よい行動です。やりがいを感じる仕事でもありました。なかなかその殻を破ろうという動きにはなりませんね」

◆破綻予備軍「ゼロ」に

金融庁が経営の健全性に問題がある金融機関に業務の改善を求める「早期是正措置」。2006事務年度（2006年7月～07年6月）、制度を導入した1998年度以降、発動件数が初めてゼロになった。国際基準行なら自己資本比率8％、国内基準行なら同4％の最低基準を割る金融機関がゼロとなった事実は金融庁幹部の意識を大きく変えた。後に金融庁長官となる畑中龍太郎氏は2007年7月、検査局長に就任すると、歴代局長で初めて検査改革を打ち出した。

――検査に対する課題認識が芽生えたのはいつでしょうか。

遠藤「今につながる検査改革の源流は後に長官となる畑中龍太郎さんが検査局長だった時代（２００７年7月〜09年7月）にあります。私も検査局総務課長（２００８年6月〜09年7月）として畑中さんにお仕えしました。畑中さんは検査のあり方、特に検査官の検査に臨む態度に疑問をもっていました。『検査局を立て直さないといけない』と語っておられましたね」

「検査改革は『検査官の執行の問題』ととらえられていました。検査官の研修を充実させ、意識改革を促し、さらに検査マニュアルの前文（次ページ参照）に検査官の心構えを書きこんだ。畑中さんが長時間熟考されて、『これしかない』と示してくれた文章だった。我々は『五箇条の御誓文』と呼んでいた。検査官の意識と行動を変容させようというのが畑中検査改革でした」

——意識変革は進みましたか。

遠藤「畑中さんは検査官と熱心に議論していました。私も『御誓文』はよくできていると思い、検査官への説明はもちろん、地域金融機関への説明会でも今後の検査対応は変わることを強調していた。しかし、改革という点では、限界があったのではないでしょうか。検査官の意識に訴えて検査のあり方を転換するのは難しい。検査官の側から見ても、局長の言っていることは理解できるが、体がついていかず、これまでのやり方に流されてしまうことが多かったと思います」

畑中龍太郎金融庁長官（2013年2月）＝提供：共同通信社

「畑中さんは検査官と検査のカルチャーを大切にしようとしていた。検査官にシンパシーを感じ信頼してい

金融検査マニュアルに「五箇条の御誓文」～2008年に前文を追加～

①重要なリスクに焦点をあてた検証（「リスク・フォーカス、フォワード・ルッキング」アプローチ）
②問題の本質的な改善につながる深度ある原因分析・解明
③問題点の指摘と適切な取り組みの評価、静的・動的な実態の検証
④指摘や評定根拠の明示、改善を検討すべき事項の明確化
⑤検証結果に対する真の理解（「納得感」）

た。説明すれば検査官はわかってくれるだろうし、検査官の態度が変われば検査改革は大きく進むと信じていた。私も畑中さんと同じく、検査官一人ひとりへの親近感は強かったが、彼らに訴えかけるだけでは、ことが進まないと痛感していた。前に金融検査は成功体験として金融行政の象徴になっていると述べましたが、それだけに、検査をむしろシステムとしてとらえ、そのシステムのありようを構造的に変えないと改革はできないと考えるようになりました。後に検査局長に就いた森信親さん（在任期間は2013年6月～14年7月）は明確に『検査はシステムだ』という考え方でした」

◆「よりよい路線」へ模索

畑中検査局長が検査改革を進める土台を作っていたのは、同じタイミングで監督局長から長官に昇格した佐藤隆文氏の打ち出した「ベターレギュレーション路線」だった。事細かな決まり事を守る「ルール」より、日本語訳をすると原理、原則を表す「プリンシプル」を重視する路線。金融育成庁につながるコンセプトは佐藤氏が就任した2007年7月にできあがっていた。ただ、金融庁内で難題が待ち構える。プリシンプルは自己責任を原則としており、「ガバナンス（企業統治）」を検査し、経営判断を検査官がチェックしなければならないためだ。

遠藤「金融検査マニュアルの改訂では、第1章に『経営管理体制（ガバナンス）』を置きました。ガバナンスを強調する形を取ったわけですが、はたして議論を深められたかと言えば、かなり疑問が残ります」

「私が検査局総務課長をやっていたときにひしひしと感じたのですが、経営判断にかかわる領域に行政はどこまで立ち入るべきなのかがかなりあやふやでした。どちらかというと経営判断に当局が影響を与えてはいけないと皆、腰が引けていました。だから、金融庁が見る『ガバナンス』は外形的な手続きをチェックするレベルにとどまっていましたね」

「例えば、経営会議や取締役会に事務方がきちんと情報を上げているか、議事録を見て重要項目について意見交換されているかを確認する程度でした。経営トップの様々な局面における判断がどういう形で組織に徹底され、現場におけるお客さまへの対応が変わっていったのか。そういう経営管理の適否を正面から捉えるためにどういう検査を組んでいくべきかといった議論はありませんでした。経営判断には立ち入らない『暗黙の了解』があり、それがある種の金融検査の『美徳』になっていたのです」

金融庁長官に就任した佐藤隆文氏は就任会見で「ベターレギュレーション路線」を宣言した（2007年7月、東京・霞ヶ関の金融庁）＝提供：共同通信社

――経営判断に踏み込む結果、責任問題になることを恐れたのでしょうか。

遠藤　「銀行法は1条第2項で『運用に当たっては、銀行の業務の運営についての自主的な努力を尊重するよう配慮しなければならない』と規定しています。金融機関の自主性を尊重するという記述が経営判断に介入してはいけないという解釈となり、自縄自縛になってしまったのかもしれません」

「ただ、欧米当局は必要だと判断したとき、経営判断に入り込み、突っ込んだ議論をしています。米国は検査官が金融機関に常駐し、経営会議で当然、様々なことを見聞きし、それを踏まえて検査するし、日ごろ経営幹部と面談している。経営判断領域にもしばしば言及することになりますよね」

日下　「経営判断について言えばこの頃の金融検査では、『形式面』がどんどん強くなり、思いもよらないような副作用が起きていました。例えば、リーガルオピニオン。検査官がことごとく『この判断にリーガルオピニオンありますか?』と聞いてくる。無いと執拗に迫られるので、〝リーガルオピニオンばやり〟になってしまった。オピニオンを書いてもらえない場合、経営判断がその場でストップしてしまうなんてことも起きた。まさに本末が転倒していました」

◆リーマン・ショックが転機に

検査改革がよちよち歩きながら進んでいた矢先、検査局は重大な判断ミスを犯す。米リーマン・ショックへの対応だ。はっきりしたのは金融システムだけ守ることができても、経済自体が混乱してしまえば、社会も政治も支持してくれない現実。「何のための検査なのか?」という批判が沸き起こり、「国民経済のための金融検査」という原点に回帰するきっかけとなる。

――リーマン・ショックは検査改革の転機になりましたか。

遠藤「2009年3月、貸し渋り集中検査の指示が与謝野大臣（金融担当相）から降りてきました。リーマン・ショック後の実体経済の冷え込みを金融機関の貸し渋りが増幅させているのではないかという問題意識です。当時私は検査局総務課長で、問題のある金融機関トップに検査をきちんと受けるよう直談判するために関西に出張中でした。その金融機関への訪問前夜、上司から突然電話がかかり、貸し渋り検査の要領をまとめて長官室に報告するためただちに帰京しろというわけです。大切な用務が控えているので在京のメンバーで対応してほしいと押し返しましたが許してくれず、結局、帰京しました。なぜこんなエピソードを紹介したかというと、貸し渋り検査を実施すべきという発想が検査局から出たのではなく大臣から降りてきたこと、

貸し渋り検査の発表文

金融円滑化のための新たな対応について

平成21年3月10日
金　融　庁

世界の景気が急速に悪化する中で、中小企業はもとより、中堅・大企業の業況も厳しさを増している。このような状況を踏まえ、企業金融等の円滑化に向けて、以下の措置を講ずることとする。

Ⅰ　金融円滑化のための特別ヒアリング、集中検査の実施

①　年度末に向け、金融機関に対して、金融円滑化への取組み状況等について詳細なヒアリングを実施中。

②　上記のヒアリング結果を踏まえ、主要行等に対して金融円滑化に向けた集中検査を実施する（原則として４～６月に実施）（別紙参照）。

（検証対象）・年度末金融への取組み状況及び新年度入り後の信用供与の状況
・中小企業向け融資、中堅・大企業向け融資及び個人向け融資（住宅ローン）

Ⅱ　緊急保証に係るリスクウエイトの見直し

信用保証協会の保証付き融資については、現在、自己資本比率規制上のリスクウエイトが10%とされているが、このうち、緊急保証付き融資については、特例的にリスクウエイトを０%とする。

Ⅲ　コベナンツ対応の弾力化の促進

①　コベナンツ（借り手に対して一定の純資産の維持等を義務付ける条項）の変更・猶予を行っても、金利減免、元本返済猶予等を伴わない場合には、それのみで「貸出条件緩和債権」に該当しないことを、Ｑ＆Ａにおいて明確化する。

②　現下の状況に鑑み、コベナンツを機械的・形式的に取り扱わないよう、金融機関に対して要請する。

（出所）金融庁報道発表

リーマン後のゴタゴタの中でも検査局は通常どおりの検査をしていたことを言いたいからです」

――検査局はなぜ、臨機応変に対応できなかったのですか。

遠藤「我々はやるべきことはやっていたという意識が強く、リーマン・ショックはちょっと他人事だったような気がします。当時リーマン対応を金融庁で主導していたのは監督局と総務企画局。財務省と協議し麻生総理に検討結果を報告していました。その間、検査局は年初に作った検査計画をそのまま淡々と実施していました。金融庁はキャパシティーの問題もあるのだから、本来なら検査を全部止めて、金融庁全体としてまとまって戦略を検討、実施していかなければいけない。それができなかった苦い経験ですね」

「のちのち森さんに『金融庁全体で対応しないといけないときに、検査局は何をやっていたんだ！』と怒られました。『検査局の組織問題だな！』と批判されましたが、反論の余地はありませんでした」

解説　検査行政から「三方よし」の行政へ（遠藤俊英）

金融庁発足当時の看板行政であった金融庁検査。検査局総務課長の経験を通じてその限界に気がついた。以下は「検査」を中心にして金融行政のあり方をまとめた長官退任直後の論考である。

◆健全性至上主義

地域銀行が、顧客企業に対する事業性評価や伴走支援を行い、地域における様々なステークホルダーと協力しながら地域経済を下支えし、それが翻って地域銀行の経営を安定的なものにする。こうした好循環の確立を、金融庁はマイケル・ポーター・ハーバード大学教授の提唱したＣＳＶ（Creating Shared Value）という言葉で表現したが、日本的に言えば、これは近江商人の教え「三方よし」に他ならない。「地銀よし、顧客よし、地域よし」の実現を後押しするため、金融行政は、特に地域銀行検査はどうあるべきなのだろうか。

そもそも金融行政の目的は、「金融システムの安定」である。90年代の不良債権問題の最中に発足した金融庁にとって、「金融システムの安定」とは、個々の「金融機関の健全性の確保」と言い換えてもいい。金融機関の破綻は、決済システムの混乱を招き、取り付け騒ぎなど社会的不安を惹起し、実体経済に深刻な影響を与える。それを１９９０年代に我々は痛いほど経験した。そうであるがゆえに、２０００年代以降の金融検査は検査マニュアルを導入し、金融機関のリスク管理体制を厳しく監視し、また早期是正措置を用いて自己資本比率の水準確保を促してきた。金融庁のミッションは金融機関の健全性確保至上主義とも言えるものだった。

２０００年代も半ばになり、不良債権問題が一応の終息をみたころから、こうしたミッションに疑問が生じるようになった。金融機関、特に地域銀行がリスク回避の傾向を強め、貸し渋り、貸しはがしが問題視されるようになった。人口減少時代に突入し、地域経済の疲弊が進む中で、本来リスクテイカーであるべき銀行がリスクを回避するようになれば、地元企業と地域経済への影響ははかりしれない。金融庁としても、地域金融行政のありかたを再考する時期が来たのだ。

◆人口減少時代の地銀行政とは

1つ目は、金融行政の目的について検討した。個々の金融機関の健全性はなぜ、何のために確保されなければならないのか。地域金融の文脈で考えれば、健全な（＝決して高くはなくとも安定的な収益を確保する）金融機関が存在し続けることにより地域経済・社会、つまり、地域住民の生活・企業活動を守り支え続けることができるのではないか。金融行政は、金融機関だけを見るのではなく、その先の住民、企業、地域経済にリーチすべきなのだ。検査結果の「指摘」を行うときも、金融機関の「やり方」が単純に不適切だ、不十分だというのではなく、金融機関は顧客企業に対していかなる働きかけを企図し、それが十分に成功したのか、足りなかったとすれば何が問題なのかを検査官なりに考え、問題提起するような「指摘」を行うべきなのだ。

2つ目は、金融行政の守備範囲を再考した。特に、金融庁はもっと「金融機関の経営」に踏み込まないといけないが、「個々の経営判断」に干渉しない形で関与する方法はないのだろうかという論点だ。

検査局総務課長（2008年～09年）時代の実感からすると、金融庁検査局には「行政は経営に介入してはいけない」といった不文律があった。その意味するところは、金融機関の個別の貸出先や投資先の決定に行政がかかわるのは厳禁というものだったのだが、改めて議論することもなかったので、およそ経営判断にかかると考えられる領域には検査が入り込まない慣行ができあがっていた。考えてみればおかしな話だ。経営のあり方は、リスク管理体制、引いてはP／L（損益計算書）、B／S（貸借対照表）にも影響する。経営判断がきちんと行われなければ、検査で指摘してきた「リスク管理体制の適切性」など確保されようがない。

それでは、金融庁が関心を持つべき「個別の経営判断」ではない「金融機関の経営」とは何だろうか。それは、「経営理念」なり「ミッション」「パーパス」を軸にした経営が確立できているかということだろう。

近頃、地域金融機関の若手人材の離職が話題になる。若手職員がワクワクして共鳴するような、トップによる経営理念の具体化とストーリー化がなされていないため、職員は日々の仕事に充実感、納得感を得られていない。

さらに、経営理念に基づいた戦略や組織・仕組みづくりが十分に行われていないために、数字を追いかけるだけのノルマ主義に陥ってしまっている。

こうした問題意識を踏まえまとめたのが、２０２０年3月末に公表した「地域金融機関の経営とガバナンスの向上に資する主要論点（コアイシュー）」だ。８つの大項目について、「〇〇すべき」といった記述は一切ない。どのような方針であってもそれは金融機関自身が考え抜いて判断すればよいのであり、地域の実情を知らない金融当局がone size fits all（一つの基準に押し込める）のような経営の形を押し付けるのは厳に慎んでいる。金融庁はこのコアイシューを踏まえ、地域金融機関の経営の形を理解しようと努めている。

３つ目は、金融庁と金融機関とのコミュニケーションのあり方の検討。これまで両者のコミュニケーションは、検査結果の「指摘」に代表される一方通行の行為だった。金融庁が「指摘」した以上、金融機関はそれを真剣に受け止め、何らかの改善を行うのは当然であるとする、上から目線の空気（実はこのような空気は、金融機関と顧客中小企業との間にも存在する）が前提としてあった。金融庁側からは、金融機関の目に見える改善がみられないのは金融機関の怠慢であり、さらに強く、あるいは切り口を変えて金融機関を説得していかなければならないと考えがちだった。

他方、金融機関の側からすると、金融庁は「指摘」の背景、実態を理解していない、あるいは「指摘」された問題の優先順位や対応への時間軸といった経営判断を理解しようとしない、と感じていたのではないか。また、いくら反論しても当局の機嫌をそこねるだけで得策ではないので、不本意ながら「指摘」を受け入れようとあきらめていたのではないか。両者の間で、信頼関係が醸成されず、腹の探り合いが行われていた。腹の探り合いのような後ろ向きのコミュニケーションからは、創造的で前向きな成果を生み出せない。

コミュニケーションは一方向の「指摘」ではなく双方向の「対話」に改めなくてはいけない。「対話」によって金融機関が自分事として腹落ちすれば（すなわち、自ら課題を認識し、自発的にその克服に乗り出そうという心持ちになる）、その後の対応は責任をもって力強く取り組むことが期待できる（センスメーキング理論）。これがコミュニケーションの目指すべき姿だ。

◆「対話路線」の5条件

こうした「対話」を実現するために、やや技術的・テクニック的なことも含めて意識しなければならないポイントがある。以下の5点がそのポイントだ。

BOX 「対話路線」の5条件

①当方の問題認識を一方的に通告するようなやりとりは行わない。丁寧に当方の認識と、その認識

に至ったファクトとロジックを説明する。
②言うまでもなく、当方の問題認識はあくまで仮説であり、「対話」を開始するためのキックオフに過ぎないことをよくわかってもらう。
③先方の説明は、じっくり、相手の立場にたって聴く。相手方の説明を「言い分」とか「言い訳」などと見下さない。なぜそういう課題が生じているのか、その根本原因は何だったのか、相手の話を聴きながら、相手のおかれた状況を想像し、自分だったらどう対応できたのかと思いをはせる。
④相手が臆せずモノがいえるような環境、すなわち「心理的安全性」が確保されるように努める。「笑顔」「うなずき」「アイコンタクト」といったテクニックも駆使して、「心理的安全性」を実現する。
⑤経営幹部、取締役会メンバー、現場職員など様々な層と「対話」する。その組織における「課題」をできるだけ多面的にとらえ、その認識を相手方に供する。

長官在任中の2年間の成果として、金融行政の目標と守備範囲の再設定については、行政の大きな枠組みの変更ではあったものの、その枠組みに合わせた新たな監督検査の仕事を構築できたのではないかと思う。しかしながら、「対話」によるモニタリングについては道半ばの感がある。

◆「心理的安全性」の試行錯誤

事実、モニタリング担当職員向けアンケート調査では、次のような回答が見られた。

BOX モニタリング職員の主な回答例

・先方の話を丁寧に聞くことを重視するあまり、帳簿等による事実確認がおろそかになり、具体的に何をどう改善するのか議論が深まっていかない。
・先方と認識を共有するまでにかなりの時間を要し、どう着地点を定めていくかが非常に難しい。
・「心理的安全性」を過度に強調すると、担当官は委縮し、言うべきことが言えなくなってしまう。
・そもそも金融機関にとって、監督当局に対する「心理的安全性」は存在しえないのではないか。他方、以下のような前向きの回答も見られた。
・これまでの検査は指摘にこだわりすぎ。現在のモニタリングは、金融機関の劣後している点の気づきを与え、よりよい手法を対話していこうとする方向にある。
・当局側は相手の立場にたって言い分を聞く対応ができていない。「対話」のスタートは相手の話を聞くことから始めるべき。
・常日頃から意見交換できる環境を作る必要。当局は業界の育成・発展のために各社とフランクに話しますよというメッセージがあまり伝わっていないのではないか。
・真に相手の経営に必要なものは何かを考え、それを考える上で必要な情報・データ・分析とは何かを追求し、それをもとに対話する必要。
・こちらが心を開き、相手の心を開かせるような話題も織り込む工夫をすべき。前言の修正や撤回を可とし、素直な思いを話してもらう。
・重要な問題以外は指摘しないということにしないと、「心理的安全性」は両者の関係から確保できない。
・話をよく聞くだけでなく、こちらの能力が問われている。言うべきことは強くいい、合意したら実行してもらうことが重要で、発言の質の高さが問われている。

さらに「これから身に付けなければいけないスキルは?」との質問に対して、回答の断然トップは「コミュニケーション能力」であった。このアンケートでは、モニタリングを担当する金融庁職員が何とか真の「対話」を実現すべく模索している姿が浮き彫りになったと思う。

よき地域金融行政を構築していくためには、行政主体である金融庁が努力しなければならないのは当然だ。しかし、今や、当該行政は、金融庁と金融機関という二者間の緊張関係ではなく、「地域企業、経済、社会」という第三極への貢献を常に意識した二者の協働作業と捉えられる。「三方よし」の行政、CSVの行政だ。

法的権限を有する監督当局である金融庁が、どれだけフラットに「心理的に安全」な関係を金融機関と構築し、そこで行われる「対話」が金融機関により多くの気づきをもたらしうるのか。難しい課題ではあるが、金融庁は今後も不断にチャレンジしていかなければならない。

3　検査局の転向
——歴史的役割の終焉

金融庁にはほかの霞が関官庁と同じく、担当する政務3役（担当大臣、同副大臣、大臣政務官）がい

る。しかし、金融庁においてはその立ち位置は単なる上司部下という上下関係にない特殊な間柄だ。

金融庁設置法はこう定義する。「金融庁の長は、金融庁長官とする」。内閣府の外局として設置された金融庁は首相から各種権限を行使する権限を直接委任されている。金融庁長官の直接の上司は首相ないしは内閣官房、つまり官邸というのが形式上の決まりだ。

政務3役は特命担当として置かれているに過ぎないとも言え、竹中平蔵氏のように小泉純一郎首相の直接の指示に基づいて金融庁を指揮することは例外的な行動パターン。それ以外の金融担当大臣の時代は、どちらかと言えば、何か政策のメッセージを伝えたいときに代弁するシンボリックな存在となっていく。軽視しているわけではないが、政務サイドも金融庁に任せるムードがあった。与謝野馨氏が金融担当相時代、「俺はいつも、金融庁は大臣も不要なんだと言っている。長官がやってくれればよいんだ」と周囲に語っていたのがその象徴だ。

「中小企業の特性や経営実態を踏まえた検査・監督の徹底について」。2008年11月7日、当時の金融担当相、中川昭一氏が出した大臣指示書は政策転換を対外的に発信するシンボリックな一手だった。金融担当相の神通力を使ってまでメッセージを伝えたかったのは、1998年以降、不良債権をあぶり出すことに心血を注いできた金融庁にとって、自己否定につながりかねない危ない橋とも言えたからだ。

なぜ、「転向」と記したかと言えば、不良債権の査定基準を緩め、先祖返りを想起させるほど大胆に検査マニュアルを改訂したからだ。時に金融機関の経営を追い込んでいた「返済猶予先」を、事実上、不良債権に分類しなくてよいと180度転換した。

「不良債権をあぶり出す検査」からの転換――。2009年3月10日、検査局はこの新しい検査マニュ

アルに基づいて、「金融円滑化のための集中検査」に入る。検査局は世間から「転向」と指弾されないよう慎重にスタンスを変えていくが、次第に政治の風圧に押されていく。

——地域金融機関にはどう映っていましたか。

日下「リーマン・ショックは、その影響の大きさもさることながら、政策的な大きな転換点になったと思います。金融検査においては、『一過性の赤字』というそれまで例外的な扱いだったものが主役となり、不良債権の認定範囲は一気に狭まりました」

「結果として、リーマン・ショック後、業界トータルで見ると不良債権は増えなかった。その後、中小企業金融円滑化法ができると、マニュアルが打ち立ててきた不良債権認定の方法は、ほぼ骨抜きになりました」

BOX

「検査マニュアル2008年改定」とは

金融検査マニュアルには例外規定が存在する。2002年に「金融検査マニュアル（中小企業融資編）」を新設したように、画一的な検査基準では個別の査定が実態に合ったものにならないという意識を持っていたからだ。

その一つが「実現可能性が高い抜本的な経営再建計画」、通称「実抜（じつばつ）計画」の認定だった。不振企業がこの再建計画を作り、銀行が再建可能と判定すれば、正常債権として扱うことができた。

しかし、この計画の有効性を巡って、銀行と検査官が火花を散らすことが日常茶飯事となる。検査官が押し切り、不良債権処理は加速していくことが多かった。

最大のポイントは「いつになったら再建できるのか」という期間の問題だった。当時の検査マニュアルは「概ね3年後に正常先」と書いていたが、デフレ不況まっただ中で急回復するウルトラCをそう簡単に編み出せるわけもない。

不振企業でも症状が軽度の場合、返済期限を延ばせば再建可能性が高くなると分かっていても、銀行は嫌がった。返済期限の延長は「貸出条件緩和」に該当し、金融庁から「これは不良債権ではないのか」と指摘されることを恐れたからだ。不良債権に分類されると優良担保や保証がなければ、新規融資を受けることは難しくなる。「融資を受けられなくなりますよ」と銀行がささやけば、不振企業もそれ以上、自己主張しなくなる。

結局、傷が深くなり、貸し渋りどころか回収に走る貸しはがしまで生む悪循環である。リーマン・ショックのような事業環境の急変時にその矛盾が爆発し、信用収縮の発火点となる。

２００８年11月の改訂はこの悪循環を断ち切る意味で大きな転換点だった。

「概ね5年（5年~10年で計画通りに進捗している場合を含む）後に正常先（計画終了後に自助努力により事業の継続性を確保できれば、要注意先であっても差し支えない）」

3年の表記を5年に延ばすだけでなく、計画終了後に正常先でなくても不良債権に分類しないと宣言した意味は重い。前項で触れたように、遠藤が「我々はやるべきことはやっていた」と吐露したのは、畑中改革において仕込んでいた方向転換の布石を意味していた。

◆政権交代、「モラトリアム法」の攻防戦

2009年8月の衆院選で自民党が大敗し、民主党・社民党・国民新党の3党連立政権に交代した。金融担当相も9月16日、与謝野馨氏から国民新党代表の亀井静香氏に替わる。政局最大のテーマだった郵政民営化の凍結に注目が集まるはずだった就任時の記者会見は、予想外の方向へ話題が集まった。資金繰りに苦しむ中小企業や個人の借金返済を最長で3年程度猶予する制度を創設すると表明したことだ。関東大震災後に発令した「モラトリアム」の再来と騒がれ、後に中小企業金融円滑化法（通称、返済猶予法）となる。選挙前に3党で合意していた「貸し渋り・貸しはがし防止法（仮称）」が現実のものとなる。

衆院本会議で、中小企業金融円滑化法案の趣旨説明をする亀井金融相（2009年11月17日）＝提供：共同通信社

遠藤「2009年7月、検査局総務課長から総務企画局総務課長（官房部門）へ異動しました。大臣に一番近い課長なので、よく大臣室に入っていろいろ話をさせてもらいました」

「亀井さんが『徳政令を作りたい』と就任早々言われたので、『亀井さんがやられようとしていることは金融庁はすでに取り組んでいます』と説明した記憶がある。実際、畑中さんが検査の基本方針を変え、検査マニュアルを改正し、貸し渋り・貸しはがし対策もやっていた」

「『言われているような貸し渋りはもうないです。不良債権になることを恐れて銀行が貸し渋りするというようなイメージはすでに過去のものです』とまで申し上げたのだが、亀井さんはやはり政治家なんですよね。『いやいや、そんなことはない。お前ら中央官庁の役人は地方の実態を知らないだろう。地方へ行けば中小企業はみんな困っているぞ』とおっしゃる。『銀行はけしからん。是が非でも法律を作れ』と強気でしたね」

日下「亀井さんは地元が広島県なので、頭取の携帯電話に直接電話をかけてこられたりしていましたが、広島銀行として特別な関係があったわけではありません。ただ、地元の支援者とのつながりはとても深いので、取引先経由でいろいろな情報が入ってきていました」

「亀井さんが当時言っておられたことは、事業者の声を代弁されていたのだと思います。融資企画部長として円滑化法対応をやって改めて分かったことは、融資の約定弁済が事業者を苦しめているという事実でした。遠藤さんがお忍びで広島に来られた際、『そもそもの元凶は金融庁です』とお伝えしましたが、マニュアルが銀行融資を画一的な約定弁済付きにしてしまい、亀井さんが言う返済猶予はそれに対する止血作業のようなものでした」

◆自民党返り咲き、「金融育成庁」時代へ

２０１２年12月、自民党が衆院選に大勝し、約3年ぶりに政権復帰した。金融担当相はそれから10年近く君臨する麻生太郎氏に交代する。幾度か延長していた中小企業金融円滑化法は13年3月末に失効するが、金融庁は円滑化路線を踏襲する。「金融庁は『金融処分庁』というありがたくない名前を頂戴し

ていた。『金融育成庁』に生まれ変わらないといけない」。麻生氏が打ち出した育成庁路線が検査局、そして検査マニュアルの存在意義を揺さぶることになる。

――金融庁内で検査マニュアル廃止に向けた議論が始まったのはいつだったのでしょうか。

遠藤「新長官は就任当初の幹部会で、この1年の施政方針の私的メモを配布するのが慣例になっています。森（信親）さんは長官就任時のメモにオン・オフ一体（オン＝検査局、オフ＝監督局）を深めようと盛り込んでいた。検査を抜本的に見直すことがにじんでいる内容です。森さんが長官に就いた2015年7月には検査マニュアルの廃止に向けた方針を固めていましたね」

衆院財金委で答弁する麻生太郎財務相兼金融担当相（2017年2月）＝提供：共同通信社

日下「2014年7月に金融庁が出した金融モニタリングレポートで、はっきりと潮目が変わったと確信しました。『事業性評価』という言葉が初めて公式に使われたからです。企業の事業性、つまり、成長可能性だったり存続可能性だったり、それらを把握することは、少なくとも検査官には不可能です。企業を財務面からしか見ず、銀行のバランスシートの健全性ばかりを検査していても地方経済が抱える本質的な問題解決にならない。13年に森さんと会って、手法を説明していましたから、『これは確実に検査に切り込む

む な』と感じました」

遠藤「モニタリングレポートは検査局のレポートであり金融庁全体のレポートではない。検査局長が局長権限で作ったものです。毎年『金融庁の1年』という、公表ペーパーを時系列でまとめた文書は作っていましたが、モニタリングレポートのような行政のメッセージ性を鮮明にした文書は初めての試みでした。森さんにドラフトをみせてもらい、これは面白いと思いましたね」

「森さんは、検査局長、監督局長、長官と昇進するに従って、毎年のレポートの守備範囲を広げ分析と発信を充実させていきました。空気としては2000年代後半から改革機運はあったので、それを明確に文書化し改革を一気に進めたのが森さん一流の改革手法でしたね」

◆金融庁森長官、「検査廃止」へ

金融庁は麻生氏の意向に沿って、2016年8月24日、「金融モニタリング有識者会議」を招集していた。長官になったばかりの森信親氏が「問題提起」と題するペーパーをわざわざ提示したのは、検査局廃止に向けた決意の表れに映った。

「金融庁は個別の貸し出しが不良債権かどうか、銀行員に個別のミスがあったかどうかのチェックだけにずっと情熱を注いできたかのような印象が現在でも強いのではないか」

モニタリング有識者会議は半年あまり議論し、2017年3月、報告書をまとめた。「検査・監督改革の方向と課題」と銘打った内容は①「持続的な成長と安定的な資産形成を通じた国民の厚生の増大」という究極的な目標との整合性②「形式・過去・部分」から「実質・未来・全体」へ③「最低基準の充

足状況の確認」にとどまらないこと―の3点だった。

「今まではブレーキとエアバッグだけ注視してきたが、今後はクルマ全体の性能を見ないといけない」。金融庁の森信親長官は2017年5月、東京都内で開いた国際金融協会（IIF）で講演していた。ブレーキを検査局、エアバッグを監督局になぞらえて、組織再編を示唆した。それから3カ月後の8月、金融庁は検査局を廃止し、新設する総合政策局の中に吸収する機構改正要求を発表した。

金融モニタリング有識者会議で挨拶する森信親長官（2016年8月24日）

――検査マニュアルだけでなく、検査局まで廃止してしまうのは驚きでした。

遠藤「一般に霞が関の官庁は組織防衛意識が強い。外から何か問題を指弾されたわけでもないのに、既存組織を完全に衣替えしたのは極めてまれなケースだと思います。金融庁としては、あるべき論を追求した結果なのだが、検査局の廃止を決めたとき、財務省の友人には『信じられない。金融庁は平時に自分で組織をいじるのか』とあきれられました」

――「あるべき論」をおさらいするとは、どういう議論でしたか。

遠藤「リーマン・ショック後、『ミクロプルーデンス』『マ

金融庁の問題意識（新しい検査・監督の方向性）

○ 新しい環境や課題に対応し、金融行政の目標を実現できるような新しい検査・監督の方向性として、どのようなものが考えられるか。

目指すべき金融の姿 ―顧客との“共通価値の創造”に根ざしたビジネスモデルの確立―

金融機関は、顧客ニーズにあった良質なサービスや金融商品を提供し、企業の生産性向上や国民の資産形成の拡充を後押しする。金融機関自身も、企業や国民資産の成長を通じて持続的な収益を確保し、成長していく。

検査・監督見直しの3つの柱

コンセプト			内容
形式	⇨	実質	最低基準（ミニマム・スタンダード）が形式的に守られているかではなく、実質的に良質な金融サービスが提供 できているか（ベスト・プラクティス）へ
過去	⇨	未来	過去の一時点の健全性の確認ではなく、将来に向けたビジネスモデルの持続可能性があるか
部分	⇨	全体	特定の個別問題への対応に集中するのではなく、真に重要な問題への対応が出来ているか

（出所）第1回金融モニタリング有識者会議資料（平成28年8月24日、金融庁作成）より

クロプルーデンス』という耳なれない言葉が金融規制の世界で語られるようになりました。個々の金融機関の健全性にのみ焦点を当てるだけでは、市場の大きなうねりが多くの金融機関に一挙に及んでくる動きに機動的に対処できない。サブプライムローン関連だけでなく、証券化商品全般への不信感の広がりを経験したリーマン・ショックを経て、世界の金融規制当局においては、市場のマクロ的な動きを機動的に把握する形のモニタリングが求められるようになりました。『個別の金融機関を周期的に検査マニュアルに基づいて検査する』という『ビジネスモデル』では、到底対応できなくなったということです」

――「歴史的な役割」を終えたということでしょうか。

遠藤「組織の肥大化、仕事の硬直化、ルー

ティン化が進み、抜本的なやり直しを迫られる状態になりつつありました。『形式から実質へ』『部分から全体へ』『過去から未来へ』と金融庁は改革を進めたが、検査局には『形式』『部分』『過去』へのこだわりがひときわ強かった。検査マニュアルのチェックリストを部分的かつ形式的になぞるだけ、過去の不適切な行為を指摘するだけで、どんな改善策が可能かを金融機関とともに考えようとしない。それではだめだと改革しようとしたのが、畑中局長の5箇条だったが、実践できる検査官とできない検査官に分かれてしまいました」

「検査局の総務課長時代、何人かの主任検査官と相当激しく口論しました。特に外資系金融機関に対する『重箱の隅をつつく』検査は問題だった。主任検査官は長い検査経験を通じて、ここを突けば大なり小なりほこりがでるポイントをいくつか仕込んでいる。どんな検査でも必ず同じような指摘をするので、それが当該金融機関にとってどれだけの意味があるのか、検査報告会で詰問したが、のらりくらりかわされてしまった。私も未熟だったので、打ち上げ会の席でついに爆発してしまい激論になった。会合をセットした若手検査官に悪いことをしました。困惑した顔が今も忘れられません（苦笑）」

解説

検査局廃止後の世界
――新組織運営についての証言（遠藤俊英）

行政機構は総務省行政管理局が機構・定員の査定を行うが、行政の肥大化を防ぐため、スクラップする部局を提示しないと新しい部局を設立できない。金融庁のように歴史が浅い小さな役所では、大きな役所のように不要になった地方部局をスクラップし本省の部局を増やすような技はとりえない。検査局をスクラップした上で、その見返りとして新たな局をつくっても金融庁の局の数が増えるわけではない。新たな局という袋にどんな酒を注ぐのかが問われることになる。

◆大監督局と小監督局の論争

もともと金融庁は大蔵省から分離するとき、業態別ではなく機能別に局の編成が行われた。その基本路線を踏まえ、かつモニタリングという機能に着目すれば、検査局廃止の後は、監督検査を合体したモニタリング局をつくろうという発想になるのは自然だ。というのは、監督と検査は、英語ではoff-site monitoring、on-site monitoringと表現されるように、モニタリング行為の裏表であり、監督と検査が補い合って、モニタリング対象の金融機関の実態を明らかにすることができるからである。

しかしモニタリング局はいかにも巨大な局になってしまい、三局体制の中でバランスを欠く。やはり、特定の金融業態についてはオフサイトとオンサイトを総合政策局と監督局に分割せざるをえないと思われた。

◆新三局の運営哲学

新しい局として発足した総合政策局には、システムなどの従来の横断的課題、フィンテックやマネーロンダリング、ESG（環境・社会・企業統治）など新しい行政課題を所管とするだけでなく、合理的な範囲の検査（オンサイトモニタリング）を担ってもらうことで、三局間の仕事と人員のバランスを取ろうとした。

新たな三局体制の下、保険についてはオン・オフのモニタリングを監督局で一元的に、銀行については主要行も地銀も、オフサイトモニタリングは監督局が、オンサイトモニタリングは総合政策局が担うこととした。主要行オンサイトモニタリングについては、システムやマネロンが主な課題となったので、総合政策局の所管との親和性が認められた。総合政策局で展開すべきオンサイトのモニタリングは、このようなテーマ型の検査が主になるように思われる。

◆地銀モニタリング、年度途中で変更

２０１８年秋、事務年度がはじまってまだ半年もたたない段階で、両局の役割変更を行った。地銀のオンサイトモニタリング機能を総合政策局から監督局に移行させたのだ。

地銀については、顧客企業に対する事業性評価や伴走支援を推し進めてもらい、地域経済の下支え的な機能を果たしてもらう、「三方よし」の地域金融を展開してもらうべく当局との間で「対話」路線を進めていた。その役割を担うのは監督局の地域金融担当課室になるわけだが、総合政策局のオンサイトモニタリングでも同じような「対話」路線を同時に展開するのには無理があった。

どう検査の中に「対話」を入れ込んでいくのか迷っている検査官が多かったし、それにむけての研修も道半ばの状態であった。どうしても、これまでどおりの健全性検査対応になりがちであり、両局間での議論ではその齟齬《そご》を埋めることが困難であった。

何といってもオフサイトとオンサイトで異なる対応を受ける地域金融機関側に困惑がみられ、早急な事態収拾が必要だった。事務年度の途中ではあったが、新たな三局体制はよりよい姿に柔軟に改変していくべきとの考え方の下、人の異動もオンサイト人員を単純に移すだけで比較的容易であったことから、地銀のオンサイトモニタリングの機能を総合政策局から監督局に移すこととし、「対話」路線の重

視を改めて明確にした。

◆総合政策局の役割とは

今後も総合政策局は、時代の要請に応える、機動的な行政の受け皿になることが期待される。新たに注目されてきた課題として、例えば、分散型金融（DeFi）の展開、金融機関のガバナンスや企業文化の確立などが考えられる。こうした課題に行政としてどう向き合うのか、総合政策局を中心に検討することになるのではないか。

例えば、分散型金融について。ブロックチェーンにおいても見られるが、従来のような規制対象とすべき仲介業者が存在しないデジタル金融の世界が海外においては大きく展開しようとしている。日本はどう対応すべきなのか。新たな経済権益をもたらすイノベーションを従来発想で規定しようとするのは、国益に反しうる。これまでの経験が通じない分野について、世界の動きをフォローしつつ大きな戦略を立てるのは、総合政策局の新たな役割ではないかと考えられる。

ガバナンスについても、コーポレートガバナンス・コードを所管している企画市場局、社外取締役とのヒアリングにより個別金融機関のガバナンスについて把握している監督局を指揮し、日本企業のガバナンス戦略について一定の方向性を形成する司令塔となりうるのは総合政策局ではないか。企業文化（カルチャー）は、金融機関が個別の問題に直面した時、現場の力が発揮されるために重要な役割を果たす。従来、当局が関与する分野ではなかったが、よりよい企業文化が多くの金融機関に広まるようにするにはどうすればいいいか。総合政策局が検討すべき課題であると思う。

◆財務局との関係

財務局は財務省の地方支分部局であり、金融庁は地域金融機関の監督検査など一定範囲の業務を財務局に委任している。全国10の財務局（支局）と全県にわたる財務事務所は我が国の中央官庁では最も広範な地域ネットワークを構築している。したがって、財務局との協力は地域金融行政をきめ細かく展開するためにきわめて大切だ。

長官在任1年目、新しく設置した地域生産性向上支援チームを地方財務局に派遣した。同チームは、地域経済活性化のため、地域のステークホルダーとネットワークを構築し、地域金融機関との橋渡しを行うことを主たる目的に財務局に席をいただいたが、十分な理解が当初得られなかった。金融機関監督は財務局理財部の仕事であり、従来の金融庁はこの理財部をカウンターパートとしていたため、財務局の中で「地域経済エコシステムの構築」を財務省から指示されている総務部に理解してもらえなかったようだ。最初はギクシャクしていたが、同チームの継続的派遣により、地域においても一種のムーブメントが起こり、その後財務省、財務局の理解も進み、協力関係が得られるようになった。

◆プリンシプルベースレギュレーション

２０００年代後半の金融行政のあり方の議論の中で、当時の英国金融当局、金融サービス機構（ＦＳＡ）が採用していたプリンシプルベースレギュレーション（当時のブレア労働党政権は各省庁にベターレギュレーションの行政を指示、その内容は各省庁が決めることとしており、ＦＳＡはプリンシプル重視の行政を打ち出した）は、２００７年に金融庁において、プリンシプルとルールのベストミックスの方針を策定する基となった。

ただし、翌年のリーマン・ショックの対応でベストミックスの具体的な肉付けは頓挫した。私は、銀行一課長であった2006年当時、英国FSAが主催するプリンシプルベースレギュレーションのプレゼンテーションとパネルディスカッションを聴取、続いて英国FSAの担当官とも意見交換した。

プリンシプルベースとは、一言でいえば、金融機関経営者と当局者が経営方針、戦略、リスク管理などじっくりと意見交換することにより、当局としてその金融機関の実態を理解しようとする試みだ。検査の裏付けもない、金融機関性善説に基づいたソフトタッチな行政であり、その後のリーマン・ショックの混乱の責任から、FSAそのものがイングランド銀行（BOE）に統合されることになった。当時の私には、こうした金融行政が本当に有効なのかには疑問を抱きつつも、金融機関経営者とじっくり話しこみ、彼らの考えを理解しようとする行政の新たな姿には惹かれるものがあった。

金融庁で地域金融機関との「対話」路線を推進しようとした、その根っこには、英国当局の教えがあったといえるかもしれない。

4 監督局の苦悩
――リレバンの理想と現実

監督局は検査局と異なり、政治家と直接、コミュニケーションを取ることが少なくない。地元支持者から入った苦情や陳情を聞いたり、制度改定にとどまらず監督対応を巡り意見交換を行う。金融庁にとって、国会議員は無視できないどころか自らの最大の理解者になってもらうべき重要なステークホル

リレーションシップバンキングの歴史

（導入の経緯）

2002年10月	初出　竹中平蔵金融担当相、「金融再生プログラム」で導入を宣言
2003年1月	議論スタート　金融審議会第二部会「リレバンのあり方に関するWG」が発足
同年3月	同WG、報告書を策定
2003年3月	計画スタート　金融庁「リレーションシップバンキングの機能強化に関するアクションプラグラム」を策定
2004年12月	伊藤達也金融担当相、「金融改革プログラム」で実績評価を宣言
2005年3月	初評価　金融審議会第二部会「リレバンのあり方に関するWG」による実績評価
2007年4月	制度化　金融審議会第二部会「リレバンのあり方に関するWG」が恒久化提言

（主な課題）

①銀行から信金信組まで同じ尺度で評価し、画一化を招いた
②数値目標を設定する手法で、形式化を招いた
③理念に共鳴するも、組織的対応が進まず

ダーと言える。

地域金融機関絡みの窓口と言えば、地銀・第二地銀を所管する銀行第二課であり、信金・信組を所管する協同組織金融室である。全国の財務局から上がってくる情報をとりまとめ、業界と意見交換するのが日常業務だが、ある種の自己矛盾を抱えている組織でもある。

不祥事が起きれば、財務局の相談を受け行政処分を出す決断を下し、財務の健全性に問題が生じれば、自ら再編をあっせんしたり公的資金を入れて救済してよいか判定する。金融システムを守るため、時に強権を発動する冷徹な顔を持っている。

自己矛盾と表現したのは、大半の業務は強権発動とは真逆の「中小企業・地域経済の振興」「地域金融機能の育成」という相反するテーマに向き合っているからだ。ある課長経験者は「同じ週に同じ銀行を叱ったり褒めたり、頭が混乱する」と苦笑いするほど、行ったり来たりする。

検査局が強権路線の看板を下ろすかどうかで苦労するプライドの問題を抱えていたとすれば、監督局は強権路

線と育成路線の最適バランスを探る精神上の問題を抱えていた。

その精神バランスの問題が生まれる源流が2003年に始まった「リレーションシップバンキング（地域密着型金融、通称リレバン）政策」だった。02年9月から約2年間、金融担当相を務めた竹中平蔵氏が打ち出したものだが、メガバンクなど主要行に対し不良債権の半減目標を強制したのに対し、地域金融機関には強制しなかった。その代わり、内科術のように体質改善を促すソフトランディング路線を取った。

とはいえ、監督局は破綻寸前だったり不祥事を犯したり、最低基準を満たしていない地域金融機関には強権を発動せざるを得ない。厳しく向き合う「強権路線」と経済を振興させる「育成路線」の間で迷走し続けたのが2000年代の姿だった。失敗したら自己責任と割り切れない面も色濃く、地域金融行政が社会政策の色彩を帯びていくことになる。

◆政治的な一手

――リレバンは金融庁が「地域金融機関」にフォーカスした初めての政策だったのではないでしょうか。

日下　「そのとおりです。ただ、振り返るとその下敷きは1988（昭和63）年に導入されたバーゼル規制だったような気がします。そこで『国際基準』と『国内基準』に分かれたことで、主要行とその他金融機関という線引きがなされた。ただし、リレバンで示された『地域金融機関』という呼称は、唐突な印象が非常に強かった」

――唐突感があったというのはなぜですか。

日下「それは地銀が信用金庫、信用組合とひとくくりにされたからです。銀行でありながら、主要行と政策的に分断された。法律の異なる信金、信組と一緒にされることで、一体何が始まるのかという感覚でした」

「地域一番手銀行は、その歴史からしても都市銀行と変わるところはなく、いわゆるリレバンとはほど遠い存在でした。特に地方においては、中小企業に密着し積極的に融資をしていたのは、相互銀行や信用金庫、信用組合でした」

「広島銀行もそうですが、戦中の国家統制で一県一行に集約された銀行は、地元の基幹産業界と一蓮托生の関係でした。それらの企業はかつて中小企業でしたが、高度成長期に中堅企業や大企業に成長していった。それらの企業との取引を続けていれば銀行の健全性も収益性も維持されるので、わざわざ中小・零細企業へ融資する必要などありませんでした」

遠藤「リレバンは竹中平蔵さんが金融担当大臣の時に出てきた政策です。目線を下げる行政という発想だったと思う。竹中さんは主要行にフォーカスし、不良債権を半減させようとしていました。すべての銀行ではなく主要行に対象を絞ったのは、グローバルマーケットから注目されている代表であり、その信頼性を回復させることが日本経済の復活をマーケットに強く印象付けることになるという戦略的配慮があったのでしょう」

「主要行とは別に地域銀行に対しては地域に対する付加価値を底上げして欲しいという思いはあったのかもしれないが、どこまで本気だったのかはやや疑問に感じています。あくまであの時代のターゲットは主要行。地域金融機関は、銀行も信金・信組も一緒くたにしてリレバンという言葉で包摂した。リレバンという概念は誰も否定しようがありませんからね」
「金融庁としてリレバンにどういう姿勢で臨み、どこまで徹底していくのか。その点、腰が定まっていなかったのではないか。04年6月~07年7月まで私は銀行第一課にいたが、隣の銀行第二課を見ていて、はてなマークを感じていた。ただし、地域金融機関を見ようにも、財務局・財務事務所経由の間接的な行政スタイルにならざるを得ず、銀行第一課が主要行と行っているような直接コミュニケーションが難しい事情はありましたね」

BOX リレバンとは

「金融機関が顧客との間で親密な関係を長く維持することにより顧客に関する情報を蓄積し、この情報を基に貸出等の金融サービスの提供を行うことで展開するビジネスモデル」(2003年3月27日公表　金融審議会金融分科会報告書「リレーションシップバンキングの機能強化に向けて」)

不良債権を処理するという言葉が2002年当時はやっていたが、「処理」という言葉は取引関係を〝しがらみ〟ととらえ、それを断ち切る意味で使われていた。銀行自身が倒産しないよう健全性を維持するため、将来的に損失を発生させそうな取引先を選別し、新規融資をストップしたり、場合によっては融資を途中で回収したり。つまり、銀行都合で取引先との関係を壊すことを政府が推奨する政策こそ、不良債権処理だった。

一方、リレバン政策はその対極にある概念だった。同報告書によると、①貸し出しにあたっての審査コスト等が軽減されることにより金融の円滑が図られる②信用リスクを適切に反映した貸し出しの実施や借り手の業績が悪化した場合の適切な再生支援等により貸し手、借り手双方の健全性の確保が図られる――の主に2点がリレバンの利点だった。「メインバンク制のもとにおける産業金融モデルとして長く機能してきたものと類似している」と言及し、原点回帰をにおわしている。「本来の機能を発揮すれば」という前提と、「モラルハザードの発生可能性等に留意する」というただし書きが付いた記述だが、不良債権処理の反面教師とも言える内容だ。

リレバンは当初、時限措置とされ、第1次（03年3月公表）、第2次（05年3月公表）の2回に分けてアクションプログラムの作成を求めた。主要行に対しては苛烈な不良債権処理を迫っていたにもかかわらず、当時の竹中平蔵金融担当相は地域金融機関にはこうした外科手術を施さないことに決めた。

リレバンはある意味、内科的な施術になっていった。監督局が07年、監督指針の中で恒久的に検証していく手法に切り替え、地銀の通常監督の中に埋め込んだことで、地域金融界におけるリレバンの存在は「教育勅語」のようになった。政治的な批判をかわすための道具として持ち出された政策がその後、地域金融行政を規定する育成路線の走りとなる。

当時の監督局は最低基準をクリアしているかどうかに目を光らせる事後チェック機関だったが、リレバンが目指した方向はベストプラクティスの世界。リレバン政策は「褒める監督」という異質な価値観が入り込んでくるきっかけでもあった。

ちなみにリレバンの対立概念として、「トランザクションバンキング」もある。報告書では「個々の取引ごとの採算性を重視する銀行経営手法であり、貸出に当たっては財務諸表や客観的に算出されるクレジットスコアといった定量的な指標を重視するものである」と書かれている。

◆画一行政の副作用

リレーションシップバンキング政策は地域金融機関がアクションプログラムを作成し、それを金融庁が検証し、良い取り組みを表彰する仕組み、つまり「褒める監督」というスタイルを打ち出した。統制してきた世界から自主性を重んじる世界へ転換しようと試みた実験だ。

ただ、第1次アクションプログラムは銀行法に基づく報告命令、つまり、金融庁が行政処分を出す権限を残したまま。第2次になって銀行法の処分対象から外す要請事項に格下げしたが、それでも検査局が目を光らせており、受け入れた地域金融機関側の対応は画一的・形式的になっていく。

リーマン・ショックが起きる直前の2008年4月。金融庁はリレバンの推奨項目から「スコアリング融資」をこっそり外した。貸し渋り対策の一つとして03年から推奨項目に入れていたが、これによって多額の不良債権を生む金融機関が発生したからだ。信用金庫、信用組合を含めた07年3月末時点の同融資残高は2兆5000億円近くに積み上がり、前の年から2・2倍に急増していた。安易な貸し出し競争を招くような不具合も生み出すことになる。

――地銀の不良債権処理は進みましたが、リレバン政策の理念はその後、継承されたのでしょうか。

遠藤「リレバンは監督指針で進めてきた政策。監督指針というのは監督局が日頃の監督業務で何に着目するかを示すもので、リレバンについても何回も改訂してきました。ただ、何か新しく書き込むと、その実施状況について数字を集計して公表するというのがルーティンになってしまった。各地の地銀にはそれぞれ特色があるのだが、銀行第二課はそこを浮き彫りにしようとする発想はない。報告形式を整え、財務局からの各地の数字を単純に集計するスタイルに陥ってしまいました。形式主義ですね」

日下「時間の経過とともに地銀もそれに気づいてはいたものの、金融検査でいつ金融庁に刺されるか分からない恐れが強かった。地域一番手の足利銀行の破綻がリレバン開始と同じ時期に生じたこともあり、金融庁にはとにかく逆らわないようにした」

――取り組む動機が不純だった（苦笑）。

遠藤「たしかにそういうところはある」

日下「当時の政策の連立方程式は難解でした。バーゼル規制の国際行と国内行、マニュアルの本編と中小企業融資編、トラバンとリレバン。それぞれの地銀が、自らの最適解を模索した結果、『とにかく中小企業に貸そう』となりました」

――有力地銀と信金・信組を同じ土俵で比較するのはなかなか難しいですよね。

日下「広島銀行は『投資銀行化』へかじを切っていたのに、リレバン政策には投資銀行のトの字もなかった。明らかな二面作戦を強いられました」

――地銀にとってはインセンティブにならなかったのでしょうか。

日下「中小企業融資を一律、画一的に求めた結果、融資推進でノルマを課す文化が広まってしまった。

地銀でノルマと言えば、私が入行した頃の預金獲得でした。預金は調達ですからそれほど問題は生じませんでしたが、融資は別です。採算度外視になったり債務者へのガバナンスが弱まるなどの副作用が起きます。ノルマによる中小企業への融資競争は、バブル期の不動産融資を除くと、地銀にとってはリレバン政策で初めて出てきた現象です」

◆円滑化法は「リレバン法定化」

2008年9月に起きたリーマン・ショックは強権路線か育成路線か迷走を続けていた監督局に転機を迫ることになる。民主党政権に交代した09年9月から、突貫工事で作業を始めた中小企業金融円滑化法（通称、返済猶予法）がきっかけだ。この法律の根底にはリレバンと同じく「長期的な取引関係を尊重する」という哲学があり、リレバンの法定化と解釈することもできた。

「負担の軽減の申込みがあった場合には～中略～負担の軽減に資する措置をとるよう努めるものとする」（中小企業金融円滑化法4条）

同法は努力義務にとどめる理念法だが、金融機関に対し方針や体制、実施状況を公表するよう求め、それを金融庁に報告することを義務付けた。リレバンでうたっていた「長期的な関係」を尊重するのであれば、事実上、リスケに応じる行動原理となる。

監督局が迫られたのはゾンビ企業が発生することを防ぐ任務だった。ゾンビ企業はキャッシュフローが続かなくなるまで銀行融資で生き永らえることになるものの、続かなくなった瞬間、廃業を選択するか、最悪は行き詰まった末の突然の倒産を招きやすい。突然死リスクを防ぎながら、長期的な取引関係を維持するよう求めるジレンマを抱え込んでしまう。

中小企業金融円滑化法とは

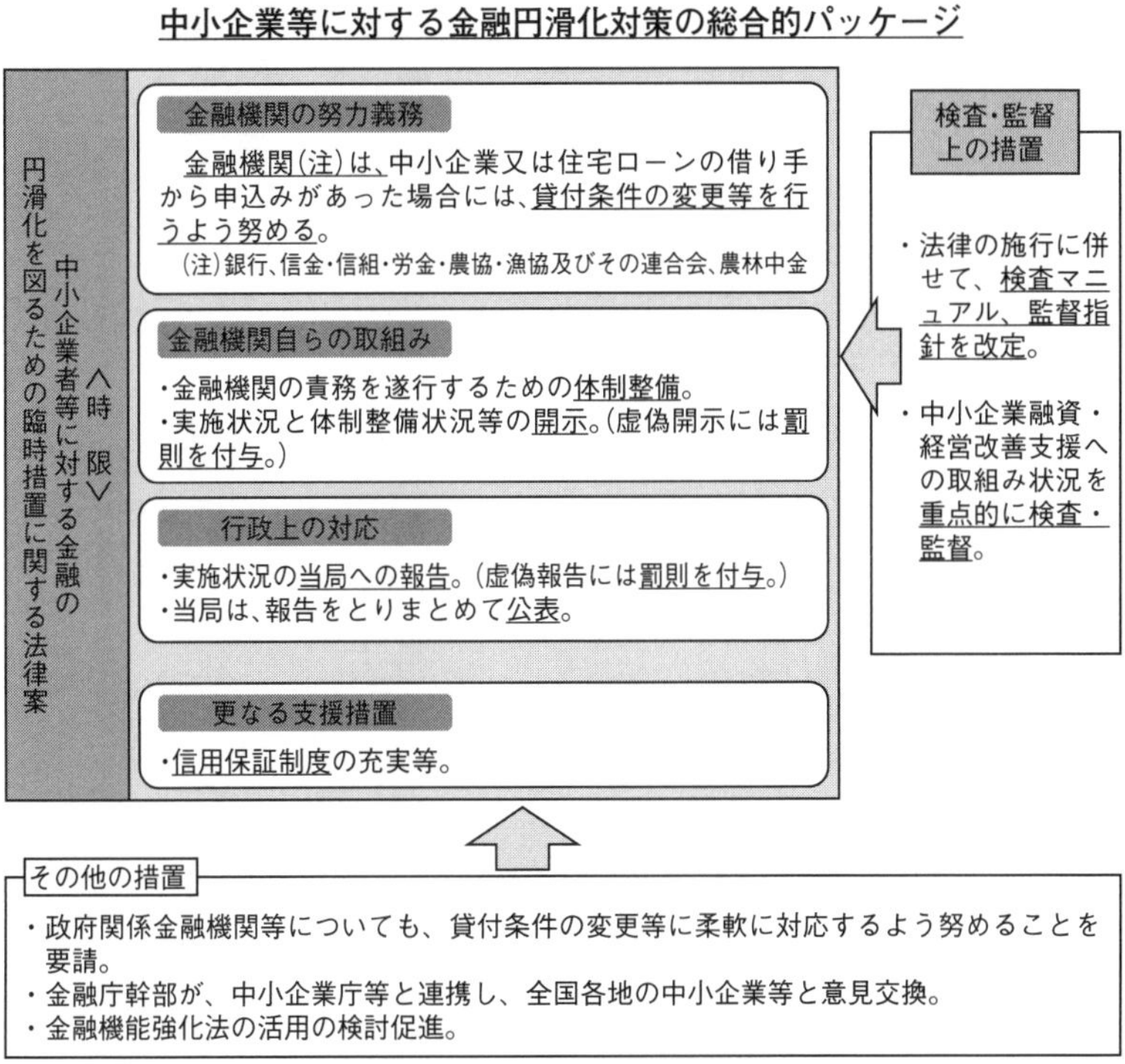
中小企業等に対する金融円滑化対策の総合的パッケージ
中小企業者等に対する金融の円滑化を図るための臨時措置に関する法律案
<時　限>
金融機関の努力義務
金融機関(注)は、中小企業又は住宅ローンの借り手から申込みがあった場合には、貸付条件の変更等を行うよう努める。
(注)銀行、信金・信組・労金・農協・漁協及びその連合会、農林中金
金融機関自らの取組み
・金融機関の責務を遂行するための体制整備。
・実施状況と体制整備状況等の開示。(虚偽開示には罰則を付与。)
行政上の対応
・実施状況の当局への報告。(虚偽報告には罰則を付与。)
・当局は、報告をとりまとめて公表。
更なる支援措置
・信用保証制度の充実等。
検査・監督上の措置
・法律の施行に併せて、検査マニュアル、監督指針を改定。
・中小企業融資・経営改善支援への取組み状況を重点的に検査・監督。
その他の措置
・政府関係金融機関等についても、貸付条件の変更等に柔軟に対応するよう努めることを要請。
・金融庁幹部が、中小企業庁等と連携し、全国各地の中小企業等と意見交換。
・金融機能強化法の活用の検討促進。

（出所）平成21（2009）年9月29日、金融庁が公表した資料

２０１０事務年度（10年７月～11年６月）、監督局は監督指針を抜本改定し、円滑化法に対応する金融監督に関する指針を作成する。偶然にも東日本大震災が起きた直後の11年４月のことだ。

――遠藤さんはその後、監督局に移って円滑化対応の監督指針を作るポストに就かれました。

遠藤「東日本大震災が起きたときの事務年度（10年７月～）、私は監督局の地域金融担当参事官でした。検査局総務課長の次のポストだった。２０

０９年12月に中小企業金融円滑化法が施行され、それを受けて、監督のありようをいろいろ考えていた」

――東日本大震災直後の11年4月、円滑化法に対応する監督指針を発表しました。

遠藤「たまたま大震災が発生した直後の発表だったが、大震災後に取り組む課題と監督指針の方向性はフィットした。作成者として意識したのは『自前主義のこだわりを捨ててくれ』。金融機関が地域企業の課題のすべてに自前主義で取り組むのは到底無理であり、それぞれの企業の置かれたステージごとに外部の協力者を見つけ、共同で取り組んで欲しいというメッセージを出しました」

「こうした金融機関の取り組みを把握するための手段として検査モニタリングを行うのには限界がある。検査官が一つひとつの金融機関の取り組みを立ち入り検査で把握するのは現実的ではない。これは監督局が背負うテーマだと考えた。検査で金融機関を理解できない時代に入ったと感じましたね」

――円滑化法はリレバン政策を法定化したとの見方もできます。10年近く経ったタイミングでもあります。

日下「２０１１年の監督指針の改正は『リレバンの総仕上げ』という見方もありましたが、僕は異なる見方をしていました。それはある意味、それまで迷走してきた地銀の役割を明示的に再定義する作業、つまり、リレバンに上書きして再度動き始めるスタート台という感覚を持っていました」

遠藤「日下さんの言うとおりですね。金融機関の向こう側にある世界（＝企業のビジネスの現場）が今、どうなりつつあるのかきちんと把握できなければ、金融機関が事業性を評価することは難しい。金融機関が難しいことを金融庁が理解することはもっと難しい」

日下「当時はまだ金融検査マニュアルが残っており、頭取はマニュアル至上主義だった。検査官もまだ旧態依然とした検査を続けていたので、時代が切り替わる端境期だったと思います」

◆「地方創生」でやり直し

「なかでも、地域の情報ネットワークの要であり、人材やノウハウを有する地域金融機関においては、資金供給者としての役割にとどまらず、地域の中小企業等に対する経営支援や地域経済の活性化に積極的に貢献していくことが強く期待されている」（中小・地域金融機関向けの総合的な監督指針Ⅱ－4－2　基本的な考え方（地域密着型金融の目指すべき方向））

2011年5月16日、パブリックコメントを踏まえ、金融庁は「コンサルティング機能の発揮にあたり金融機関が果たすべき具体的な役割」と題した新監督指針を公表した。それまで明示してこなかった「地域再生」を地域金融行政の柱に据えた点で監督局が一線を越えたことは意義深い。今振り返ると、2014年から始まる「地方創生」を先取りしていたからだ。

——「面的再生」が新監督指針の特徴の一つでした。

日下「リレバンは巧妙に表現を変えてきた歴史でした。2002年10月に発表した金融再生プログラムで始まった議論では『顧客との密着』を意味していましたが、04年12月に発表された後継版の『金融改革プログラム』になって『地域との密着』に解釈を広げた。地域という概念は大きく、地域経済全体をイメージすれば、おのずとできる地銀とできない地銀に色分けしないといけないはずでした。監督指針で整理せずに進めてきた結果、不具合が生まれていた面もありました」

「それが円滑化対応の監督指針で『面的再生』を明示的に盛り込んだ点は画期的でした。今までのリレバンはそこを不明確にしていましたから。これは大事なことだとはっきり示したことで、地域金融機関を監督する目線が名実ともに『点から面へ』シフトすることになりました」

遠藤「頭の中では『面的再生』は大事だと分かっていたものの、行政の対応ぶりを明確には決めていませんでした。点が線になり、線が面になるという流れをどう描くかという命題でした。その時の議論も監督局内で意見が割れた。リレバンの集大成という位置づけで金融機関と顧客との関係の延長線で考える意見も根強かったが、私は担当責任者としてその原案を作り直すことにしました。面的再生という概念が必要だと直感的に感じて入れた結果がその後の地方創生にもつながり、今では正しかったと思っています。ただ、正直、当時はそれが決定的に重要だという確信は持てていませんでしたね」

日下「地域経済のエコシステムにおいて、地域一番手行、二番手行、信用金庫、信用組合の役割を論じる議論が後に活発になるのですが、この時の監督指針に『地域経済活性化への貢献』という一文が入った意味は大きいと感じました。面的再生が地域経済エコシステムの再構築を議論する流れを作りました」

「銀行は金融庁本体で見ていましたが、信金や信組は全国各地の財務局が見ていました。信金・信組が何をしているのか金融庁はほとんど知らない。監督局が地域経済エコシステムを政策課題に掲げるのは、遠藤さんが監督局長（２０１５年7月～18年7月）に就任されてからでした」

◆「上から目線」の反省

金融庁監督局は主要行を担当する銀行第一課を筆頭課において金融機関ごとにヒエラルキーを作っていた。遠藤もその後の長官を継いだ氷見野良三氏も銀行第一課長経験者だった。平成金融危機で一時的に重要性が増したものの、地銀・第二地銀を見る銀行第二課長経験者で長官になった人物はいない。ただ、金融システムにおいて地域金融機関の持続可能性が意識せざるを得ないリスクになってきた今は立場が逆転。銀行第一課長だった新発田龍史氏を銀行第二課長に横滑りさせる異例の人事（２０２０年7月～22年6月）を差配したのが遠藤だった。金融庁内の力関係も時代とともにようやく変化してきたが、金融庁内の力学が地域金融行政の推進力を左右してきた面は否めない。

遠藤「恥ずべきことですが、当時の金融庁には地域金融機関に対する『上から目線』の姿勢がありました。幹部職員が『彼らは分かっていないから、自分が教えてやるんだ』と露骨に言っていた時代があった。地域経済における地域金融機関の役割を彼らの立ち位置を想像しながら本気で考えないといけなかったのに、そういう意識が薄かったですね」

「リーマン・ショック後の地銀協との例会で当時の長官がどういうメカニズムでマーケットの破綻が起きたのか、地銀の頭取に解説する場がありました。お追従をいう部下もいて『素晴らしいプレゼンテーションです！』『こんな総括的な解説は聞いたことがありません！』となる。それに引き続き、『これで地銀はよく理解できたと思います！』と言う。こうした発言が出てきてしまうのは、地銀は無知蒙昧《もうまい》だから教えてやらねばならないという上から目線の感覚が金融庁に厳然として存在していたからです」

――なぜ、そうなってしまったのでしょうか。

日下「2002年にマニュアル別冊「中小企業融資編」が制定された際に、『資産査定のルールは金融機関の規模・業態にかかわらず一律に取り扱い、中小企業貸し出しは経営実態に応じた適切な資産査定を行う』とされた。結果的にこのやり方が、地銀に金融庁の作ったルールに従うしかないという流れを作りました」

――確かに監督局と地銀界が「主従関係」にあると映るときが多いです。

遠藤「かつて監督局の中心は主要行を担当する銀行第一課でした。今はメインになっている銀行第二課は当時、マニュアル行政しかやっていなかった。検査局が検査した結果を受けて、ミニマムスタンダードを満たしているかをチェックするのが仕事だという感覚だ。だから、そういう上下関係が生まれてしまう」

――2000年代、地銀改革は遅々としてしか進まなかった印象があります。

日下「金融庁がマニュアルでルールを突き付ける、地銀でそれに従う人が出世する、その結果マニュアル遵守が自己目的化する、という負の連鎖の中にありました。その構造が2008年に日本の人口が減少に転じたことで問題視されました。人口減少問題が政治問題としてクローズアップされ、このままでは地方が衰退してしまう。政治的、社会的な危機感が地銀への期待を高めたのです」

遠藤「監督局の行政スタイル、態勢が時代の動きに対応できていなかった。監督局から見ると、地銀はたくさんありすぎて霞が関から把握することが困難という意識でした。地域の財務局が代わりに動いたかと言えば決してそうではなかった。金融庁の組織問題、態勢問題でしたね」

解説　リレバン狂騒曲（日下智晴）

２００３年に始まったリレバンは、主要行以外が対象とされた。

その頃の主要行と言えば、02年10月の金融再生プログラムにより金融庁から資産査定の厳格化、自己資本の充実、ガバナンスの強化などを迫られ、不良債権比率を04年度末に半分程度にする目標を課せられていた。金融庁は既に金融検査マニュアルで一方的にルールを定めていたため、主要行との間で壮絶な戦いが始まることが予想され、事実そうなった。

多くの金融機関は１９９７年の金融危機以降資産の健全化に取り組んではいたものの、デフレ傾向の続く経済環境の中で苦悩は深まっていた。そのような中、01年４月に誕生した小泉内閣が不良債権問題を早期に解決しようとする明確な意思を持っていたことで、金融再生プログラムに至る道筋が敷かれていった。

広島銀行でも政府の方針を対岸の火事ではないと受け止め、02年３月期に不良資産の最終的な処理のため3度目の赤字決算に踏み切った。その結果、自己資本比率は8・1%台まで低下し、かろうじて土俵際で踏みとどまったものの後がない状態になっていた。

◆「名物検査官」と金融庁の路線転換

そしてあろうことか、業績の下方修正による赤字決算を公表したその日に、金融庁のかの有名な検査官による入検予告があったのだ。私は総合企画部で赤字決算の陣頭指揮を任されていたため、これも自分の運命かと、悲壮な覚悟をした。

検査開始日までの数日間に、ありとあらゆるシナリオを検討した。冷静になって考えると、先手を打って赤字決算を決断していたのは正解で、そこで処理した資産は争点とならないはずだ。ならば残された資産でいかに損失が出ないようにするかであり、そのための準備を入念に行った。

不思議なもので、最悪の事態を覚悟してからは希望だけを感じるようになり、入検が4月なのも幸運に思えてきた。既に公表した5月の決算予想を変えることは日程的に不可能なため、仮に検査で指摘されたとしてもその処理は9月の中間決算でよいことになる。これは勝てる——。そう仲間を鼓舞して、検査官一行を出迎えたのだった。

結果から言うと、私の覚悟は全くの肩透かしに終わった。入念な準備が奏功したのは確かだが、資産査定の現場では明らかに見立て違いがあるように感じられた。しばらくするとその原因が明らかになり、6月に金融庁は金融検査マニュアル別冊「中小企業融資編」を公表したのだった。

金融危機の最中の99年に制定されたマニュアルへの世間の批判が多かったこともあり、金融検査における中小企業融資の資産査定は見直しを余儀なくされていたのだ。そのような議論は早くからあったはずなのだが、2月以降は赤字決算に向けた調整で忙殺されて情報収集できていなかった。

それが分かってから振り返ると、万全の態勢で臨んだ説明を聞いた検査官から「勉強になりました」との発言が出るなど、中小企業融資への理解不足は随所に見られた。

考えてみると無理からぬことで、いくら優秀な行政官でも融資をした経験はないわけだ。だからこそのマニュアルなのだが、やがて別冊が出ることは知っていたはずなので、最初から広島銀行を追い込む意思などなかったのだろう。この検査の経験がそれからの私の血となり肉となったことを思えば、個人的には幸運な出来事だった。

02年の一連の動きを振り返ると、6月にマニュアル別冊が公表されその後金融担当大臣が竹中平蔵氏に代わり、10月に金融再生プログラムが策定された。つまり、金融庁は前半でマニュアルの見直しを行いながらもその後はマニュアルを使った金融検査を強化したのであり、正反対に向かう2つのベクトルがそこにある。

それは戦後の我が国の政策に様々な影響を与えてきた問題——大企業への富の集中とそうでない中小企業——が背景にあり、容易に解決できるものではない。そのため金融の舵取りも難しく、別冊の制定にあたり金融庁は「資産査定のルールは金融機関の規模・業態にかかわらず一律に取り扱い、中小企業貸し出しは経営実態に応じた適切な資産査定を行う」策をとった。

もし本当にそんなことができるなら言うことはないが、自己査定をするのは金融機関であり、マニュアルが制定されて日も浅いのにうまく使いこなせるはずなどなかった。

◆「殿様の時代」から「自分探しの時代」へ

金融再生プログラムが決定された10月、「主要行とは異なる特性を有するリレーションシップバンキングのあり方を金融審議会において多面的な尺度から検討の上、年度内をめどにアクションプログラムを策定する」ことが示された。

それは中小・地域金融機関のあり方を主要行とは区別して検討したらどうかと竹中大臣が問題提起したから、と報道されていたが、果たしてそうだったのか。

バブル期の不動産融資や関連ノンバンクへの杜撰《ずさん》な融資で地銀も主要行と大差なく不良債権を抱えていたのに、就任間もない大臣がそこまで明確な指示ができるものなのか。地銀協で「金融再生プログラムは地銀を対象としない」という説明を聞いた時に、安堵よりもむしろ不気味さを感じたのは私だけだったかもしれない。

広島銀行では不良資産を処理し金融庁検査も切り抜けていたので、金融審議会の議論を冷めた目で見守った。検討メンバーが公表された時に学者の多さに驚いたが、金融庁が選任したのであるから、そこには意図があるはずだ。その意図も含めて探る必要があると考え、紙を手に入れて——インターネットで資料が公表されるような良い時代ではなかった——議論の経過を知るのにあの手この手を尽くした。

そしておぼろげに見えたのは、地銀を狙い撃ちにする不良債権処理とは別の力があることだった。私は橋口収氏の著書と経営方針によって多くのことを学んでいた上に、総合企画部に異動してからはかつて井藤勲雄氏がひろしま美術館とともに力を注いだ『創業100年史』という一級の歴史資料を読破していた。

そして地銀の歴史を俯瞰して、一県一行主義による集約から高度成長期へと続く「殿様の時代」が、80年代からの金融の自由化とコクサイ化によって「自分探しの時代」へと変わったと思っていた。

そして、自分探しで迷い込んだ不動産融資とその不良債権化によって大きく傷つき、金融庁と金融検査マニュアルができたことで、「金融庁の統制の時代」が始まっていたのだ。

その主役が金融審議会で大掛かりに地銀の経営のあり方についての議論を行うならば、そこに大蔵省時代から続く積年の思いが発露しないことなどありえないと感じたのだった。例えば橋口氏は『日本の銀行　銀行経営の未来図を探ぐる』（銀行研修社）にこう記している。

「大企業に対する銀行の融資のシェアー争いや、はね返り資金獲得のための貸出し競争は、国民経済の運営全体の立場からみて好ましくない。もちろん、貸出しといえども過剰サービスはよくないが、日本のばあい、貸出し面における銀行のサービス提供は、一般的にみてかなりおくれているようである。といっても、何も貸出しの絶対量をふやしたり、金利を不当にダンピングするというのではない。要は、貸出先に対する態度の問題であり、信用力の弱いといわれる企業や小企業に対する貸出し面での温い接触が欲しいということである。

こんにち、一流大企業に一億や二億のかねを貸出してみても、融資の絶対量からみて、大した発言権をもちえない。そんな〝追随融資〟にかねを使うくらいなら、むしろ百万、二百万の融資先を数多くもって、日本経済の底辺に確たる地盤をつくった方が、銀行の性格づけの面からみてよっぽど利口なやり方である。これは都市銀行の一部と地方銀行に指摘される問題である。

そして本当の大衆化とは、単に店舗の設備をデラックスにしたり、熱帯魚やわにを飼ったり、ジュータンやソファーをととのえたり、週刊誌、テレビ、三輪車をおいて、こどもに飴や風船をくれたりする表面的な飾りにあるのではない。いいかえれば、大衆の需要に応ずるというか、つくられた需要ではなく真に盛りあがる需要に対して十分にこたえる能力を培養し、その体制を整備していくことが必要なのである。そういう面からみて、銀行の大衆化は、遺憾ながら、まだ〝羊頭狗肉〟の感がある」

羊頭狗肉という強い表現は、大蔵省として銀行の大衆化を実現しようとしているからこそである。その対象は「都市銀行の一部と地方銀行」である。

その頃の相互銀行や信用金庫は普通銀行の殿様ぶりに魅力を感じて協同組織を脱皮して銀行になろうとしていたのであり、皆が殿様になるのではなく、デモクラシーのうねりの中で殿様が大衆化することこそが必要だと言っているのだ。

そして相互銀行の念願が先に叶って89年に普通銀行に一斉転換して、にわか殿様が全国各地に現れていたため、いよいよ何とかしたいと思っていたはずだ。そして誰も予想しなかった経緯で誕生した金融庁が、マニュアルを持った最恐官庁となり、金融機関を服従させることができるようになっていたのだ。

◆舶来の「ビジネスモデル」

果たして03年3月に公表された報告書は、何とも抗いようのない魔界の書だった。

冒頭に「『リレーションシップバンキング』については、必ずしも統一的な定義は存在しないが、金融機関が顧客との間で親密な関係を長く維持することにより顧客に関する情報を蓄積し、この情報を基に貸出等の金融サービスの提供を行うことで展開するビジネスモデルを指すのが一般的である」と書き、当時誰も知らない舶来のリレーションシップバンキングこそが、地銀の目指すべきビジネスモデルとされた。

政権の目的は不良債権処理であり、金融再生プログラムに続けて主要行以外の不良債権処理——すなわち副作用のない中小企業の不良債権処理——をどう進めるかを示すことが先決なのに、問題は見事にすり替えられ、地銀がリレーションシップバンキングを行うことが目的に適うこととされた。

それにより、資産査定よりもビジネスモデルに焦点が当たり、地銀は主要行と分断されるとともに、正面から否定できない内容を列挙しつつ融資を含む中小企業への多様なサービスを強要されたのだった。

定義に続く部分を注釈とともにそのまま掲載する。

【2003年3月27日金融審議会金融分科会第2部会報告「リレーションシップバンキングの機能強化に向けて」】

米国等における理論的研究によれば、リレーションシップバンキングの本質は、貸し手と借り手の長期的に継続する関係の中から、外部から通常は入手しにくい借り手の信用情報が得られることにより、貸出に伴う貸し手、借り手双方のコストが軽減されることにあるとされることが多い。一般に、資金の貸し手は借り手の信用リスクに関する情報を当初十分に有していない（情報の非対称性）ことから、貸出にあたっては継続的なモニタリング等のコスト（エージェンシーコスト）を要するのが普通である。リレーションシップバンキングにおいては、貸し手は長期的に継続する関係に基づき借り手の経営能力や事業の成長性など定量化が困難な信用情報を蓄積することが可能であり、加えて、借り手は親密な信頼関係を有する貸し手に対しては一般に開示したくない情報についても提供しやすいと考えられる。この結果、リレーションシップバンキングにおいては、借り手の信用情報がより多く得られ、エージェンシーコストの軽減が可能となるものとされる。

このような特質を有するリレーションシップバンキングがその本来の機能を発揮すれば、長期的に関係が継続することに伴うモラルハザードの発生可能性等に留意する必要があるものの、一般的には、①貸出に当たっての審査コスト等が軽減されることにより金融の円滑が図られる、②信用リスクを適切に反映した貸出の実施や借り手の業績が悪化した場合の適切な再生支援等により貸し手、借り手双方の健全性の確保が図られる、といった望ましい効果が期待できる。

（注1）リレーションシップバンキングのメリットとして、長期的な関係を前提とすることにより、景気変動にかかわらず貸出金利が平準化されやすい、といった点があげられることがある。これは、取引ごとに貸出金利を決定する場合には、景気後退により信用リスクが高まれば金利も引き上げられるなど景気の変動に応じて金利も変動することとなるが、長期的な関係の構築を前提とすれば、貸し手はあらかじめ金利の設定を平準化し、借り手企業の事業の長期的な存続を図るインセンティブを有することになるとするものである。

また、借り手企業が経営危機に陥った場合でも、貸し手主導による企業再生等へのコミットメントが期待できることをリレーションシップバンキングのメリットとする見解もみられる。これは、リレーションシップバンキングにおいては、貸し手が借り手企業の経営情報を豊富に有していることに加え、長期的に継続する関係を前提に貸し手がコストを費やしていることから、借り手が経営危機に陥った場合にも、貸し手主導により借り手企業の再生等を図るインセンティブが働くとするものである。
（注2）このようなビジネスモデルは、わが国において戦後、メインバンク制のもとにおける産業金融モデル（貸出先企業との長期的なリレーションシップを前提とした銀行中心の預金・貸出による資金仲介）として長く機能してきたものと類似しているが、米国等では直接金融市場にアクセスしにくい地域の中小企業向け貸出のビジネスモデルとして論じられている。
今後、わが国の金融システムについては、市場金融モデル（価格メカニズムが機能する市場を通ずる資金仲介）の役割がより重要になると見込まれるが、中小企業や個人等を対象とするリテール金融においては、産業金融モデルが依然として有効性を失っていないものと考えられる。


エージェンシー問題などかろうじて理解できたが、最も引っ掛かったのが（注2）であり、リレバンは「中期的に展望した我が国金融システムの将来ビジョン」（02年9月30日）で提唱された複線的金融システムのうち産業金融モデルとされたことだ。

戦後の高度成長を実現させた産業金融モデルは、一時期海外からも高い評価を受け、護送船団方式――間接金融によって金融機関（メインバンク）が企業を支援し、金融機関を政府が守る――と表裏をなす。

ところがそれでは金融庁が掲げていた事後チェック型行政への転換とは明らかに不整合であり、地域金融機関に限っては事前規制型の護送船団方式で行くと言うのか。金融再生プログラムと比べると、とてつもなく不可能なことがそこに示されているような気がした。

濁りのない目でリレバンを見るならば、それは中小企業にメリットをもたらすものであるのは間違いない。しかしながら、マニュアルが既に中小企業に与えていた大きな不利益を相殺することは不可能であり、いくら銀行のエージェンシーコストの低下を唱えても、そもそも自己査定を行う多大なコストを新たに負担しているのだ。

それを見直すことなく、まず別冊で中小企業への融資は大企業とは別の見方をするよう求め、加えてリレバンをも強要したのはいかにもやりすぎではなかったのか。しかも、マニュアル同様の目的と手段の倒錯も見られ、リレバンの効果は中小企業の成長や業績改善で計測すべきはずが、金融機関の取り組みだけを報告させられた。

◆「ノルマ営業」の温床に

そのような不可能性に満ちた施策でありながら、生殺与奪を握る金融庁に対して反論する勇気のある地銀があろうはずもなく、03年の足利銀行の破綻でさらに五里霧中――護送船団方式ではないことが判明した――となった。

その結果、経営目標として中小企業貸し出しの件数と金額を掲げる地銀だらけとなり、信用金庫、信用組合の取引先に土足で踏み込むようになった。

銀行の行動が変わっても中小企業の数が増えるわけではないので不毛な融資先の奪い合いや中小企業の借入金融機関数の増加が生じ、エージェンシーコストをかけないとばかりに長期融資を出しっぱなしにした。

ノルマ営業が地域金融機関の代名詞になったのはその頃である。地銀のみならず防戦を余儀なくされた信用金庫、信用組合も営業員にノルマを課し、お願い営業ではないかと中小企業にも呆れられるような光景が全国各地に広がった。ノルマは金融機関職員から誇りと志を失わせる。こうして地銀は、殿様でなくなるどころか、若者たちから敬遠される企業になってしまったのだ。

もし時計の針を戻せるなら、相互銀行を普通銀行へ一斉転換させることなく、どうしてもリレバンをするなら普通銀行と相互銀行の間に線引きをすべきだった。

かつて都市銀行と地方銀行は行政上の便宜的な違いに過ぎなかったように、同じ法律で認可されているのにそこに恣意的な分断をすることが公正な行政とは思えない。ましてや時代の変化に抗って新たな官製の産業金融モデルを創るのも不可能でしかない。

もとはと言えばマニュアルの副作用が原因とするならば、屋上屋を重ねて複雑にするのではなく、資産査定のルールを正々堂々と改正すべきだった。

中小企業融資の自己査定においては、事業内容を理解しているものと理解していないものに分け、理解していないものには厚めの引き当てを行うようにすれば、リレバンと同じ効果——融資先をよく理解してサービスを提供すること——が得られたはずだ。

米国ではリレーションシップバンキングはコミュニティーバンクの営業手法であり、それを一部の学者が唱えたために議論が尽くされないままに見切り発車したのかもしれないが、明治時代に創業した地銀が歴史上初めて信用金庫、信用組合と同じ扱いにされたことには間違いなかった。それにより、我が国の金融に深刻な空白地帯が生じてしまうことなど、当時誰も予想することができなかった。

橋口氏が頭取だったら金融庁に対してどう発言されたのか、その想像は私の胸の中だけに止めておくことにしている。

5 バーゼルの黒船
——生殺与奪の権

条約でもない国際ルールが金科玉条のように普及した例はほかにあるだろうか。日本から直線距離で9000キロメートルも離れているスイス・バーゼルの地から発信されたことから「バーゼル規制」と名付けられている。28カ国・地域の関係当局が集まるバーゼル銀行監督委員会を中心に作業する標準化プロジェクトは紳士協定にもかかわらず、非加盟国も巻き込み、今では世界100カ国・地域以上がこの規制を使っている。

地域金融業界の死命を制するルールになると誰が想像できただろうか。このルールが入った結果、経営破綻に陥ったり、再編せざるを得なくなったり。業界秩序や序列を破壊した影響力を考えると、江戸末期に到来した黒船と同じくらいのインパクトを持ち、経営思想の転換とも言えた。

バーゼル規制とは「自己資本比率」のことだ。銀行が内部留保を常時いくら積んでいるかを表し、内部留保が底を突き債務超過に陥る確率が高いのか低いのか、外部の人間が事前に把握できる点でわかりやすい指標ではある。健全性のメルクマールだ。

ただ、たった1つの経営指標が銀行経営者の深層心理に入り込み、銀行のリスクとリターンの姿勢を規定し、銀行員の行動原理まで縛っていく。なぜ、これほどの影響力を持ち合わせたのだろうか。

日本がこの国際ルールの受け入れを決めたのはバブル景気最盛期の1988年だが、まれに見る影響力を持ち合わせたのは1998年だった。銀行法の中に運用基準「早期是正措置」という仕掛けを導入したからだ。

もともと大蔵省は最低比率を下回っても「行政処分を出すかもしれない」とあいまいにしていた。しかし、この年、銀行法を改正し、大蔵省の裁量を消し、最低基準を下回ったら機械的に行政処分（業務停止命令と業務改善命令）を発動する手法に転換した。正確に言えば、転換せざるを得ない時代環境に変わっていた。

１９９６年に開かれた国会。巨額の公的資金を投入せざるを得なくなっていた住宅金融専門会社の不良債権処理が主題で、後に住専国会と名付けられた。批判を受けていたのが大蔵省だった。母体である銀行を守ろうとしていると疑われたからだ。

その時、住専処理法と同時成立した法律があった。「金融機関等の経営の健全性確保のための法律」。銀行の放漫経営に批判が拡散し、銀行経営を健全化させる規制強化が叫ばれた。バーゼル規制が「黒船」に転化し、時限爆弾になった瞬間だ。

１９８８年から間もない時期、大蔵省銀行局に在籍していた金融庁の遠藤俊英元長官、広島銀行資金証券部にいた金融庁の日下智晴元地域金融企画室長に当時の状況を証言してもらった。

◆3人だった時代

――遠藤さんは銀行局銀行課でバーゼル銀行監督委員会を担当していました。

遠藤「私は１９９０年の夏から1年間、短かったのですが、銀行課でバーゼル銀行監督委員会を担当しました。当時は１９８８年にバーゼルⅠの導入が終わった後で、バーゼル委員会として更なる規制の可能性を探っている段階でした。私は初めての金融部局の勤務で専門用語の意味さえわからない。そんな自分がバーゼルでリスク管理の最先端の議論に参加することになりました。すべては手探りでしたね」

「当時バーゼル委員会には、検討機関として3つの小委員会が置かれていました。私は『株式ポジションリスク』と『金利リスク』の2つに出席することになり、もう1つの『外国為替リスク』は国際金融局の担当補佐が参加しました。ペーパーのやりとりに加え，各小委は2カ月に一度会合を開くので、2つの小委に属する私は毎月バーゼルに出張していました」

「小委ではその性格からして、リスクをいかに把握し、その上であまり複雑にならない汎用性のある規制をいかに作っていくか、というかなり技術的な議論が行われていました。バーゼルⅠでは株式を保有する日本の銀行の株式含み益を自己資本に算入すべきなのかが大きな論点となりましたがそれも一応の決着を見ていたし、その頃はまだ日本経済と日本企業は世界に冠たる『ジャパン・アズ・ナンバーワン』の時代であり、（崩壊前の最終局面ではあったが）日本の銀行の存在感は大きかったこともあってか、私が議論していた頃のバーゼルでは日本の銀行の特別扱いへの批判などは一切聞こえませんでした。小委メンバーの雰囲気は各国の利益追求よりも、銀行監督の専門家としてより精緻でより応用の効くリスク管理規制をいかにつくるかというプロフェッショナルな気運だった。翌年私は長期金融担当補佐に異動し、護送船団行政の一翼を担うことになるが、こうした規制・監督のプロ意識は日本の行政には見られないものでした」

――金融行政の中の位置づけはどうなっていましたか。

遠藤「金融行政上どう位置づけるのか本格的な議論は行われていたとは言いがたいですね。バーゼルⅠが決着し、その後は少し様子見の感覚だったのではないでしょうか。当時のバーゼル対応の態勢は末席補佐の私と係長・係員の3名のみ。上司も国内行政が忙しく、バーゼルの動きにはあまり関心が払われていませんでした」

――銀行課の中でバーゼル規制の意味を考える議論はありましたか。

遠藤「先にも述べたとおり、バーゼル規制を国内の金融行政にいかに位置づけるかを検討する銀行局としての態勢はできていませんでした。私個人も海外出張ばかりで、国内行政との関係を考えてみる余裕も見識も当時はなかった。バーゼルの議論では、政策担当者のリスク管理規制に関する知識と経験の深さにいつも驚かされました。日本の官僚組織の頻繁な人事異動ではとてもこのレベルには追いつけない。大蔵省銀行行政の限界を個人として感じる日々でしたね。都市銀行のインターナショナル部門も担当しましたが、大きな枠組みを議論する場はなかったですね」

◆「バーゼル」と「GS」

バーゼル銀行監督委員会で唯一、日本人で事務局長を務めた官僚がいる。銀行課のバーゼル委担当で遠藤の後任となる氷見野良三氏だ。金融庁長官も遠藤の後任という縁のある氷見野氏は2003年、今でも必読書と評される『検証　BIS規制と日本』（金融財政事情研究会）を著した。「はじめに」に書かれた氷見野氏の問題意識こそ、当時の大蔵省時代の反省を映しているように感じる。少し長いが引用する。

「BIS規制は、日本では、『米英当局による邦銀封じ込め策の一つ』と受け止められてきた。また、バブル崩壊後は、貸し渋りの一因ともみられてきた。その後、日本が不良債権問題に取り組むなかで、日本国内でのBIS規制の役割は強化されてきたが、現在でも、『BIS規制はBISに言われて仕方なしにやっている規制』との受け止めが一般的なように思われる」

しかし、欧米当局の問題意識はもっと深淵だった。本書にも記されているが、１９８０年代、欧米、とりわけ米国は金融機関の大量破綻と金融システム不安と格闘していたからだ。いち早く、危機対応から危機予防へ軸足を移した米国はその後、90年代に復活した。

氷見野氏は「苦しみのなかでＢＩＳ規制を生かし、経営モデルの転換につなげていったところにこそ原因があったように思える」と評した。その後、バーゼルⅡにもつながる「当局管理型の監督から、自己責任と市場規律を中心とした監督へ」という底流に大蔵省は気づくことができなかった。

――日下さんは当時、広島銀行で何をされていましたか。

日下「１９８６年から資金証券部に在籍していて、１９９０年には初めて外国人投資家と会いました。本店にアポイントの連絡が来て、東京に赴任していた私に会うようにとの指示が来た。外資系金融機関のアナリストでした」

「『あなたたちは増資もしていないのに自己資本がたくさんあるのはおかしい。』。ストレートな口調で、『自己資本は本来、マーケットの信認を得て投資家から調達するものだ。にもかかわらず保有株の含み益で自己資本をかさ上げしている。あなたたちはマーケットの信認を得ているとは言えない』と言われた」

――地銀の方と外国の方が接点を持ち始めたことはバーゼル規制議論と関係ありそうですね。米国人投資家は市場規律で銀行を見ていたということですから。大蔵省はそういう変化に気づいていなかったのでしょうか。

遠藤　「護送船団行政に慣れきってしまった銀行がマーケットに対峙《たいじ》して資本政策を判断するようなメカニズムは当時まだ存在しなかったのではないでしょうか。金融機関は当局の判断をつねに仰いでいたので自ら経営判断し、ガバナンスを発揮する発想は乏しかったと思います」

――バーゼル銀行監督委員会の小委員会では、銀行の経営判断を促すためのリスク管理手法の高度化を議論していました。おのずと経営問題に発展すると気づくのではないでしょうか。

遠藤　「リスク管理手法のイロハを勉強しながら会議に対応していた自分には、この議論が銀行の自主的経営を促し護送船団行政の終焉に通じるといった将来を見通す力はありませんでした。初めて出席した金利リスク小委員会でまず検討されたのが『マチュリティラダー（maturity ladder）』（注：資産・負債のリスク管理＝ＡＬＭで使われる概念。満期到来の期日を時系列ごとに分析し、預金や貸出、運用商品がどう増減していくか測る手法。ハシゴのような表になることからラダーと呼ばれる）だった。何の知識もないのに意見を求められるものだから、大分四苦八苦しました」

「もう1つは『デュレーション（duration）』（注：保有債券の利子や元本を受け取ることができるまでの加重平均した期間のこと。将来受け取るキャッシュフローの現在価値を計算し、平均回収期間を算出する。長ければリスクが高く、短ければリスクが低い）。これも今では当たり前のリスク

日本人初のバーゼル委事務局長に就任する氷見野良三氏（2003年10月）＝提供：共同通信社

管理の基本概念だが、当時日本語の書籍でデュレーションを解説するものは一冊もありませんでした」

「この2つは相関関係があって、デュレーションを測定し、残存期間と金利リスク量をはじき、マチュリティラダーを用いてバランスシートの資産・負債の対応をみる。こうしたリスク管理手法の基本について会議を通じて教えてもらう状態なのだから、とても会議への日本代表としての貢献などできませんでした」

日下「私も同じ状況でした。1988年、ゴールドマン・サックス（GS）証券の東京支店へ研修に行かせてもらい、この2つを教えてもらった。一緒に来ていたのが富士銀行を筆頭に、ほとんどが都市銀行の面々。日本の金融マンが必死になって勉強していた」

遠藤「当時私は、小委員会の議論を都市銀行の国際部門の方々にフィードバックして意見を聞いていた。いろいろ教えてもらった1人が富士銀行の木川真さん（みずほコーポレート銀行常務を経て、2007年、ヤマト運輸社長、その後、ヤマトホールディングス社長を歴任）。ヤマトの社長になられたとき『あっ、あの木川さんか』と思い出しました」

日下「金利リスクをどう管理するかは金利自由化後の世界で必然的に直面する課題で、この当時、それを想定して勉強していた。資産と負債のミスマッチをコントロールする経営管理手法が必要となり、それが1990年代になって、ALM（注：asset liability managementの略で、資産・負債の総合管理。金利変動リスクや信用リスク、流動性リスクなどをコントロールしながら、資産と負債の最適バランスを探り収益の最大化を目指す経営管理手法）として体系化されました」

遠藤「当時、ＧＳに派遣された地銀マンは広島銀行だけでしたか」

日下「僕と伊予銀行の２人だけ。あとは全員都銀や長信銀、信託銀行だった。僕が派遣されることになったのは、橋口さんが推し進められていた国際化の一環でした」

遠藤「広島銀行は地銀の先導役だったわけですね。橋口さんは時代の先を読む図抜けた感覚を持たれていた方だった」

◆「受け身」から「当事者」へ

1998年に早期是正措置が導入されるまで、銀行界がバーゼル規制を意識する様子はあまりなかった。それは1988年合意に至る交渉で、「含み益の45％」を自己資本に算入できるとする日本の主張を勝ち取っていたからだ。

バブル景気の余韻が続き、毎期1兆円以上、邦銀全体で利益を稼いでいた。交渉で勝ち取った含み益も算入制限が緩く、主要行だけに限れば、自己資本比率は11％に上り、最低基準である8％を大きく上回った。

「ＢＩＳ規制はアングロサクソンの陰謀だった、との説がある。この説によれば、ＢＩＳの呪縛が快進撃中だった邦銀を塗炭の苦しみへと突き落とし、90年代に米国の金融が世界を制覇する礎を築いたということになる。しかし、ＢＩＳ規制導入当初の姿は、むしろこれとは逆のものだった」

氷見野氏は先述の『検証　ＢＩＳ規制と日本』のなかで当時の状況をこう分析している。同書に記録されている注目点は氷見野氏の上司にあたる大蔵省銀行局の千野忠男審議官（後の大蔵省財務官、アジア開発銀行総裁）の発言だ。全国銀行協会連合会「金融」の１９８８年10月号への寄稿文のなかで、「受け身の対応ではなく、金融機関の質的充実、体質強化、新たなる展開を図る絶好の機会と受け止め、積極的に対応いただきたい」と訴えている。交渉の最前線に立っていた銀行局幹部が危機予防の潮流を読み取り、解決策の一つとして、「量から質へ」とメッセージを出していたのは興味深い。

それが銀行局組織内だけでなく、銀行界に浸透していなかったからこそ、後に不良債権に化けてしまうバブル期の過剰融資競争は止まらなかった。誰もが右肩上がり経済を神話のように信じていた残像にほかならない。

――日本はバーゼル規制を「異物」として取り扱っていたのでしょうか。

遠藤「自己資本を一定額、きちんと積むことはそれを起点にしてバランスシートをどこまで拡大してよいのかを測る物差しだ。それをどういう水準にするかは本来、金融機関の経営判断だ。自己の体力を勘案して健全性を自分でコントロールする考え方は護送船団行政のように業界の中で落ちこぼれが出ないよう当局が規制や行政指導を行う仕組みとは設計思想からして真逆の考え方だ。各金融機関が自己の経営戦略の中で自己資本の水準を見定める。それを支えるのがバーゼル規制という位置づけだった」

「日本におけるバーゼル規制の捉え方は従来の行政手法に一つの新たなルールが入っただけという見方だったのではないか。しかも、大蔵省はこのルールは日本にとって不利に働くと考えていた。銀行が株

バーゼル規制の歴史

	適用	
バーゼル1（BIS規制）	1993年	最低所要自己資本比率「8%」 ラテンアメリカの累積債務問題から波及した米金融問題はきっかけ
	1996年改定	マーケットリスク（金利リスクや価格変動リスク）を資本賦課の対象に
バーゼル2（新BIS規制）	2006年	信用リスクの計測手法に「内部格付け手法」を導入　リスク把握が大まかすぎたバーゼル1の限界に対応 オペレーショナルリスク（事務事故や不正行為などで損失が発生するリスク）を資本賦課の対象に 金融機関の自己管理と監督上の検証、開示を通じた市場規律を導入
バーゼル2.5	2009年	「再証券化商品」や短期的な売買を行う「トレーディング勘定」への資本賦課を強化　米国のサブプライムローン問題に端を発した金融危機への応急措置
バーゼル3	2013年～28年（予定）	自己資本の定義の厳格化/金融危機への本格的な対応/流動性規制の導入/レバレッジ比率の導入

（出所）金融庁、大和総研資料を参照して作成

銀行の自己資本比率規制について

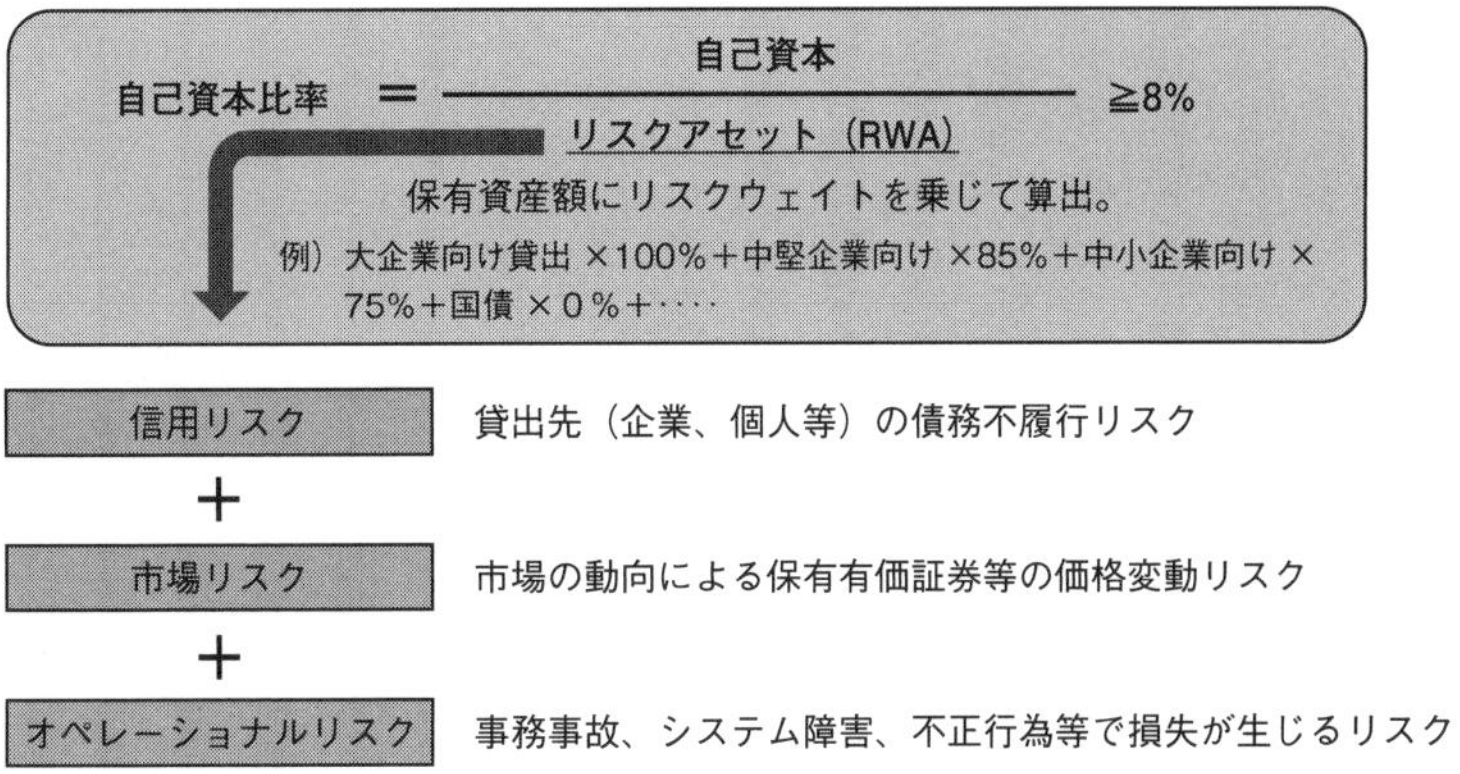
自己資本比率 ＝ 自己資本 / リスクアセット（RWA） ≧8%
保有資産額にリスクウェイトを乗じて算出。
例）大企業向け貸出 ×100%＋中堅企業向け ×85%＋中小企業向け ×75%＋国債 ×０%＋‥‥
信用リスク
貸出先（企業、個人等）の債務不履行リスク
＋
市場リスク
市場の動向による保有有価証券等の価格変動リスク
＋
オペレーショナルリスク
事務事故、システム障害、不正行為等で損失が生じるリスク

※リスクの計測手法については、多数の銀行が採用する標準的手法と、一部の銀行が採用する内部モデル手法が存在。ただし、オペレーショナルリスクの計測手法については、今回の見直しで内部モデル手法を廃止し、一本化。

（出所）金融庁資料「銀行の自己資本比率規制について」より

式を保有することができる日本の制度に対し、株式を保有しないのが英米の銀行制度だった。含み益のうち45%をカウントできるかどうかが議論となり、それを勝ち取ったとき、日本は欧米勢に一矢報いたという受け止め方だった。ルールの部分的な陣取り合戦に精力を費やすのではなく、ルールの歴史的な位置づけは何なのかに思いをはせるべきでした」

日下 「地銀にとって当初バーゼル規制が他人事だったのは、銀行の増資には大蔵省の認可が必要だったからです。しかも、横浜銀行を先頭とする順番制になっていて、それぞれの銀行の事情やタイミングで増資できるとは限りませんでした。そのため、順番が回ってきた時に思うように増資できずに自己資本比率を高められない地銀もあって、大蔵省も板挟みになっていたように映ります。バーゼル規制は、ある意味大蔵省を当事者にしてしまいました」

BOX 起源は「1954年」

その歴史は想像より古い。1954年12月23日に出された銀行局長通達「昭和29年度下期決算について」の中で、「預金の期末残高」に対する「広義自己資本」の割合が10%以上あるよう求める規制が起源だ。

大蔵省が手を打っていたとすれば、その通達を1986年5月23日に改正したことだ。分子の資本（質の指標）と分母の資産（量の指標）の定義をそれぞれ改訂し、比率の水準を4%程度に下げるとともに、1990年度までに達成することを目標に掲げたからだ。つまり、バーゼル規制の議論が国際的に始まる前、しかも、自助努力で自己資本比率規制を強化していた。

背景には第1章で解説したような金融自由化との関係がある。新銀行法は銀行の自己責任原則を打ち出し、私企業性を明文化した。当然のこと、リスクテイクの増大を認識した上で自己資本充実の重要性も発信していた。

「リスクの増大を金融機関自らの責任において負担する能力を高め、預金者保護を図るという観点からも自己資本の充実が必要である」（1985年の金融制度調査会答申「金融の自由化の進展とその環境整備」）

ただ、大蔵省の狙いは浸透せず、銀行の経営行動を変えるまで影響力を持つようになるのは1998年の早期是正措置導入まで待たなければならなかった。大蔵省最後の銀行局長である西村吉正氏がその著書『金融システム改革50年の軌跡』の中で「暴力と流血」と表現するような平成金融危機に突入して初めて、バーゼルが黒船だったことに気づいたと言える。

（出典）
・『検証　BIS規制と日本』（氷見野良三、2003年　金融財政事情研究会）
・『バーゼル委員会の舞台裏』（秀島弘高、2021年　金融財政事情研究会）

――1998年に早期是正措置を導入したことで、「国際基準行」と「国内基準行」という区分が誕生しました。地銀など多くの地域金融機関は主に後者に分類されました。

日下「97年の金融危機の際に、多くの地銀は海外で多大な損失を出していたため、国際基準行になるハードルは非常に高かった。とは言え、銀行ではない信用金庫と同じ国内基準となったことは、その後のリレバンへと続く分断のさきがけとなったのは間違いありません」

遠藤「大蔵省が銀行のくくりで念頭に置いていたのは地銀よりも都銀や長信銀、信託銀行だった。利害調整の中で銀行局が証券局とどこで線引きするかは主に都銀の意向を聞く。地銀のあり方をそもそも議論するような発想は銀行局にはなかった。地銀はできあがった法律に従ってくれという感じでしたね」

日下「私が銀行に入った頃は、少なくとも埼玉銀行と横浜銀行の間に線引きなどなく、都市銀行と地方銀行という呼称は便宜的なものに過ぎないという感覚でした。ところがバーゼル規制によって雲行きが怪しくなった。そう感じたのは、広島銀行に来られていた橋口収さんが、一番気にされていたのがバーゼル規制導入後の世界だと聞いた時でした」

解説　レントゲンで撮影する（玉木淳）

早期是正措置とは自己資本比率が0％を下回る前の段階で資本増強を命じる行政処分の仕組みだ。大蔵省は海外業務を展開する国際基準行に対し国際ルールと同じ最低基準8％を求めたが、国内基準行には半分の4％以上に緩和する仕組みを1998年4月以降の決算期から適用した。

第一地銀のうち規模も大きく有力な銀行は国際基準行だったが、相互銀行から普通銀行へ転換したばかりの第二地銀は国内基準行に分類された。相互銀行を前身とする第二地方銀行の歴史を綴った『第二地方銀行協会50年史』（2002年発刊）。そこには、バーゼル規制に関係する記述は「ＢＩＳ規制と貸し渋り」という1項目に限られ、貸し渋り批判を浴びた経緯をたどる文脈で記録されているのみである。

しかし、1998年の早期是正措置導入でバーゼル規制は威力を発揮するようになる。とりわけ第二地銀は規模も体力も劣り、バブル期に不動産融資へ傾斜しており、バーゼル規制は死命を制する時限爆弾と化した。折しも同じ年の98年6月、大蔵省から監督・検査部門が分離・独立し、金融庁の前身、金融監督庁が発足した。

金融監督庁検査部長の五味広文氏（後に金融庁長官）は伝説として受け継がれる有名な訓示を行う。「君たちはレントゲン技師だ。どんなに深刻な病状であっても、それを正確に写し取ってきてほしい。それを見て診断と治療法を判断するのは長官だ。だからこそ、大事なのは正確に写し取ることだ」

金融監督庁は検査マニュアルを作成し、銀行のレントゲン撮影を始める。バーゼル規制は金融庁という強力な監督・検査権限を背景に業界秩序を破壊する、まさに黒船となっていった。

第3章

金融育成庁の時代

金融庁の試行錯誤（遠藤俊英）

時代背景

金融処分庁からの卒業――アベノミクスとともに

遠藤俊英が国際通貨基金（IMF）の出向から4年ぶりに帰国した2002年、日本は平成金融危機の最終戦を迎えていた。翌03年、りそなホールディングスに2兆円もの大量の公的資金を投入し、実質国有化。経営破綻した栃木県の足利銀行も一時国有化した。両金融機関ともに今も経営を続けている。つまり、政府が事実上救済し、金融システムはこの措置を機に正常化へ向かう。2005年、預金者1人当たりの預金を元本1000万円とその利息までとする「ペイオフ」を全面解禁し、名実ともに金融平時の時代へ移った。

遠藤が金融庁で最初の課長を務めたのはそんな金融平時への移行期だった。金融処分庁から金融育成庁へ。その後、金融庁が役割を大きく変えないといけなくなる行政課題に直面した世代だった。

2020年に金融庁長官を退任するまでの18年間、遠藤が何を考え、どう動いたのか。大蔵省時代に感じた「違和感」と、それを超えようと試行錯誤した歴史である。

金融危機から金融平時へ
―金融機関の破綻数の推移―

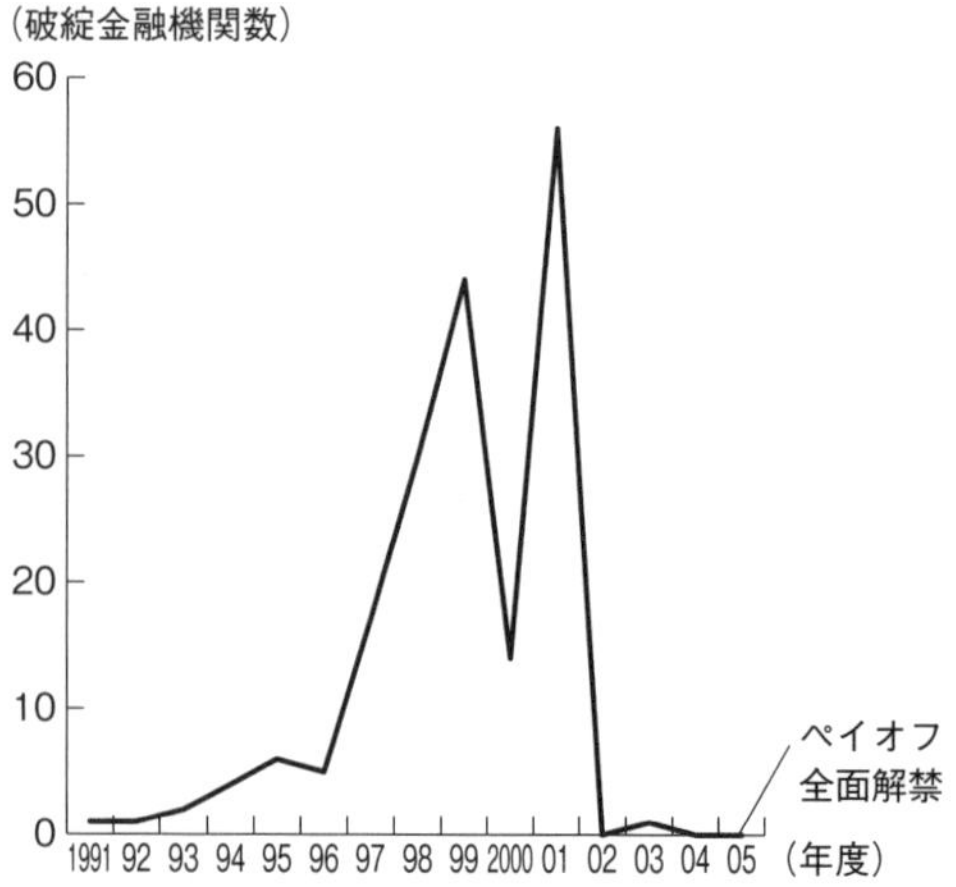

（出所）財務省編「金融行政」より

「金融庁が何を考えているのかよく分からない」という声をよく耳にするが、歴史をたどれば、その疑問に対する答えになると考える。それぞれの時代、それぞれの世代が知恵を絞り、その積み重ねの結果があり、様々な思想・哲学がぶつかり合った末に編み出された成果があり、長い期間をかけないと片付けられない宿題がある。

遠藤がこだわったのは「金融庁組織論」であり、監督対象金融機関との「コミュニケーション論」である。キーワードは「心理的安全性の世界」であり、相手に恐怖を与えるような「上から目線からの卒業」だった。遠藤がどういう経験を経て、金融育成庁の土台を作り上げていったのか自ら解説する。

1

「心理的安全性」の原点（課長時代）

◆偽造キャッシュカードという「金融社会問題」

「偽造キャッシュカード問題」。今では聞くこともなくなったこの問題に金融庁が直面したのはおよそ20年前の2004〜05年。金融庁発足後初めて取り組んだ「社会問題」だったと思う。地銀行政と直接関係ないようにみえるが、預金者を巡る金融問題であるという側面と、顧客目線で政策を練る行政スタイルの嚆矢の側面と2つの意味で地銀行政とも無関係ではない。

読み解く前にまず、「偽造キャッシュカード問題とは何か」をおさらいしたい。

自分の知らないうちに預金口座からお金がなくなっている――。預金者を不安に陥れる事件が連続して発生したのは04年のことだった。残高を照会するとお金が減っている、もっと言えば、お金が消えてなくなっている。勃発した異常事態は、預金口座は絶対に安全という意識が強い日本人に恐怖感を抱かせ、救済手段がない事実が怒りにつながっていく。

「預金者の隙」につけ込んだ巧妙な手口だった。犯人はキャッシュカードを盗んだ上で磁気情報をホワイトカードにコピー（その手口は「スキミング」と呼ばれた）した後、本人に戻す。犯人は、本人が気づかないうちに、別の手段で入手した暗証番号を使って、偽造したキャッシュカードをATMに挿入して預金を引き出す。当時、自分の誕生日を暗証番号に使っている預金者が多く、被害が急増した。

「法律の落とし穴」に落ちるような犯罪行為でもあった。被害者への損失を補償する規定は民法478条にある。2017年改正前の条文には「債権の準占有者に対してした弁済は、その弁済をした者が善意であり、かつ、過失がなかったときに限り、その効力を有する」とあった。難しい文章だが、預金者以外の第三者が勝手に預金を引き出しても、弁済した者（銀行）が「預金者の外観を呈する者」を第三者と見抜くことが難しければ（そして、ATMからの引き出しである以上第三者と見抜くことはほぼ困難）、「銀行に過失はなく引き出しは有効」とする規定だった。だから、「救済はされない」との解釈が喧伝され、社会問題を引き起こした。

「金融庁の弱さ」を突くような難題でもあった。当時、私は監督局銀行第一課の参事官（課長級ポスト）に就いて、銀行第一課長が専管する銀行（3メガバンクと信託銀行）以外の主要な銀行を担当していた。普段の私の仕事は銀行の財務の健全性をチェックし、業務の適切性を監視する役割なので、この偽造キャッシュカード問題も担当と言えば担当だ。だが、法案を作るのは総務企画局の企画部門（今の企画市場局）であり、監督局に法案を担ぐ役割はなかった。民法478条に例外を作り救済の道を開く特例法を作ってほしいと総務企画局に相談を持ちかけたが、けんもほろろに断られてしまう。

民法は法務省が所管する基本法で、金融庁が自由にどうこうできるものではない。そもそも法律の根幹を変えるような大きな変更は政府全体の法案提出を司る内閣法制局を通さないといけない。普段、法案作成で他省庁と折衝を繰り返していた総務企画局からすると、「国会を通すどころか法案を作成するのも極めて困難」という。発足10年に満たない新興官庁という霞が関内の序列も無縁でなかったかもしれない。

「預金者の隙」「法律の落とし穴」「金融庁の弱さ」のまさに「三重苦」に直面したのが偽造キャッシュカード問題だった。

◆「銀行安全保障」

それでも誰かが被害を防ぎ、被害者を助けなければ、社会問題は鎮火するどころか燃え広がってしまう。銀行預金を舞台にした大がかりな犯罪だけに金融庁が現実を放置するわけにはいかない――。そう決心する。

法律を企画立案する役割ではなかったが、監督局にプロジェクトチームを発足させた。見切り発車のように映るかもしれないが、銀行と預金者の間で結ぶ「預金約款」を改訂すれば、契約ベースで銀行の行動を規定し、法律改正と同様の効果を発揮することができるとの読みがあった。

新興官庁でしがらみが少なかったからか、上司は何も言わずに自由にやらせてくれた。自分が就いていた「参事官」というポストはアドホック（一時的）に設けられた管理職で、不良債権半減問題などで

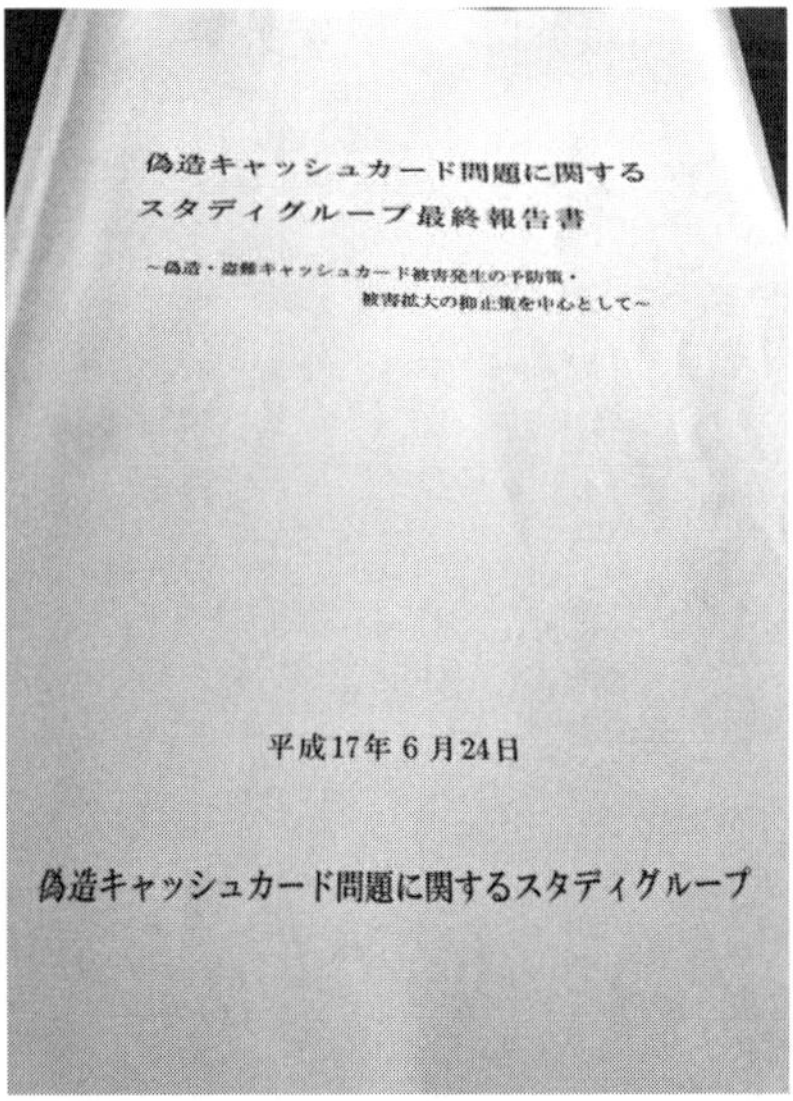

2005年6月に最終報告書をまとめた

多忙を極めていた銀行第一課長と課内の仕事を分担するために置かれていた。部下が少なかった半面、想定外の課題をプロジェクトとして取り組める機動性を許されてもいた。

「偽造キャッシュカード問題に関するスタディグループ」。05年2月にスタートしたこのプロジェクトには若手18人が事務方メンバーとして参加してくれた。最初は総括補佐と手分けして課内の係長クラスや係員で多少の苦労では弱音を吐きそうにない面々をくどいていたが、そのうち他課の職員、それも弁護士事務所からの出向者など、普段カウンターパートとして気持ちよく仕事ができていた人物に狙いを定めて勧誘した。映画「七人の侍」の（志村喬演ずる）勘兵衛が一人一人の実力を試しつつ侍を集めるシーンのようだと勝手に悦に入っていた。法案作成に難色を示した総務企画局の局員もメンバーに加わった。「問題意識を伝えれば、意義を感じて集まってくれる」。所属する局課に割り振られた役割にとらわれず、官僚組織を動かすには、社会的意義をはっきり定義することの大事さを学んだ。それが強いモチベーションにつながり、壁にぶち当たったときに突破する破壊力を生み出す。

スタディグループにおける検討は大車輪のスピードで進んだ。05年2月末に始まり、1カ月後の3月末には被害補償に関する中間とりまとめを公表し、3カ月後の5月半ばには派生して問題視された盗難キャッシュカード被害の補償に関する第二次中間報告もとりまとめた。単なる救済策にとどまらず、「被害発生の予防策」と「被害拡大の抑止策」まで論点を広げた最終報告書がまとまったのは6月末。偽造キャッシュカード問題が社会問題化してからほぼ半年で法的対応と実務対策をまとめた。きわめてスピード感のある作業だったと思う。

銀行預金を安全安心に守る意味で、偽造キャッシュカード問題は「銀行安全保障」だ。降ってわいたような問題で、しかも、これだけ大がかりな課題を解決するには時間設定がどうしても必要だった。早期に解決策を講じなければ、批判のシュプレヒコールが大きくなるだけだからだ。負担は重いが、短期決戦の時間軸を設定しなければならなかった。それが逆に参加メンバーに強いモチベーションを生んだのかもしれない。

BOX

偽造キャッシュカード問題に関するスタディグループ

スタディグループは、監督局に設置した非公式会合との位置づけだったが、東大の岩原紳作教授が快く座長を引き受けてくれた。「技術革新と金融法は自分のライフワークですから」と仰っていただき、ここでも「社会的意義と強いモチベーション」の大事さを実感した。

加えて、「目標設定と共有」がスムーズに進んだ原動力も存在した。スタディグループの第一回の発表者、評論家の柳田邦男氏だ。氏のご友人の出版社編集局長が退職金を偽造キャッシュカードによる犯罪で失い、銀行による補償もされない状態に憤りを感じられていた。政府の審議会の類には出席しないという節をまげて、プレゼンテーションを引き受けていただいた。

銀行のセキュリティー対策の不備と怠慢、高度技術システムの欠陥と責任、欧米の消費者保護の潮流、日本の法制の非現実性などを指摘された。偽造キャッシュカード問題解決の現代的かつ社会的意義を明示されており、それが我々の羅針盤となる。スタディグループで取り組むべき目標が改めて確認できた感覚で、自分もチームも目の覚める思いだった。

スタディグループは毎週開催した。2月から6月までで全19回もの会合を開催。偽造カードの被害補償ルールの策定についてはひと月で6回の会合を開き、その後派生して注目を集めた盗難カードの被害補償ルールもひと月半で8回の会合を開いた。その後、予防策・抑止策はひと月で5回の会合で取りまとめた。

◆「議員立法」の舞台裏

偽造キャッシュカード問題は当初、法律制定が難しいという壁にぶち当たったところからスタートしたが、図らずも法律制定につながった。内閣が法案を提出することは難しかったものの、問題意識を持たれていた国会議員が議員立法で被害補償ルールを定めることになった。現在の「預金者保護法」だ。なぜ、国会議員が議員立法化に賛同してくれたのか。社会問題になったことで話題を集めた面もあるが、我々のプロジェクトが土台になったと自負している。

プロジェクトの一連の流れは、私にとってきわめて充実した濃密な行政経験だった。いわば「成功体験」なのだが、「成功」に導くことができた理由はコミュニケーションの積み重ねだったと思う。

人手不足だったからもあるが、全員野球をチーム運営の基本に置いた。通常通りの仕事の進め方では間に合わないため、当番制を敷いて、チーム全員が何らかの調整、資料作成に携わった。その職員の責

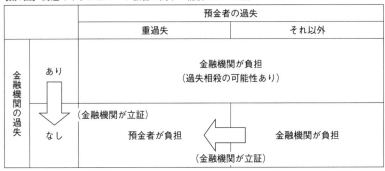

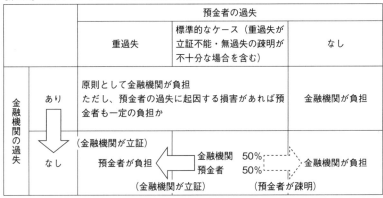

知恵を結集してできあがった『偽造・盗難カード補償案』

［第1図］偽造キャッシュカード被害に関する補償のルール案

		預金者の過失	
		重過失	それ以外
金融機関の過失	あり	金融機関が負担（過失相殺の可能性あり）	
	↓（金融機関が立証）		
	なし	預金者が負担	←（金融機関が立証）金融機関が負担

［第2図］盗難キャッシュカード被害に関する補償ルール案

		預金者の過失		
		重過失	標準的なケース（重過失が立証不能・無過失の疎明が不十分な場合を含む）	なし
金融機関の過失	あり	原則として金融機関が負担 ただし、預金者の過失に起因する損害があれば預金者も一定の負担か		金融機関が負担
	↓（金融機関が立証）			
	なし	預金者が負担	←（金融機関が立証）金融機関　50% 預金者　50%→（預金者が疎明）	金融機関が負担

任において任せたことが高いパフォーマンスにつながったと思っている。当然、会議運営で支障が生じたことはなかった。

「民法478条とATM引出しの適用事例」は若手係長が一人で作り上げたスライドだが、わかりやすく質の高い資料としてスタディグループのメンバーから高く評価された。一方、自分が貢献できる知識経験が十分でないからと言って、進んで会議運営の裏方を買って出てくれる若手もいた。

全員野球の効用は、チーム内のコミュニケーションが上下関係抜きになっていくことである。これは金融庁の事務方メンバーの中だけでなく、スタディグループの委員の方々とも一体感が出てくる。金融庁職員だけで知恵が足りないことも少なくなく、どうしても委員の方に教えてもらわないと突破できない壁も多かった。

最大かつ最後の難関は派生して出てきた盗難キャッシュカード問題だった。偽造キャッシュカード問題と違い、預金者の不注意（例えば、「酔っ払って電車内で財布をすられた場合」など）が大きな論点になる。預金を払い戻すときに預金者と銀行の損失負担の線引きを定める必要が生じたが、どこまで預金者に無過失を証明してもらうのかがポイントだった。

社会問題の難しさは法律や金融の原則に照らせば理屈に合うことでも、社会の期待はより利用者フレンドリーな決着を求めがちなことだ。国民最大の資産である預金であればなおさらだ。官僚組織はどうしても理屈に流されやすい。法律的には重い証明作業を課す「立証」となりがちだが、預金者が自分に過失がないことを証明するのは事実上不可能だ。それだと盗まれた預金を取り戻すこともできなくなり、本末転倒なことになりかねない。

岩原座長に相談した。法律を知り尽くす大家は「疎明」という法律用語を口にされた。訴訟法では裁判官に確信まで行かないが、「確からしい推測」と感じてもらえる証拠を提示することで、証明する作業は格段に軽くなる。我々は重要な示唆をいただいたと膝を打った。これで最後のピースが埋まったと確信した。

◆「プロジェクト型行政」の神髄

スタディグループのミッションは補償ルールの策定だけでなく、被害予防・被害拡大抑止のためのシステム、技術的問題まで大きく風呂敷を広げることになった。

これは金融機関に対して刺激を与える効果を生んだ。引き出し限度額を大幅に引き下げて、被害を最小限に抑える仕組みを入れたり、キャッシュカードをＩＣ化すること（それまでは「磁気カード」という偽造されやすいカードだった！）でリスクを抑えたり、生体認証を導入し、そもそもカード自体をなくそうとする動きも出てきた。

スタディグループの審議では、セキュリティー強化のためにシステム上のセキュリティー技術を学習したり、暗号化の方法を議論した。今日的な課題であるデジタル化、フィンテックの嚆矢ともいえる検討を進めていた。

情報理工系の大学教授、暗号論やセキュリティーの専門家、メガバンクのシステム事務担当者――。集まった参加者の顔ぶれは普段、我々の監督業務では出会うことがなかった方々だ。新鮮な化学反応が起こり、議論は法律論だけで片付けられない様々な論点を提示してくれた。

「未知との遭遇」の刺激的な経験は、後に金融庁内の組織改革に取り組む際、内向きの議論に終始するのではなく、外に出て「未知」の面々から学ぶべきとの問題意識につながった。また、地銀の改革議論にあたっては偽造キャッシュカード問題で経験したプロジェクト型行政をひな型にしている。なぜなら、地銀の改革はそれ単独では成就が難しく地域経済の復活・活性化と分かちがたい関係にある。いわば、金融問題と社会問題が融合し、どちらか一方のアプローチに偏っては解決に近づけない連立方程式を解くようなテーマだ。地銀にはガバナンスや企業文化の根本的な再構築を求めたが、これらは単に金融機関にとどまらない我が国企業全体の課題でもある。こうした広がりのあるテーマを議論し検討を深めるには、従来の役所の局課の仕事では追いつけない。本質的なテーマに取り組むプロジェクト型行政の出番だろう。

2

「脱銀行路線」の源流（信用制度参事官時代）

遠藤俊英が金融庁長官を最後に退官する際、置き土産にしたのが銀行法改正だった。日銀がマイナス金利政策を発動し、貸し出しによる金利収入という収益を失うことがはっきりしたとき、金融行政が打ち出した路線が「脱銀行」だった。

地方創生を推進する上で強力なプレーヤーに育ってもらうためには預金を融資に回す預貸ビジネスに依存したモデルに限界が生じていた。人口減少という大きなうねりにのみ込まれていた地域経済を反転させるには、これまで制限していた業務を銀行に認める必要がある。

実際、2021年11月、金融庁は銀行を縛ってきた業務範囲規制を大胆に緩和した。大きな転換点を生み出した源流を探るため、遠藤が10年以上前に格闘していた時代を解説する。

◆「原則禁止」と「例外認可」の矛盾

「なぜ、もっと自主的に、なぜ、もっと創造的に経営しないのだろうか」。金太郎あめと言ってもよい

銀行が他業に算入する制度は複雑ー「原則禁止」と「例外認可」ー

■銀行法12条	「銀行は他の業務を営むことができない」——→ 他業禁止の原則
ただし……	
■銀行法10条	「銀行は次に掲げる業務その他の銀行業に付随する業務を営むことができる」——→ 個別限定で認可 21項目（2023年4月時点） 例） 「有価証券の売買」 「銀行業の高度化又は利用者の利便に資するもの」 →「銀行業高度化等会社」を設立すれば範囲拡大を容認（2017年に解禁） ……
★その狙いは	健全性を脅かしてはいけない! そのためには勝手な振る舞いを許さない! 性悪説的な考え方がベース

ぐらい、どの銀行を見ても横並びに見えてしまう。監督局銀行第一課で3年間、メガバンクなど主要行を見てきても、「なぜ、個性が生まれないのか」という本質的な議論は横に追いやられがち。うすうす、その原因は土台となる銀行法にあるのではないかと感じていたところに2007年夏、転機が訪れた。

「総務企画局・信用制度参事官を命じる」。証券会社のような証券市場を通じた資金仲介をつかさどる金融機関を直接金融機関と呼ぶが、預金を集めて融資に回す銀行や信金、信組のような金融機関を間接金融機関と呼ぶ。銀行法、預金保険法、信用金庫法、協同組織金融法、貸金業法——。こうした間接金融関係の法律を担当する課長が信用制度参事官。監督局から人事異動で転じたこのポストは地銀と向き合う初めての仕事だった。

「法改正の季節になると、金融庁は何かチャレンジしたい新規業務はないかと聞いてくるが、その注文は正直無理がありますよ。自分たちは日々の仕事が忙しいのです。本当に認められるかどうかもわからない、むしろ認められない可能性の高い新規業務を夢想している暇などありません」

ある地銀の中堅行員と議論したことがある。その時、彼が言っていた言葉だ。これは痛烈なコメントだった。

私が信用制度参事官に就いてやってみたい課題、それはこの地銀中堅行員の方の問題意識と一緒だった。具体的には「銀行の業務範囲規制の緩和」と「限定列挙方式の撤廃」だった。

この2つは少し解説が必要かもしれない。

1つ目の「業務範囲規制」は銀行特有の規制だ。銀行法は銀行の健全性を確保するため、その業務を預金、為替など主要業務に集中させるのが法の趣旨だ。12条に「銀行は～中略～他の業務を営むことができない」と定めている。銀行が固有業務（預金、融資、為替）以外の業務を営むことを原則禁止する「他業禁止の原則」と呼ばれる仕組みだ。それでも時代の趨勢によって、銀行に固有3業務以外を認めないと銀行業が成り立たなくなっていく。銀行を取り巻く環境変化は対症療法で何とかなるものではない。低金利は世界的に広がり、国内の人口減少は止まる気配がないどころか加速している。資金調達構造が銀行借り入れ（間接金融）から株式・社債調達（直接金融）へシフトする流れは不可逆的とも言える。いつまで銀行は「預貸業務依存のビジネス」を続けることができるのだろうか。それを縛っているように映ったのが、この他業禁止原則だった。

それでも銀行は投資信託や保険を売ったり、最近では人材紹介も始めているではないか。一般読者は「禁止しているのになぜ?」と不思議に思われるかもしれない。その不思議さを生み出しているのが、2つ目の「限定列挙方式」だ。銀行法は10条に銀行が営める業務を個別に列挙している。12条で禁止しているのに10条で認めている、一見矛盾しているように映るが、「原則禁止」としている点がポイントだ。いま、10条を見ると、21の業務が個別に列挙されているが、これはあくまで「例外」。もともと「銀行には余計な業務をさせるな！」という伝統的な思想が根っこにあり、勝手な振る舞いを許さない意思表示として、例外を個別限定して列挙しているという法律の立て付けだ。健全性を脅かすことにつながりかねない性悪説的な考え方をベースにしている。

◆「持ち株会社下の承認制度」を構想

しかし、こうした考え方にはどうもひっかかりを感じていた。業務を縛ることはかえって銀行の収益を先細りさせ、巡り巡って健全性を脅かす原因になるのではないか、と。

具体的な業務を一つひとつ法律に書き込んでいく手法は銀行業を行政の目が届く範囲に置いておくには合理的であるが、新しいビジネスを展開するには柔軟性を欠いていた。限定列挙方式を撤廃し、機動的に他業に参入できるよう自由化できないだろうか。わざわざ限定列挙方式を編み出したのは銀行の企業に対する影響力、それは銀行による産業支配（最近の言い方では「デットガバナンス問題」と表現できるか）をけん制する意味もあった。しかし、「産業支配というのはあまりに昔の話であり、今の銀行が産業界に大きな影響をもっているとは言い難いのでは」と感じていた自分にとって、越えられない壁ではないと考えた。

欧米の金融機関と海外市場でしのぎを削る主要行にとっても、地域企業の事業再生や起業支援など地域企業を直接支える地銀にとっても、今の規制は銀行業務の足かせになっているのではないか。異動直後の07年夏、３メガバンクと主要な地銀に自分の問題意識を伝えた。

そうしたトップバンクとの議論を経て到達した一つの解は、「金融持ち株会社制度を活用した承認制度」だった。銀行法は銀行の健全性を確保することを目的にしていたので、銀行からリスクを遮断する仕組みを手当てすれば、法の趣旨に反しない。子会社は銀行が親会社として経営を支配しており、子会社の失敗は銀行に直接はねかえる。そこで目をつけたのが「兄弟会社」だった。兄弟会社とは持ち株会社傘下で銀行と兄弟のように並んでいる会社であり、持ち株会社制度だからこそ出てくる概念だ。米国は持ち株会社の傘下の会社であれば、金融を補完すると考えられる様々な業務を兄弟会社に認めていた。当局の認可ではなく承認で済ませている点も画期的に映った。米国を参考に日本でも同じような制度を採用したいという思いがわいていた。

「金融機関のニーズと社会的意義を勘案し、米国的な制度を導入し、金融機関の裁量の範囲を拡大する」。狙いはこの1点だった。金融審議会金融分科会第二部会は07年秋に集中的な議論を行い、12月に報告書をとりまとめた。結果としては、この承認制度は導入されなかった。業務範囲についてはかなり前向きな議論が行われたにもかかわらずだ。基本的枠組みである限定列挙方式を越えるのがこれほどまでに難関だったとは——。無念さ以上に、銀行の自由裁量を広げることにこれほどアレルギーがあることに驚きを禁じ得なかった。金融審議会で反対の意見を述べた方々の意識には、先述した「銀行の産業支配への強い懸念」があった。銀行が新たな業務を創意工夫により生み出すことの重要性を主張されていた方々とは神学論争ともいえる議論が平行線のまま続いた。審議会のとりまとめとしては新たな方向性を入れることは難しく、新制度は「時期尚早」となってしまう。

◆「銀行業高度化等会社」の下敷きに

それからちょうど10年後の2017年。銀行法は改正され、「銀行業高度化等会社」を新設した。これはフィンテックの急速な進展に銀行が対抗できるように銀行によるフィンテック企業の子会社化を認める規制緩和だ。

フィンテックは金融とテクノロジーを掛け合わせることで新たなサービスを生み出す大きな潮流であり、どういうイノベーションが起きるかは事前に予想できない。したがって、金融庁が事前に限定列挙して、「こういうビジネスは認める」と決めることはできない。新たな時代の潮流が10年前の神学論争を一気に吹き飛ばし、金融規制の枠組みを壊してしまった。

ここで拓かれた突破口は、地銀にとって大きなチャンスとなった。さらに4年後の2021年11月に施行した改正銀行法は銀行業高度化等会社の定義を大きく広げたからだ。「地域活性化や産業の生産性向上に資する会社」。地域の活性化や産業の生産性向上につながれば、あらゆる種類の業務が可能であり、「何でもあり」の感がある。自主的、自律的、創造的に考えてもらい、あらかじめ高度化等会社の認可を取っておけば、その後の業務範囲を広げるのは届け出で済む。地方銀行による地域商社や人材派遣会社の設立が相次いでいるのは、この規制緩和の成果である。

結果論だが、なぜ10年前にもっと未来を見据えた根本的な議論を仕掛けられなかったのか。私の力不足だったところはもちろんある。しかし、これについては金融行政にとどまらない我が国の行政のあり方一般に共通する問題が指摘できる。

我が国の規制論議の手法は「審議会方式」だ。有識者で構成する第三者の審議会が多様な意見を戦わ

地銀が銀行外業務に参入しやすく

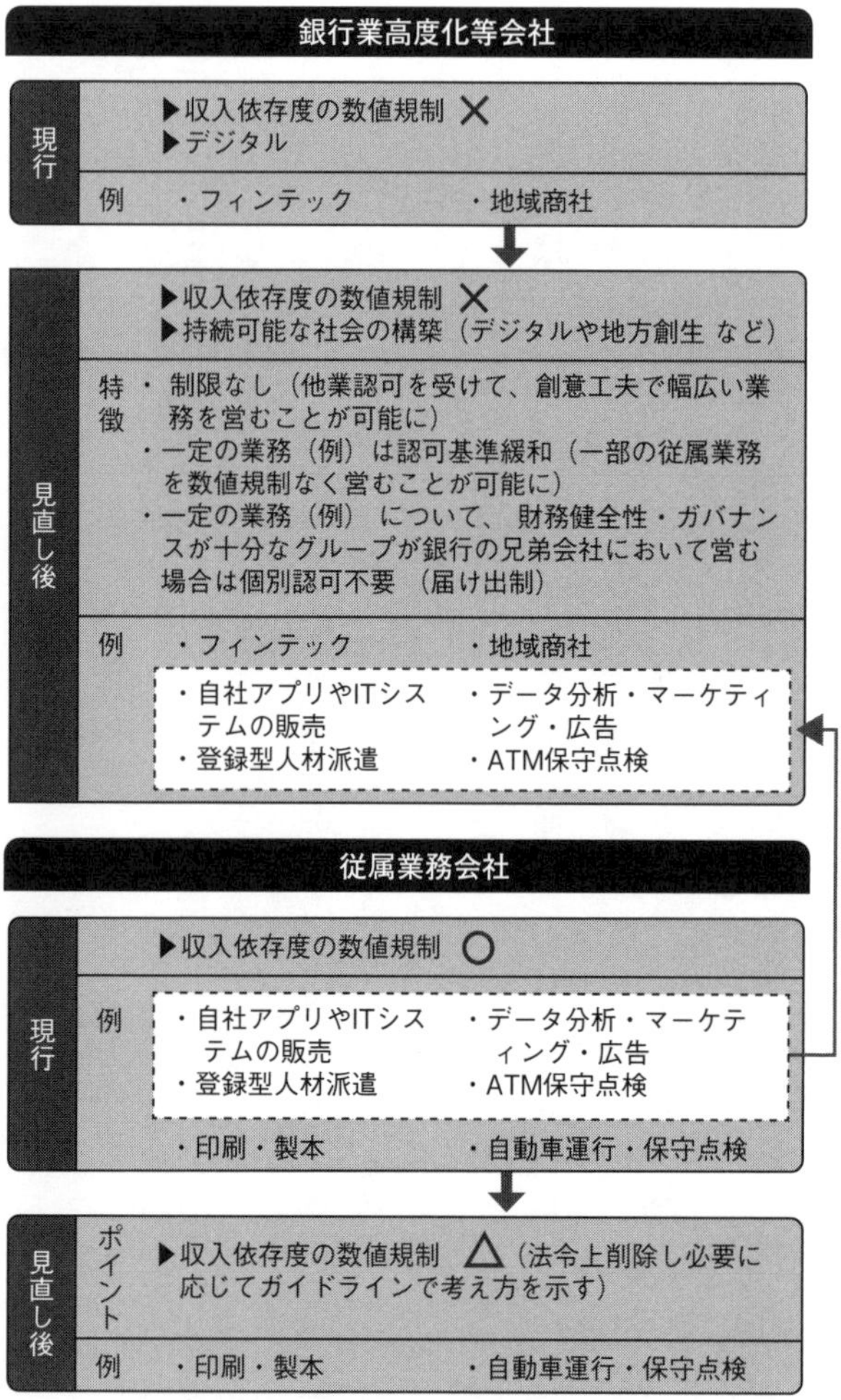
銀行業高度化等会社
現行
▶収入依存度の数値規制 ✕
▶デジタル
例 ・フィンテック ・地域商社
見直し後
▶収入依存度の数値規制 ✕
▶持続可能な社会の構築（デジタルや地方創生 など）
特徴 ・制限なし（他業認可を受けて、創意工夫で幅広い業務を営むことが可能に）
・一定の業務（例）は認可基準緩和（一部の従属業務を数値規制なく営むことが可能に）
・一定の業務（例）について、財務健全性・ガバナンスが十分なグループが銀行の兄弟会社において営む場合は個別認可不要（届け出制）
例 ・フィンテック ・地域商社
・自社アプリやITシステムの販売 ・データ分析・マーケティング・広告
・登録型人材派遣 ・ATM保守点検
従属業務会社
現行
▶収入依存度の数値規制 ○
例 ・自社アプリやITシステムの販売 ・データ分析・マーケティング・広告
・登録型人材派遣 ・ATM保守点検
・印刷・製本 ・自動車運行・保守点検
見直し後
ポイント ▶収入依存度の数値規制 △（法令上削除し必要に応じてガイドラインで考え方を示す）
例 ・印刷・製本 ・自動車運行・保守点検

（注）持ち株会社を持たない地銀は銀行傘下の子会社同様に規制緩和

せ、事務局である各省庁が意見を集約する。その過程はどうしても調整的になり、全員が納得する意見をまとめようとすると漸進的な結論になりがちだ。突出した意見を抑制するスタイルは安定的な経済社会を下支えしてきたが、これで果たして社会が激変する時代に対応した改革が進むのだろうか。

金融を含む各産業が急激に発展するテクノロジーをいかにビジネスモデルに組み込むかを競い合っている。競争相手は国内だけでなく、グローバルに広がっている。これまでの漸進主義的な議論では規制が現実に追いつけなくなっているにもかかわらず、いつまでこのやり方を続けていくのだろうか。業務範囲規制の議論を通じて、そのことを痛感した。

BOX　地銀、マーチャントバンクへの道

２００７年12月にとりまとめた金融審議会金融分科会第二部会報告書は銀行グループの業務範囲規制のあり方に転機を与える内容で、今の「銀行業高度化等会社」につながる下敷きだ。銀行子会社・兄弟会社にイスラム金融や商品の現物取引などを解禁し、銀行本体に二酸化炭素（CO_2）の排出権など全く新しい取引も認めた。

その中で今もなお議論が続いている論点を埋め込んだ。「マーチャントバンク」と呼ぶ、投資と融資を融合した信用創造ビジネスモデルを新業務のリストに入れたことだ。

マーチャントバンクは英国に起源を持つ、貿易業務をベースに発展した金融機関のことを指すが、商業銀行と投資銀行を融合したような業態で、今後の地域企業の事業再生などを考えれば地銀にとっても学ぶべき形態ではないかと感じていた。

業務範囲規制の対となる同種の規制に「議決権保有制限規制」がある。一般事業会社への出資を銀行の場合は5％に、銀行持ち株会社の場合は15％に制限する規制だ。「地域密着型金融の一層の推進等の観点から、ベンチャービジネスの育成、企業再生（地域再生）等の分野を念頭に、銀行グループの議決権保有制限の例外措置の拡充を検討」

金融審議会金融分科会第二部会報告
～銀行・保険会社グループの業務範囲規制のあり方等について～（平成19年12月）の概要

I. 銀行・保険会社グループの業務範囲の拡大

金融サービスの多様化、高度化等に伴い、銀行・保険会社本体の経営の健全性の確保に留意しつつ、国際競争力の確保等の観点から、銀行・保険会社グループ の業務範囲拡大のための制度的手当てを提言

▶ 財務の健全性や的確なリスク管理等一定の要件を満たす銀行グループの銀行兄弟会社に対して新たな業務を解禁する枠組みの導入

・現行、銀行の子会社と兄弟会社の業務範囲については、法令で同一内容を限定列挙

▶ 上記の新たな枠組みの下、銀行の兄弟会社に商品の現物取引を解禁

▶ 商品の保有リスクを回避するための措置が講じられていることを前提として、銀行・保険会社グループに商品デリバティブの現物決済を解禁

▶ 実質的に与信と同視しうることを前提として、銀行・保険会社の子会社及び兄弟会社にイスラム金融を解禁

▶ 排出権をめぐる今後の状況を見極めつつ、銀行・保険会社本体に排出権取引を認める方向で検討

▶ ファイナンス・リース（実質的に設備投資資金の貸付けと同視しうるリース）を主として営むことを前提として、銀行・保険会社の子会社及び兄弟会社にリース物件と同種の中古物件売買等を解禁

・現行リース中古物件の売買等は、リース満了時の売却等に限定

▶ 地域密着型金融の一層の推進等の観点から、ベンチャービジネスの育成、企業再生（地域再生）等の分野を念頭に、銀行グループの議決権保有制限の例外措置の拡充を検討

・現行、銀行本体とその子会社で合算5%超、銀行持株会社とその子会社で合算15%超の議決権の保有は原則禁止

▶銀行・保険会社本体に投資助言・代理業を解禁

▶マネーロンダリングや脱税等の不適正な取引の防止に留意しつつ、外国銀行の業務の代理・媒介制度を導入

・現行、例えば、外国銀行在日支店は、母体外国銀行の業務の代理・媒介ができない等の制約があり、こうした状況は、国際的に事業展開する企業への効率的な金融サービスの提供や我が国金融・資本市場への外国銀行の参入を阻害しかねないとの指摘が存在

【参考】銀行・保険会社グループの業務範囲拡大の方向性

	銀行・保険会社（本体）	銀行・保険会社の子会社	銀行・保険会社の兄弟会社（注）
商品の現物取引	×	×	×→○※ ※個別に許認可
商品デリバティブ	△※→○ ※差金決済のみ	△※→○ ※差金決済のみ	△※→○ ※差金決済のみ
イスラム金融	×	×→○	×→○
排出権取引	×→○※ ※今後の状況を見極めつつ、認める方向で検討	○	○
リース	×	○	○
中古物件の売買・メンテナンス	×	△※→要件緩和 ※リース満了時の売却等のみ	△※→要件緩和 ※リース満了時の売却のみ
マーチャント・バンキング	△※→要件緩和 ※議決権保有制限あり	△※→要件緩和 ※議決権保有制限あり	△※→要件緩和 ※議決権保有制限あり
投資助言・代理	×→○	○	○

（注）保険会社の兄弟会社は、これまでも、当局の承認を得れば、法令で限定列挙された業務（届出により実施可能）以外の業務も実施可能

Ⅱ. 利益相反の弊害の防止等

① 利益相反による弊害や銀行・保険会社等における優越的地位の濫用の防止の実効性の確保
② 顧客利便の向上や金融グループの統合的内部管理の要請のため、新たな規制の枠組みを提供

▶ 銀行・保険会社等に利益相反管理態勢の整備を義務付け
▶ 保険会社の役員と銀行等・証券会社の役職員との兼職規制を撤廃

Ⅲ. 保険に関する規制緩和

保険会社の資産別運用比率規制（いわゆる「3:3:2規制」）について、経営の健全性の確保等に留意しつつ、今後、廃止を含めた見直しを実施

【参考】資産別運用比率規制（いわゆる「3:3:2規制」）

対象資産	国内株式	外貨建資産	不動産
上限（対一般勘定資産合計）	30%	30%	20%

この一文を盛り込んだことは後に出てくる地方創生政策とも密接に絡んでくる。地銀が事業再生を手掛ける際、取引先企業の議決権を握って再生を支援できるように穴を開けないといけない局面は少なからず発生していた。事業再生会社の議決権取得について、投資専門子会社経由であれば解禁できたのは、一つの突破口になったのではないか。

マーチャントバンクの議論を持ち出したのは、日本の法規制の画一的適用に一石を投じたかった面もある。先述の兄弟会社を通じた新規業務解禁の議論とも通じるが、銀行という同じ業態の中でも個別行の実力に応じて、できる業務に差があって然るべきではないかと考えていた。一定の基準指標を設定し、それをクリアできる銀行だけがマーチャントバンク業務をできる。そんな仕組みを入れたかった。

マーチャントバンクの議論は、メガバンクと大手証券会社の業際問題にもなるので、業務範囲規制の一項目として収まる議論ではないことは分かっていたが、メガバンクが大手の事業会社とタッグを組んで海外戦略を展開するのが、これからの日本経済を支えていく一つの戦略だという思いもあった。

ある委員が新聞の匿名コラムに、「(日本企業の)事業戦略の展開にあたっては、……金融機関の力量と多様な金融手法のサポートが欠かせない。……M&Aや事業提携などの事業展開にあわせ、金融グループが、自らあるいはファンドを通じて事業会社の株式を一時保有する、いわゆるマーチャントバンク機能も重要だ。……当局は、従来の金融行政上の規制を見直し、少なくとも欧米の金融機関とイコールフッティングにすることが強く求められる」と書かれた。思いを理解していただいた方がおられたのは私には大きな救いだった。

3 「地域課題解決」の処方箋（監督局参事官時代）

◆「円滑化法時代」の企業再生

２０１１年。東日本大震災が起きたこの年は、金融庁にとっても私にとっても記憶に残るエポックメーキングな年だった。大震災は痛ましい大惨事だが、苦しんでいる中小企業をどうすれば助けることができるのか、社会的災厄を被った地域はどうすれば再生できるのか。そういう社会的課題に真正面から向き合う契機になったからだ。

４月４日に適用になった監督指針改正は、今につながる地銀行政の転換点になったと考えている。大震災が起きた3月11日より前から検討を始めており、偶然にもこのタイミングになった。なぜ、転換点と言えるのか。まずはそこから解説する。

この監督指針の副題は「コンサルティング機能の発揮にあたり金融機関が果たすべき具体的な役割」だ。監督指針は監督当局の目線を示すもので、当局が金融機関に送るメッセージのようなものだ。事務的な改正も多いが、このときは改正する意味、改正しないといけない事情があった。その1年少し前の09年11月、中小企業金融円滑化法（以下、「円滑化法」）が国会で成立していたからだ。

半年ほど経った２０１０年夏の人事異動で、私は監督局に戻った。参事官（役所の役職は分かりにくいのだが、偽造キャッシュカード問題に取り組んだ頃と業務範囲規制の見直しに取り組んだ頃の「参事官＝課長級」とは異なり、今度は課長より上位ポスト「参事官＝審議官級」）となり、地域金融の担当となった。これが私にとって地銀を直接担当する初体験となる。

このポストに就く前は総務企画局総務課長として官房業務に従事していた。総務課長は時の金融担当大臣と頻繁にやりとりする秘書官的なポストでもあり、円滑化法を巡り大臣とよく議論していた。

10〜11年は円滑化法の実施状況を注意深くフォローするとともに、この「円滑化時代」が続くのかどうか、その後の帰趨を決める大事な事務年度だった。期限が区切られた法律なので、これを11年4月以降も延長するかどうかが焦点だった。結果として延長する方向に動いていくのだが、金融庁として銀行行政、とりわけ地銀行政にどう落とし込んでいくかがポイントになっていた。総務課長から監督局参事官への異動はそうしたミッションを帯びていた。

亀井静香・金融担当大臣は就任時、「中小企業は重い債務に苦しんでいる。平成の徳政令を導入すべきだ」と宣言された。徳政令は借金の棒引き、今で言う債権放棄を意味する。裏返すと銀行が損失を負担し、企業の重荷を取り除いてあげることだ。企業は資金繰りに苦しむことがなくなり、ハッピーになるものの、銀行は貸した金が返ってこないわけで、当然、アンハッピーな政策になる。

だからこそ、さまざまな検討の末、徳政令より穏当な内容に結論を持って行くのが金融庁の役割で、その成就した形が円滑化法だった。

この法律は徳政令ではないが、行政としては画期的な要素が組み込まれていた。「貸し出し条件の変更」だ。申し込みにどう対応したのか、それを金融庁に報告することを義務付けたが、なぜ画期的かと言えば、銀行が条件変更、とりわけリスケに応じる促進効果が発揮されたからだ。経営を立て直すには時間が必要。この法律はその猶予を法的に認める裏付けになり、施行から1年後の11年時点で企業の申し出に銀行が応えた実行率はなんと9割。銀行も前向きに対応する姿勢になっていた。

「中小企業金融円滑化法」の歴史―モラルハザードから企業再生へ―

スタート（2009年11月国会成立）	政治主導	効果は？	＝	金融庁「リスケ」容認。経営改善の時間確保
		課題は？	＝	金融機関「先送り」機運。モラルハザードに
延長議論（1年刻みで2回）	行政対応	対策は？	＝	金融庁「監督指針」を改訂。コンサルティング機能追加
		狙いは？	＝	「監督目線」を修正。債務者に「厳しい提案」も。

（注）円滑化法は2011年3月までの時限立法だったが、2回にわたり延長。1年刻みで議論を繰り返し、13年4月に失効となった。

ただ、監督当局としては考えどころだった。時間的猶予を作ることで、銀行にはその間、積極的に取引先企業の経営改善や事業再生を支援してほしかったが、そこまでの意識をもって組織的に活動している銀行はまだ多くなかったからだ。もし、円滑化法を延長するのであれば、銀行が債務者の経営改善などにもっと真剣に向き合う施策が必要になる――。

◆全国の「S次長」を探せ！

「企業の経営改善や事業再生に正面から向き合う銀行とそうでない銀行の差はどこから生まれているのか」。自分なりにその答えを探り、それを監督指針に反映させよう。金融庁のメッセージを盛り込むことで、銀行の行動変容を惹起しよう。そんな思いから一連の活動が始まった。

2010年9月、地域金融担当の銀行第二課、協同組織金融室及び総務課の課長補佐、係長5人のチームを組成。財務局情報をもとに特色あるリレバンに取り組んでいる金融機関を選定し全国行脚した。

このヒアリングの旅は私にとってその後の地銀行政を進める上で、基本的な土台を築いてくれた貴重な経験だった。このとき出

広島市信用組合の山本明弘理事長
＝提供：共同通信社

会った地域金融のキーパーソンが、自分の感性に磨きをかけてくれた。その一人こそ、日下智晴さんだが、実は広島にはもう一人、お世話になっている方がいる。広島市信用組合（通称、市信用＝読み方は「ししんよう」）の山本明弘理事長だ。

２０１０年10月、広島で初めて出会ったが、山本さんとは今でも定点観測的にお会いし、地域金融と協同組織金融機関のあり方を議論している。

市信用の最大の特徴は一見、地域金融機関のあり方と相反するように映る。債務者企業に対する債権をサービサーに一括売却（バルク処理）するからだ。サービサーは１９９０年代後半の不良債権処理時代からその存在を知られるようになったが、債権回収会社という和訳からも想起されるとおり、債務者を追い込む印象が先行する。しかし、市信用の使い方は全く思想が違った。

債務者に対して借入債権をサービサーに売ることを事前に伝え、きちんとその意図を説明し、事業を再生させるチャンスであることを債務者に理解してもらい、やる気になってもらう。信用組合も地銀と同じ金融規制を受けており、資産の健全性を確保しなければいけない。不良債権を抱え込んでいるだけでは、いつまでも経営改善に向けた抜本的な対応に踏み込めず、すべてを先送りせざるを得なくなる。企業の業況は様々なきっかけで暗転するが、そのピンチをチャンスに変えるため、外部の専門機関、とりわけサービサーに目をつけた点は全く新しい発想に映った。

地銀行政を考える上で知恵と刺激をもらうのは、実は地銀以外の地域金融機関の方が多い。市信用の山本さん以外に2010年末に訪問した北関東のある信用金庫からも地域金融のあるべき姿を学ぶことができた。

「毎月ふらっと中小企業再生支援協議会に顔を出します。顔なじみの職員との雑談ですけどね。でも、実にいろいろな情報が得られます」

経営支援部のS次長が何気なく語った一言が記憶に残っている。その日のヒアリングは話が盛りあがり3時間に及んだが、次長の話題の多くはその地域の具体個別のできごと。信用金庫内にいるより外を回っている時間が圧倒的に多いSさんらしい話に花が咲いた。

そこで発見したのは、結局ある地域の企業支援というのは、金融機関の（地域支援部とか事業再生部といった）それらしい名称の担当組織や部署ではなく、特定の意識の高い人物が担っている現実だ。

そういう人には同志がいる。類は友を呼ぶのだ。北関東のこの地域の中小企業は、S次長とその仲間たちに助けられていた。そして別の地域の「S次長」がどこにいるかはその地に行って探してみないとわからない。地方公共団体の職員かもしれないし、税理士かもしれない。経営指導員かもしれないし、地銀の支店長かもしれない。

ヒアリングは地域金融機関だけでなく地方公共団体の中小企業担当者、商工団体の経営指導員、地域経済の研究者、民間のコンサルタントなど、チームでいろいろな情報を収集し、これはという人物がいれば片っ端からアポを申し込んで話を聞いた。地域金融機関のコンサルティング機能の発揮というが、本当にそれを果たすためには、その地域の「S次長」を見つけ、彼・彼女と協力することが必要であることをこの一連の訪問行脚で学んだ。

金融機関の先には債務者企業、事業者がいて、その先にはその地域の経済がある。これは当たり前のことなのだが、地域にまでスコープを広げる姿勢がそれまでの金融行政には乏しかった。監督指針の改正が金融行政の姿勢を転換するきっかけになればと考え始めた。

◆リレバンも転機、「画一的」から「肌感覚」へ

当時『デフレの正体』を著し、物価が上昇しないのは金融政策に問題があるのではなく、人口減少といった構造的要因によることを主張して注目されていた日本政策投資銀行の藻谷浩介氏にも話を聞いた。同氏は地域金融機関が地方再生で大きな役割を果たすことはあまり期待されていないと率直に述べられ、逆に「よそ者、若者、バカ者」が地域に入り込んでその地を再生している事例をたくさん教えてくれた。

藻谷氏は「平成の宮本常一（戦前から戦後、渋沢敬三氏の支援を受け、全国を歩いて膨大な数の伝承話と写真を残した民俗学者）」と言われ、全国の市町村をくまなく回り定点観測を続けている。この姿勢こそ、肌感覚を養う王道だ。地域を再生するのも、それを後押しするのも人であり、その地に目を向け現地に入り込んで話しこまないと本質的な課題をつかむことができない。

監督指針を作るチームは混成部隊だった。商工中金、日銀出身者、金融庁プロパー、そして自分のような大蔵省出身者。だから、ではないが、このチームの中での議論は本当に楽しかった。従来の監督指針にはない工夫を凝らした記述ができたのも、チーム内での議論から湧いてくるアイデアを拾った結果だ。

ここで少し技術的な話をすると、この時の監督指針は2つのルールを改正した。一つは円滑化法延長に関わる監督指針。これまで述べたコンサル機能の発揮に関する内容だ。もう一つは、監督指針の中に

2つの監督指針でコンサルティング機能を求めた
―具体的なソリューションを例示―

	①円滑化法対応	
目的	事業の持続可能性	
構成	3つの類型	
例示	ステージ	最終的手段
	A、経営改善が必要な債務者	貸し付け条件の変更も
	B、事業再生や業種転換が必要な債務者	債権放棄も
	C、事業の持続可能性が見込まれない債務者	自主廃業も
特徴 効果	自前にこだわらず、必要に応じ適時適切に「外部連携」を ↓ 経営再建を促進。時に「厳しい提案」で規律付け	

	②リレバン見直し	
目的	経営改善（目標の実現や課題の解決）	
構成	6つの類型（円滑化対応3類型＋リレバン3類型）	
例示	ライフステージ別	主なポイント
	A、創業・新事業開拓を目指す顧客企業	技術力・販売力・経営者の資質を踏まえる
	B、成長段階における更なる飛躍が見込まれる顧客企業	不動産担保や個人補償に過度に依存しない融資も
	C、事業承継が必要な顧客企業	専門家を活用する
特徴 効果	※円滑化対応は重複省略 「面的再生」「情報発信」も重視 ↓ 画一的・形式的からの脱却。日常から「経営改善」を	

ある地域密着型金融（リレーションシップバンキング、通称リレバン）に関する改正だった。

２００３年に始まったリレバンは、当初は時限的な取り組みだったが、２００７年、恒久的な取り組みとして監督指針に書き込まれた。ただ、監督指針化すると、そこに記されたことを守ればよいとするチェックリストのように受けとめられ、金融機関の形式的・画一的な実績作りに使われる問題が発生していた。これは後に廃止となった金融検査マニュアルと同様の問題だった。その文書を策定した目的や意義は時間がたつと風化し、監督される側はもちろん監督する側も文書の字面だけを追うようになってしまう。大きな方向性（プリンシプル）のみを当局と金融機関の間で共有し、後は金融機関の自主性・自律性を尊重するというプリンシプル重視の行政を後年本格的に議論したが、それもこうしたチェックリスト化の弊害を感じていたからだ。

ともかくも、金融円滑化法の延長とあわせてリレバンの監督指針も改正し、地域密着型金融をコンサル機能の発揮に関する内容も包摂しつつ中長期的視点に立って抜本的に再構築してみようということになった。やや大げさだが、「従来の行政文書への挑戦」の気構えで改正に臨んだ。

「事業の持続可能性が見込まれない企業」への対応は、政治的には微妙な分野で、これを行政文書に書き込むのは、担当大臣の了解が得られるのか懸念されるところだ。個別事案としては融資を付けてとりあえず救済するようなこともありうるが、いわゆるゾンビ企業を生むことになる。迷いはあったが、そうした企業であっても金融機関はコンサルティング機能を発揮すべきで、その具体的手法の例としては、先述の市信用の山本さんから聞いたサービサーを活用した企業再生術を明記した。

一律・画一的な対応を迫るのではなく、金融機関と債務者企業の実態に沿った現実的な対応を後押しするような監督指針にしたかった。そこで以下の3つの柱を監督指針作成の目標とした。

①「金融機関がコンサルティング機能の発揮をどういうプロセスで進めていくのか。金融機関の目線で具体的に再現してみよう」

②「顧客企業の状況は様々なので、ライフステージ別に分類した上で、それぞれの分類企業に応じたソリューションをできるだけわかりやすく書いてみよう」

③「十分なソリューションの提供は金融機関単独では困難なことが多い。企業のライフステージ別に、金融機関が連携しタッグを組むのが適当な外部専門家、外部機関を考えられる限り書き切ってみよう」

「企業のライフステージ」としては、「創業・新事業開拓を目指す企業」「成長段階の企業」「経営改善（自助努力による改善可能）が必要な企業」「事業再生、業種転換が必要な企業」「事業承継が必要な企業」、そして「事業の持続可能性が見込まれない企業」の6段階を設定した。

これらの中には「要注意先企業」も多く含まれる。銀行は自らの健全性を確保するため、貸出先を不良債権と正常債権に分類しているが、要注意先はちょうどこの境界線の企業群を示している。正常債権に一応分類するが、不良債権予備軍と見る金融機関は多かった。

特に「経営改善（自助努力による改善可能）が必要な企業」はその象徴で、円滑化法で返済猶予を受けることが多いゾーンだ。正常債権にもかかわらず、金融機関は追加融資しない慣行がはびこっていた。この常識を覆すため、経営改善のためにはいかなるソリューションが必要かを示して、融資するようはっきりうたった。監督指針改正の肝の部分だ。

「事業価値を見極める融資手法（不動産担保や個人保証に過度に依存しない融資）も活用」。この一文は深くて重い。経営改善のためのツールとして記述したが、事業価値を見極めるのは一筋縄にはいかない。今に至るまで金融庁が強調してきた「事業性評価融資」の推進政策の嚆矢だが、まさに10年の計、20年の計のスタート台だった。

金融機関が人材を育てるのを待っていては時間がかかりすぎて、地域企業再生の取り組みが停滞しかねない。だからこそ、「自前主義にこだわらないでよい」という柱を設けた。監督指針作成目標の3番目の柱だ。

これは北関東の信用金庫で学んだ「S次長の価値」を具現化する文章だ。「その地域で情熱をもって企業支援にあたる人物はどこにいるかわからない。できるだけ多くの機関・専門家をあたり、人を発見すべき」。中小企業診断士、税理士、経営相談員、他の金融機関、信用保証協会、地方公共団体、中小企業関係団体、業界団体などなど、全国行脚でお会いした人々の顔を思い浮かべながら書き込んだ。

◆「地域の中の金融庁」に

コンサル機能の発見チームの議論は偽造キャッシュカード対策で体験した「チームによるプロジェクト型行政」の再現だった。議論を通じて様々な化学反応が生まれ、そこで示された問題意識を共有することでチームは一体化し新たなステージに昇華していく。偽造カード対策は議員立法につながり、預金を巡る犯罪防止全般に発展した。監督指針の改正議論ではチーム内にとどまらず、役所の上位層に指針案をエスカレーションしていく過程においても化学反応を経験した。

後に長官となる畑中龍太郎監督局長との議論ではそういう高みに登る感覚を味わった。「これ、役割に加えられないのか」。何度も局長室に往復して議論を重ねる過程で、コンサルティング機能を深掘りするだけでは「何かが足りない」と感じるようになっていた。企業の先にある地域経済のことにどこまで目線を向けることができるのか。我々金融庁としてもそれを試されている面がある。きちんと書き込むべきではないかとの問題意識だ。

「地域の面的再生への積極的な参画」と「地域や利用者に対する積極的な情報発信」。

前者は、当時工事が進捗していた埼玉県を通る「圏央道」を題材に議論が膨らんだ。「ああいう大型プロジェクトの推進は周辺地域の再開発を伴う。そこに地域金融機関が適切な形で噛み込むことが重要ではないか」

後者についても、国民目線の徹底にこだわった畑中さんの示唆があった。

「地域の中の銀行」「地域の中の金融庁」。2011年の監督指針改正は後に金融行政の指針になる顧客本位の業務運営、国民本位の行政運営を目指した行政文書の先駆けだった。

4

「探究型対話」の発見（検査局長時代）

遠藤俊英の大蔵省の2期上の先輩が森信親氏だ。「地銀改革路線」は森氏が検査局長に就任した2013年夏から本格的にスタートし、金融行政の一丁目一番地に急浮上する。遠藤は森氏の後を継いで検査局長に就任し、軌道に乗せる役割を託された。

森氏と遠藤の行政手法は対照的だ。森氏は自明の前提から打つべき手を論理的に組み立てる演繹法的なアプローチが持ち味だ。人口動態を予測し、収益モデルを掛け合わせ、全地銀それぞれの持続可能性を赤裸々に示したこともある。

遠藤は複数の事象を吟味し、傾向やパターンを理解し、推論する帰納法的なアプローチだ。結論が絶対ではないところに遠藤の特徴がある。複数の地銀を選んで、持続可能性やガバナンスなど様々な切り口で検証を積み重ねた。

両者は地銀改革を目指す点で共通していたが、そのアプローチは「外圧（外からのプレッシャー）」

か「内生（内からの突き上げ）」かという違いで表れた。遠藤は問題の裏側に潜んでいる行動原理や思想哲学、社会環境に目を向け、それが発生するメカニズムを解明しようとした。地銀内部の人間学、組織に潜む心理学、地域における社会学に答えを求めていく。

かつて在籍した大蔵省銀行局は不良債権問題を見抜くことができず、バブル崩壊後の金融危機を防ぐことができなかった。同じ失敗を繰り返さないために何をすべきかたどり着いた先は行政の視界に入らないところで流れている潮流を探索する道だった。遠藤が後に「探究型対話」と呼ぶ行政スタイルを模索した経緯を解説する。

◆「単コロって何？」

検査局長に就任した2014年の夏、「単コロ」という耳慣れない言葉をポツポツ聞くようになった。当時の細溝清史長官からも「根雪の問題を研究しろ」と宿題をもらっていた。根雪とは春先まで溶けない残雪のことだが、銀行用語で一定額の融資が残っている状態を指していた。根雪融資は「単コロ」と同じような融資慣行を指す言葉だが、両者が同じものを指しているのか、それ自体、金融庁として認識できていなかった。

審査課長と同課総括補佐に動いてもらった。「単コロ」「根雪融資」の実態調査だ。金融機関数行にヒアリングしてもらったが、それでも正体をつかむことができなかった。「どうしたものか」と思案していたところ、一人の職員の進言でその正体が判明した。

この職員は商工中金出身の笹尾一洋補佐。監督局参事官時代、コンサルティング監督指針を一緒に作ったチームのメンバーだった。彼は商工中金時代の仕事を通じて中小企業金融の実態に通暁していた。

「灯台もと暗し」とはこのことだ。

笹尾補佐によると、通称、単コロは1年など短期間に融資契約を更新する（借り換えする）融資慣行のこと。2002年、「金融検査マニュアル別冊（中小企業融資編）」にその事例が追加で盛り込まれ、運転資金に該当しない部分は不良債権に認定する解釈が示されていた。不良債権処理を加速させる過程で、地域金融機関の場合は単コロがターゲットにされていた。

調べてみると、正体をつかむのが難しいことはさもありなんだった。統計資料によれば「手形貸し付け」の欄に計上される単コロは1999年に175兆円もあったのに2014年には80兆円へ激減していた。一方、「証書貸し付け」の欄に計上される長期融資は急増していた。

単コロを「短期継続融資」と命名し、それを復活させるプロジェクトが始まった。

根雪というネーミングは実はその機能に着目してつけられていた。手形を書き換えることで、例えば、形式上定められた返済期限の1年後、銀行の担当者が債務者企業を訪問し、財務内容や業績、業務内容に問題がなければ、借り換えを認めていた。つまり、向こう1年間は元本返済する必要がない契約で、金利のみ銀行に支払う仕組み。借り換えさえスムーズに行けば何年にもわたって借金の返済が発生しないため、資本金と同じ性格を持つ。「疑似エクイティ」と呼ばれていた。

毎年必ず「事業性評価」を経ているところがポイントだ。目利き力のある銀行員が定点観測した上で手形書き換えを認めた。そのプロセスを通じて銀行員が目利き力を養うことにもつながった。そんな融資慣行がバブル崩壊前には当たり前だったが、検査マニュアルによって絶滅しかけていた。代わりに広がった長期融資は毎月一定の元本返済を求める契約で、金利に元本の約定弁済が上乗せされるため、返済原資の工面に苦労することになる。危機が起きるたびに資金繰り問題が浮上する構造がこうしてできあがっていたことを初めて知った。

副次的な問題も生じていた。毎月の資金繰りに苦しむようになった結果、設備投資の借り入れを積極的に行えなくなってしまったことだ。さらに借金を重ねることへの心理的な負担、銀行員の消極的マインドも加わり、マクロ的にみれば中小企業の資金需要が生まれにくくなってしまい、ひいては地域経済活性化の重しになっていた。

不良債権問題に厳格に対応していた時代のマニュアルの事例と厳しい行政姿勢をそのまま引きずってきたことが、中小企業にとって大切な金融取引慣行を変質させてしまった。いまや金融機関の職員は「単コロ」という言葉さえ知らず、ノウハウも教えてもらっていない世代に交代してしまった。先の審査課長らがいくらヒアリングしても何も見つからなかったゆえんだ。

2015年1月、過去の取り扱いを改めるため検査マニュアルの改訂に踏み切った。正常運転資金について、『『短期継続融資』は金融機関の目利き力発揮の一手法となり得る」。この文言を追加した。

金融庁がいかに地域金融の実態に無知であるかを痛切に感じたエピソードだった。自分なりにこの顛末を経験して整理した問題点は以下の通りだ。

①金融庁の理解力

2002年の検査マニュアル改定の際、短期継続融資の意義を理解できていたのだろうか。

②金融庁の包容力

2002年当時、金融庁は不良債権問題への対応真っ最中だった。バランスシートを通じた見方（正常債権か不良債権かの線引き）にしか興味がなかったのではないか。その先にある顧客企業の生態に思いをはせる余裕を失ってしまっていたのではないか。

③金融庁の心理的安全性

短期継続融資の慣行は中小企業金融の肝であり、自己資本不足の中小企業に実質資本を提供する手法だった。地域金融機関で働く中小企業金融のプロともいえる職員はその重要性を痛いほどわかっていたはずだ。マニュアル改定のもたらす影響も十分予想できたはずなのに、金融庁と十分議論できなかったのはなぜなのか。金融機関側から声を上げることが難しかったとすれば、それはなぜか。金融庁は聞く耳を持たないオーラを発していたのではないか。今でいう心理的安全性が確保できていなかったのではないか。

④金融庁の調査能力

そもそも短期継続融資は手間がかかるので、2002年の検査マニュアルを錦の御旗にして長期融資へ切り替えようとした金融機関側の思惑が働いた可能性もある。金融機関が金融庁に副作用を訴え問題点を報告しなければ、金融庁はもちろん、もっと現場に近い財務局、財務事務所でさえ状況を把握できない。金融機関が声を上げなかった場合、金融庁はどうすれば不都合な真実を調べることができるのだろうか。

2015年秋、宮城県の老舗温泉旅館の女将と話す機会があった。ご主人が長く経営にあたっており今は息子さんが社長なので、彼女に事業の機微にわたる質問をするのもためらわれたが、あえて「単コロという言葉を知っていますか?」と聞いてみた。すると、「単コロですか、懐かしいですね。亡くなった夫（先代社長）がよく話していましたよ。ありがたかったですね」との回答。債務者企業には遠慮せずにいろいろ聞いてみるものだ。他方、金融機関との関係をあまり話したがらない企業からどのように聞きだすかは行政側の熟練が必要だろうとも考えた。いずれにしても金融機関だけを相手に仕事をしていては地域金融の真の姿を知ることはできない。改めて地域金融行政の難しさ、奥深さを認識した。

BOX 検査のルーティン

金融庁の事務年度は人事異動後の7月から始まる。検査局の場合、1年間の検査計画を立て、クール（3カ月ごとの4クール）ごとに検査に入る金融機関を特定し、検査班を編成していく。

金融庁発足以来形作られたこのルーティンは、きちんとこなそうとするとかなり忙しく、あっという間に1年が過ぎてしまうのが実感だ。検査の根本的なあり方を議論するために、筆者（遠藤）の前任の検査局長であった森信親氏は、1年間の立ち入り検査をすべて止めた。検査官は自分たちの仕事が奪われたように感じて不安だったようだが、ルーティンをこなしながらの片手間の改革はとても無理なので、この判断は正しかったと思う。

森局長時代から、いろいろな検査のやりかた（これまでと区別する意味で「モニタリング」と称することが多かった）を試していった。

例えばある県の過当な金利ダンピング競争の実態を把握すべく競合する金融機関が実際にいくらの貸し出し金利を提案しているのかを調査したことがあった。ダンピングを仕掛けていると噂のあったA銀行が最安値を提供しているのではないかとの仮説をたてた。いくつかの地域を選定して金融機関提供金利のランキング付けを試みたが、結果は地域ごとに順位は異なり、A銀行が価格破壊している立証はできなかった。

1年後、A銀行頭取から局長になりたての自分に手厳しいクレームをいただくオチがついたが、ともかくも当時の検査班は地方に出向き、様々な課題について仮説をたててそれを検証する、新たなモニタリングの方法を打ち立てようとしていた。

◆「事業性評価モニタリング」で分かったこと

検査局長として自分がやってみたかったのは、金融機関の組織にできるだけ深く検査官が入りこみ、その意思決定のありようを探るモニタリングだった。

とりわけ、各金融機関が事業性評価をいかにとらえているか、そして事業性評価の実施のためにどのような態勢を構築しているのかをモニタリングで深掘りしたかった。この「事業性評価モニタリング」方針に対して、金融機関の反応は様々だった。

普段実行している当然の仕事だと泰然自若な銀行もあれば、事業性評価シートなるチェックリストを急いで作ったり、特別の課室をしつらえるなど、明らかに形を整えるだけの銀行もあった。「事業性評価」について頭取自身が深く考え実践している金融機関を特定し、じっくりモニタリングすることで、他の金融機関の座標軸となりうるエッセンスが見いだせないかと考えた。

2014年の第1クール（7月～9月）は、検査官が手分けして地銀全行を訪問し、頭取に主要な経営課題を語ってもらった。訪問記録を比較検討し、これはと思える地銀を厳選し、第2クール以降、それらの銀行の事業性評価の実態を詳細にヒアリングした。

事業性評価の実態ヒアリングは大きく2つのステップに分かれる。まず、選定地銀をメイン行とする複数の中堅企業を選び、当該企業の事業性、経営課題をその所属業界の将来性や市場の状況とともに検査班自身が分析する。分析結果を当該地銀に提供するとともに地銀側の見立てを聞いて議論する。いわば実際の企業を材料に個別具体のケーススタディーを行うわけだ。

次に、こうした「事業性評価」を地銀が組織として継続的に行うためにどのような態勢を整備し、人材をそろえ、意思決定を行っているのか、銀行の経営層にヒアリングした。

正直、相当に時間のかかるモニタリングである。特に前半のケーススタディーは、検査官自身がビジネススクール的なノウハウを身につけるため学び直しが必要になる。そのための研修や検査官同士の自主的な議論の機会を増やしていった。結局、モニタリングを終了した地銀は年間で8行にとどまったが、その分当該銀行の理解は格段に深まった。

我々の把握した内容はこれまでの検査では得られなかった、より実態に近い「奥行き」を備えたものだった。最大の収穫は金融機関が組織的に取り組むための肝が「組織文化（カルチャー）」にあることを実感できたことだ。何かの施策をそれだけを取り出して、形だけマネしようとしてもうまく導入できるわけではない。定着させるには組織文化（カルチャー）の改革を同時に実施する必要があるという現実だ。

「ノルマ（成果数値目標）」を例に解説する。

顧客への営業活動を促進するため、ノルマを設定するのは販売サービス業においては一般的だ。地銀においても営業店のノルマ制は当然のように行われていた。しかしノルマの設定はどうしても短期的な成果追求になってしまい、（事業性評価に必要な）職員がじっくり顧客と対峙し相手を理解するような対応を難しくする。そんな中、ある地銀が実験的に一部店舗でノルマをやめ、プロセス（顧客を理解し顧客の課題をみつけて適切な解決策を提示するといった顧客へのかかわり方）重視で業績を評価する方法に切り替えた。その結果、職員の顧客企業の事業理解が進んだだけでなく数値目標も達成できてしまった。そこでこの成功事例を踏まえ、プロセス評価の仕組みを全店に展開することにした。

この地銀はデジタルトランスフォーメーション（DX）を大胆に推し進め、新たなビジネス分野に乗り出そうとしていた。「進取の気性」と「挑戦する文化」を創ろうとしていたので、ノルマを前面に押し出すことはその改革に水を差す懸念があった。だからこそ、ノルマを廃止することに意味が生まれ、短期的な目標より中長期的な時間軸で転換を促すことにもなった。

通常の銀行においては、ノルマの達成を生きがいとし、その成績が優秀であるために昇進したベテラン営業職員がわんさかいる。一丸となってノルマ達成にまい進することが職場の団結力と共感を高める有効な手段として機能する場合もあるだろう。ノルマは営業現場の一つの文化として確立していたともいえ、もし、この確立した文化を廃止するのであれば、それに代わる新たな文化を創造しなければ、営業職員は行き場と仕事へのやりがいを失いかねない。

ノルマ廃止に成功した別の地銀に話を聞くと、ノルマ達成ではなく、いま目の前にいる顧客の立場に徹底的に寄り添うことを目標に掲げていた。「顧客に寄り添う」という言葉は感覚的・抽象的かもしれないが、それでも組織として本気で推奨すると、営業職員のやる気に火がつく。これが新たな営業文化への衣替えにつながり始めていた。

「事業性評価」ができているか否か、つまり金融機関の有する目利き力の優劣をモニタリングによって判定することは難しいと思っていた。我々行政官は実際、融資したこともなく、銀行実務にも精通していない。その意味ではアマチュアだ。しかし、モニタリングを通じて、金融機関の本気度を判断し、優劣を判定する力は確実に付いたのではないか。金融庁としての「金融機関目利き力」とも言える。そのポイントは大きく4つある。

①ガバナンス

経営陣に的確な理念があるか。目標を設定しそれを達成する意思を表明しているか。経営理念と一貫した経営戦略を立てて実行しているか。

②経営戦略

地域密着型金融を経営上どう位置づけているか。顧客・市場に応じどういう戦略を立て、地域の核となる産業を認識し、そこにきちんと関与しているか。

③業務執行

顧客からディープな情報を取ることができているのか。本部による営業店支援が効率的で、顧客との接触時間をきちんと確保できるようになっているのか。ＩＴの活用にも積極的か。

④業務管理

数字だけでなく企業の評判や事業環境の予測といった非財務情報を反映して審査しているか。それが業績評価・人事評価へきちんと反映されているか。目利き力のある人材を育成し、組織としてノウハウを蓄積しようとしているか。

◆「無知の知」から覗く世界

ざっと挙げると以上のようなポイントを金融庁が把握できるかどうかだ。私自身もモニタリングプロセスの最後に頭取と面会させてもらったが、現場の「事業性評価」の取り組みを完全に理解し自分の言葉で説明できる方、経営理念から人材育成にいたるまで整合性を持って説明できる方、地銀の長い歴史の中で改善を重ねながら今日の姿に至ったことを教えてくれた方など、何人かの優れた経営トップにお会いできた。

当然といえば当然だが、良き「事業性評価」ができる銀行は、そもそもその組織のありようがしっかりしていた。検査といえば、「猿にマシンガンを持たせた」と批判を受けたこともある。やみくもに弾を撃つのではなく、じっくり話を聞き深く入り込むことができれば、金融庁の知らない世界を覗《のぞ》くことができる。「無知」であることを自覚しつつも「知」を探究する姿勢は、これからも金融当局としてこだわっていかなければならない。

5 「予測型行政」の限界（監督局長時代）

遠藤が監督局長を務めた２０１５年７月〜18年７月は金融庁にとっても転機を迎えていたタイミングだ。「金融処分庁」から「金融育成庁」へ。従来の行政スタイルを１８０度転換し、検査局の廃止に向けた変容の時代でもあった。

監督・検査は「モニタリング」と呼ぶ横文字に変わっていく。監督局が行う日々のコミュニケーションも検査局が行う定期的な立ち入り検査もゼロベースで見直すよう指示が下る。試行錯誤の末に編み出された手法が、問題意識を伝え、仮説・予測を設定検証し、論争を経て改善を促していく「予測型行政」とも言える手法だった。

しかしながら、地銀の生態系を深く把握できていない中で踏み込んでいったその先に直面したのは、お互い立ちすくんで動けない様子見ムードだった。金融庁は生殺与奪の権を握っており、いつでも行政処分を下してくると信じて疑わないほど、地銀には金融庁性悪説がこびりついていた。金融庁はそれに気づかないほど、業界と距離ができていた。

金融庁の描いた「理想」と「現実」について、遠藤が自己分析する。

◆大人の「社会科見学」

監督局長2年目の2016年10月のことである。和歌山市の中心街、ぶらくり丁商店街を訪れていた。

「銀行の人が我々の集まりに来てくれることはありませんね。残念ですが……」

人通りが少なくなったアーケード街。話を聞いたのは空き店舗を改築し、本格的なピザを焼くお店を開いた若手起業家たち。彼らは月に一度マルシェも開催し、寂れていく商店街ににぎわいを取り戻そうと動いていた。

和歌山県のことをあまり知らない読者のために少し解説すると、和歌山市の中心地は西の私鉄南海線和歌山市駅と東のJR和歌山駅に挟まれた地区に広がっている。直線距離で2・5キロメートル。ぶらくり丁商店街はちょうど中間地点にある。南側に少し歩くと和歌山城があり、その近くには和歌山県庁、和歌山市役所も所在するまさに中心地だ。

「駅の距離が遠くて、歩いて行き来できる距離ではないんです。昔に比べてホントに人通りが少なくなってしまいました」

和歌山市は１９８２年の40万人強をピークに人口が減少に転じ、訪問した16年当時は36万人を割り込もうとしていた（２０２０年は35万６４９６人で10年ぶりに増加に転じた）。

特急を使えば１時間で大阪の中心地に着く地の利もあり、中心市街地の衰退は全国有数と聞いていたが、起業家の中には和歌山県庁を飛び出した若者もいて、切実な危機感が伝わってきた。地方自治体の職員は地元の活性化に責任感が強く、どうすればよいのかを自分事として考えていた。

和歌山市にあるぶらくり丁商店街

金融庁は和歌山市に若手を派遣し、地域経済を実地で勉強させている。この訪問も派遣した若手がセッティングしてくれたが、思わぬ発見はその地の地銀の実態だった。

自然と耳に入る「地元の評判」はそれまで自分が聞いていたものとは異なっていた。

監督局には全国の地銀の様々な報告が上がってくる。銀行法に基づく監督対象なので金融庁に集まる情報は膨大だ。大蔵省の護送船団行政時代から地方の情報を財務局経由で中央に集めていたが、おのずと上がってくる情報をベースに銀行像を描くことになる。

和歌山視察は監督局長の仕事で訪れた先ではなかった。私の京都訪問のスケジュールを聞きつけた金融庁の部下たちが「せっかく関西に出向くのだから週末をつぶしてどこかに行きましょう！」と持ちかけられたのがきっかけだ。金融庁は和歌山市に職員を派遣しており、旅行気分で足を延ばすことにした。

ぶらくり丁だけでなく、途中、全国で初めて組成した地域活性化ファンドの投資案件でも関係者の話を聞くことができた。

地域経済活性化支援機構、通称、ＲＥＶＩＣ（レビック）が地元地銀と一緒に活性化ファンドを組成していた。その投資先の１つが和歌山市の北西に位置する加太淡島温泉だった。

加太淡島温泉にはそこから船で渡る無人島「友ヶ島」という観光資源がある。スタジオジブリのアニメに出てくるような神秘的な場所で、外国人観光客からも注目を集めていた。しかし、その投資案件は当時、地元の利害調整がうまくいかず、前に進んでいなかった。渡船を運営する会社の再生を目指したが投資に至らなかった詳しい事情はその地を訪れて初めて聞いた。霞が関にとどまっていては届いてこない不都合な真実だった。

「局長、これは大人の社会科見学ですね」。一緒に視察した職員は和歌山視察のことをこうネーミングした。偶然の産物だったが、金融機関から上がってくる報告で見えてくる世界とまた違う現実が広がっている――。それは銀行法という規制によって縛ることで、逆に不都合な真実が浮かび上がってこない金融行政の限界だった。

局長時代、機会あるごとに地方出張を繰り返した。独自のネットワークを作り、独自の情報網を築かなければ、何かコトが起きて判断を迫られるときも誤った判定を下しかねない。護送船団行政の時代、大蔵省は金融機関と蜜月だったと言われるが、危機を引き起こす不良債権の真実を把握できなかった。仲良しでも話せないことはある。組織と組織になればそのミゾは深く、金融当局としてできることは自ら情報を取りに行くしかない。「ご近所の評判」を聞いたことで、その感を強くした。

◆「地銀」の生態系

和歌山視察に出かける前日、京都を訪問していた。地域金融と言えば地銀に目を向けるのがそれまでの伝統的な金融行政だったが、その日向かったのは京都信用金庫だった。京都銀行の存在も大きいのだが、京都府は信金王国。2強の一つが京都信金だ。地銀は地域におけるメガバンクのような存在。逆に信金などの協同組織金融機関の果たす役割を聞くと、文化都市、京都らしい独自の生態系を築いていることが分かった。金融が社会のコミュニティーの一員であることを再認識することになった訪問だ。

きっかけはその前年の夏休み、プライベートで訪れた下鴨神社の青空古本市だった。偶然手にした1冊の本との出会いが京都信金に話を聞きたくなった下敷きだ。『榊田喜四夫著作集』。1971年、当時の榊田喜四夫理事長が発表した「コミュニティ・バンク論」を収録していた。この考え方や実践手法に共感を覚え、その系譜を継ぐ理事長、増田寿幸さんにアポイントを取った。その場には専務の榊田隆之さん（喜四夫さんのご子息。現理事長）もいて、話は大いに盛り上がった。

どういう目線で金融機関を見るか。金融庁、とりわけ監督局の古くて新しい課題だ。不良債権処理を迫るとき、金融庁は地域に根付いていた多くの生態系を壊していた。銀行の健全性を確保することには成功したが、その地の経済を循環させる金融慣行を否定したことで、地域経済が疲弊するのを止めることには失敗した。

監督局長になりたての2015年9月、当時の麻生太郎金融担当相の随行で東北の被災地を視察した。その帰りに単独で陸前高田に足を延ばし、水産品加工会社の社長と面会した。この方との話は、そ

榊田喜四夫著作集

の後の監督行政を推進する上で貴重な示唆を与えてくれた。直接、中小企業の声に耳を傾けなければ、金融機関のあり方、大げさかもしれないが、その存在意義を論ずることは難しい。

「俺を個人破産させても金はかえってこない。それよりも俺に賭けたらどうだ。新規融資で工場を再建し、再びビジネスしたい。そちらの方が返済の可能性があるぞ」

被災後の工場新設にまつわる舞台裏をこっそり教えてくれた。銀行に強く対峙して融資を引き出した話だ。「死に方は選べないが、生き方は自分で選べる」と語る姿に経営者の覚悟を見た。

金融庁と金融機関の対話は理想論に陥りがちだ。銀行法につづられた役割をきちんと果たしていると主張する金融機関に対し、金融庁がそれを目利きするすべは限られている。顧客から聞く話はそれが実践されているかを確かめる最も有効な方法だ。

「俺たちが聞きたいのは、銀行が我々企業に何をしてくれるかだ。どんなサービスを用意しているのか、そこを聞きたいのにいつも何の言及もない」。水産品加工会社社長は「銀行のトップの講演を聞きに行くと国際経済の話をする。俺たちは漁場を求めて常に海を渡っている。頭取よりよっぽど海外のことを体感として知っている」と苦笑いしていた。これを聞いて気づいたのは、地銀に期待することと地銀が応えようとしていることに大きなミゾが生じていることだ。後に和歌山で耳にしたご近所の評判も京都で聞いた信金の生態系も、こうした期待ギャップが底流にある。

２０１7年12月、飛騨高山に出張したときに聞いた話もこのギャップを示すエピソードだが、次につながるヒントを聞くことができた。

日銀が金融緩和政策を続けている以上、地銀をはじめとした地域金融機関も量拡大をしなければ雇用や健全性を維持できない。経営を維持するための収益を確保できないからだ。しかし、行き過ぎた低金利競争を通じて、安かろう悪かろうとなってしまっては元も子もない。本来守るべき地域の価値を見いだす機能をないがしろにしていれば、本末転倒だ。

この時に面会したスーパーマーケット出身の経営者との話題は「安い金利になびくのか」だった。

「私は家業でスーパーマーケットをやっていました。新鮮なサンマを苦労して仕入れて売っても消費者はその価値をわかってくれない。隣の店の安い冷凍ものに行ってしまう。どんなに悔しい思いをしたことか」

これは競争のあり方を問う大命題だ。安いに越したことがないと考えがちになる経済現象がデフレだとすれば、それは守るべき価値を見失っていることと同義だ。最良のサービスを、ギリギリのラインを守りつつ安く提供するにはどうすればよいか。それを考えるのが経営努力だ。

「私はきちんと対応をしてくれる金融機関を支持します。安い金利だけになびきません。私の事業にかける夢を真面目に聞いてくれるかが金融機関を選ぶ評価軸です」

価値観を共有する取引慣行。夢を託すに足る信頼される金融機関であれば、評判が評判を呼ぶ。期待ギャップを埋めるというのは「埋める」という語感より「運命を共にする」という響きがしっくり来る。

地域の取引先企業の方と話すと、自分が地銀の力をよく知らないことに恥じ入るときも少なくない。ほんとうに良いことをしている地銀は自分でアピールすることはない。金融庁が地銀の力を過小評価してしまうクセはこういう情報の偏りに原因があるのかもしれない。

２０１７年12月、鹿児島で開いた業務説明会の帰り道。飛行機の時間が遅れたので、急遽、飛行場近くにある中小企業を訪問することにした。麹菌を使った商品を開発・販売する会社の女性社長との話は地銀と取引先の間で形成されている信頼関係の土台を垣間見た気がした。

「銀行の会長さんにはいつも応援してもらってます。『茶麹を早く商品化しろ！　早く商品化しろ！』と年中、背中を押されていますよ（笑）」

経営者は資金繰りを計算し、設備投資や商品開発といった本業強化策を練る。新しい商品を世に出していき、それが世に浸透していくことこそ、メーカーを営む社長の使命だが、それを何の心配もなく続けることができるかどうかには安定した資金繰りが欠かせない。だからこそ、メインバンクという存在が大切になる。それを形作る信頼関係は一朝一夕にできるものではなく、日々の付き合いの深さこそ地銀の重要な仕事だ。

女性社長との歓談でこの銀行との間には強い信頼関係が築かれていることがよく分かった。「新しい商品を開発する事業は本当に楽しい。『私の座右の銘？』。それは『夢とロマンと資金繰り』よ」と笑っていた。

BOX 「寄り添う」ということ

金融庁長官に就いた後の2019年11月、福島県で開催した「ちいきん会」（金融庁の若手有志が発案した地域活性化コミュニティー。詳細は第6章の座談会を参照）の際、地銀の頭取とともに、頭取が支店長時代から取引のある運動着メーカーを訪ねた。障害者雇用の草分け的存在で、当時94歳の女性会長が母親のように従業員を見守っていた。工場見学中も会長は常に従業員の肩や背中に手をおき話しかけていた。

「先ほど私が肩をトントンした男性がいたでしょう。彼は入社したとき、時々奇声を発して踊る躁《そう》状態になって大変だったんです。工場で彼が騒ぐと作業が滞るので、主人（だんな様で創業社長。故人）が倉庫に彼を連れていき、二人で籠ったんです。ここならどれだけ騒いでもいいぞ、思いっきり叫べと言って。彼と一緒に何時間も二人で大声を出していました。

2年間そんなことを続けていたら彼は落ち着いてきました。夫に肩をトントンしてもらうと安心するようでした。今ああして真面目に働く工場の戦力になっています。本気で正面から寄り添うことが大切ですね」

福島市のちいきん会

◆地銀改革の「理想」

地銀改革行政は私の前任の森信親さんが検査局長に就いた2013年夏に本格スタートした。森さんはその後、監督局長、長官と昇格し、その間、金融行政、とりわけ地域金融行政の新しいスタイルを作るのに腐心されていた。自分の監督局長3年間は森さんが10年の計で取り組んできた集大成をサポートする役割だった。

監督局長時代、取引先企業に話を聞いたり、地元の評判に耳を傾けたり、エコノミストや学者と議論する機会が多かった。気づきも多く、それを自分の判断に生かすことも多かった。こうした気づきを単なる属人芸に終わらせるのではなく、組織的な対応に反映させ、地銀改革行政のエンジンとする必要がある。そのための仕組みが、「金融行政方針」と「金融レポート」であり、それに基づく行政のPDCAだった。

「金融行政方針」で打ち出したアジェンダや「金融レポート」で抽出したファクト分析結果をもって、毎年、全国各地で地域金融業務説明会を開催した。地元企業や中小企業団体など金融機関以外の方も交えて広く意見交換する場となった。

BOX　2つのエンジン――「金融行政方針」と「金融レポート」

森長官が導入した「金融行政方針」と「金融レポート」の2つの文書は、地銀改革を進める上できわめて大きな力を発揮した。それまでも、各課の新事務年度の課題をまとめた「○○事務年度の業務方針」といった文書を金融庁は毎年発表していたが、事務的な取りまとめの色合いが強くメッセージ性に乏しいものであった。それに比べ、この2つの文書は、以下のような特徴を備えた、地銀改革に対する行政の姿勢を明確化したものであったため、地銀と金融庁との議論は間違いなく活性化した。毎年、文書の発表はマスコミからも大きな注目を集めるようになった。

①金融行政の目標再設定

従来の金融行政の目標の一つである「金融システムの安定」に「金融仲介機能の発揮」を加え、その両立を目指すこととした。「金融行政方針」はこの目標にしたがって、「健全性」や「リスク管理」の記述だけでなく「リスクテイク＝金融仲介機能の発揮」についても明確に記載した。

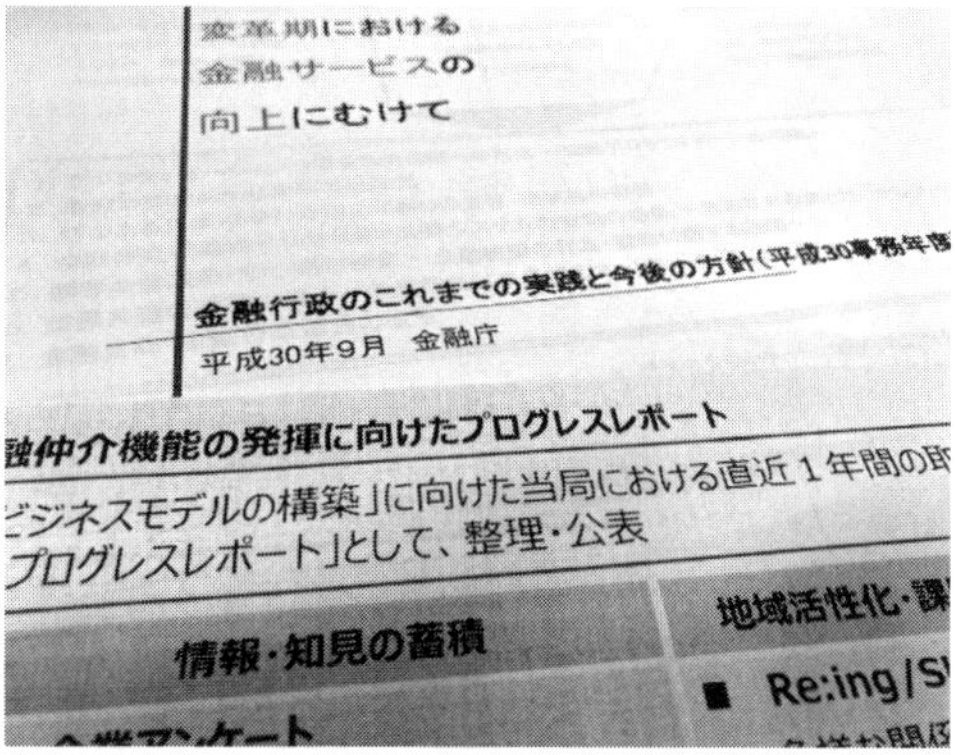

金融行政方針と金融レポート

②金融行政のPDCA

「金融行政方針」でその年の重点施策を打ち出し、1年後に「金融レポート」を公表し、それを検証する。過去1年の実践で不十分な点は翌事務年度の「金融行政方針」に反映する。課題が何かを「見える化」した。

③金融行政のアジェンダ

「金融行政方針」において、毎年、新たな概念、新たな枠組みを提示した。「事業性評価」「共通価値の創造」「日本型金融排除」「顧客本位の業務運営」など。これらは「地域金融のあるべき姿」「地域金融機関のあるべき行動態様」を議論する際に有益だった。金融関係者にも腹落ちし、議論を行う上での共通言語となっていく。

④金融行政のファクト主義

金融レポートにおいては、事実（Fact）を重視し、そこから帰納法的に導き出される結果を金融機関との議論の材料として提示した。地域銀行の金融仲介機能の発揮がどのように進展しているか、企業アンケート調査と金融機関が自主的に打ち立てたベンチマークで定点観測する枠組みを設定した。

「金融行政方針」「金融レポート」を材料とした地銀との議論では、ファクト（事実）に基づき、それを金融庁なりに分析し、銀行側に提示する。銀行からの反論は定性的、情緒的なものでなく、同じくファクトに基づく分析で返してもらうことで、噛み合った前向きの議論ができるのではないかと考えていた。

一例は「人口減少と高齢化の進展」だ。２０１６年9月の金融レポートで、人口減少と高齢化の進展といった構造的問題が銀行業務に与える影響の将来シミュレーション分析を行った。これまで金融機関の現状をレントゲン撮影してきた金融庁が「近未来の体調予測」とでも呼ぶような未来像を提示するのは禁じ手であった。「信用不安」という危険を冒す可能性があるからだ。ただ、このときはそうも言っていられない危機感が金融庁にあった。これまで、銀行にとっての最大の問題は不良債権の処理だった。不良債権はその企業が借りたお金を返すことができるかどうかという銀行側の判定基準だ。業況が悪ければ返済可能性は低くなり、だからこそ、本業まで踏み込んで企業再生を担う役割が銀行に発生する。銀行は不良債権が増えれば損失を計上せざるを得ないので必死にそれを防ごうとする。一方、人口減少と高齢化は国内のあらゆる産業に影響するが、特に預金と融資が中心の地域金融機関は深刻な影響を受ける可能性がある。人が亡くなれば相続により地銀が預かっていた預金が大都市の別の銀行に移るかもしれない。後継者難に直面した企業は自分の代で事業をたたむかもしれない。人も企業も少なくなれば、その地の金融機関の存立もあやうくなってしまうかもしれない。にもかかわらず、預金の移転や企業の廃業は金融機関に損失が発生しない限りにおいては無関心になりがちだった。

人口減少と高齢化は金融機関が取引先企業だけを見ていてもその深刻さを見いだしがたいやっかいな問題だ。銀行監督の立場からすると、こうした構造問題は銀行の存立そのものに影響してくると考えており、それに対しては早め早めに手を打つよう注意喚起しなくてはいけない。

この時のシミュレーションもそうした注意喚起の一環だった。「顧客向けサービス業務損益」（＝対顧客業務純益（貸出残高×預貸金利ざや＋役務取引等利益−営業経費）÷預金（平残））。決算書を読んでも有価証券報告書を読んでも出てこない、新しい収益力を測る独自指標を作った。集めた預金を融資で運用した収益、それに投資信託や保険、コンサルティング業務で稼いだ手数料収入を含めて採算を分析した。

結果は仮説通り、はっきりとした相関関係が出た。地銀・第二地銀の顧客向けサービス損益を見ると、10年後、赤字を計上するところが全体の6割に上った。あくまで推計結果ではあったが、今のビジネスモデルを続けていると本業のもうけはなくなるどころか赤字を生み出し、いずれどこかで最終損益も赤字に転落する可能性が高いことを示していた。あえて深刻な近未来予想図を示すことで、同じ目線で議論を呼び起こしたいという問題提起だった。

◆現実は「無反応」

この将来シミュレーションの分析結果に対する金融機関の態度は一言で言えば「無反応」だった。全国各地で開く地域金融業務説明会で詳しく説明しても、大きな反論は出なかった。私の目には「諦めと割り切りに満ちている」ように感じられたが、金融機関側の立場になってみると金融機関は以下のように考えていたのではないか。いくつかの推論が成り立つ。

●推論① アカデミックな予測と実際のビジネスは異なる。評論家的なことは誰でもいえる。しかし、自分たちは日々顔の見える顧客を相手に動いているのであり、10年後にますますもうからなくなるからといって、今その業務を手抜きするわけにはいかない。

●推論② 地銀経営にとって向こう3年の中期経営計画が未来予測のすべて。頭では人口減少の貸し出しに及ぼす影響はわかっているが、主観的かつ能動的作為（もしかしたら妄想かもしれない）ともいえる経営戦略を記述した中期経営計画に、客観的かつ受動的な人口減少によるマイナス要素を入れることはできない。

●推論③ 金融庁のいわんとすることは重々理解できる。現在のビジネスモデルの持続可能性についても疑問はあるが、新たなビジネスが収益の柱になるのかもまだよくわからない。新たに挑戦している分野もあるがまだ結果は出ていない。金融庁は、地域銀行はいつまでたっても「動かない」と思っているから、こうしたシミュレーションを示してさらに教え諭そうとするが、われわれは意図的に「動かない」のではない。いくら努力しても報われないのだ。「動いているがあなた方には見えない」

のだ。

金融庁としては問題提起だけ、つまり「言うだけ言った」「言いっぱなし」で終えるつもりはなかったが、そうしたこちらの気持ちはうまく届かなかった。

実は同じレポートで、「貸出金利」を研究し、「貸出金利の低下幅の緩やかな銀行」の行動原理を分析している。これは「地元のお金を地元で使う」ことを実践した地銀が収益面でも持続性を持っていると考えていたからだ。ダンピング競争と一線を画せば、顧客向けサービス損益が改善することを示唆したつもりだった。実際、これらの地銀は「大都市向け貸出」「大企業・地公体向け貸出」を抑制していた。さらにいくつかの特徴が見られた。「県内の中小企業融資が伸びている」「中小企業の貸出先をメイン化している」「地元主力産業に集中的に融資している一方、リスクが集中しないよう個別貸出を小口分散化している」「業況や財務に悩みを抱えている先（正常先下位・その他要注意先）の融資が伸びている」——。共通するのは「地元重視」を鮮明にしていることだ。

ファクトを重視し、その解決策も示唆し、これ以上ない実証結果だと自負していた。しかし、フタを開けてみると、自分が想像していた以上に響かなかった。地銀改革を進める大前提として、我々の問題意識の持ち方が間違っているとは思えなかった。「無反応」の原因が何なのか分からない違和感だけが残った。

経営なのか現場なのか。頭取なのか役員なのか。支店長なのか担当者なのか。どこに響かないのかすら分からなかった。金融処分庁と陰口をたたかれていたのはかつて強面だったことを考えれば致し方ない。他方、先を見据えた問題意識を共有すれば、改革の方向性は一致し議論は噛み合うはずだ。そう考えたのだが、地銀の無反応ぶりは、金融庁自身が意識を変えなければならないこと、つまり、地銀と目線が合うところまでやり方を変えなければ、対話自体が成り立たない現実を突きつけられた。

6 「金融育成庁」の土台(長官時代①)

遠藤俊英は２０１８年7月17日、金融庁の第10代長官に就任した。前身の金融監督庁発足からちょうど20年目の節目に就いた遠藤は今までの長官と置かれた状況が異なっていた。金融育成庁に転換する初代長官だったからだ。

遠藤の就任日は金融庁の歴史が転換するメモリアルな日だ。旧大蔵省から金融庁が分離独立する時、目玉組織として新設された「検査局」を廃止したからだ。ＭＯＦ《モフ》担との癒着を疑われた金融行政の信頼性を取り戻す禊ぎ、それが検査局だったが、金融庁は自らその歴史に終止符を打った。

粛々と看板を下ろし、この日は特段の混乱も起きなかったが、副作用は金融庁内部に潜んでいた。金融育成庁への転換はキャッチコピーとして頭に入りやすいが、いざ、それを実践しようとするとはたと立ち止まることになる。何をすればよいのか――。かつての立役者を引きずり下ろすような光景にわだかまりを感じる職員も少なくなく、多くは立ち往生していた。

その空気は監督を受ける側の地銀もうすうす気づいていた。金融庁が金融育成庁を唱えても、時折、「処分庁」の顔をのぞかせる金融庁の姿勢にだんまりを決め込む。それが前項で指摘した「無反応」の一因だった。「金融庁の向いている方向が分からない」。そう嘆く地銀首脳は一人ではなかった。

「信賞必罰の原則」をゆがめることはできないが、「金融機能の育成」を怠ることもできない。政策の一丁目一番地に「地銀改革」を据えていたものの、それを強力に推進するには「金融庁改革」が不可欠だった。二律背反とも言える難題を両立させる仕掛け作り。遠藤が長官就任後に着手した地銀改革行政史の集大成は「金融庁改革」だった。

◆「対話路線」の宣言

地銀改革行政の骨格は前任の森信親長官時代にできあがっていた。地銀界にもそれなりに浸透し、指標で見る限り、金融仲介の実績は改善していた。それでも「何かが足りない」。直感的に感じていたことを映すような光景こそ、地銀界の「無反応」だった。監督当局が旗を振る政策に「無関心」な訳はない。ただ、相手の心に刺さらない。どうしたら「反応」するようになるのか。

私の長官としての仕事は地銀改革行政に「魂を込める」ことだった。それには地銀が反応する「何らかの仕掛け」が必要だ。「何かもう一押ししたい」。就任前からうすうすそう感じていた。

金融庁長官に就任した翌日（2018年7月18日）、全国地方銀行協会で開かれた例会に出席した。この場の発言は今振り返っても、当時考えていたことを率直に伝えていた。

「モニタリングにおいて、われわれはみなさんと『対話』を行うと繰り返し申し上げてきました。人によって、この『対話』の解釈が異なるようですが、私は次のように考えています」

こう切り出した「対話」こそ、自分なりに考えた「もう一押し」だった。少し長いが引用する。

「『対話』は討論のように相手を言い負かすことを目的とするものではありません。相手の言うことをじっくりと聴く。心構えとすれば、相手の発言を大事にすることと、是非の判断を『保留』すること。

自分が相手の立場であればどう考えるだろうと想像しながら応答する。呼びかけと応答のプロセスの中でお互いの共通の基盤を構築し、お互いに気づきを得る。そうした気づきは新たな経営判断を生み出す源泉となる。アカデミックでは、これを『生成的対話』と言うそうです。われわれはモニタリングを通じて、『生成的対話』を行うべく努力し、みなさんが、当局が言うことなので腹に落ちていないけれど従うのではなく、対話によって得たご自分の新たな発見、気づきに基づき行動するようになる。そういう流れを作っていきたいと考えております」

面従腹背という言葉がよく示すように、面倒な人を前にすると、表向き従うフリをすることはよくある。監督当局は免許を与える立場であり、必要に応じて行政処分を発動する「面倒な人」なのだと思う。信頼関係があれば、腹を割って相談してくれるはずだが、そういう状態ではなかった。

「対話」とは監督する側と監督される側の関係を再定義する作業とも言えた。

金融庁がそれまでやってきたコミュニケーションは「命令」「指導」「忠告」「説得」「説教」だった。いずれも金融庁が上位に位置する「上から目線」のアプローチだ。「上から」という構図を変えない限り、対話は始まらない。

対話の提唱者の一人、米国の理論物理学者のデヴィッド・ボームは自著『ダイアローグ』の中で、「対立から共生へ」「議論から対話へ」と訴えている。特に、自分の前提（思い込み）を「保留する」（いわば自分の前にぶらさげ、相手の質問や観察にさらす）プロセスの重要性を指摘している。

前提（思い込み）を共有することで、自由な話し合いが行われるようになり、新たな知見に達することができる。

金融庁と金融機関の間には互いに「前提（思い込み）」がある。金融庁には「何か悪さをしているの

「対話路線」へ―対立から共生へ―

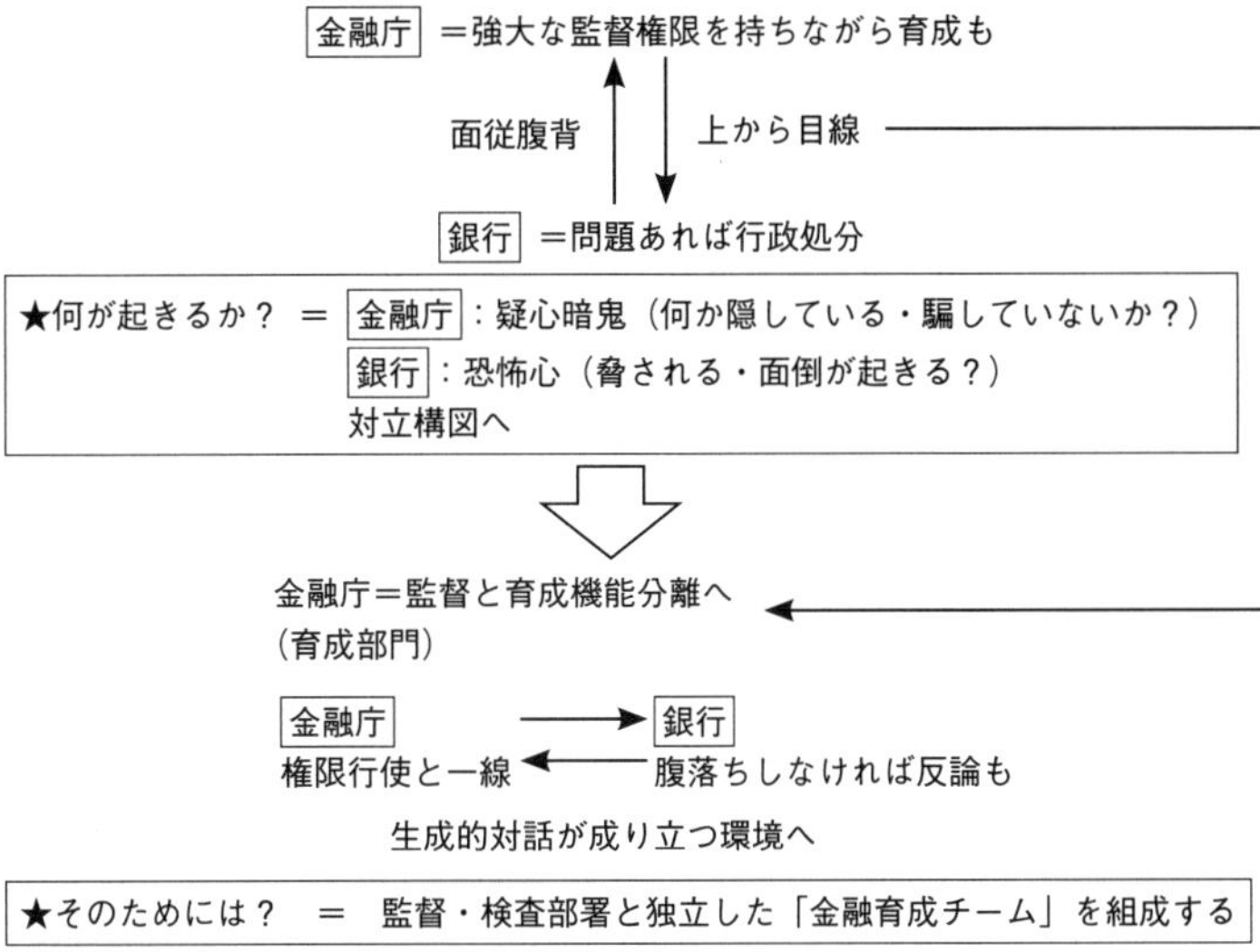
金融庁 ＝強大な監督権限を持ちながら育成も
面従腹背
上から目線
銀行 ＝問題あれば行政処分
★何が起きるか？ ＝ 金融庁：疑心暗鬼（何か隠している・騙していないか？）
銀行：恐怖心（脅される・面倒が起きる？）
対立構図へ
金融庁＝監督と育成機能分離へ
（育成部門）
金融庁
銀行
権限行使と一線
腹落ちしなければ反論も
生成的対話が成り立つ環境へ
★そのためには？ ＝ 監督・検査部署と独立した「金融育成チーム」を組成する

ではないか」、地銀には「隙を見せたら処分されるのではないか」。お互いに不信感を持っているからこそ、何か相談したくても、腹の内を相手にさらすことに不安や心理的な抵抗がある。性悪説による悪循環だ。

しかし、これを乗り越えなければ、真の「対話」は成り立たず、地域を支える「新たな知見」は生まれようもない。

地銀に対し、「対話路線への転換」を宣言した一方で、手をつけなければいけないことがあった。対話路線を支える金融庁職員の意識を改革することだ。必要不可欠な作業にもかかわらず、これがなかなかうまく進んでいなかった。職員向けに実施した「満足度調査」の結果を見ると、愕然とする結果だった。

「自己の成長が実感できない」「上司は自分を見てくれているのか疑問」「互いに助け合う雰囲気はなく、自分の庭先だけきれいにしがち」――。民間企業の平均を下回る調査アンケートの回収率と結果分析だった。

思い出したのは、本章の第1節と第3節で記した「チームによるプロジェクト型行政」の高揚感だった。偽造キャッシュカード問題で培った「問題意識を醸成する手法」、コンサルティング監督指針作成で発見した「民間の知恵を発掘する姿勢」。自分がその後拠り所とした仕事の経験が対話路線を宣言した土台だが、金融庁職員にとっても「学びの多い経験」にならなければ対話は成り立たない。金融庁職員の当時の状況はそういう前向きさを感じられる状況とはいえなかった。

金融庁長官は毎年、自らの辞表を書く。それが認められれば退官するしきたりだ。年が明ければ7月から始まる翌事務年度の人事・組織の検討がスタートする。就任から数カ月で自らがやりたい行政を進めないと何もできないまま退官ということもあり得る。ハネムーン期間のようなのんびり構えた時間はないのだ。

高揚感を覚えながら仕事ができない原因は何だろうか。庭先だけきれいにする縦割り主義で金融機関の成長をサポートする行政はできるのだろうか。そもそも上司が言うことと職員が考えていることが食い違ったら、一貫した行政対応ができるのだろうか。就任した年の2018年7月、自分が心に定めた最初のアクションは金融庁職員を改革マインドにリセットする作業を急ピッチで進めることだった。

◆対話の土台「下から上へ」

2018年7月の就任直後、金融庁幹部向けに配布したメモがある。「組織文化の涵養《かんよう》のために」。こう題したペーパーの柱は3つだった。
①「コミュニケーション」と「参加」により「人を育てる」

②働くことを「楽しい」と感じ、「高いモチベーション」を維持できる職場をつくる
③監督・検査とは一線を画した「金融育成グループ」を組成する
多くの職員は「育成とは何か」をイメージできていなかったと思う。だからこそ、ある程度方向性を示さなければ具体的な像を描くことは難しいと考えていた。そのための下敷きとして出したのがこのペーパーだ。上から押しつけるやり方ではなく、やる気のある職員の心に火を付け、手を挙げるボトムアップ文化の醸成を狙った。

トップに立つと現場で起きていることを知るのはなかなか難しい。さらに言えば、現場で生まれる知恵や情報を収集するのは至難の業だ。私はたまたま課長時代から若手や中堅と食事を共にし、話をする機会が多かった。第5節で述べた「大人の社会科見学」のような旅行にも行って、夜な夜な議論とも言えない放談をするのが好きだった。

それを狙って人間関係を築いてきたわけではないが、上下関係の壁を壊すのはこうしたコミュニティーづくりにあると思う。漫画『釣りバカ日誌』のスーさんとハマちゃんのようなポジションを超えた関係。そこに組織風土を改善するヒントがあるのかもしれない。

実際、長官に就任する前の月、2018年6月、課長補佐クラスの若手5人と意見交換する場があった。当時まだ内示も受けていない段階にもかかわらず、「このヒトが次のトップになる。この際、もの申しておきたい!」という盛り上がりだった。この勝手連のようなグループが次から次へと直訴してきた中に、「なにそれ?」と聞き返した施策があった。「政策オープンラボ」だ。就任後初めて出した18事務年度の行政方針「変革期における金融サービスの向上に向けて~金融行政のこれまでの実践と今後の方針~」で早速採用した。

「政策オープンラボ」は今も健在

	題名	目的
①	有価証券報告書等の審査業務等におけるAI等利用の検討	有価証券報告書審査業務へのテクノロジー導入
②	金融行政オーラルヒストリー	金融行政の教訓抽出
③	組織全体のTech formingに向けて	金融庁業務の効率化・高度化
④	貧困問題における金融分野の可能性	貧困問題（特に子供の貧困問題）への金融界の貢献
⑤	金融界のDiversity, Equity & Inclusion	スタートアップにおけるジェンダー課題の解決

（出典）金融庁「政策オープンラボの取組」

政策オープンラボは勤務時間の2割まで、所属は関係なくチームをつくり自分たちの関心のある政策をつくってみる試みだ。活動経費も提供し、メンバーも公募で自由に参加できる。普段の業務から離れて自由な発想で政策をつくり、縦割り組織では見逃してしまう本質的なテーマに迫ろうという挑戦だった。

初年度は120名の若手職員が参加し、14チームが組成された。忙しい業務の合間を縫って取り組むボランティアチームなので本当に職員が応募してくれるのか内心不安だったが、杞憂に終わってほっとした記憶がある。

地銀行政に関連する最も象徴的なチームを紹介したい。「地域課題解決支援チーム」だ。今では3000人を超えるネットワークを誇る「ちいきん会」（地域金融の会の略称）の生みの親は、まさにこの政策オープンラボでつくられたチームだった。このチームは金融機関を監督する縦割り部局では対応しにくい金融・非金融入り交じったネットワークづくりを狙ったものだ。その趣旨は「自ら地域に入り込み、その地域の経済エコシステム構築に貢献したい」というもの。ネットワークのメンバーは我々が普段出会うことがない人々だ。地域金融機関の現場職員、地方自治体の職員、信用保証協会や商工会議所など中小企業支援団体の職員。社会人だけでなく学生やボランティアの方々。様々な立場で経験を異にする人々が集まれば、現場の悩みを解決できるのではないか。

そういう人々が集う場を金融庁が提供するこの試みにより、「組織文化の涵養のために」で掲げた先の3つの柱を体現できると考えた。「地域課題解決支援チーム」の発起人である菅野大志くんらと2018年の夏、富士山に登った。その夜の懇親会で、「地域に入り込み地域課題の解決に直接従事するチームを作りたい」と訴えてきたが、「面白いじゃないか。やってみろよ」と即答したのは言うまでもない。

地銀行政に関連する他の政策オープンラボとして、米国コミュニティバンクの実態を調査するチームもできていた。この個性派チームは金融行政の本丸に切り込むスマッシュヒットを放った。米国独特の担保制度を調べていくうちに「企業経営包括担保制度」に突き当たる。企業独自の技術やノウハウなど無形資産を含む事業全体の価値に担保権を設定する制度だった。土地や建物を担保に設定するのが常態化し、一部の動産に限って解禁していた日本の担保制度の弱点を補うことができる可能性を秘めており、すぐに金融庁として研究会を発足させた。22年6月、金融審議会（首相の諮問機関）はスタートアップ企業を想定した「事業成長担保権（仮称）」を提言し、法案化に向けた議論が始まった。彼らの「発見」が金融行政の中心に位置づけられたのだ。

地域金融以外で成果を出したチームも多数ある。政策オープンラボはいま振り返っても、自分の長官在任中に実行した施策のうち、最も手応えを感じたものだ。あの時、勝手課長補佐連があの会を開いてくれなかったら生まれていなかったかもしれない。

◆対話の土台「心理的安全性」

金融庁は2019年から、7～10人程度の少人数のグループごとに、リーダーとメンバーの間で「1 on 1ミーティング」を始めた。これは人事面談ではない。メンバーの成長のために用意した特別な雑談タイムだ。

上から押しつけるような改革は長続きしないが、長く金融行政に携わったベテラン層は手取り足取り業務をリードしがちだ。中堅・若手職員に成長してもらわないと改革は成就しないが、経験豊富なベテラン層の圧が強くて中堅・若手は遠慮しがちだ。ボトムアップの文化を醸成するには、この状況を打破していかないといけない。

そのためには「心理的安全性」が必要だった。メンバーが不安を感じることなく安心して発言したり行動したりできる状態を指す言葉で、上司部下の間を阻む「心の壁」を壊す狙いがある。「1 on 1ミーティング」の実施による「心理的安全性」の構築。これは私が課長時代から続けてきた官民メンバーによる私的な勉強会で訪問したグーグルから学んだものだった。監督局長だった16年4月、グーグル日本法人を見学し、職場の様子や仕事の実際を聞く機会があった。世界に冠たるIT企業はもっとクールにもっとコンピューターオンリーに仕事をしていると思い込んでいたら、全く違う風景に出会った。説明してくれたグーグルの室長は、「自分のマネージャーとしての最大の仕事は、この7人のチームメンバーそれぞれと毎週1回、1時間の1 on 1ミーティングを行い、彼らの成長をサポートしていくことなんです」と言う。こんな職場があるのかと本当に驚いた。

グーグルが2012年に行ったチームの生産性に関する社内調査（Project Aristotle）で、優秀なチームの特徴を「心理的安全性」と結論づけていた。それを確保できているチームの生産性が最も向上していることを実証した内容で、「いつか金融行政にも導入してみたい」と思いがふくらんだ。

地域金融行政の変革とは、具体的には金融行政の現場、とりわけ監督・検査に新しい「対話路線」の行動原理を入れることで、カウンターパートである地銀にもよき影響を及ぼすことを目指している。金融庁改革は職員の人事、人材育成のための改革に見えるが、それにとどまるものではない。ポスト検査時代の基本スタンスである「対話路線」を固める上で、避けては通れない道なのだ。

長官就任から1年後の2019年8月。新しい金融行政方針を発表した。昔で言う検査方針は「探究型対話」という言葉に置き換わった。そこにはただし書きを付けた。「対話に当たっては、心理的安全性を確保することに努める」。「探究型対話」とは銀行法に基づく法令権限を振りかざすことなく、銀行との間で交わされた会話をもとに、行政処分を発動するのを封印するコミュニケーションの新しい形だった。権限行使の抑制ではなく、停止するところまで踏み込んで初めて心理的安全性が確保できると考えた。

歴代長官の中で自分は「組織文化」にこだわった人間だと思う。若い頃に経験した護送船団行政の時代は官と民が蜜月だったと勘違いされる。実際は腹を割った関係ではなく、結局、不良債権問題を見抜くことができなかった。本当のことを知るには「上から目線」をなくすことが必須だが、監督・検査権限を振りかざす限り、それを実現するのはなかなか難しい。

◆組織にメス「金融育成チーム」

「組織文化の涵養のために」の3つ目の柱に「金融育成チーム」を発足させると打ち出したのは、こうした自分の原体験が下敷きにある。「チームを作る」と宣言したのは監督・検査と一線を画した組織を作る必要性を感じたからだ。

2018年7月、「地域生産性向上支援チーム（日下さんが室長で率いる「地域金融生産性向上支援室」の中に設置。詳しくは第6章の「座談会」を参照。）を発足させた。先述した政策オープンラボで自主的に作られた「地域課題解決支援チーム」と混同されやすいが、この「生産性チーム」は金融庁監督局の中に設置した独立部署だ。

実際に地域に滞在し、全国各地の財務局と組んで、地域の生産性を向上させるための方策を探る。さらに、その活動を通じて、地域金融機関の役割を見つけ出すというミッションだ。監督局で地域金融機関を所管するのは、地銀・第二地銀は「銀行第二課（通称、銀二）」、信用金庫や信用組合などは「協同組織金融室（通称、協金室）」。「生産性チーム」はそうした課室とは別ラインで、異質な性格を帯びた部署だった。

監督局は銀行法で付与された行政処分権を有しており、金融システムに支障が生ずる恐れのある健全性の問題があれば、権限を発動していく。他方、金融育成庁は金融機関と共に地域経済を活性化するため、運命共同体になろうと寄り添う役割だ。地銀側から見れば、同じ課長が2つの顔を持っているように映るはずだ。同じ人物と「信賞必罰の議論」と「地域振興の議論」を並行して行うのは、およそ心理的安全性がある状態とは言いにくい。この「生産性チーム」のヘッドには検査官経験のあるベテラン職員を充てた。かつて百罰百戒路線の最前線にいた職員に担ってもらったが、相当苦労したと聞いている。自分で一から作り上げていく前例のない仕事であり、検査のように期間限定で検査結果を通知するという短期のゴールがある世界でもない。苦労したのは無理もない。

地域金融機関の監督体制については、少し説明する必要がある。当該監督業務は、金融庁では先述の監督局にある銀二と協金室が所管するが、実際の窓口として日々の監督業務に従事するのは全国10カ所の財務局と全都道府県にある財務事務所（沖縄県は沖縄総合事務局財務部）だ。金融庁と財務局・財務事務所は少し複雑な関係だ。金融庁は、前身の金融監督庁が１９９８年に大蔵省から分離独立してできた組織（いわゆる財金分離）。ただ、財務局・財務事務所は財金一体のまま温存された。その結果生じたのは、金融庁が金融監督業務を財務局・財務事務所に委託する「委託・受託の関係」だ。財務局には金融業務だけに従事する金融局のような部署はなく、改革にむけての金融庁の思いや企画した政策が伝わりにくい弊害も生じがちであった。実際、地元の金融機関の検査・監督は「理財部」、地域経済や企業の分析などは「総務部」が担う。それぞれの所管は金融庁と財務省に分かれている。つまり、縦割りの壁が存在している。この縦割りを壊すため、地方に滞在して財務局・財務事務所と緊密に連携する「生産性チーム」を編成したのだ。ただ、予想通りというか仕方ないというか、このチームを作った金融庁の意図が財務局側にうまく伝わらず、最初は関係がギクシャクしていた。

いっとき、財務局・財務事務所を中抜きするような仕事の進め方をしていたので、粘り強く連携を模索するようチームに要請した。財金分離から20年を経て、金融庁も「連結経営」に転換するタイミングが訪れていた。連携するためには共通目線、共通尺度が必要だ。検査であれば検査マニュアルのようなルールが共通目線になるが、「生産性チーム」の仕事にはそれがなかった。そこで、日々の業務の羅針盤になるような連携ツールとして考えられたのが、「金融仲介機能の発揮に関するプログレスレポート」だった。個別金融機関の課題を直接指摘するのではなく、地域経済において地域金融機関がどのような役割を果たしているのかを探るレポートだ。ソトからの目線を取り入れ、実像に迫ろうとした。２

顧客との「共通価値の創造」のために

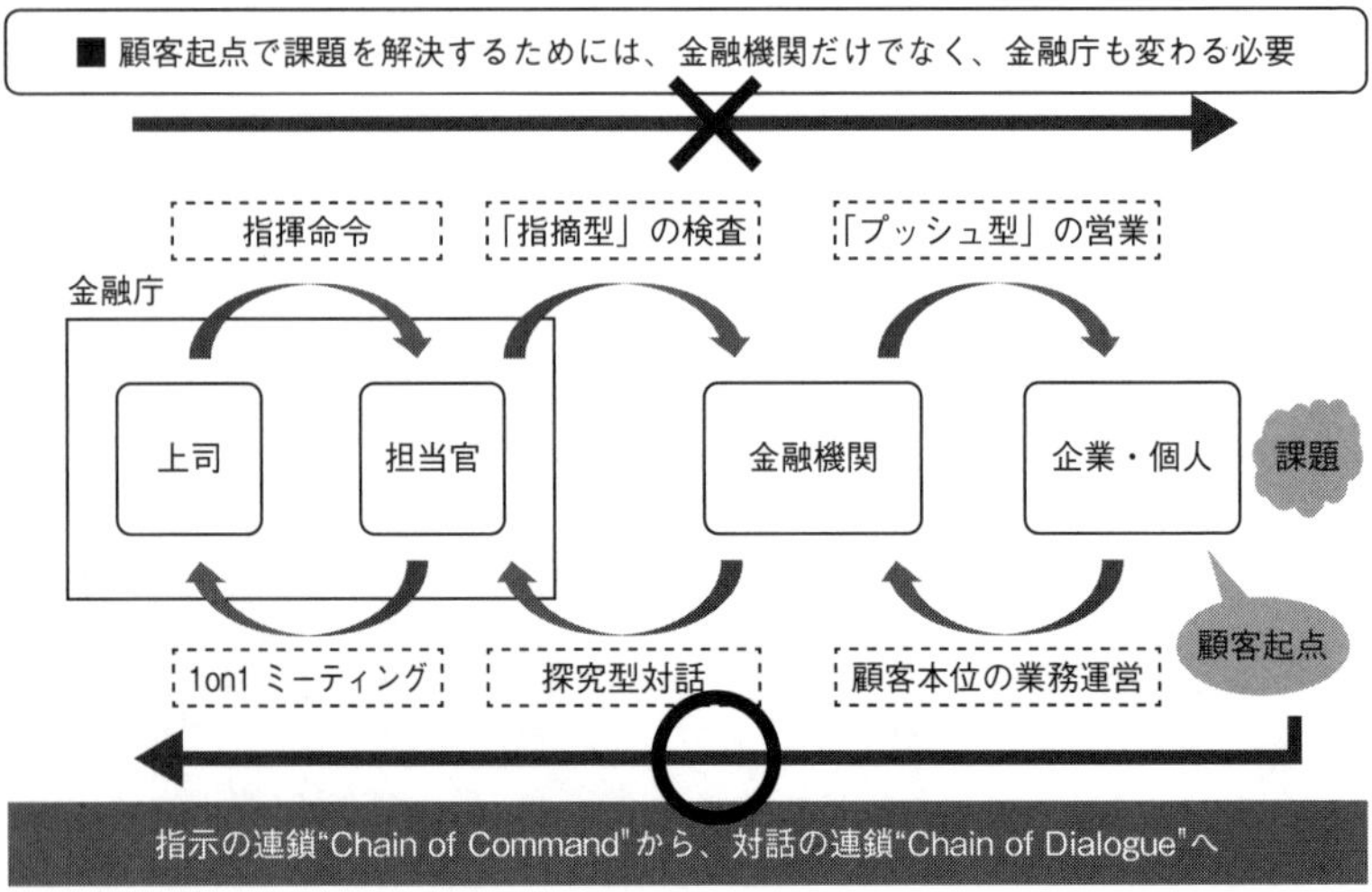

０１５事務年度から始めた「企業アンケート」は今では3万社の情報を収集する規模まで拡大したが、このアンケートの結果を毎年定点観測的にレポートに盛り込んだ。「取引先から見た地銀」を分析すれば、地銀の行動態様に刺激を与えるに違いないと考えた。毎年のレポートでは、地域における地域金融機関の活動を浮き彫りにしようと、様々な分析を試みている。例えば、その地域の産業分布を地域の産業連関表から抽出し、「生産性チーム」が個別の金融機関に当たって入手した金融機関の事業分野別の貸し出し分布と照合させた。これによりその地域の金融排除の実態を浮き彫りにした。

　このプログレスレポートの作成は、上から指示したものではなく、「生産性チーム」が日下さんと相談して、自ら作りたいといってきたものだ。自分たちの1年間の成果をまとめることで継続的な活動の座標軸にする狙いがあった。金融庁の中に自主的に前向きな仕事に取り組もうとする新たなカルチャーが生まれつつある。その証左だと私は感じた。

◆「指示の連鎖」から「対話の連鎖」へ

金融庁改革は金融庁自身の課題克服のために始めたものだったが、地域金融機関、さらに言えば、その先の地域企業にも波及するのではないか、むしろ波及させるべきではないのか。そう考えるようになっていく。金融庁改革は地銀改革と有機的に結びつくことを理論武装してくれたのが、自分が退官後に地域金融機関を担当することになる新発田龍史銀行第二課長（20年7月～22年6月、23年7月に企画市場局参事官）だ。その考え方のエッセンスは「指示の連鎖（Chain of Command）から対話の連鎖（Chain of Dialogue）へ」。金融庁が上意下達の軍隊組織的に機能すると、担当検査官は地銀に対し厳しい検査を実施するようになる。そのプレッシャーを受けた地銀は目の前の収益（健全性）確保のためノルマ営業を強める。これが「指示の連鎖」だ。この連鎖を断ち切り、新たな逆向きの流れをつくる。すなわち、顧客を起点にして地銀はその伴走支援を行う。金融庁は地銀の取り組みを「対話」によって把握し理解する。金融庁内では上司と部下が1 on 1ミーティングにより心理的安全性のある職場を作ろうと努める。この新しい流れが金融庁と地銀が今後協力して築いていかなければならない「対話の連鎖」だ。

長官に就任して2年目に入ると金融育成庁の原型ができあがってきた。

BOX　森長官からの「引き継ぎ文書」

私の長官発令前の2018年7月4日、金融庁は「金融庁の改革について（以下、「改革文書」）」を発表した。

タイミングから言うと、前任の森長官からの引き継ぎ文書のようなものだ。「国民のため、国益のために絶えず自己変革できる組織へ」という副題は、恥ずかしくなるほど立派な目標設定だ。「国民とは誰か」「国益とは何か」。国家公務員である以上、常に意識しなければいけない職業観だ。ただ、日々の課題に追い立てられ、目の前の業務に忙殺されてしまうと、こうした大きな目標を見失いかねない。「考えている暇がない」という落とし穴に金融庁もはまっていた。

この改革文書はよくできていた。ターゲットを「組織文化」に置いていたからだ。

金融庁は上場企業を主な対象としてコーポレートガバナンス（企業統治）の高度化を求めていた。2015年にはコーポレートガバナンス・コードという指針も策定した。しかし、上場会社のガバナンスは社外取締役の配置など外形的、形式的な枠組みが先行し、想定通りに普及したわけではなかった。

ガバナンス・コードですべてを語りつくせるわけではない。どうしても言葉足らずの面があった。ガバナンスの議論は取締役会の機能を中心に語られることが多い。しかし、ガバナンスの高度化とは、畢竟《ひっきょう》、企業活動をよくすることだ。そして企業活動を直接担うのは執行部であり、働く従業員だ。ガバナンス改革の陰に隠れてしまったのが「改革を進める組織文化」の存在だ。それがなければ、カタチを整えてもうまくいくわけはない。

「組織を実際に動かしているのは、そこで実際に働く職員である。単にガバナンスを効かせるための仕組みを作るだけでは不十分だ」。改革文書はガバナンスの重要性を認めた上で、さらに一歩踏み込んでいた。

金融庁の改革について
―国民のため、国益のために絶えず自己変革できる組織へ―

1．改革の基本的な考え方

（抜粋）

改革すべき中心課題は、「ガバナンス」と「組織文化」であると考える。

組織を継続的に変革していくためには、ガバナンスを効かせることが重要である。そのためには、外の意見や批判が入りやすく、それを真剣に受け止め、改めるべきはしっかりと改められる体制である必要がある。身内だけで、お互いが傷つかないように遠慮した議論しかできない組織は、現実から目を背け、重要な判断を先送りする結果、時代遅れな対応を繰り返し、いずれ存在意義を失ってしまう。

また、**組織を実際に動かしているのは、そこで実際に働く職員である。単にガバナンスを効かせるための仕組みを作るだけでは不十分であり、そこで働く職員が、「国のために貢献したい」、「成長して自分の価値を高めたい」と常に意識し、行動できるようになって始めて、質の高い行政を実現することができる。そのためには、人事評価や任用のあり方を含めた、組織文化の改革が不可欠である。**加えて、同じようなバックグラウンドをもって、同じような発想しかできない人間ばかりからなる組織からは、新しい発想や新しい取組みは生まれない。多様な人材が集まってこそ、これまでは問題と思っていなかったことを問題であると気づくことができる。人材面でも外との交流をもっと太くしていくことが改革の重要な鍵になる。

（注）原文ママ。全文は「1．改革の基本的な考え方」「2．金融庁のガバナンス改革」「3．組織文化の改革」「4．改革が目指す金融庁の将来像」の4つの柱で構成。太字は遠藤が自ら取り組むべきと考えた一文。
（出所）2018年7月4日に発表した金融庁の文書

「働く職員が、『国のために貢献したい』、『成長して自分の価値を高めたい』と常に意識し、行動できるようになって始めて、質の高い行政を実現できる。そのためには、（中略）組織文化の改革が不可欠である」（原文ママ）

この一文こそ、自分が取り組むべき金融庁改革だった。金融庁は霞が関の中でベンチャー企業のような存在だ。外部からの出向者が庁内の4分の1を占め、幹部職員も外部人材を採用している。他の霞が関官庁と違い、自前主義の意識が薄い役所だと思う。だからこそ、柔軟に政策を練り、侃々諤々議論できるオープンな空気が存在していた。これが金融庁の良き文化とすれば、悪しき文化は「上から目線」だった。監督官庁である以上、法律で託された権限と無縁ではいられない。ただ、金融機関側から見れば、後ろに刀を隠し持った怖い相手である。自然と上下関係が生まれてしまう構図であり、その中でどうすれば対話を成立させるのかを考えないといけない。「組織文化の改革」と唱えても、その実現は非常に難しい。「上から目線」を止めろと指示したところで、一時は改まっても時間がたてば形状記憶合金のように元に戻ってしまう。自然にわけへだてのない「対話」ができる、心に火がついて前向きに仕事に取り組める、結果として「上から目線」からは脱却している。そんな職員をどう育成していけばよいのか。

「人事評価を見直せば人は動く」というのは真理ではない。昇任して喜ばない人はいないだろうが、それだけで本当の高揚感を得ることができるのだろうか。それだけで自主的に良き施策をまとめるように動くのだろうか。様々な迷いをいだきつつも、この第6節に述べた組織文化の改革に取り組んできた。果たして自分の行った施策が正解だったのかには正直自信がなかった。

長官退官後、金融庁にもお呼びして講話いただいた野中郁次郎先生（一橋大学名誉教授）らによる大作『ワイズカンパニー』を読んだとき、自分の実践はあながち間違っていなかったと意を強くした。この本では組織のリーダーシップのポイントを6つに整理――「何が善かを判断する」、「本質をつかむ」「『場』を創出する」「本質を伝える」「政治力を行使する」「社員の実践知を育む」――している。特に、興味を引いたのは、「『場』を創出する」のパーツだ。「場」とは共有された文脈であり、知識の創造と実践の両面で重要な役割を果たす。「場」では、垣根を作らない、本音で話す、共通の目的意識を育む、コミットメントを示すべく幹部が現場に出ていく、そしてセレンディピティー（思いもよらぬ出会いによる新たな知の創造）を引き出す。いろいろ自分が挑戦してきたことで思い当たるところもあり、うれしくなった。本書では代表的な日本企業の強さの源泉をアカデミックに分析しているが、これらを参考に、地銀も金融庁も、本書のタイトルのような「ワイズカンパニー　知識創造から知識実践への新しいモデル」を目指し今後も努力していくことが期待される。

7 「金融育成庁」の針路（長官時代②）

◆ポスト「リレバン」

地銀改革路線は2013年、森信親氏が検査局長に就いたときに始まった。その2年後の15年、森長官時代がスタートし、地銀改革はボルテージを上げた。私はそれを支えてきた者として、この路線を継承し、進化させる役割だった。

13年から私が長官を引き継ぐ18年までの森さんの時代は、地域金融機関、とりわけ地銀を巡る経営環境の激変期だった。

2008年から始まった日本の人口減少はとどまることなく進み、もともと人口の少ない地域の地銀の苦境が始まっていた。時の政権は第2次安倍晋三政権。14年には省庁横断で「地方創生」政策が掲げ

金融仲介の取組状況を客観的に評価できる指標群（KPI）

項目	共通ベンチマーク
（1）地域へのコミットメント・地域企業とのリレーション	1. 全取引先数と地域の取引先数の推移、及び、地域の企業数との比較（先数単体ベース）
	2. メイン取引（融資残高1位）先数の推移、及び、全取引先数に占める割合（先数単体ベース）
	3. 法人担当者1人当たりの取引先数
	4. 取引先への平均接触頻度、面談時間
（2）事業性評価に基づく融資等、担保・保証に過度に依存しない融資	5. 事業性評価の結果やローカルベンチマークを提示して対話を行っている取引先数、及び、左記のうち、労働生産性向上のための対話を行っている取引先数
	6. 事業性評価に基づく融資を行っている与信先の融資金利と全融資金利との差
	7. 地元の中小企業与信先のうち、無担保与信先数、及び、無担保融資額の割合（先数単体ベース）
	8. 地元の中小企業与信先のうち、根抵当権を設定していない与信先の割合（先数単体ベース）
	9. 地元の中小企業与信先のうち、無保証のメイン取引先の割合（先数単体ベース）
	10. 中小企業向け融資のうち、信用保証協会保証付き融資額の割合、及び、100%保証付き融資額の割合
	11. 経営者保証に関するガイドラインの活用先数、及び、全与信先数に占める割合（先数単体ベース）
（3）本業（企業価値の向上）支援・企業のライフステージに応じたソリューションの提供	12. 本業（企業価値の向上）支援先数、及び、全取引先数に占める割合
	13. 本業支援先のうち、経営改善が見られた先数
	14. ソリューション提案先数及び融資額、及び、全取引先数及び融資額に占める割合
	15. メイン取引先のうち、経営改善提案を行っている先の割合
	16. 創業支援先数（支援内容別）
	17. 地元への企業誘致支援件数
	18. 販路開拓支援を行った先数（地元・地元外・海外別）
	19. M&A支援先数
	20. ファンド（創業・事業再生・地域活性化等）の活用件数
	21. 事業承継支援先数
	22. 転廃業支援先数
	23. 事業再生支援先における実抜計画策定先数、及び、同計画策定先のうち、未達成先の割合
	24. 事業再生支援先におけるDES・DDS・債権放棄を行った先数、及び、実施金額（債権放棄額にはサービサー等への債権譲渡における損失額を含む、以下同じ）
	25. 破綻懸念先の平均滞留年数
	26. 事業清算に伴う債権放棄先数、及び、債権放棄額
	27. リスク管理債権額（地域別）
（4）経営人材支援	28. 中小企業に対する経営人材・経営サポート人材・専門人材の紹介数（人数ベース）
	29. 28の支援先に占める経営改善先の割合
（5）迅速なサービスの提供等顧客ニーズに基づいたサービスの提供	30. 金融機関の本業支援等の評価に関する顧客へのアンケートに対する有効回答数
	31. 融資申込みから実行までの平均日数（債務者区分別、資金使途別）
	32. 全与信先に占める金融商品の販売を行っている先の割合、及び、行っていない先の割合（先数単体ベース）
	33. 運転資金に占める短期融資の割合
（6）業務推進体制	34. 中小企業向け融資や本業支援を主に担当している支店従業員数、及び、全支店従業員数に占める割合
	35. 中小企業向け融資や本業支援を主に担当している本部従業員数、及び、全本部従業員数に占める割合
（7）支店の業績評価	36. 取引先の本業支援に関連する評価について、支店の業績評価に占める割合
（8）個人の業績評価	37. 取引先の本業支援に関連する評価について、個人の業績評価に占める割合
	38. 取引先の本業支援に基づき行われる個人表彰者数、及び、全個人表彰者数に占める割合
（9）人材育成	39. 取引先の本業支援に関連する研修等の実施数、研修等への参加者数、資格取得者数
（10）外部専門家の活用	40. 外部専門家を活用して本業支援を行った取引先数
	41. 取引先の本業支援に関連する外部人材の登用数、及び、出向者受入れ数（経営陣も含めた役職別）
（11）他の金融機関及び中小企業支援策との連携	42. 地域経済活性化支援機構（REVIC）、中小企業再生支援協議会の活用先数
	43. 取引先の本業支援に関連する中小企業支援策の活用を支援した先数
	44. 取引先の本業支援に関連する他の金融機関、政府系金融機関との提携・連携先数
（12）収益管理態勢	45. 事業性評価に基づく融資・本業支援に関する収益の実績、及び、中期的な見込み
（13）事業戦略における位置づけ	46. 事業計画に記載されている取引先の本業支援に関連する施策の内容
	47. 地元への融資に係る信用リスク量と全体の信用リスク量との比較
（14）ガバナンスの発揮	48. 取引先の本業支援に関連する施策の達成状況や取組みの改善に関する取締役会における検討頻度
	49. 取引先の本業支援に関連する施策の達成状況や取組みの改善に関する社外役員への説明頻度
	50. 経営陣における企画業務と法人営業業務の経験年数（総和の比較）

（出所）「金融仲介機能のベンチマーク」金融庁（平成28年9月）

られた。

地銀改革行政に時代の必然性が加わったきっかけが２０１６年に訪れる。日銀によるマイナス金利政策だ。金融庁の政策の一丁目一番地は「地銀の持続可能性」となり、将来にわたって健全性を保つ「持続可能なビジネスモデル」の構築を求めるようになる。地域経済、地域企業に潤沢に資金供給を続ける「金融仲介機能の発揮」だけでは十分ではないという感覚だ。

森長官の地銀改革路線とは何だったのか。一言で言えば、「リレバン」に代わる新しい枠組みの構築。02年に登場してからやや使い古された感のあるリレバンに代わる新たな時代の針路を模索する行政だった。

キーワードは「市場目線」と「顧客目線」。これは、「金融庁目線」と一線を画する改革の方向性だ。金融庁の指導行政は、行政官の裁量が効きやすく、個別金融機関を上から目線で指導するやり方になっていると批判を受けていた。金融庁と地銀が密室で議論するのではなく、市場や顧客と地銀が対話できるツールが必要だった。

それが「ＫＰＩ（Key Performance Indicator、重要業績評価指標）」であり、「ベンチマーク」である。測定できるような指標・基準を自ら開示して、市場や顧客から適度なプレッシャーを受ける「透明性の仕掛け」である。周りの目を意識して、地銀自身が行動変容を起こすように促す骨組みだった。

森長官時代に提示された新たなテーマは3つあった。

1つ目は「融資のあり方」。リレバン時代から、不動産担保や経営者・第三者保証に依存した融資から脱却しその企業の事業価値を見て融資するよう促していたが、いつまでもその慣行は直らなかった。改めて「事業性評価」という考え方に照準を当てて、地銀の融資のあり方を再検証しようと試みた。

2つ目は「営業の行動原理」だ。リレバン時代の企業との関係は、銀行が短期的な収益を達成するためノルマを課して融資目標を達成するような形でゆがめられているように映った。銀行の都合を取引先に押しつけるような構図で、どうしてこういう行動になるのかメカニズムを知る必要があった。「共通価値の創造」という概念を提唱し、企業の価値と銀行の価値の共通項を探し当てることでお互いの利害を調整し、一緒に課題に向き合う新たな手法を提示した。

3つ目は「取引する目線」だ。すべての中小企業、すべての個人のうち銀行と取引しているのはどのくらいの割合に上るのだろうか。無借金企業のような優良企業なら銀行と付き合わなくても自力経営できるかもしれないが、零細企業や低所得層の個人の場合、銀行目線が向けられていない、つまり、排除されてしまっているのではないか。日本における「金融排除」を把握する必要があった。リレバンは既存取引先にどう接触したのか、丁寧にフォローしているか、苦境に陥ったときに手を差し伸べようとしているかを見る政策だったので、そこからは見えていない領域があるのではという不安が根っこにあった。

リレバンは02年、不良債権処理を促すために生み出された政策だった。大手銀行に半減目標を課す一方、地銀には目標を見送る代わりに地域の企業の経営改善をサポートするよう求めた。取引先企業に密着して寄り添うことで、企業の傷を見つけ、それを治しながら時間をかけて取引を正常化することを目指す意味を込めてネーミングされた。ただ、形を整えるような動きが出てきた結果を見ると、政策が意図通りに広がらなかったという反省がある。

森長官時代にはリレバン時代に進化を止めていた「金融仲介機能」に光を当て直した。それを検証するための「ＫＰＩの設定による金融仲介機能のＰＤＣＡサイクル」は、金融機関が金融仲介機能にどう取り組み、どう成果を出したか、一目で分かるような情報開示に踏み込んだ取り組みだ。さきに述べた「透明性の仕掛け」だ。ただ、設定したＫＰＩにおいては、金融仲介機能に関わる情報開示は限定されていた。融資の残高が伸びているのか、不良債権が多いのか、どれくらい利ざやを稼いでいるのか。せいぜいその程度だった。むしろ、「見える化」の眼目は地域の社会課題に向き合うベクトルづくりだった。

「創業支援」にどの程度踏み込んでいるのか、「廃業防止」がどの程度効果を出しているのか、「事業承継」に成功した割合はどうなっているのか、「成長支援」「生産性向上」に寄与した融資はどのくらいあるのか——。

ＫＰＩは地銀が自主的に開示することとしたので、特段、銀行の不満はなかった。何年かにわたって出てきた成果は右肩上がりで改善していたし、融資姿勢も積極的に映った。取引先企業の難題に切り込む対応を期待していただけに、この開示によるＰＤＣＡサイクルがやる気を促す好循環を導けたかのようにも見えた。しかし、フタを開けてみると、そうではなかった。それが前項までに述懐したような「無反応」だった。

◆「センスメイキング」の必要性

私が長官になった時、自分の任務が組織文化にあると考えたのは、こうした地銀の無反応が影響したと思う。「数字では見えない何か」があるとうすうす気づいていた。数字の裏側には、「現場の奮闘」もあるだろうし、「現場の苦悩」もあるだろう。その奥行きにどこまで思いをはせ、目線を下げて分析できるか。それこそ自分たちが知らない銀行現場の組織風土に切り込んでいかなければいけない。

地銀のビジネスモデルは大半が預金を集めて融資に回す業務だ。最も効率的にこなせるよう、体制を組み、ルールを定め、システムを作り、人材を育成する。それが何十年、さらに言えば戦前から続いている地銀の運営メカニズムであり、それを回す過程で組織文化も形作られてきたはずだ。「顧客企業への伴走支援」。この言葉1つとっても、本当に注力しようとすると相当な力業が必要だと思う。

責任感の強い銀行員の方々なら担当企業すべてをカバーするだろう。しかし、それが抱えきれない数だとしたら、すべてに寄り添うことは不可能だ。寄り添って支援するなら、許容量の範囲で担当数を決め直さないといけないし、それを持続していくのであれば人員配置も変わってくるはず。働き方をゼロベースで見直さないと難しいだろう。

しかし、地銀トップと話しても、正直、首をかしげる場面に何度も出会った。そういう方々は力業が必要という認識がそもそも不足していた。現場のことをどこまでこの頭取は把握できているのだろうか。現場の奮闘と苦悩を知っていれば、もっと自分の言葉で熱く語ってくれるのではないか。そもそも地元経済をよくしたい、うちの地元をこうしたいという熱い思いが湧いているのだろうか。

「営業ノルマ」。伴走支援の対義語とも言えるこの言葉が地銀に根付いていた組織文化だ。若手から中堅に至るまで離職が相次いでいたことは、トップの認識不足が背景にあるように思う。人手不足が慢性化していれば、不平不満が生じる温床にもなるだろう。この職場ではやりたいことができないと希望を失い、辞めている人もいるのだろう。

残念ながら行政が求めるKPIやベンチマークには限界があった。どこまで行っても隔靴掻痒《かっかそうよう》の感がある。金融機関の顔と実態が見えない。さらに、開示した指標が市場・顧客へ刺さらない。訴求力が弱かった。十分なプレッシャーになっていないことで、行動変容をもたらすまでには至らなかった。

自分はこれまで金融行政官として、金融機関に対し、何度も報告徴求命令、業務改善命令を発出し、時に指導し、時に警告を発してきた。様々に働きかけてきたつもりだが、その直後に変化したと見えても、時間が経つと元に戻ってしまう。経験則からすると、人が簡単に変われないのと同じく、組織もそこに根付く組織文化も容易に変わらない。「その通りだ！」と膝を打つような働きかけ、いわば自分ゴトとして腹落ちするような働きかけがあってこそ人も組織も行動を変容させるのだ。「命令」では腹落ちしない。後年、金融庁で講演いただいた入山章栄早稲田大学教授はそうした行動変容をセンスメイキング理論だと述べておられた。

◆地銀トップと直接対話――「コア・イシュー」を策定

一般企業でも金融業でも業態を問わずトップは孤独だ。思索を深め気づきを得たいと考えているのがトップだと思う。経営を考える上で、あるいは経営をチェックする上で必要な論点を適切なカウンターパートとそれぞれ議論し、理解を深めることが必要な流れだと思う。自分はそれを「生成的対話」「探求的対話」と呼んだが、ぜひそうした対話を金融庁と地銀との間でやってみたいと考えていた。

長官就任から半年を経た2019年、対話の論点を体系的にまとめるべく金融庁内で検討をスタートした。1年後にまとめた「地域金融機関の経営とガバナンスの向上に資する主要論点」と題したペーパーは通称「コア・イシュー」と名付けた。副題に「『形式』から『実質』への変革」とあるように、キーワードは「実質」だった。どうすれば地銀トップと納得感のある対話ができるのか、どうすれば地銀トップに気づいてもらえるのか――。検査マニュアルのようなチェックリストをつくるつもりは毛頭なかった。我々も「経営者目線」を持ち、我々なりの考えを伝え、価値観をできるだけ共有することで、銀行側の行動変容につなげることができるかが勝負だった。冒頭に3つの原則を打ち立てた。1つ目は「1つの解を求めるものではない」。2つ目は「経営やガバナンス向上に向けた気づきが得られることを期待」。3つ目は「金融庁として、一層、理解を深めていく」。この原則を打ち立てたのは論争を招きたいわけではないことをはっきり伝えたかったからだ。これまで欠けていた共感を持つこと、そのために傾聴することこそ、出発点と考えた。

経営者が一番考えていることは何か、思索を深めるポイントはどこか。経営者の世界観を聞いて、それを共に磨き上げるような関係を築くことができないものなのか。経営戦略もガバナンスも大事だろうが、それより何より「経営理念」を共に考える道を選んだ。経営理念は抽象的な概念で、検査・監督で権限を行使してチェックする手法とは相いれない。経営戦略は経営成績と直結するので、第三者の立場から金融庁がチェックするのはそう難しくない。しかし、経営理念になると全く別だ。今でこそ「パーパス」という言葉が多くの経営者の語るところとなり社会に定着してきたが、それは組織文化（カルチャー）の礎であるからだと思う。日々の業務を担いビジネスモデルを具体的に形作っているのは人である。その人が精神的に充実し生き生きと働けなければ、組織としてその力を存分に発揮できるわけがない。組織のカルチャーは競争力であり、成長力であり、耐久力であり、力の源と言ってよい。そしてカルチャー形成の基礎になるのは経営理念だ。

経営理念は3つの問いに対する答えと言われている。「何を?」「なぜ?」「どのように?」。「何を?」はビジョンであり、「なぜ?」はパーパス・ミッションであり、「どのように?」はバリューである。おそらく、「経営理念」を深く考えている経営トップにとって、「経営判断」を語るのはそう難しくないはずだ。コア・イシューに掲げた項目である、「地域社会との関係」「経営者の役割」「取締役会の

金融庁は経営介入批判をいとわず、地銀と「経営議論」を始めた

テーマ		ポイント
1	経営理念	どのような経営理念で、どのように機能しているか。行内に浸透しているか
2	地域社会との関係	どのように地域社会と関係し、対話しているのか
3	経営者の役割	どのように現状を把握し評価しているか。課題解決への取り組みは?
4	取締役会の役割	社外含めどのような役割を期待し、どう評価しているか。課題解決への取り組みは?
5	経営戦略の策定	どのように経営戦略を策定し、経営理念との関係をどう考えているか。検証や反映などプロセスを経てどう改善しているのか
6	経営戦略の実践	コストとリターン、リスクとリターンのバランスをどう分析し、どのように最適な配分を行っているのか
7	業務プロセスの合理化や他機関との連携	どのように考えているのか
8	人材育成、モチベーションの確保	どのように行員の能力向上を求め、育成に向け取り組んでいるか。誇りややりがいを感じつつ安心して働ける環境をどうやってつくっているのか

（出所）「地域金融機関の経営とガバナンスの向上に資する主要論点（コア・イシュー）」より抜粋（2020年2月公表）

役割」「経営戦略の策定」「経営戦略の実践」「業務プロセスの合理化や外部との連携」「人材育成、モチベーションの確保」などなど、経営判断するために必要な関係性をすべて整理しているからだ。一貫して整合性のある判断が下せる前提条件、それが経営理念だと考えている。

経営者が組織をどう定義し、いかなるカルチャーを構築し、利害得失をどのように整理していくのか。地銀の場合、ステークホルダーは地域社会、地域企業、従業員、株主。それに監督する金融庁が存在しているわけだが、複雑に入り組んだ利害得失、正邪の境を定め、どういうスピードでどの方向に走っていくかは当の経営者しか知るよしもない。我々がそれを傾聴することができるかどうか。金融庁が共感し納得できれば、間違いなく地銀と金融庁との間にこれまで以上の信頼関係を構築できる。どの地銀が骨太な経営を実践しているのか確認したい。そのために作成したのがコア・イシューだった。

◆持続的な健全性を──「早期警戒制度」の発動

「経営」とは様々なステークホルダーの利害を調整し、その組織に最適な判断を編み出す営みだが、どうしても「今」に目が向いてしまう。株価を意識し、地元の声を意識し、利用者の声を意識し、全方位に気を配れば配るほど、「未来」を考える余裕はなくなる。地銀に限らず、これは金融庁にも当てはまることなのだが──。

「早期是正措置」という制度がある。自己資本比率規制に基づいて、一定の水準（国内基準行なら4%）を下回れば、金融庁が行政処分を出すことになっている。この制度は1998年にスタートした。金融危機の時のように生きるか死ぬかの瀬戸際にある有事は健全性に目線を合わせればよかったが、平時において経営者がいかなるビジネスモデルを回しているのかを探ろうとする段階ではその尺度では見るべきものを見ることはできない。最低基準を上回っていさえすれば、金融庁は何も言わないし、何も言えない。それはそれで何かが抜けている「落とし穴」ではないかと感じていた。

「早期警戒制度」という「早期是正措置」とは別の枠組みを2002年から始めていた。これは最低基準を上回っていても、金融庁が問題提起したり注意喚起したり、場合によっては業務改善命令を出すことができる制度だった。不良債権処理を迫る平成金融危機時につくった制度だったので、どうしても自己資本比率に目が向きがちで、運用がルーティン化していることが気がかりだった。つまり、実質的に活用されることがないほこりをかぶった制度になっていた。もともとは「経営状況の異変を早期に把握し、問題が深刻にならないうちに改善を求める措置」が制度の趣旨だ。人口減少が止まらず、日銀の超金融緩和政策が続き、本業の融資業務、とりわけ利息収入は自然と細くなっていく。制度の原点にたち戻り、対話のツールに使えるようにしておかなければ、地銀が抱える諸問題は知らないうちに大きくなってしまいかねない。そういう危機感が芽生えていた。

【新たな早期警戒制度の3原則】

①現在および将来にわたっての持続可能なビジネスモデルを経営としてどのように構築しようとしているのか、その実態を浮き彫りにできるような制度を目指す

②スナップショット的に捉えがちだった収益性に着目するのではなく、よりダイナミックな収益性とそれによる金融機関の将来にわたる健全性を把握するように努める

③ヒアリングにあたっては、金融機関自身の経営判断、将来見通し、戦略を十分に理解した上で、深度ある対話を行う

「将来にわたって持続可能なビジネスモデル」とは何か。近未来を予測し、それを逆算して現在地を検証する。これまでの監督・検査で抜けていた未来志向の視点を持って、実質的な対話を目指すことにした。

金融育成庁という言葉は健全性を脇に置いて、金融仲介機能を果たしてさえいればよいという響きを持っていた。いくらよいことであっても不採算の融資を繰り返し、将来的に信用リスクを抱えてしまうなら、それを制御するのが「経営」である。まさに利害を調整することが経営機能に期待されている役割であり、金融庁も健全性を無視することはあり得ない。「将来にわたって持続可能な『ビジネスモデル』」とは「将来にわたって持続可能な『健全性』」と言い換えることができる。

将来を予測することは現実的には難しい。それでもどこかに予兆が起きているはずだ。そんな感覚で、早期警戒制度のカバー範囲は早期是正措置よりかなり幅広い。制度創設当初から「収益性リスク」「信用リスク」「市場リスク」「流動性リスク」の4分野について、それぞれいくつかの指標を設定し、特定の閾値を超えた場合に、原因を探るためのヒアリングを行うことにしていた。それがほこりをかぶっていたのは、運用の難易度が極めて高いことにあった。地銀の場合、ほとんどの検証作業は全国の財務局が担っている。私の所に定期的に上がってくる決裁文書は財務局のレポートである。

いくつかの指標で閾値を超えたものがあると、ルール通りにヒアリングを実施している。ただ、そのことごとくが「特殊事情による一過性の異常値なので問題なし」。決裁文書にハンコを押せばその仕事は完了だが、本当にここから金融機関の危機の芽が見てとれるのか、疑問がわいていた。見るべきものを見ていないのではないかという不安と言ってもよい。そうした不安を感じるのも当然ではあった。金

早期警戒制度について

○ 金融再生プログラム（抄）

（オ）「早期警戒制度」の活用

自己資本比率に表されない収益性や流動性等、銀行経営の劣化をモニタリングするための監督体制を整備する。

○ 意義

金融機関の経営の健全性を確保していくための手法としては、法第26条第2項に基づき、自己資本比率による「早期是正措置」が定められているところであるが、本措置の対象とはならない金融機関であっても、その健全性の維持及び一層の向上を図るため、継続的な経営改善の取組みがなされる必要がある。

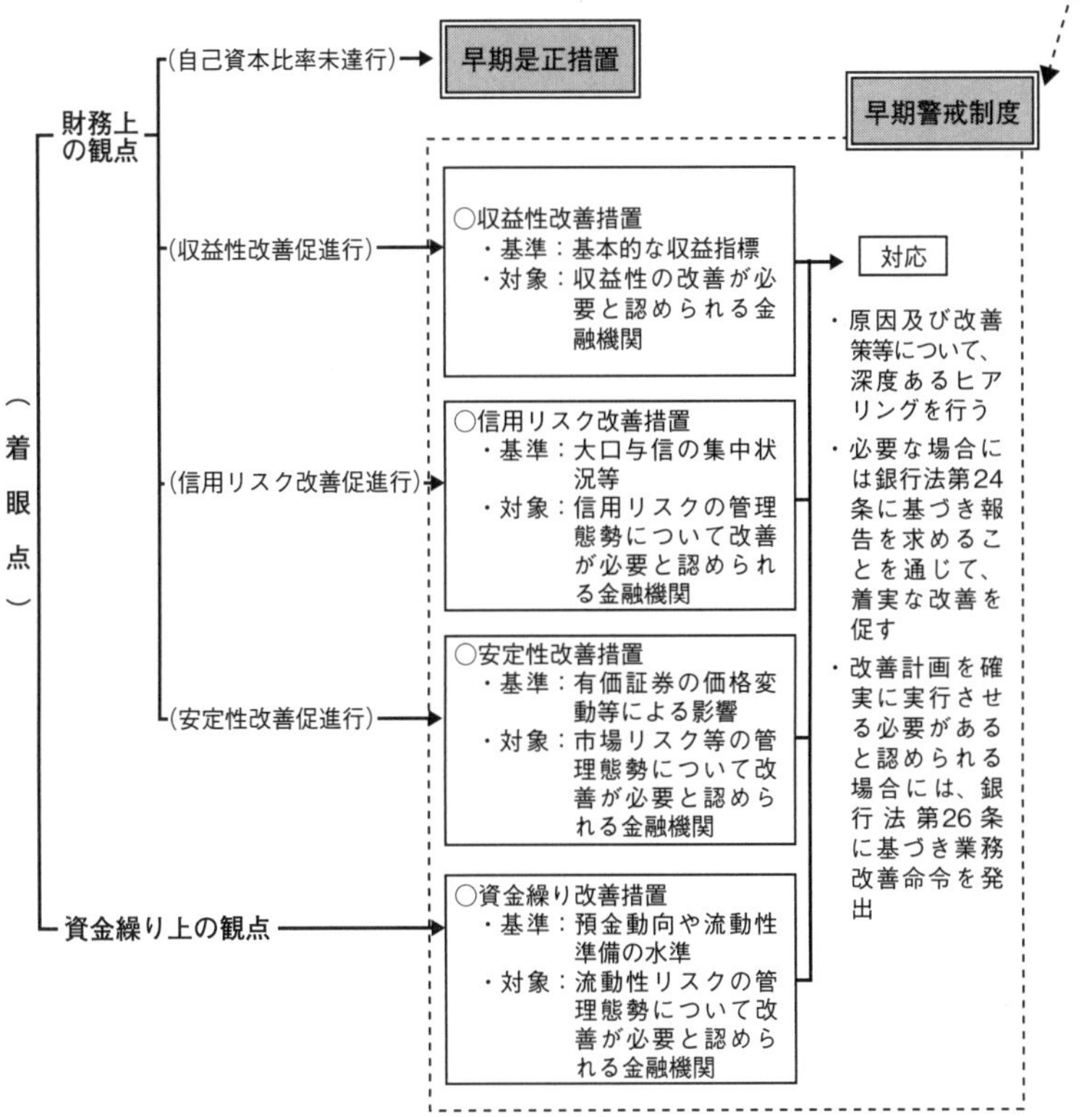
（着眼点）
財務上の観点
（自己資本比率未達行）
早期是正措置
早期警戒制度
（収益性改善促進行）
○収益性改善措置
・基準：基本的な収益指標
・対象：収益性の改善が必要と認められる金融機関
（信用リスク改善促進行）
○信用リスク改善措置
・基準：大口与信の集中状況等
・対象：信用リスクの管理態勢について改善が必要と認められる金融機関
（安定性改善促進行）
○安定性改善措置
・基準：有価証券の価格変動等による影響
・対象：市場リスク等の管理態勢について改善が必要と認められる金融機関
資金繰り上の観点
○資金繰り改善措置
・基準：預金動向や流動性準備の水準
・対象：流動性リスクの管理態勢について改善が必要と認められる金融機関
対応
・原因及び改善策等について、深度あるヒアリングを行う
・必要な場合には銀行法第24条に基づき報告を求めることを通じて、着実な改善を促す
・改善計画を確実に実行させる必要があると認められる場合には、銀行法第26条に基づき業務改善命令を発出

融庁も財務局も不良債権以外のリスクを見抜くノウハウを養っていなかったし、真のリスクをどう見いだせばよいのか、組織として「知の共有」ができていなかったからだ。個人の力量に依存した行政手法は危機の火だねを消すときには機能しうるが、平時に何かをあぶり出そうというときには力を発揮しにくい。その意味で、早期警戒制度の見直しは「組織としての運用能力向上」を目指したものといえる。

「プロセスの見える化」。監督する側と監督される側の間にはどうしても見解の相違が生じてしまう。両者の溝を埋めるための新しいコミュニケーション手法が「対話」だったが、早期警戒制度の場合、行政処分権限が強調されがちだった。現場で向き合う財務局職員に当該制度の意義と運用のプロセスを明確に示す必要があった。外部にもそれを公表すれば、監督される地銀もどういう行動原理で当局側が動いているかを知ることができる。

早期警戒制度はコア・イシューと同じ問題意識が源流だ。経営者とじっくり「対話」するためのツールだ。「経営理念」と「持続可能性」。地銀改革行政の考え方がかなり絞り込まれ整理されてきた感があった。

就任からちょうど1年経った2019年6月、早期警戒制度の改訂案を公表することができた。

BOX 早期警戒制度、3つのプロセス

早期警戒制度の一番の特徴は、「持続可能な収益性と将来にわたる健全性」に着目して早め早めにモニタリングするそのプロセスを明示したことだ。

ステップ1は、選定銀行の絞り込みのための機械的な計算を行うプロセスだ。コア業務純益から水増し的に使われていた投信解約益を除いた計数を向こう5年間推計するとともに、ストレス事象

を想定した自己資本比率を算出する。これらの数字が一定基準を下回る金融機関についてステップ2に移行する。

このステップ2が制度の肝といえるプロセスだ。金融機関自らの経営理念や経営戦略、それを実現するための人的資源の確保・育成などにも敷衍《ふえん》しつつ、金融機関と金融庁が対話する。地域の経済状況、顧客基盤、実施予定の施策とその効果、システム更改や信用コストなど追加コストの発生、益出し余力など、一つひとつの項目を共に指さし確認しながら、納得し合意できるものは合意するし、合意できない項目についてもお互いの考えやその背景を理解するように努める。そうした対話を重ね、最終的には総合的な将来収益や自己資本比率の見通しについて定量的なゴールを目指すことになる。多くの金融機関は、このステップ2の対話による気づきを基に自らの判断で経営戦略に修正を加えることが期待される。金融庁もそうした金融機関に対して、引き続き伴走フォローし、対話を継続していくことになる。

ステップ3は、具体的な行政のアクションを起こすプロセスだ。将来のコア業務純益が継続的に赤字になる、または最低所要自己資本比率を下回る場合に、報告徴求、検査の実施により深度ある検証を行い必要な業務改善を促す。さらに、業務改善の確実な履行が必要な場合は業務改善命令を発出することとしている。あたかもステップ3が最終局面でここに至るためにステップ1、2があるように見えるが、そうではない。ステップ3はステップ2の対話において十分な信頼関係を構築できず、金融機関が自らの判断できちんとした改善対応を行ってもらえないだろうと判断された場合のやむを得ざるプロセスという位置づけだ。

金融機関に求められるものは、向こう5年程度を視野にいれた経営理念に基づく経営戦略、持続可能なビジネスモデルの構築とその実行だ。早期警戒制度は金融機関のそういう前向きな経営姿勢を確認するための制度ともいえる。

◆「地銀改革パッケージ」

銀行法1条の2は「銀行の業務の運営についての自主的な努力を尊重するよう配慮しなければならない」と定めている。

持続可能なビジネスモデルを構築するのは地域金融機関自身であり、彼らが自主的・自立的にその潜在力を存分に発揮し動くことができるように、金融庁は関係省庁とも協力してその環境整備に努めるべきだ。そうした考えの下にまとめたのが「地域金融機関の持続可能なビジネスモデルの構築に向けたパッケージ策」だ。2019年8月に公表した。

長官就任初年度は金融庁の組織文化改革に着手し、地銀との対話と連動させた。「探究的対話」「生成的対話」と呼んだ新しい世界を実践に移すためのコミュニケーションツールがコア・イシューであり、早期警戒制度であった。

2年目のテーマは「経営判断の選択肢」とその決断を促す「インセンティブ」だった。2年目途中の19年12月に金融検査マニュアルを廃止することは決まっており、自由化の世界に扉は開かれていた。あとは地銀がその世界でどう行動するのか。これまでの慣行が余韻として残っている端境期でもあり、少なからず背中を押す必要があると感じていた。

全国地方銀行協会の年始めの例会はメッセージを伝えるには最適の場だった。

地銀改革パッケージの全体像

1 競争政策　「合併特例法」を制定し、「寡占型再編」を解禁

2 規制緩和　「業務範囲規制」を抜本改正。「地域の活性化」「産業の生産性向上」「持続可能な社会の構築」に資する業務を解禁

3 融資　銀行が過剰な「経営者保障」を求めない環境を整備

4 経営基盤の強化　預金保険料率のあり方を検討→「資金交付制度」を創設。システム統合費用を補助

5 ガバナンス　ガバナンス改善を議論する「コア・イシュー」開始

6 現場　「探究型対話」を実施。「心理的安全性」を確保

「抜本的な経営改革は自らの任期中に決断し、実現するとの強い認識を年初に持って頂きたい」

過去5年、10年取り組んできたことを総ざらいして、地銀改革を実行に移すステージに入っていた。にもかかわらず、決断と実行に向けたスピードは十分でなかった。意識する、認識する、理解する、そして覚醒する。それができて初めて実行に移れるのだ。発言の中では「経営のリーダーシップと責任」を強調した。同時に、地銀トップの経営マインドを前向きに持ってもらうためには、金融庁側もこれだけ汗をかきますよというメッセージ、言い換えれば、行政としてこれだけの環境整備をするというリストを明示すべきではないかと考え始めていた。

検査マニュアルを廃止することは地銀を自由化の世界にいざなうシンボリックな一手だったが、もう一つ、金融庁が手をつけないといけないテーマがあった。「忖度《そんたく》の解消」だ。忖度をつくっていたのが「監督指針」だった。検査マニュアルは検査官の手引書という位置づけだったが、監督指針は監督局職員が日々の業務のチェックに使う「辞書」のようなものだった。頻繁に改訂もする。一つひとつの監督指針の規定が何を目指して盛り込まれたものなのか、その趣旨・目的を理解した上で行動してもらうことが重要なのだが、なかなかそうは

ならない。検査と連動しており、立ち入り検査で問題を指摘されないよう、監督を受ける地銀はとにもかくにも表面的に規定に従っておこうと判断しがちだ。

第3項『『地域課題解決』の処方箋』で述懐したように監督指針は政策ツールとして有効活用することもできるが、正しいことを記述していながらリスクヘッジのような使われ方をされてしまうことは少なくない。「正しい取扱説明書」がないことの副産物とも言えた。これは金融庁側が意図している状態ではもちろんなかった。例えば、銀行の「人事ローテーション」に関する記述がある。

「人事管理に当たっては、事故防止等の観点から職員を長期間にわたり同一業務に従事させることなくローテーションを確保するよう配慮されているか」

支店長が地元の企業と親しくなる頃に異動でいなくなることは少なくない。企業に聞くとそれが地銀との距離が広がる一因だと不満が漏れる。そういう人事慣行が浸透しているのは、監督指針のこの記述が大きな要因だった。

２０１９年10月、監督指針の改定を行い、「過度に細かく特定の方法を記載する等行き過ぎたルール・ベースとなって、金融機関における創意工夫を妨げている規定等の見直し」として「人事ローテーション」に関する記述を削除した。監督指針が忖度の温床になっていたのは、免許を付与し監督している以上、避けて通れない宿命的な産物ではある。ただ、それがおかしな組織文化を金融機関の中に生み出しているとすれば、それに対して目をつむってはいけないと思う。

金融庁が問題意識をもって監督指針を改定することになっても、多少の手直しではその慣行は改まらない。金融庁が重箱の隅を突いてくるかもしれないという不信感が地銀側に根付いてしまったからかもしれない。金融庁も「手当てした」と思い込んでしまい、すれ違いが生じやすい。「実質」を転換するなら、中途半端な規制緩和ではだめで、徹底して直さないといけない。

そうしたことを経験した事例は私が長官になる前、監督局長時代の２０１７年4月に改訂した「自己保有不動産の活用」を巡る記述だった。支店の土地・建物を飲食店に貸したり、地域サービスの拠点に衣替えすることを認める規制緩和だ。

「なお、国や地方自治体のほか、地域のニーズや実情等を踏まえて公共的な役割を有していると考えられる主体からの要請に伴い賃貸等を行う場合は、地方創生や中心市街地活性化の観点から～中略～要請内容等を踏まえて判断しても差し支えない」

これだけみると解禁なのだが、「ただし書き」を温存したままの改訂だった。

「行内に積極的な推進体制ができているか」「特定業者と癒着していないか」「必要最低限の経費支出か」「賃貸規模が過大になっていないか」。４つの条件による制限をかけていたが、これをそのまま温存した。つまり、「不動産業に参入するなよ」とくぎを刺す規制の立て付けを修正しないまま規制を緩和したものだから、混乱した面がある。実務にあたる全国の財務局は相談を受けても答えを出すのに時間がかかり、それが地銀のスピード感に合わなかった。「地域の起業支援などを行うコミュニティースペースにしようとするだけで、なんでこんなに時間がかかるんだ」という怨嗟の声もあった。かゆいところに手が届いていなかったところは、パッケージで改めて触れることにした。心の琴線に触れるには、形式的にルールを見直せばよいという発想から脱却しないといけない。そう感じた反省材料だった。

まず始めてみる「アジャイルな発想」。これは金融庁にも地銀にも足りない組織文化の弱点だ。「免許制」「監督指針」「銀行の保守性」が重なり合うと、どうしても石橋を叩いても渡らない組織文化になりがちだ。護送船団行政時代からの名残りなのか、横並び意識も強く働いており、一点突破で改革を始める地銀は少なかった。

信用制度参事官時代に挫折した業務範囲規制の抜本改革に踏み切るタイミングが訪れていた。２０１９年10月に１００％出資して地域商社を設立できることを監督指針に明記し、それをパッケージに盛り込んだ。同時に、法改正によるより包括的な業務範囲の見直しが必要だとも考えていた。銀行の「優越的地位」に対する一般社会からの警戒感は根強い。しかし、時代は大きく変わっていた。人口減少に苦しむ地域経済の活性化のためには地銀の力を借りなければいけない。そうした地域の実情を反映した規制緩和だったとも言える。かつて慎重意見が多数派を占めた金融審議会は賛成に転じ、国会はこの規制緩和を支持した。長官退任後、第２０４回通常国会に銀行法改正案は提出され、２０２１年５月（施行は同年11月）、ついに地域商社設立を含む銀行の業務範囲に関する抜本的な規制緩和が実現した。まだまだ改良余地はあるだろうが、地域商社を中心とする業務範囲の規制緩和は金融庁流のアジャイル手法とも言えるのではないか。

監督指針の改定、パッケージ、そして法改正。一連の規制緩和に基づき、ビジネス上準備が整った地銀が様々な業務を行う子会社を設立している（19年から22年までの4年間で約１００社が設立された）。

２０１７年に銀行法に規定された「銀行業高度化等会社」は、２０２１年に目的規定が拡充され「地域活性化」が明記された。裏返すと、地域活性化につながるのであれば、地銀の創意工夫で様々な業務に参入可能となる。山陰合同銀行が発電事業に参入すると発表したが、地域の実情に応じて利害調整ができる地銀だからこそ、ダイナミックな手を打つことができることがよく分かる事例だ。ただちに黒字化するのは難しいかもしれないが、地域の持続可能性に目を向けなければ、地銀自身の持続可能性も望めない世界に突入している。新卒学生はチャレンジしている企業に職を得たいと考えるだろうし、取引する法人も個人も自分たちが困っていることにスピーディーに応えてくれる地銀でなければ、その地にいなくても便利なサービスを提供するフィンテック企業になびいてしまうだろう。

「人口減少社会」。全国津々浦々、人が少なくなっていく時代。地銀はこれまでの成功体験を捨てることができるのだろうか。長官を辞める直前に新型コロナウイルス禍に襲われ、全国の中小企業、全国の個人が一斉に受難した姿を見ると、地銀が今まで以上に工夫し、今までと比べものにならないほど努力し、今までの慣習を捨てる勇気を持つことができるのか。

組織文化にこだわった地銀改革行政の集大成は自分が大蔵省に入省した当時から企図された自由競争の世界を現実に創出することだった。若いころに抱いた問題意識に応える仕事がキャリアの後半に巡ってきたのは、行政官として幸運であり幸福だったと感謝している。

第4章

金融共創の時代

地銀の理想と現実（日下智晴）

時代背景　地銀、黄金時代から苦境時代へ　～自分探しの旅～

今から半世紀前の1970年代前半。日下智晴が大学生になる前の青春期、全国の地方銀行は急成長していた。70～75年の預金の前年同期比伸び率は10～27%増、貸出金も11～25%増とまさに右肩上がりだった。

法人部門は1970～72年度で累計18兆円不足し、73～75年度で累計25兆円近くに上る。都市銀行や長期信用銀行が貸し出してもなお足りず、地方銀行も預貸率が85%を超えた。

今では信じがたいが、地銀の貸出金利回りは1971～75年度平均で8・191%に上った。22年4～9月期の0・95%と比べるべくもない。かたや預金金利はおよそ半分の4・586%にとどまっており、ざっくりとその差は超過利潤として銀行に蓄えられていく。

日下が物心つき、社会人へと飛躍するその時代、地銀は黄金期を迎えていた。逆風が吹く今の経営環境と真逆で、追い風が吹いていた。バブルが崩壊する前までその風は吹き続け、1980年代、地銀は絶頂期を迎えていた。

日下はそのまっただ中の1984年4月、広島銀行に就職した。都市銀行から内定をもらっていたにもかかわらず、神戸大学からUターンした。

経営相談所を営んでいた祖父の薫陶を受けて育ったDNAからだろう。中小企業経営と地域経済の発展、それを支える地方銀行に魅力を感じた。個人の志をくすぐるダイナミズムが宿っていたのが、当時の地銀だった。地域経済を動かすメカニズムに組み込まれ、日下の銀行員人生は31年に及んだ。

　日下の広島銀行員人生は地銀が一転して苦境の時代へ転落する端境期と重なる。何とか転落を押しとどめようと苦闘する過程で、地方銀行の果たす使命とは何かを問い続けた。信用創造機能のあり方、銀行員のあり方、そして、経営のあり方。自問自答した末にたどり着いた先が金融庁だったともいえる。

　地銀界で初めての「回転ドア第1号」。日下はこの激動の平成時代を「地銀が自分探しをした時代」と区分している。日下自身の歩みもとともに語る地銀改革史第4章は理想と現実のギャップと格闘してきた歴史である。自身がこだわる「合理的思考の原点」を読み解くところから始めたい。

地銀の「今昔」
—半世紀でどう変わった？—

○規模は10倍超に

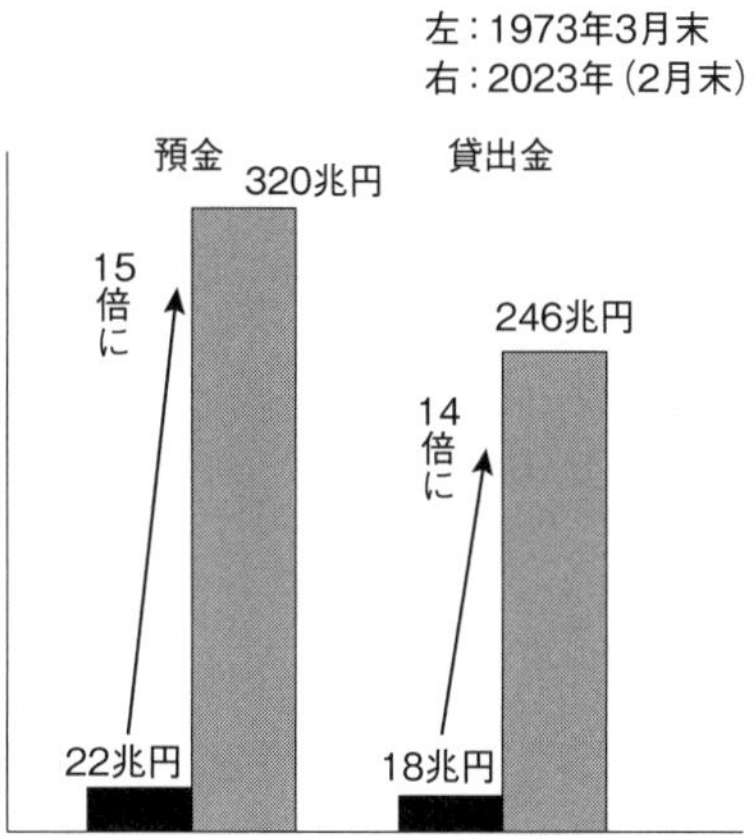

○金利は急低下

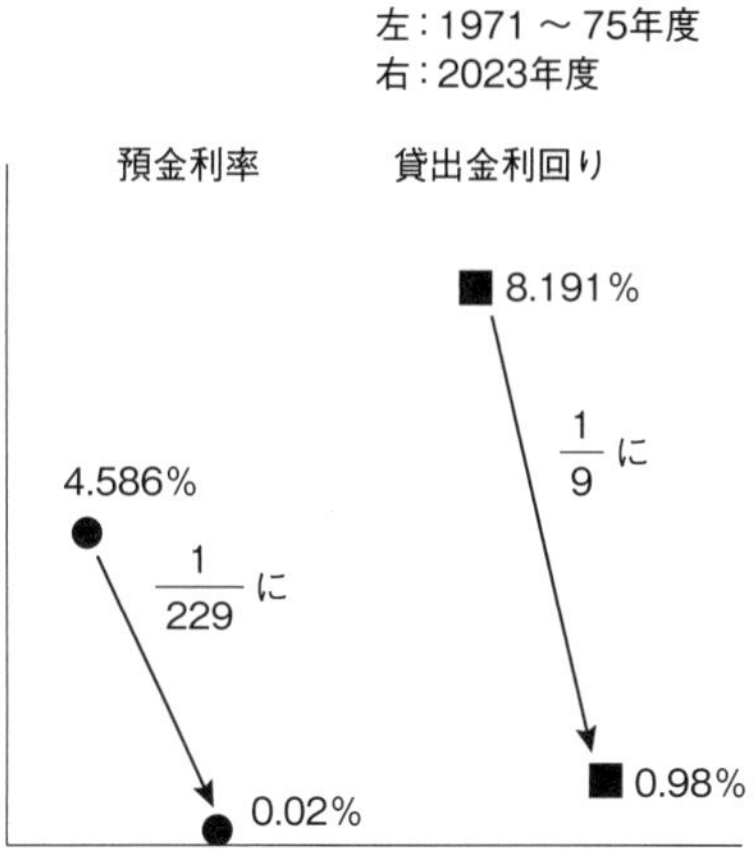

（注）全国地方銀行協会加盟銀行。1973年＝63行、2023年＝62行
（出所）「全国地方銀行協会五十年史」「地方銀行Data Box」より

1 「合理的思考」の原点（新人〜中堅時代）

◆信金さんは「家族」

私の銀行員生活の原点となる出来事があったのは、1986年だった。

新入行員1年目の預金為替業務等の習得を終え、2年目から渉外係に就いていた。最初は親密先への定例的な集配金や御用聞きだったが、数か月経ったところで1年上の先輩の突然の退職で一部の地区を担当することになった。

当時銀行の渉外係で「地区担当です」と言えば一人前の証で、地区内の法人個人の全ての顧客のニーズに対応するのが仕事だった。中小企業支援を志して地方銀行の門戸を叩いた私にとっては、思っていたよりも早く訪れたチャンスに小躍りしたのは言うまでもない。

地区担当駆け出しの私に割り当てられたのは、支店に近い500メートル四方の市街地だった。限られた狭い地区ながらその分濃密な活動が可能で、週3日朝から晩（今では考えられない午後8時頃）まで顧客の事務所や自宅で話し込んだ。

そのうち一部の顧客とはかなり親密になりいろいろ話を聞いていると、地元の信用金庫の評判がとても良いことに気づいた。訪問した法人や個人へ「他にどこと取引されていますか」と訊ねると「信用金庫さんよ」と返ってきて、「担当の廣瀬さん（仮名）がとても良くして下さってね」などという褒め言葉がもれなく続くのだ。

地区の多くの人が自然に話されるので廣瀬さんとはどんな人だろうと思い、日に日に会ってみたいと思うようになった。

地区内に小さな喫茶店があって、そこの女性オーナーが信用金庫をメインバンクにしていることを知っていたので、ある日私はその喫茶店で待ち伏せした。30分もしないうちに狙い通り廣瀬さんが現われて、カウンター席に腰かけてオーナーと話し始めた。

廣瀬さんは30代後半くらいで40代のオーナーとまるで家族のような会話だなと感じたが、会話の内容はごくありふれた積立預金の話だった。

15分くらいの滞在で出された珈琲を飲み終え「それでは、また」と言って席を立った廣瀬さんに、私はおもむろに話しかけた。「すみません、広島銀行の日下と言います、この地区を担当しているのでご挨拶させていただいてもよろしいですか」

廣瀬さんは驚いて少し前までの柔和な表情がやや険しくなったが、オーナーが見ていたためか迷惑がることもなく「いいですよ」と言って名刺を差し出してきた。私も応じて、「よろしければ5分でも」と新規訪問の常套句のような言葉で前の席に手招いた。

廣瀬「珍しいですね、ひろぎんさんが僕なんかに挨拶だなんて」

日下「この地区を担当して数か月になります。最近ようやくお客さまとも親しく話ができるようになって、そこで廣瀬さんの評判をいろいろ聞いたものですからぜひお会いしたいと思いました」

廣瀬「評判ですか、どんな」

日下「多くのお客さまが『しんきんの廣瀬さんには良くしてもらっている』と言われます。出来ることなら私も見習って、お客さまにそう言われたいです」

廣瀬「そんな話を聞いていますか、僕は特別なことはしていませんけどね」

私が話しかけた理由が分かったことで、廣瀬さんはあまり真面目に取り合わないという雰囲気で返答してきた。私はずっと廣瀬さんの顔を見ていたが、誠実を絵に描いたようで、この人は相手を不愉快にすることはないだろうなと思った。

日下「でも、喜ばれるということは、お客さまのご要望を聞いてそれに一つひとつ対応しておられるのですよね」

廣瀬「ですかね」

日下「廣瀬さんにとっては当たり前のことがお客さまにとっては特別なものに感じられて、感謝されておられるということですよね」

畳みかける私の質問には答えず、廣瀬さんは諭すように声色を変えて言われた。

廣瀬「それで日下さんはどうしたいのですか」

そこへ私たちの会話を聞いていたオーナーが紅茶を2つ運んできて「廣瀬さん、今度のひろぎんさんは可愛らしいわね」と悪戯っぽく微笑んだ。

その一言で私は閃いた。やはり廣瀬さんとお客さまは家族であり、私や歴代の先輩は気まぐれな訪問者に過ぎないのだ。廣瀬さんはオーナーをちらりと見て、「ひろぎんさんにとってこのあたりは何もない地区ですけどね」と言われたが、その言葉には不思議な重みを感じた。

◆自分自身の「採算性」

「今日は面白かったわ」と言うオーナーにまるごと奢ってもらって店を出ると、仲良く2台並んでいたバイクに跨りながら廣瀬さんの口から核心の言葉が出た。

廣瀬「僕の真似なんかしない方がいいですよ、ひろぎんさんの給料では続かないですから」

廣瀬さんの走り去る背中がいつまでも大きく見えて、思いもよらなかった言葉の余韻で私は暫く仕事が手につかなかった。

それから数日してお礼のために喫茶店を訪問したところ、オーナーは廣瀬さんのことをそれこそ家族のように話してくれた。廣瀬さんには銀行員の二人の兄（大手銀と地銀）がいて、いつも「兄たちはいかに不幸か」を話すのだそうだ。

「お客さまにどんなに喜ばれても収益が上がっていないと責められてばかり」「ころころ転勤するので家族に見放されて単身生活ばかり」。どれもこれも給料が高すぎるのが問題だと言っていたらしい。

お客さまには同じサービスを提供したとしても、その担い手の給料の違いで金融機関としての成果が異なる――。

この廣瀬さんのメッセージは、私の銀行員としての原点となった。廣瀬さんと同じサービスを提供する自信があったとしてもそれで満足してはいけないし、コストが異なる会社が同じことをするのは明らかにどちらかが合理性を欠く。

廣瀬さんの予言どおり私はそのわずか2か月後に支店の都合で融資係に係替えになり、お客さまへのサービスを途中で投げ出すことになった。廣瀬さんが諭すように私に言われた言葉には、自分がこの地区を守っているのだという強い思いがあることを改めて感じ、広島銀行は（若手行員の育成の観点があるにせよ）その地区に価値を与えていないことを痛感した。

私が喫茶店で異動の挨拶をオーナーと廣瀬さんにしたところ「歴代では良かったですよ」と誉め言葉

にならない強烈な言葉をいただいた。

ただ、私のことよりもこの地区内の人は廣瀬さんが担当で本当に良かったという思いも込み上げてきた。私が耳にした廣瀬さんの評判は、まぎれもなくお客さまの真の思いだったのだ。

◆広島銀行の「自分探し」

その後、時は流れ、総合企画部に異動になっていた私は、97年の金融危機が収束した後に信用金庫の企画部署を訪ねた。

先方はめったにないことに最初警戒感を露わにされたが、危機に際して広島銀行が行ったリストラ策（海外支店の全面撤退等）を詳しく説明するうちそれは薄れてきた。

そしてリストラ後には地元回帰を鮮明にしていくことを告げた時に、「地元回帰しても競合はしません、貴金庫の担当者にはかなわないですから」と廣瀬さんの教えをストレートに言った。背景を知らない企画課長は「またご冗談を、ひろぎんさんと競争するとうちはひとたまりもないですよ」と表情を強張らせたが、私は同じ言葉を銀行の経営会議でも使っていた。

その時は日本版ビッグバンによる規制緩和が実施されていたため、広島銀行は金融危機後の営業戦略として、地元法人向けの投資銀行業務を中心に据えることを決めていたのだ。

その当時、広島銀行は岸田俊輔会長、宇田誠頭取のトップ体制だった。

岸田俊輔氏は、岸田文雄首相の叔父である。

俊輔氏が大蔵省証券局長からＮＴＴを経て広島銀行に来られた直後から、私は数多くの接点があった。最初は証券局長の経験を活かされて資金証券部担当専務となられ、債券ディーリングを担当していた私の直接の上司だった。

キャリアや知識などを感じさせないような気さくな人柄で、当時20代の私の意見にも真摯に耳を傾けて下さった。またある時は、夕方ふらっとディーリングルームに来られたかと思うと「君たちは飲まないのかね」と言われてスコッチウイスキーを出され、そのまま応接室で飲みながらの談義となった。

米国経済からコクサイ化、はたまた県内自治体の選挙など多くの話題を夜まで議論したのは、まさに「自分探しの時代」の広島銀行の一コマだったのだ。

◆危機を救った「岸田流」

岸田氏が橋口氏の後任会長に就任されたのは94年である。2000年に退任されるまでの6年間の激動は、広島銀行にとって歴史に刻まれるものだった。

資産を急激に拡大した時に貸し込んだ住専（住宅金融専門会社）が95年に破綻処理され、広島銀行は株式上場後初めての赤字決算となった。そして97年に金融危機が勃発し、財務状況を比較して自己資本が8％を下回る可能性のある地方銀行（第二地銀を除く）ランキングでワースト5となり、外資系格付け会社に投資不適格とされる危機が迫っていた。

岸田俊輔氏

そのため、海外拠点の全面撤退を含む大規模なリストラ策を行ったのだが、それは橋口氏の拡大路線を修正するものだった。それに際し岸田会長は、特別顧問として在籍されていた橋口氏に対しても終始筋の通った対応をされていた。

97年に日本版ビッグバン担当として総合企画部に異動しその後は金

広島銀行の歴史

歴代頭取		
橋本龍一（初代）	1945年5月	芸備銀行（広島県内５地銀が合併）
	8月6日	原爆による被災
	8月8日	日銀から営業室を借り受け営業再開
	1950年	廣島銀行に行名変更
井藤勲雄（２代）	1971年	東京証券取引所第１部に上場
	1978年	ひろしま美術館開館
橋口収（３代）	1985年	初の長期計画「グレーターひろぎんプラン21」を策定
	1988年	広島銀行に行名変更
宇田誠（５代）	1996年	住宅金融専門公社（住専）処理で赤字転落
	1997年	風説の流布により株価急落
	1998年	海外支店の撤退、東京・大阪の店舗網を縮小
髙橋正（６代）	2003年	福岡銀行とシステム共同化
部谷俊雄（９代）	2020年	持ち株会社「ひろぎんホールディングス」設立

融危機への対応に追われていた私が、昼夜を問わず報告と対応案を持ち込みながら感じた岸田会長の筋とは、地銀の生き方に他ならなかった。

資金証券部時代のスコッチウイスキー談義にもそれは表れていた。金融のコクサイ化は、国債をディーリングしたり海外に支店を出したりすることがその本質ではなく、「市場」と向き合うことこそが必要なのだと話されていた。

その言葉は、大蔵省の銀行課長を経験して広島銀行の頭取になられた橋口氏と証券局長から広島銀行に来られた岸田氏のコントラストとして鮮やかに記憶に残り、その文脈で発言を聞くととてもよく分かるのだった。

例えば、金融危機の際に流動性の問題に直面した経験を踏まえて普通社債を発行する案を経営会議に諮った時に、営業担当役員から「支店が集める預金よりも金利が3倍だ」と反論が出た。

ひとしきり議論を聞いた岸田会長は、「普通社債を安定的に発行できればその分支店が減らせるということですね」と賛成していただいた。普通社債を安定的に発行するためには常に市場と向き合わなければならず、そのことは支店の預金者と向き合うことと同じかそれ以上に大切だという意見なのだった。

私にとって、橋口頭取は雲の上の存在だったが、それと比べると岸田会長は資金証券部時代も含めて何でも話せる関係だった。

思えば広島の岸田家という縁で広島銀行に来られたことは、危機に際しての対応だけでもこの上ない幸運だった。岸田氏が筋を通された地銀の生き方とは、「市場原理を自らの行動に取り込むことによる公正さと合理性の追求にある」と感じていた。

それがなぜ必要かと言えば、公正で合理的であることによってのみ、銀行が誰からも後ろ指を指されることのない真の自主経営ができるという信念なのだ。

もしかすると、それは証券局由来ではなく政治家の家に育ったことによる思いかも知れないが、いずれにしても当時の広島銀行の経営陣は、岸田会長が「知」、宇田頭取が「情」、副頭取が「理」、専務が「徳」と非常にバランスが取れていて、そのような稀有のガバナンスが広島銀行を原爆被災以来の危機の淵から救ったことは間違いない。

◆「非合理性」に警鐘

金融庁が発足したのと同じタイミングで、広島銀行は岸田会長が退かれ、宇田会長、髙橋正頭取のトップ体制に移行した。

退任直後に岸田氏の部屋に行った際に、大蔵省が解体されてこれからの金融機関経営は大変だという旨の言葉をいただいた。それは大蔵省への郷愁ではなく、将来を真剣に案じられての発言であり、地銀が合理的でない選択を迫られることの懸念があったように思われる。

その予言は、リレーションシップバンキング（地域密着型金融、通称リレバン）で見事に的中してしまった。とは言え、広島銀行は岸田会長の思想をその後も受け継いだことで、自身の役割を見失うことがなかったのは幸いだった。

橋口氏の書籍と経営から学び、岸田氏と談義して思う地銀のあるべき姿は、規模を拡大することを躊躇わず、その上で最良の方法で地域にインパクトをもたらすことに他ならない。

地銀が信用金庫、信用組合の取引先を奪うことでは決してなく、ましてや中小企業に対して債務者区分をつけて知らん顔することではない。リレバン自体は企業にとって必要なものであり、その対象とやり方を金融庁の押し付けではなく自ら合理的に選択しなければならないのだ。

金融危機を乗り越えた広島銀行は、紆余曲折がありながらも確実に、地銀の法人営業のあるべき姿へと向かって歩み出した。

2 「投資銀行化」の信念（企画担当時代）

◆アーバンコーポと広島銀行

広島市の「アーバンビューグランドタワー」は、リレバンが始まった03年に竣工した。低層階は商業施設、中層階はオフィス、高層階は分譲マンション。地上43階、最高部166メートルは当時、中国地方で最も高いタワーマンションだった。

建物は街の景観を変え、新たな人の流れを作る。そのタワーは原爆で灰燼に帰したヒロシマ第三世代の建物の象徴となり、その後に続く街づくりのメルクマールとなった。

この壮大なプロジェクトを遂行したのは、新進気鋭の地元マンションデベロッパー、アーバンコーポレイションだ。レンダーとして広島銀行が融資承認したのは、橋口収氏が会長の時代だった。

その場所は広島グランドホテルという広島の戦後を支えたホテルの跡地だ。系列ホテルの開業により閉館したが、その敷地を全て買い取ったのがアーバンコーポレイションだった。その上にタワーマンションを建設するというから、まさに前例のない大規模再開発である。広島銀行は建物資金も含めて融資するのだが、この創業間もない地元企業の挑戦を支援する姿勢こそ、橋口氏の経営そのものであった。

プロジェクトが着々と進行する傍らで、広島銀行自身は金融危機にのみ込まれようとしていた。97年11月、北海道拓殖銀行の破綻によって次はどの銀行かと市場は疑心暗鬼となり、金融株が軒並み値を崩した。そのような中、広島銀行株も大量の売りを浴びせられ、株価は100円台にまで急落したのだ。

それを受けて、海外からの全面撤退を含むリストラ策を直ちに公表し、地元への回帰を打ち出した。しかしそれは当面の対処に過ぎず、地元でどのようにビジネスを組み立て直すかが喫緊の課題だった。

翌98年に公表した長期経営計画の表題は「信頼」と名付けた。橋口氏が示したスケールの大きな経営を軌道修正しつつ、地元からの信頼を回復させることを最優先に位置づけた。地銀として、まずはホームグラウンドと真に大切なことを明確にしたのだ。

その後、地元におけるビジネスの方向性について議論を重ね、「法人営業への傾斜」を鮮明にすることにした。それは、「投資銀行化」を意味していた。

97年2月に総合企画部へ異動した私が、最初に手掛けた「新たな地銀像」の報告が下敷きとなった。当時、大蔵省が行った「日本版ビッグバン」による規制緩和は、素直に向き合えば欧米で成功している銀行像に辿り着くはずだった。

我が国の銀行が切り拓くべき新たなビジネス領域は、個人向けではプライベートバンキングで、法人向けは投資銀行だという確信があった。しかも、岸田会長以下の経営陣は、これこそが橋口氏の経営により培われたチャレンジ精神やその過程で育った行員を最大限活かす方法だと思っていた。

◆投資銀行化の具体策

2000年に就任した髙橋正頭取は、元ニューヨーク支店長で海外の事情にも精通していた。その髙橋頭取が着手したのが、「しまなみサービサー」と「自動車関連対策室」の二大プロジェクトだった。この新機軸こそが、投資銀行化の決意を象徴していた。

橋口頭取の時代から、海外事業を展開する国際部門、市場運用を担う資金証券部に150名もの行員を配置していた。これが幸いとなり、二大プロジェクトへの人的配置も問題なくすることができた。

サービサー設立を投資銀行化のプロジェクトと言うことには少し説明が必要かもしれない。債権回収会社として弁護士法の特例で設立できるようになっていたが、メガバンクが不良債権管理部署を切り出して設立したものとは狙いが異なっていた。

しまなみサービサーは、広島銀行の債権管理会社であるとともに地域サービサーを指向した。地域企業が何らかの事情で債務の返済ができなくなった時に、債権買取による再生支援を行う会社なのだ。

こうした債権売買が活発に行なわれる米国の実情を目にしてきたニューヨーク支店の行員が核となり、債権売買で独り立ちするつもりで設立した異色のサービサーだ。地銀で2番目という速さもさることながら、地域にコミットする姿勢を打ち出したことで、サービサーが事業再生に関与していく先駆けとなった。

◆マツダとともに

広島銀行が金融危機の暗いトンネルを抜け出し、再び成長し始めたのは、「地場産業」が存在していたことと無縁ではない。投資銀行化のもう一つの柱は「産業の育成」だった。

地場産業の代表格は、なんと言ってもマツダである。フォードと提携していた同社は84年に社名を東洋工業からマツダに変更し、社長はロータリーエンジン生みの親の山本健一氏に交代していた。

ところが85年のプラザ合意で生じた急激な円高が輸出比率の高さを直撃し、その後に国内販売に力を入れた大胆なチャネル再編も奏功せず、バブル経済崩壊で多大な損失を計上していた。そして96年、第三者割当増資でフォード傘下に入ることになり、社長もヘンリー・ウォレス氏に交代したのだった。

マツダ本体が揺れる中、広島銀行も揺れていた。地域の中核企業の浮沈は、地域経済の帰趨のみならず、広島銀行の経営も左右するからだ。折しも不良債権問題がクローズアップされており、財務内容の芳しくない企業には融資すること自体が困難になる恐れもあった。

そこで広島銀行が考えたのが、裾野の広い自動車産業の地元企業全体を守ることだった。「自動車関連対策室」は、地場産業を守ることを目的として創設した組織だった。

その立ち上げにあたり、これも当時の地銀には珍しくマツダのＯＢを採用した。マツダ時代は購買を担当する幹部で、サプライヤーを知り尽くしていた人だ。広島銀行に初めてサプライヤーの技術力を評価する方法を植え付け、その後の支援でも活躍いただいた。

◆法人営業の「大きな壁」

とは言え、この時代の法人営業は辛苦の連続だった。事業再生するにせよ、地場産業を守るにせよ、大きな壁が立ちはだかっていた。

1つは、第2章でも述べたバーゼル規制だった。自己資本比率をクリアするには相対的にリスクの高い法人向けを敬遠し、リスクの低い個人向け資産を増やすべきとの意見が絶えなかった。自己資本の少なさが株価急落の原因だった広島銀行にとって、「自己資本比率」には神経質にならざるを得なかった。

自己資本比率はバーゼルが定めるリスクウエイトを勘案した「リスクアセット」を分母に、自由に使える「自己資本」を分子に割り算して算出する。その真実性はともあれ、個人向けの融資が法人向けよりリスクが低いとみなす仕組みだった。これが、跳ね返しがたい法人融資への逆風となっていた。

もう1つは99年の金融検査マニュアル制定以降の厳格な金融検査だった。企業に対して担保・保証に依存せずに融資できていたのは、高度成長期から続く「短期継続融資」という優れた融資手法があったからだ。銀行がきちんと業況を見ることにより事実上返済が不要だったことから、疑似エクイティとして機能していた。金融検査マニュアルはそれを突然、「不良債権」と査定する仕組みになっていたのだ。あたかも、企業を守る手段をもぎ取られるような措置だった。

さらには、法人営業への傾斜には行内にも反対意見があった。「リスクウエートが低く」「土地建物が担保に取れる」「長期の約定弁済付き融資」。この三拍子そろった住宅ローンに傾斜すべきだという意見も強く、中には「法人営業は費用対効果が合わない」と主張する役員もいた。

それに追い打ちをかけたのが、03年から始まったリレバンだった。

投資銀行化の道に、にわかに霞がかかった。地域企業の「事業再生」にしても、地域経済を支える「地場産業の育成」にしても、地域の一番行の広島銀行とそれ以外の地域金融機関とでは役割が異なる。

あらゆる地域金融機関が政策的に同じことをさせられると、本来の役割を曖昧にしてしまう。合理性を見出しにくい営業でも当局の指示でやらざるを得なくなり、軌道修正や回り道を余儀なくされることになった。

◆フジタショックでの決断

地方銀行の経営の難しさは、地域の中核企業と一心同体になりやすいところにある。

一方で、上場企業であり、かつ銀行法なりグローバル規制に服している免許業種でもあることから、地元の都合だけでは判断できない苦しさもつきまとう。

広島銀行がその難しさに直面したのが、05年に経営破綻した地元発祥のゼネコン、フジタの事案だった。

フジタと広島県とは、切っても切れない因縁があった。当時の広島県知事はフジタ創業家、藤田家の藤田雄山氏であり、広島県のプロジェクトに奥深く入り込んでいた。その象徴は広島市の「西風新都」と呼ぶ新都心開発プロジェクトで、フジタの関連会社がその中心的な存在だったのだ。

広島銀行の融資債権そのものへは一定の貸倒引当金を積んでおり、屋台骨を揺るがすほどではなかった。ただ、地元では連日ニュースになるほどの大きなショックであり、その対応は経営判断そのものと

当時の広島県の藤田雄山知事はゼネコン、フジタ創業家出身（2005年11月）＝提供：共同通信社

なる。そのためフジタ事案は、事業再生部署ではなく総合企画部に頭取特命のチームを立ち上げることになった。

その時私は当局対応——すなわちリレバン政策を担当する管理職だったが、その特命チームも兼務するよう髙橋頭取に命じられた。

この時広島銀行は、それまで着々と進めてきた投資銀行化の流れを踏まえ、時代の先駆けとなる大きな決断をした。それは、「新都心開発会社」の買収だった。

その時すでに投資ファンドに出資していた。投資銀行業務を拡大するための当然の一手だったが、図らずもそのファンドがこの決断に役立った。民事再生法を申請した旧フジタが再生計画を検討する段階で、広島の新都心開発会社を１００％譲り受けることに成功した。

新都心開発は広島市郊外の広大な丘陵を開発する計画で、その会社はその大部分の造成と販売を担っていた。他の地域であれば大手デベロッパーしか出来ないような規模だったが、それをゼネコンのフジタが事実上行っていたのだ。そのためその会社には、銀行5行から数百億円もの借り入れがあった。それはフジタの連結債務であったが、広島銀行はそれを切り離しに行ったのだ。

その知らせを聞いた他の4行からは、当然のことながら大歓迎された。フジタ向け破綻債権の処理を急ぎたい他行にとって、債務者が広島銀行に代わることは渡りに船だったからだ。

他方、広島銀行は、この買収によって自らが新都心開発の当事者になる。なぜ、こんなリスクを取るのか。それは、投資銀行としてバブル経済崩壊以降のデベロッパー向け融資への新たな向き合い方になると判断したからだ。

銀行の業務範囲規制で厳しく制限されていた不動産分野であるが、もともと融資することでリスクを取っている。その取引先の再生にあたっては、当事者になるという決断はまさに合理的な選択の一つである。不動産向け融資の出口として、融資回収が困難となれば自身が開発することもありうるのだ。

ところが銀行団との交渉は、想定以上に困難を極めた。銀行の融資に潜む本質的な命題に直面することは、交渉を進めていかないと分からなかった。

「即時」か「長期」か——。銀行の融資回収には「合理的な判断」が2種類存在する。なるべく早く取りっぱぐれないよう、少なくてもかまわないという「回収確実性」が1つ。もう1つは、時間をかけて再生を行い、少しでも回収額を上げていく「回収最大化」。この2つがぶつかり合うことになった。

新都心開発は30年にも及ぶ長期のプロジェクトであり、開発会社は債務完済までの間に借入利息を巨額に払う契約をしていた。そこで2通りシミュレーションすると、広島銀行が買収せずに破綻した場合の元金弁済率は1割にとどまり、再生の場合の元利金回収額が明らかに勝る見込みだった。

すると広島銀行の買収によって他の融資行にも回収最大化のチャンスがあるはずなのに、各行とも期限の利益を喪失させ、即時弁済を求めてきた。回収確実性を優先し、回収最大化は二の次と考えたのだ。

広島銀行が直面したのは、同じ会社の債権者でありながら考え方が全く違うという極めて本質的な命題だったのだ。

そこで広島銀行が提示した回答に、4行は耳を疑ったに違いない。即時弁済が望みなら、「貴行の債権を引き取りましょう」。つまり、債権の買い取りだった。

この行動は、投資銀行そのものである。長期にわたって融資を維持する意思のない銀行からは、現在の融資を〝時価〟で買い取る。その時価は、フジタの民事再生法での弁済率予想よりは高く、債権額面よりは低い。

その交渉には投資銀行業務を行っていた行員と事業再生を担当していた行員を同席させ、毎回の交渉は東京へ出かけ、拠点としていた赤坂の弁護士事務所で夜遅くまで対策を練った。

4行のうち3行は今のメガバンクの前身、都市銀行だった。ぎりぎりの価格交渉が膠着した時には、頭取や専務も連れて行った。広島銀行が、組織を上げて投資銀行へと変貌した瞬間だった。

結果的に、融資取引を継続する地元2行（広島銀行ともみじ銀行）と、債権を売却し事実上即時回収を果たした都市銀行3行に分かれ、そのカット率が異なる画期的な私的整理が成立した。フジタが設立した広島の新都心開発会社は、地元銀行がスポンサーとなって再スタートしたのだった。

それから17年後の2022年。その会社は造成した新都心の土地を全て売却するめどが立った。弁済率1割どころか、広島銀行はほぼ無傷でこの壮大なプロジェクトを終了させることができた。

「時間軸」。メガバンクのような短期的な目線ではない、地元から逃げることのない長期的な視野での合理性。これこそが地銀の原点であり、地銀としての真の力の使い方なのではないだろうか。

◆リレバンの迷走

フジタ事案で投資銀行への道を突き進む一方で、当時の法人施策はちぐはぐさが否めなかった。想像した以上に、リレバンに翻弄されていたからだ。

その1つに「産業クラスターサポート金融会議」があった。経済産業省が各地の産業クラスターを支援する施策を立案し、金融庁がリレバンの中で各県に同名の会議を設置するよう旗を振ったのだ。

リレバン担当の管理職の立場上、会議の立ち上げに奔走したが、お世辞にも開いて良かったとは言えなかった。広島県の産業クラスターと言えば自動車産業となるが、広島銀行はすでに自動車関連対策室で支援を行っていたにもかかわらず、一から勉強させられた感じだった。そのような形式重視の施策を何年もの間強いられ続けたことは、地銀にとっては回り道では済まされない悲劇と言えた。

後になって知ったことだが、リレバン政策の項目には投資銀行業務の「と」の字もなかったことで、多くの地銀は投資銀行化が遅れたようだ。広島銀行は皮肉にもフジタの案件が発生し、リレバンどころではない対応を迫られた結果、その後の大きなアドバンテージになっていく。

フジタ事案に続く頭取特命案件が、地元証券会社のM＆A（合併・買収）だった。これはフジタのような受動的なものではなく、広島銀行が仕掛ける買収だった。

銀行員は、預金を集めて融資をする、いわゆる金融仲介機能を発揮するために育成されているが、金融商品を販売するノウハウはない。銀行と証券会社では、働く社員は人種の違いと言えるほど遠い存在だ。

日本型ビッグバンによる規制緩和は、金融機関の業態別子会社方式での相互乗り入れを可能にした。そのため、自前で証券子会社を設立する銀行が相次いだが、広島銀行はそのような動きには目もくれず、地元にあった2社の証券会社を買収する案を軸に検討を重ねていた。

そして07年、後に買収し、ひろぎん証券となるウツミ屋証券に資本参加することを決めた。

広島銀行は全国の地銀の中でもいち早く投資銀行化に舵を切り、銀行以外への業務拡大を図ってきた。そのため、銀行が議決権の5%を超えて出資することを禁じる「5%ルール」の壁に挑み、成就しなかった案件も含め、当局に何度も適用除外を働きかけていた。

地域活性化や再生のために、時には銀行が資本を供給しないといけないと考えていた。今では5%ルールの適用除外の範囲が事業再生、事業承継、ベンチャー投資に拡大されているが、早すぎる時代にそれにチャレンジしたのは、広島銀行に培われていた岸田会長時代から続く投資銀行化のDNAだった。

◆「アーバンショック」と「金融円滑化法」

証券会社のM&Aがクロージングした翌年08年8月、アーバンコーポレイションが民事再生法を申請した。

アーバンビューグランドタワーで創業の地の広島に確かな足跡を残した同社は、その後も力強く成長を続け、全国的にも注目される不動産デベロッパーになっていた。ところが主要取引行のメガバンク1行が融資を打ち切り、資金繰りが急速に悪化したのだった。

民事再生法の申請日は、役員の大半がお盆休みだった。経営に重大な影響を与えることは明らかだったため、再び総合企画部に特命チームを立ち上げ、これも担当することになった。そしてまたもや選択したのが、広島銀行が再生のスポンサーになる道だった。

「御行が、スポンサーですか?!」。代理人だった東京の大手弁護士事務所に申し入れをした時、主要債権者でもない広島銀行が事業スポンサーに名乗りをあげること自体信じてもらえなかった。

紆余曲折があったものの、広島銀行の債権の大半を地元のファンドが設立した受け皿会社へ付け替え、そこにアーバン社が地元事業を譲渡するスキームが再生計画として可決された。フジタの新都心会社に続き、またしても広島銀行は地元の不動産事業の受け皿となる道を選んだのである。

この一連の過程は、当局には報告しなかった。当時の金融庁は銀行の不良債権には神経を尖らせていたものの、再生のために事業を譲り受けたり買収したりすることに理解があるとは思えなかった。事業再生の成功よりも、銀行のコンプライアンス（法令順守）重視のスタンスだった。

行政にとっては「法令順守」が最高の合理的判断であり、銀行にとっては「企業存続」が最良の合理的判断である。これはそれぞれが担う仕事と立場の違いから生じる桎梏であり、それ自体は健全な相違だ。ただ、そのギャップは時代ごとに柔軟に埋め合わせるべきものであり、経済の最先端に身を置く銀行の方が、正確な判断ができるのは間違いない。

図らずもその直後に、金融庁が現実に目を覚ますことになるリーマン・ショックが起きた。経済ショックが起きた時、「金融検査マニュアル」の存在が金融を抑制する方向に作用することが問題視され、資金繰り確保が至上命題になった。

平成金融危機時もその最中に「貸し渋り・貸しはがし」が社会問題になったが、その悪夢が再び現実になってしまったのだ。

この問題に光を当てたのは、図らずも広島県選出の亀井静香議員だった。偶然か必然か、翌09年に日本は政権交代し、亀井氏が金融担当相に就任した。郵政民営化に反対し、堀江貴文氏を刺客として送り込まれたにもかかわらず議席を守ったのは、亀井氏には地元支援者からの厚い支持があったからだ。

その亀井氏が就任早々打ち出した政策が「金融機関に約定弁済の停止を義務付ける法律案」、その後、中小企業金融円滑化法（金融円滑化法）、通称、返済猶予法と呼ばれるようになる中小企業の資金繰り対策だった。

当初から是非について意見が割れたが、何のことはないかつて短期継続融資が担っていた疑似エクイティの効果を、約定弁済の停止で復活させるものだった。

広島銀行は、この法律の施行が法人営業を正常に戻すチャンスと考えた。10年4月、本店組織を改編して「融資企画部」を新設することにした。

リレバン以降、「法人営業部」に投資銀行業務を担当させる一方、法人融資は「営業統括部」の中の「融資企画室」が担うなど、法人営業の進め方には辛苦していた。根幹には投資銀行業務を据えつつも、表面的には営業全般でリレバンを進めていたのだ。

◆再び「投資銀行への道」

融資企画部の新設は、ポストリレバンを見据えて法人融資のあり方を再構築するのが狙いだった。総合企画部で組織改編の議案を経営会議に通したところ、上司に呼ばれて部長になるように告げられた。

総合企画部在籍は13年にも及び、その間に金融検査マニュアルの制定やリレバン政策などを担当したことが評価され、ついに法人営業の企画を行える立場となったのだ。

その時私には温めていたプランがあった。広島銀行には10年もかけて築いてきた投資銀行業務の絶対的なアドバンテージがある。そのため、営業店の法人担当者から、案件をシームレスに法人営業部につなげることだった。

「営業店行員の法人融資能力の強化」と「企業の事業を定性的に把握する手法の導入」。前者については現在も地域金融機関職員の融資能力の向上に尽力されている寺岡雅顕氏に獅子奮迅の活躍をしていただき、後者は私が法人営業部と歩調を合わせて企業の定性分析手法を開発した。

亀井氏が金融円滑化法を制定してくれたことで、金融検査マニュアルによる財務分析偏重の見直しを図ることができた。そこには不思議な縁があったように思えてならない。しかも、円滑化法が岩盤のような存在だった金融庁すら大きく変えようとしていた。

遠藤俊英さんが広島の地に訪問されたのは、まさにその時だった。それが後に金融庁へ転職する伏線になるとは想像していなかったが、金融庁が自己変革しようと模索していたことはよく分かった。検査官の態度に変化の兆しは感じていたが、指揮する金融庁幹部がどうやって企業の将来性を見極めて業況の芳しくない企業にも融資をするか、そのやり方を探っている様子だったからだ。

〝目利き〟という言葉も盛んに用いられるようになり、やがて事業性評価という言葉を用いて、企業の定性面を重視する視点が金融庁の政策にも入り込んできた。

いよいよ地域金融は、金融危機からの長いトンネルを抜け出せる日が近づいていた。リーマン・ショック後に4期連続赤字を計上していたマツダもその後スカイアクティブシリーズで目覚ましい回復を遂げることになるのだが、世の浮沈を見るにつけ、信念を持ってやり続けることの大切さを改めて感じていたところに思いがけない転機が訪れた。

「金融行政を変えないか」。

広島銀行で志した地銀の投資銀行化を模索していても、どうしても突き破れない大きな壁。それが金融規制であり、金融行政だった。

表面的には地銀界に背を向けるような転身と言われるかもしれないが、あるべき地域金融への転換には、それが近道だった。

3 「金融庁体験記－パート1－」（金融庁地域金融企画室長時代）

遠藤俊英が監督局長に就任した2015年7月の4カ月後、広島銀行リスク統括部長を最後に退職した日下智晴が金融庁に移籍した。

地銀、とりわけ全国地方銀行協会の会長行を務めた有力地銀の幹部が監督官庁に転職したのは初めてのこと。遠藤・日下コンビが誕生したことで地域金融行政はようやく改革の両輪を整えたと言える。

日下が金融庁と縁を持ったのは、中小企業金融円滑化法の効果を調査していた遠藤が、亀井金融担当相の地元広島を往訪した時だ。その時、遠藤が日下から金融検査マニュアルの弊害を指摘されたことはこれまでに解説した。後の金融検査マニュアル廃止につながる直言こそ、日下が金融庁に移籍するきっかけを作ったと言って良い。

「雨が降ったら傘を取り上げ、晴れた日に傘を差し出そうとする」。皮肉を込めて語られる銀行の性が、金融検査マニュアルによってさらに顕著になっていた。それに危機感を抱いていた日下だが、皮肉なことにそのことを理解できたのは監督官庁の金融庁だった。

日下が移籍したタイミングは、遠藤が地域金融改革の一丁目一番地を「融資改革」に置いたときだ。「融資とは何か？」を自問自答していたとき、明快な持論を唱えていた日下に目がとまったのは必然的な帰結だったのかもしれない。

少しでも赤字を出したり、一時的に債務超過に陥ったり、本部に持ち帰れば説明するのが面倒な融資案件を避けて通る商慣習がはびこっていた。事業性、つまり財務計数に表れない企業の価値を見抜く力が養われるはずがない。

遠藤は地域金融改革への答えを導く役割を日下に託した。単なる理論、理念にとどまらず、実務に精通した日下だからこそ、魂を込める作業に適任だった。金融庁の苦手分野を埋めるテクノクラートになっていく。

これから語られるのは広島銀行から金融庁に移籍した2015年から卒業する2021年までの6年間の金融行政体験記である。前半3年間は旧来の金融庁を変え、後半3年間は新しい金融庁を創るために、チャレンジした歴史である。

その過程で何を発見したのか。日下自身に綴ってもらった。

◆衝撃的だった「増田レポート」

08年に人口減少に転じた我が国は、未来推計の中でも誤差の少ない人口予測によると、50年には9700万人になると言われていた。かつて「一億人」が代名詞であった我が国の人口が、それを満たさなくなるというのは一大事のはずだったが、折しもリーマン・ショックの最中であったことから直ちに大きな議論にはならなかった。

その後政権交代もあり、政策の中心が必ずしも人口減少問題ではなかったが、地方では確実に問題が深刻化していた。その一つに国政選挙におけるいわゆる一票の格差問題があり、最高裁判所が12年には参議院議員選挙の都道府県単位を選挙区とする選挙制度に否定的な見解を出すに至っていた。このことは、あくまで数字上のこととは言え、人口減少が進行すると県ですら維持できなくなる未来を示唆していた。

そのような中、14年5月に増田寛也氏が座長を務められた日本創成会議の人口減少問題検討分科会が公表した「ストップ少子化・地方元気戦略」というレポートは、実に衝撃的な内容だった。全国1741の市町村のうち半数以上が40年までに消滅の可能性に直面するとの試算が示され、それまで他人事だった都会の若者にとっても、自分の生きているうちに故郷が消滅してしまうという現実を突きつけられることになった。

私は14年4月からリスク統括部長になっていた。内報を受け取ってすぐに読み返したのがウルリヒ・ベック博士の『危険社会』だったこともあり、増田レポートを読んで地銀の将来に確実に忍び寄る人口減少問題に強い関心を持つこととなった。

その前2年間の大阪支店長時代には、地元の資金需要が減少した地銀の姿を目の当たりにしていた。広島銀行大阪支店は、原爆で甚大な被害を受けた前身の芸備銀行が大阪の素早い復興に目をつけて出店した拠点だったが、97年の金融危機以降の地元回帰方針で規模を縮小させていた。ところが当時38もあった地方銀行の支店の中には、融資拡大の強いミッションを帯びていた支店長も多くいたのだ。

そのため、地銀の規模とは異なる景色が大阪にはあった。支店長が執行役員なのは規模の小さな地銀に多く、若手を配しているのは関東圏の大きな銀行だった。広島銀行の近隣の銀行と比較しても、大阪支店の融資残高は銀行の規模に反比例していた。そのことはすなわち、人口減少で地元の融資が伸び悩む地銀が大阪という都市部でそれをカバーしようとしていることの表れだった。

◆変質するリスク

ウルリヒ・ベック博士の『危険社会』には、人間社会がすでに個人ではコントロールできないリスクに晒されていることが記されている。それが現実になったのが、14年8月20日に起きた広島市安佐南区を中心とした土砂災害だった。

その日はリスク統括部でレクリエーションを企画していたことから、前日夜から降り始めた雨が早く止むことを願いながら就寝していた。夜間目が覚めた時の豪雨の音が気になりはしたが、まさかと思う光景が朝のニュースで飛び込んできた。線状降水帯という今では誰もが知るようになった現象が広島市上空で相次いで生じ、広島市北部の丘陵で数多くの土石流が発生していた。

タクシーで銀行に出勤し、すぐに対応にあたった。11年の東日本大震災後に改訂されていた大規模地震対応マニュアルを基に、安否確認、銀行の被害状況の確認、取引先の被害状況の確認などを進めた。するといたましいことに、広島銀行が融資して建てた新築アパートがまるごと土砂に流されたことなどが判明した。

自衛隊や消防による人命救助活動の後、3日後から復旧活動が本格化したことから、知人に誘われて現地入りした。そこで見たものは、個人ではコントロールできないリスクそのものだった。地球温暖化によって世界の気象に変化が生じ、我が国の豪雨リスクが高まっている。いつどこで同様の災害が起きるとも知れず、それとどう向き合っていくかがこれからの大きなテーマとなっていることを強く感じた。

担当する業務においては、銀行の担保不動産を管理するシステム内の地図情報に、土砂災害危険区域を重ね合わせる改修を直ちに行った。個人としては、時限的に追加されたボランティア休暇をフルに取得して現地へ通った。何がどうなるわけでもなかったが、自分が銀行のリスクを統括するという職位にある時に発生したこの大災害が、何かを示唆しているように思えてならなかった。

2014年8月豪雨による広島土砂災害の現場＝提供：共同通信社

そしてボランティア活動も一段落した10月末、被災地に米国MLBのシーズンを終えたヤンキース（当時）の黒田博樹投手が突然現れた。翌日の新聞によると、帰国して直行したとのことだった。

それを聞いた瞬間に、自分の中にスイッチが入るのを感じた。現代社会のリスクを前にすると人間は無力かも知れないが、人の行動によって未来は変えられるのではないか――。

それから年末までの間に重大な出来事が2つあった。増田レポートを受けて地方創生に舵を切った政府は、12月2日に司令塔となるまち・ひと・しごと創生本部を発足させた。地方が課題解決のフロンティアになり、地域の金融機関はその重要な担い手となることが明示的となったのだ。

そして私にとって更に大きかったのが、黒田投手の広島カープへの復帰だった。興奮冷めやらぬまま年を越し、私の人生も大きく変わる15年が始まった。

◆遂に訪れた「金融行政の転換点」

15年の年初には、広島銀行の退職を決めていた。

それまでの銀行員生活には不満などなく、思う存分やったと感じていた。ところがそれは、あくまで組織人としての行動だ。土砂災害現場でボランティア活動をしていると、実に多くの人が様々な人生を抱えながらその日その瞬間に集ってきていた。

それを見ていると、やや大げさに言うと別の人生を生きてみたいという気持ちが湧き上がってきた。そして折しも、全く別の人生を体現した黒田投手が広島に帰って来る。決断して行動するのは今だ――、思いが日に日に募っていた。

3月末の退職も可能だったが、それよりも「カープの黒田」を間近で見たいという思いがはるかに勝った。黒田投手がカープを去った08年以降、年間指定席を買い続けていたこともあり、全く個人的な理由で退職日は10月末日と決めたのだった。

後から振り返ると、そのことが幸いしたとしか思えない。私の知らないところで金融庁が静かに変わろうとしていたのだ。

9月に金融庁が公表した「平成27（２０１５）事務年度金融行政方針」にその証がある。冒頭に、金融庁が目指すものがはっきりと書かれていた。

金融庁が私の総合企画部在籍時に発足して以降、その年度に取り組むテーマを公表する方針は毎年欠かさず目を通していた。そのため、金融行政の目的をここまではっきりと書いた方針は過去の記憶にはなく、実に心に響くフレーズが記されていた。

「企業・経済の持続的成長と安定的な資産形成等による国民の厚生の増大の実現を目指す」（傍点は筆者が加えた）。

金融庁が変わろうとしていることを示すこのワードに、素直に反応しない金融機関はないと思った。地元経済や取引する企業が発展すること（＝企業・経済の持続的成長）を願わない金融機関職員はいない。預金者であり、時に借り手や株主になる地元の人が豊かな生活を営む（＝安定的な資産形成）ことをお手伝いしたいとも考えている。金融は身体をめぐる血液のようなもので、資金が適切に供給されていくことで経済成長や国民生活の向上が図られる。当然と言えば当然、常識と言えば常識ながら、それが行政文書に書かれるとひと味違う響きとなる。

①景気のサイクルに大きく左右されることなく、質の高い金融仲介機能（直接金融・間接金融）が発揮されること、

②こうした金融仲介機能の発揮の前提として、将来にわたり金融機関・金融システムの健全性が維持されるとともに、市場の公正性・透明性が確保されること、

さらに大切なのは、それを「国民の厚生の増大」のために行うと明記されていたことだ。この言葉には、さすが中央官庁の視点だと感じた。この画期的な方針の公表は、金融庁と金融機関の間を遮っていたガラスの壁を壊すものではないか。地域金融にとっても、それまでかかっていた霞が晴れるのではないか。

その瞬間が見たくてたまらなくなり、別の人生を金融庁職員で生きようと決めたのだ。

◆「企業ヒアリング」の重み

そのような私に、金融庁は「地域金融企画室長」という肩書を与えてくれた。初登庁の日に初めて聞いたその名称に、素直に喜びが込み上げてきた。地銀で「企画室長」を務めた者が金融庁の「企画室長」になるなど後にも先にもないであろうし、物事を企てるのが好きな性分を分かってもらえているようだった。

そして、金融行政方針に書かれていた「企業ヒアリング・アンケート」の実施が、最初に与えられたミッションだった。金融検査マニュアルの不条理を明らかにするチャンスがいきなり到来したことで、その日は官舎に帰ってからもなかなか寝付けなかった。

金融検査マニュアルを用いた行政は、金融庁にとってはポジティブサプライズを内外に与えた成功体験に違いない。不良債権の処理とは、破綻先を除くと現に経済活動を行い生活者の雇用を生み出している企業に銀行の都合で退出を迫ることである。しかも、1社や2社どころではない。地銀にとっては、メガバンクのような半減目標はなかったものの、立ち入り検査を通じて同じような基準で処理することを迫られてきた。

過去を否定することを避けたがるのは、官庁に限らずどこの組織にもある性《さが》だ。金融検査マニュアルが、いつのまにか誰もが信奉せざるを得ないバイブルに変わっていた。

金融庁にとっては政策課題を達成できたわけだが、その影響を受けた者にとっては不条理そのものだ。とりわけ地域経済にとっては、それまで緊密な関係だった企業と金融機関の関係を壊してしまい、無理して無借金になろうとする企業も続出していた。

その影響を調査できるのが、企業ヒアリング・アンケートだ。金融庁にとっては、自らが実行した政策の「審判」を企業から直接受けるものであり、地銀にとっては、180度立場が替わって取引先から「通信簿」を付けられるものだった。

◆難しい「財務局の立場」

担当してすぐに耳にしたのは「金融庁と財務局」の関係についてだった。端的に言うと、金融庁の施策に財務局が異を唱えていた。

霞が関にある金融庁を司令塔とするならば、財務局は地域金融機関と直接対峙する実務部隊である。九州から北海道まで全国を10のエリアに分け、主に地域金融機関の検査、監督に従事している。そんな現場の職員には、企業ヒアリングへの異論が多いと言う。

遠藤さんの言葉を借りると、金融庁、地銀、取引先企業の間には「指示の連鎖」があった。そこに当然財務局も組み込まれていて、金融庁の命を受けて地銀に指示を出す立場である。「指示の連鎖」の末端にいる企業から実態を聞き取りすることは、パンドラの箱を開けることを意味する。

財務局が地銀の取引先企業にヒアリングすると、容易に想像できるのは企業の不平不満がブーメランのように自身に飛んで来ることだ。金融庁の施策の進め方は、そこに配慮しているとはとうてい思えなかった。

財務局の意見を耳にした時、金融検査マニュアルが導入された頃のことを思い出した。

金融検査マニュアルで義務付けられた自己査定は、銀行の支店行員にとって全く新しい業務負担だった。97年の金融危機以降、それまでとは比べ物にならないほどの経費抑制を何とかのみ込んでいた矢先に、経験したことのない業務が降ってきたのだ。

「はい、そうですか」と応じる支店長など一人もいなかった。自己査定に時間を取られると、顧客へのサービスや自分たちの営業成果に悪影響が出ることは明らかだからだ。総合企画部の私は、支店長の言うのが正当で、金融庁の施策が無理筋だと感じていた。

おそらく金融庁は、それを地銀がこなせるかどうかを予め点検することはなかったのだろう。それでも「指示の連鎖」に抗うことなどできず、本部行員を大幅に削って支店に配置することでしのぐことに

金融庁は全国の財務局・財務事務所と連携する

財務局のネットワーク

○ 財務局は、財務省の総合出先機関としてブロック単位に設置されており、9財務局（北海道、東北、関東、北陸、東海、近畿、 中国、四国、九州） 及び1財務支局 （福岡）がある。
○ また、財務局・財務支局の下に、40箇所の財務事務所、13箇所の出張所が設置されている。
○ 沖縄県は、内閣府沖縄総合事務局財務部が財務局の業務を実施している。

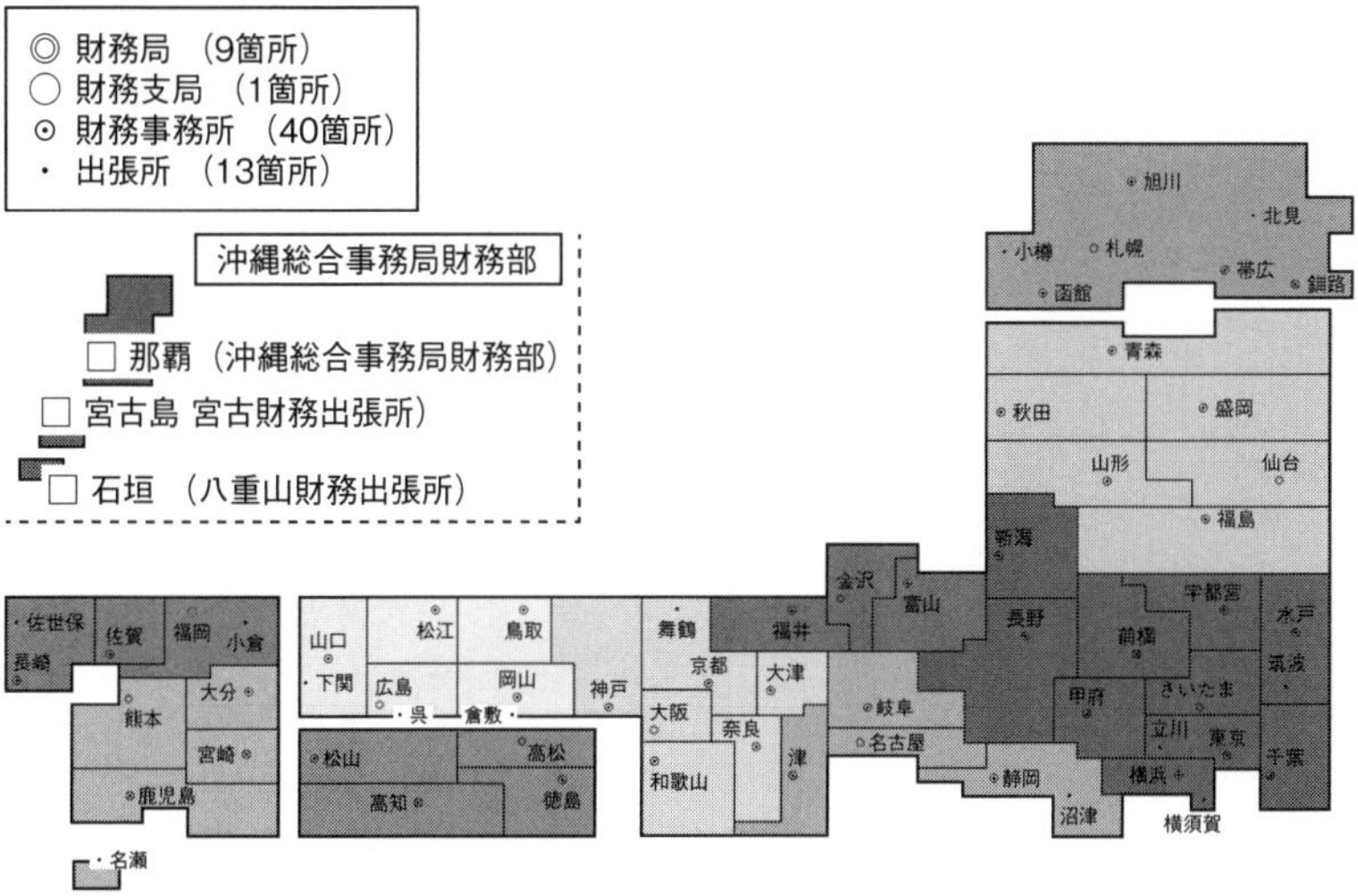

（出所）財務省大臣官房地方課作成の資料より

なった。組織的に大きな負担を強いられることになった地銀には、その後金融庁への不満がマグマのように貯まっていく。

　財務局はそういった事情もある程度知っている。リレバン政策では地銀の背中を押すために定期的に面談を重ね、業務の負担感を常に気にしていた。私も産業クラスターサポート金融会議の打ち合わせの際に財務局の担当者から「新たな負担になりませんか」と訊かれたが、「自己査定に比べると何ともないですよ」と皮肉ったこともある。

　ところが金融庁は、多少

の反対意見には動じなかった。幹部の会議では、「金融庁は若い官庁だ。トライ&エラーも必要なんだ」という発言も出ていた。これには担当者として勇気づけられたが、とは言え一方的な指示で押し切るわけにはいかない。財務局の立場を考慮し、それでも施策を実現する方法の模索が始まった。

その時目にした金融庁の行動は、外部から言われるような傍若無人なものではなかった。調整と検討を重ね、やがて「企業ヒアリング」と「企業アンケート」を分離する方法に傾いていった。ヒアリングはピンポイントだがアンケートはより多くの中小企業の状況が確認できる。集めた材料を読み解く力があれば、政策を発信する際の重要なエビデンスとなる。金融庁単独で実施でき、財務局の手を煩わす必要はない。

焦点のヒアリングでは、「財務局と金融庁の共同ヒアリング」を実施して両者の相互理解を進めることで決着した。一連の調整によって、行政の継続性を意識することが大切なことを知ったのは大きかった。

◆「ビジネス」としての融資

アンケートは、金融庁と地銀の関係を再構築する意味でも重要な施策だった。財務局に任せていた地銀との直接コミュニケーションを、そもそも金融庁ができるのかという難題も背負うことになる。地銀と取引先との関係を理解するには、金融庁にビジネス感覚が必要になる。そこで私がアンケートに入れた質問項目が、「運転資金の調達方法」だった。

融資にはいくつもの方法がある。信用枠の範囲で出し入れ自由な「当座貸越」、受取手形を期日前に換金する「割引手形」、約定内容を細かく決める「証書貸付」などだ。返済方法も期日に全額返済を求める「期日一括型」と毎月定期的に返済する「約定弁済付き」がある。

そしてアンケート結果は、運転資金の調達で「証書貸付」が全体の73%を占めていた。すなわち「約定弁済付き長期融資」である。この高い割合はマクロ的には分かっていたことだが、中小企業融資の実態を知るためにどうしても金融庁自身の手で明らかにしておく必要があった。第2章第1節で触れた「短期継続融資」、通称単コロがいかに消失してしまったかを雄弁に語る数字だった。

単コロを全国一斉に叩いたのは最前線の検査官だったが、その背中を押す部署もあったはずだ。中小企業金融円滑化法の影響を調べたチームは、09年にはその真実を把握していたことを後から知った。遠藤さんが監督局参事官として「プロジェクト型行政」を始めたことの成果だった。通常のレポートラインからではなく、幅広く意見を聞いたからこそ耳に入ったことだった。

その金融庁が、組織として金融検査の結果生じた不都合な真実に目を向ける日が近づいていた。

『資金繰りが苦しい』という声がなぜなくならないのか?」を知るためには、ビジネス感覚を持って融資を「機能」として捉え直すことが不可欠だ。融資は貸すか貸さないかというデジタルな判断だけではなく、どのように貸すかということも重要である。

かつて銀行は情報開示など取引ぶりが良好な取引先には、単名融資手形を期日に返済せずにそのまま書き換えるという恩典を与えた。そして財務内容も良好となれば、更に短期プライムレートという最優遇金利を適用することで強固な取引関係を築いた。

その結果、通常の運転資金は単コロで全てカバーされるため、「証書貸付」がなされるのは何年かに一度に限られていた。その多くは設備投資の時であり、まれに赤字補てんのために実行された。設備は毎年償却され、赤字も年数をかけて消却するものであるため、証書貸付は毎月の約定弁済が原則となる。そして約定弁済額は、設備投資や赤字補てんの実態に合わせて細かく調整される。

そのようなあるべき融資に対して、単コロが条件変更かどうかという形式論と、資金を区別せずに債務償還年数を一定期間で線引きしたのが金融検査だった。

金融機関からすると兎にも角にも融資残高が約定どおり減少していることが必要だったため、どんな融資にも約定弁済を付け、資金繰りが苦しくなったらまた別の約定弁済付長期融資を重ねて実行する慣行へと変わっていった。その現実こそ、金融庁が知るべきマニュアルと金融検査がもたらした副作用なのだ。

そのアンケート結果は、外部有識者の目に留まった。金融庁は外部有識者7名を招聘した「金融仲介の改善に向けた検討会議」を15年12月に発足させていたからだ。

20年まで21回も開くことになるこの会議は、地銀改革のアクセル役が期待され、経営共創基盤の冨山和彦代表や地域の魅力研究所の多胡秀人代表ら論客がメンバーだった。

金融庁のＨＰに今でも議事要旨が公開されており、アンケートの結果への鋭いコメントを見ることができる。

BOX 「金融仲介の改善に向けた検討会議」の主な意見

○A委員

「運転資金について、証書貸付形式（約定弁済付き長期融資）が最多で、かつ、債務者区分の下位の企業には信用保証協会の保証がついているとの結果には、これが銀行のすることかと率直に思った。現在問題となっている条件変更先40万社は、事業キャッシュフローが借入の約定弁済に回って資金繰りが苦しくなっているケースが多いと思うが、当座貸越とか本来の正常運転資金の融資の形（短期継続融資）に替えることで、相当数の条件変更先が救えるのではないかと思う」（カッコ内は筆者注記）
〇B委員
「顧客の中には証書貸付を求めているとの回答もあるが、長期借入に伴う約定弁済負担が重く、保証料まで払っており、おかしいとなぜ気づかないのか。銀行も説明をする必要があるのではないか。当局には是非分析をお願いしたい」

自分たちの行為を第三者から評価を受けることは勇気のいることだ。それでも当時の金融庁は想像していたより遥かに謙虚な姿勢で行政を進めようとしていた。自らを省みる姿勢が満ちていたのは、先の幹部発言のような「トライ&エラー・カルチャー」が生み出した行政スタイルとも言えた。

◆「金融行政のプロ」とは何か

15年の金融行政方針には、金融行政の目的に次いでもう一つ重要なことが書かれていた。それは金融機関に対して「持続可能なビジネスモデルの構築」を求めるということだった。

一見して当たり前のことながら、地銀にとっては人口減少社会の中で生き残るために不可欠なものを表現していた。そしてこのボールは、地銀経営者に投げられたものだった。

金融庁は金融行政のプロであると目されている。国民からの負託を受け、金融機関を監督し金融市場を見守っている。ところが金融機関経営のプロではなく、実務に精通した担当者がいたとしても、経営全体を俯瞰したものではない。

一方、地銀経営者は職員の雇用を守り地域経済を豊かにする役目を担っている。当然、利害が対立したり、すれ違ったりする局面は多い。金融庁内で感じたのは、この対立構造に思いをはせる雰囲気があまりないことだった。つまり、銀行頭取の心境を理解しようとしていなかった。

言うまでもなく、物事を成し遂げるには相手の理解が不可欠だ。それをせずに問題意識を共有できなければ、当然にすれ違いが起きてしまう。そのことを強く感じたのは、アンケートに続けて地銀の収益を分析してはどうかと提言した時だった。

金融機関の収益構造は、〝カネ〟という計測しやすい商品を扱うゆえに、実のところ極めてシンプルだ。預金利息が仕入れ原価で融資利息が売上高となり、それらを行うための経費を差し引くと業務粗利益が算出される。それに臨時の損益を加減算して経常利益を求めるという構造である。業務粗利益をトップラインと言い、経常利益からその他の損益と税金などを加減算したものをボトムラインと呼ぶ。

バブル経済崩壊後に深刻化した不良債権問題は、ボトムラインを赤字にして金融機関の資本を毀損させた。不良債権処理が一巡すると赤字金融機関はなくなったが、長期にわたる金利低下で融資利息という売上高が減少傾向となった。つまり、臨時の損益ではなく日常の業務で儲からなくなってきたのだ。そのことは金融庁も再三指摘するなど、金融機関の決算書を見れば明らかである。

融資利息の減少は、金融検査マニュアルの呪縛とも言える「回収確実性」に軸足を置いた融資スタンスからも生じていた。財務内容が芳しくなく貸倒引当金を計上しなくてはならない取引先ではなく、確実に回収できる大企業などに融資すると金利が下がるのは自明のことだ。ところが預金利息も低下しているのに預金者は金融機関に預け続けたため、低利融資競争は激化の一途をたどっていたのだ。

そこで金融庁として、そのような金融機関の収益構造を分析して課題を把握すべきと提言した。すると、トップラインの減少は明らかなのに何を今さらという雰囲気になった。ところがここでも「トライ&エラー・カルチャー」は発揮され、とりあえず思うように分析して良いということになった。

◆地銀の収益分析の顛末

融資の金利は金融機関と企業の交渉で決まるものであるが、実は二層構造となっている。その時々で金融機関にはコントロールできない「市場金利」が存在し、それがあらゆる融資金利の中に含まれているのだ。

市場金利とは理論的には「リスクフリー・レート」と呼ばれ、それぞれの期間ごとの国債の市場レートである。言い換えるなら、ある期間の融資をする代わりに国債を買って運用した場合に得られる金利である。それが毎日のように変動するため、その金利を前提として企業とは上乗せ金利（スプレッド）を交渉して融資金利を決めている。

市場金利は、現場の職員ではなく本部が一括して管理している。金融機関全体の負債と資産をマッチングさせるALMと呼ばれる業務で、金利が自由化された80年代から重要性を増していた。融資の中には予め金利が決まっているものもあるため、その場合は融資期間の市場金利を差し引いてスプレッドを逆算する。一般的に期間が長くなると市場金利は高くなるため、期間の長い融資は金利を高くする必要がある。ところが中小企業向けの制度融資などは政策的に低い金利を提示しているものもあるため、それはスプレッドの少ない融資として認識される。

収益分析の概要（地方銀行の収益構造）

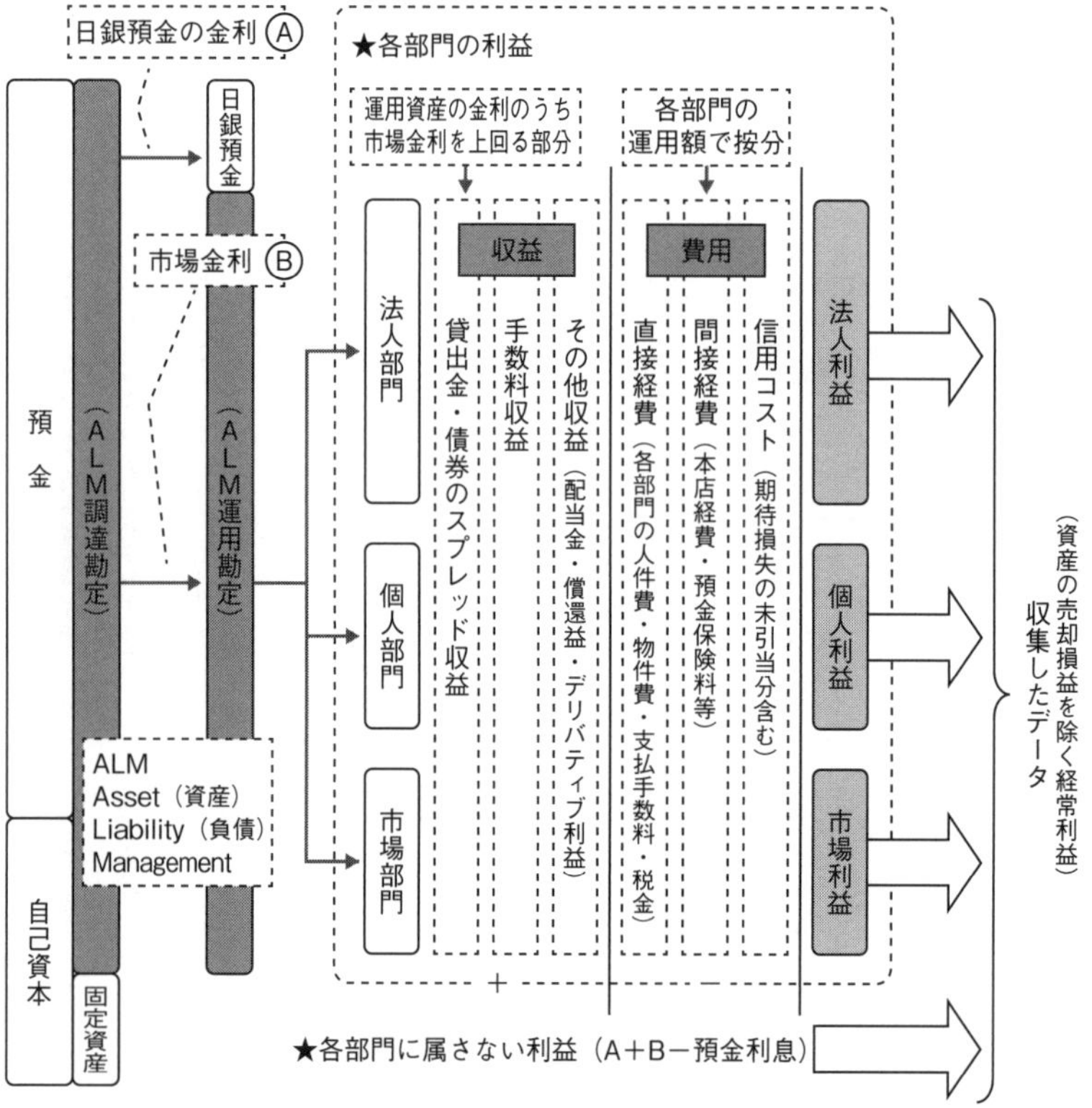

融資を長期にすると、市場金利の影響を受けやすくなる。企業は市場金利を知らないため提示された融資金利が高いかどうかで判断するが、少しでも高いと感じると難色を示すことが多いからだ。すると金融機関は交渉をまとめるために金利を下げざるを得ないが、そこで合意したスプレッドがその融資期間中は固定されてしまうことになる。他方短期融資であれば融資を継続する機会に金利交渉の機会も訪れるため、市場金利を見ながらスプレッドの確保もや

収益分析で得られた結果

銀行によるばらつき

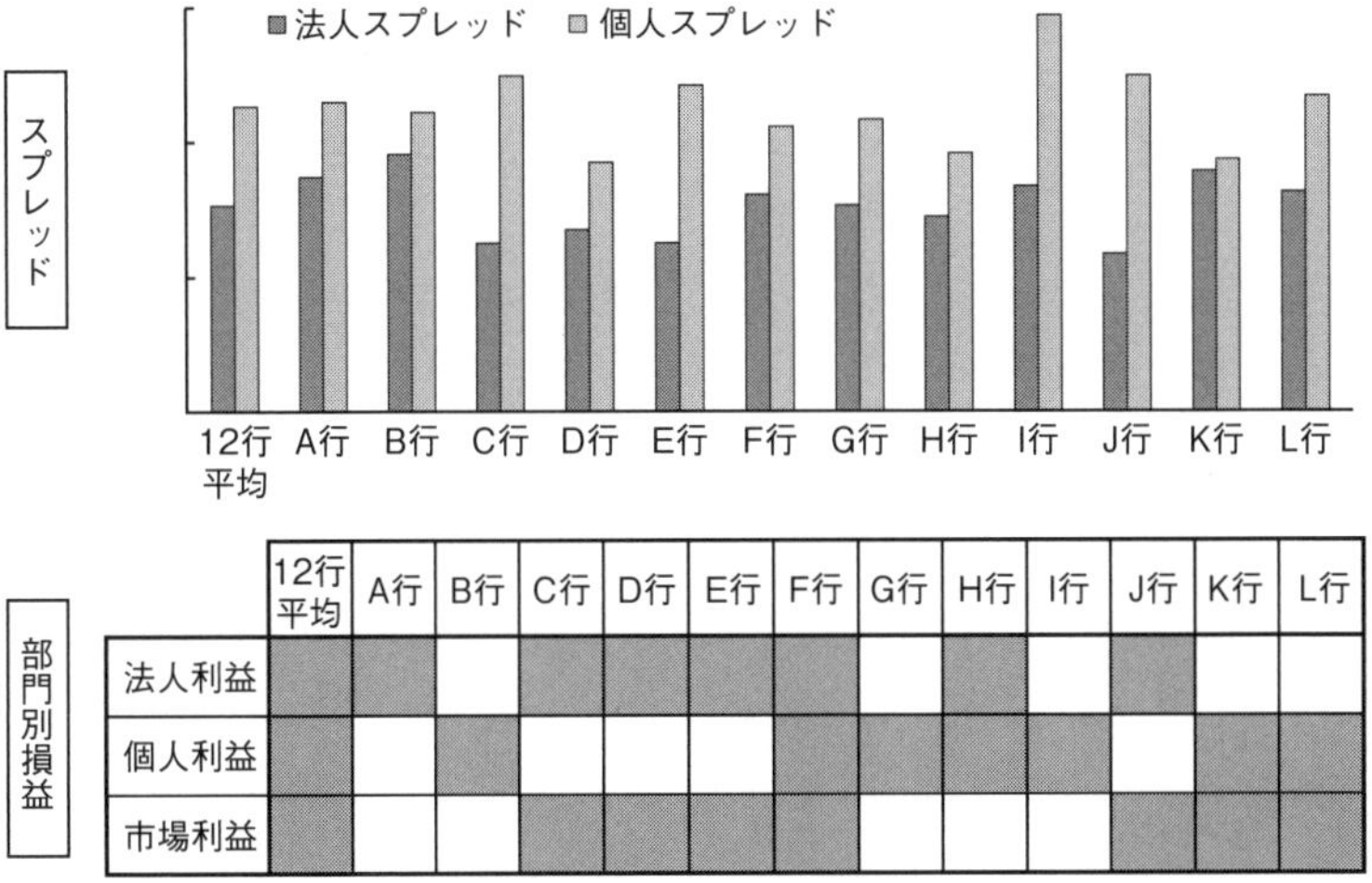

注：アミかけはマイナス

り易いのだ。

企業アンケートにより運転資金の多くが長期融資となっている実態が明らかになったことで、その採算がどうなのかを調査するチャンスだった。金融機関の経営者は長期融資の金利競争は自身の収益構造に悪い影響を与えることは分かっていながら、あたかも囚人のジレンマのように融資量を確保するための競争を止めなかった。

自浄作用が起きない事柄だからこそ、金融庁の出番である。監督で是正すべきテーマのはずだと考えたが、この分析の結果は幹部の心には響かなかった。

16年4月の第3回金融仲介の改善に向けた検討会議に、15年3月期の地銀決算に基づく「地方銀行の収益分析（中間報告概要）」を報告した。そこでは、いくつかの銀行の収益構造を法人部門、個人部門に分けてスプレッドを基に再計算したところ、部門として赤字となっている銀行も多いことを明らかにした。

それに先立ち、調査結果を幹部に説明すると内容の理解はすぐになされるものの、「それがなぜ生じたのか」や「それがどのような問題を引き起こすのか」についての議論には発展しなかった。

その頃には本音で話し合える職員が何人かできていたので訊ねてみたところ、監督局の職員に銀行のビジネスの実態を知る機会がないのが一番の原因のようだった。知る機会がない⇓知識が増えない⇓関心が湧かない、という良くない構造があるようだ

距離的にも本店と離れ、監督する数がメガバンクと比べ多い地銀。その改革が遅々として進まない理由が少なくとも2つあることが分かった。地銀と日常的に接する財務局職員の行政の継続性を求める姿勢の強さと、金融庁職員の銀行ビジネスへの関心の低さ。半年でこれらを知ることができたのは大きな収穫だった。

時は流れて22年8月。2022事務年度金融行政方針のコラム9には、地銀の金融商品販売が経費を差し引くと赤字となっている実態が分析されていた。金融庁は確実に進化しており、その舞台裏のやりとりを想像して嬉しくなったのは私だけかも知れない。

◆金融庁の威力

世間で一般的な言葉ではないが、金融庁に移籍して仕事をするとよく聞く言葉があることに気づいた。「実態把握」。字面通りに理解すれば、起きている出来事を正確に調べてその意味も含めて総合的に把握することである。

ただ、金融庁が使うと、何やらよからぬ出来事を調べるようなニュアンスが醸し出される。

(参考)「日本型金融排除」のイメージ図

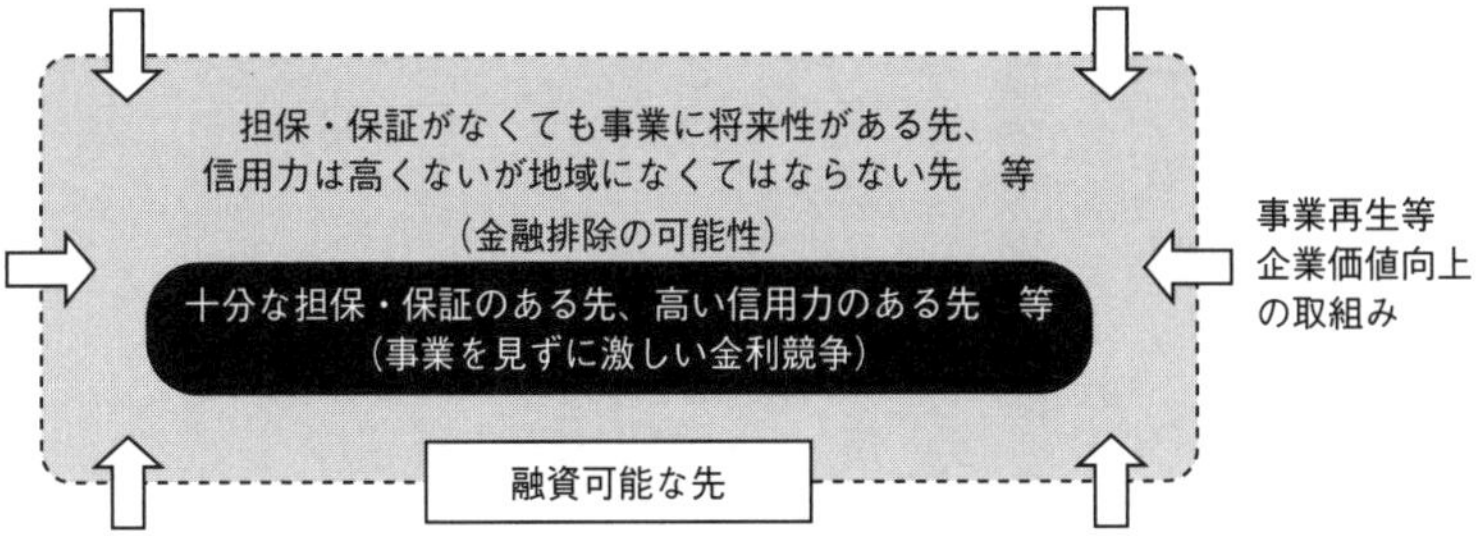

(出所) 金融庁「平成28事務年度金融行政方針」より

金融庁在籍がちょうど1年となった16年10月。「平成28事務年度金融行政方針」の中に「日本型金融排除の実態把握」の文字があった。2年目の森信親長官の指示によるものだが、直接それを聞きながら「そこまでやるのか」という驚きとともに、金融庁の権限の大きさを分かった上での「権限行使のうまさ」を感じた。

耳慣れない「日本型金融排除」という仮説が立てられたのは、以下の論理だった。

十分担保があったり、保証が付いていたりすれば、融資が回収不能になるリスクは小さくなる。誰が見ても信用力のある先は皆こぞって融資しようとする。銀行は「融資可能な先が少ない」と嘆き、「低金利競争が激しい」と悲鳴を上げるが、その原因はリスクを回避したその融資姿勢にある。このこと自体は金融でよく起きることだが、その遠因が当局の定めた金融検査マニュアルにあることから「日本型」が存在する。他方で、担保が十分でなく保証も付けられない企業は、「将来性がある先」「地域になくてはならない先」であったとしても、銀行が見向きもしない先があるのではないのか――。

それを「金融排除」と名付けて「実態把握」すると宣言したのが森長官らしいやり方で、その反響は大きかった。企業アンケート調査で現実を的確に示せることが分かったことで、一見して難易度の高いこの調査も必ずできるはずだ。金融円滑化という言葉で何となく語られていたことが本当に企業のためになっているのかどうかをあぶりだす、実にシャープな切り口だった。

そこには、金融機関が企業と話していることと金融庁に説明することが食い違っているのではないかという視点もあった。経営者保証に関して、初回のアンケートでそれがいきなり表れていたのだ。

金融庁が金融機関に経営者保証ガイドラインについてヒアリングしたところ、あらゆる地銀が「あまねく説明した」と回答したため、それを公式見解としていた。

ところが企業アンケートでは、約7割もの企業が経営者保証ガイドラインについて「知らない」と回答し、残る3割の企業もその約3割が「金融機関から説明がなかった」という回答だった。理解できないために「知らない」と答えた経営者がいたかもしれないが、それにしても銀行の姿勢が垣間見える結果だった。

このような状況の下での「日本型金融排除の実態把握」であったため、銀行も身構えることになったのは言うまでもない。

◆「日本型金融排除」の実態

当然のことながら、確かな仮説であっても十分に検証できなければ妄想と切って捨てられてしまう。また調査内容が中途半端であれば、あら探しが目的だと言われかねない。検討は慎重に行った。

日本型金融排除とは本来借りることのできる企業が債務者区分で借りられていないことと定義したものの、銀行から借り入れできない企業を見つけ出してアンケート用紙を届けることなどそもそもできるのか。仮に見つけ出せたとしても、誰から排除されているのかが分からなければ手の打ちようがない。

金融庁「企業アンケート」は1万社を超えた――回答社数の推移と主な質問項目

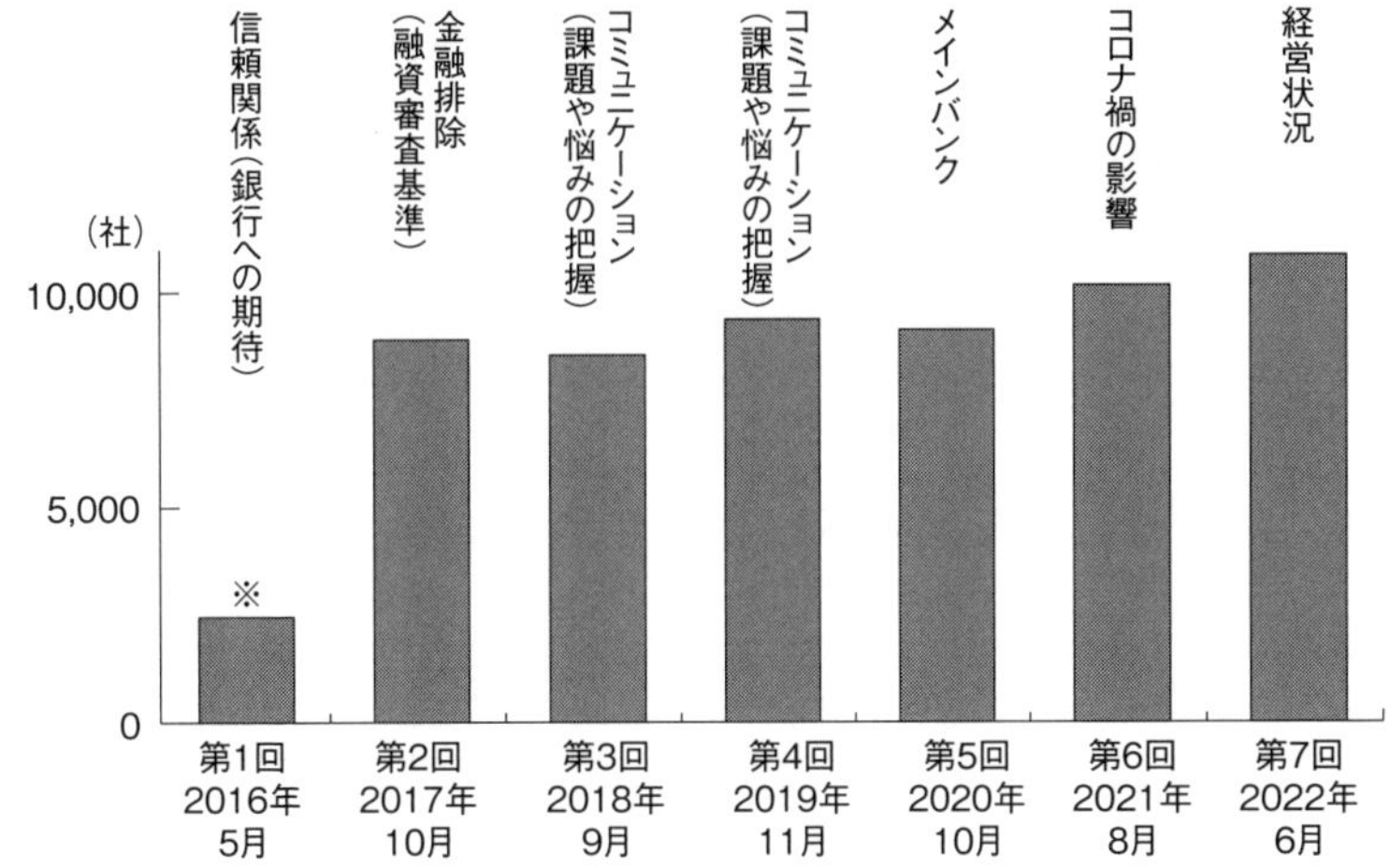

（注）※は751社への企業ヒアリングも同時実施。

そこで考え出したのが、銀行による排除を「資金繰りが苦しい」という現象面からあぶり出そうというアプローチだ。金融機関から借り入れがある企業を対象として、融資を受けているのに資金繰りが厳しいという矛盾を明らかにすることで、銀行の姿勢が表れるに違いないと読んだのだ。

折しも17年は、アベノミクスの恩恵が続き緩やかながら景気は拡大していた。経済情勢だけ見ると、資金繰り難はあまり多くないはずだ。第１回企業アンケートは２４６０社を対象にした小規模なものだったが、第２回は送付総数を約３万社にスケールアップさせ、回答社数も８９０１社に上った。これは中小企業庁が毎年やっている中小企業白書の調査よりも多く、最大級の中小企業調査となった。

その結果には、私自身も驚いた。

回答した企業の４分の１が過去１年以内に資金繰りが苦しかったとしていたのだ。これが意味するのは経済拡大局面でも全国で少なくとも50万～60万社が資金繰りに苦しんでいる現実だ。仮に企業総数を

1年以内に資金繰りに困った割合は?——回答社数の推移と主な質問項目

過去1年以内の資金繰り困窮の有無

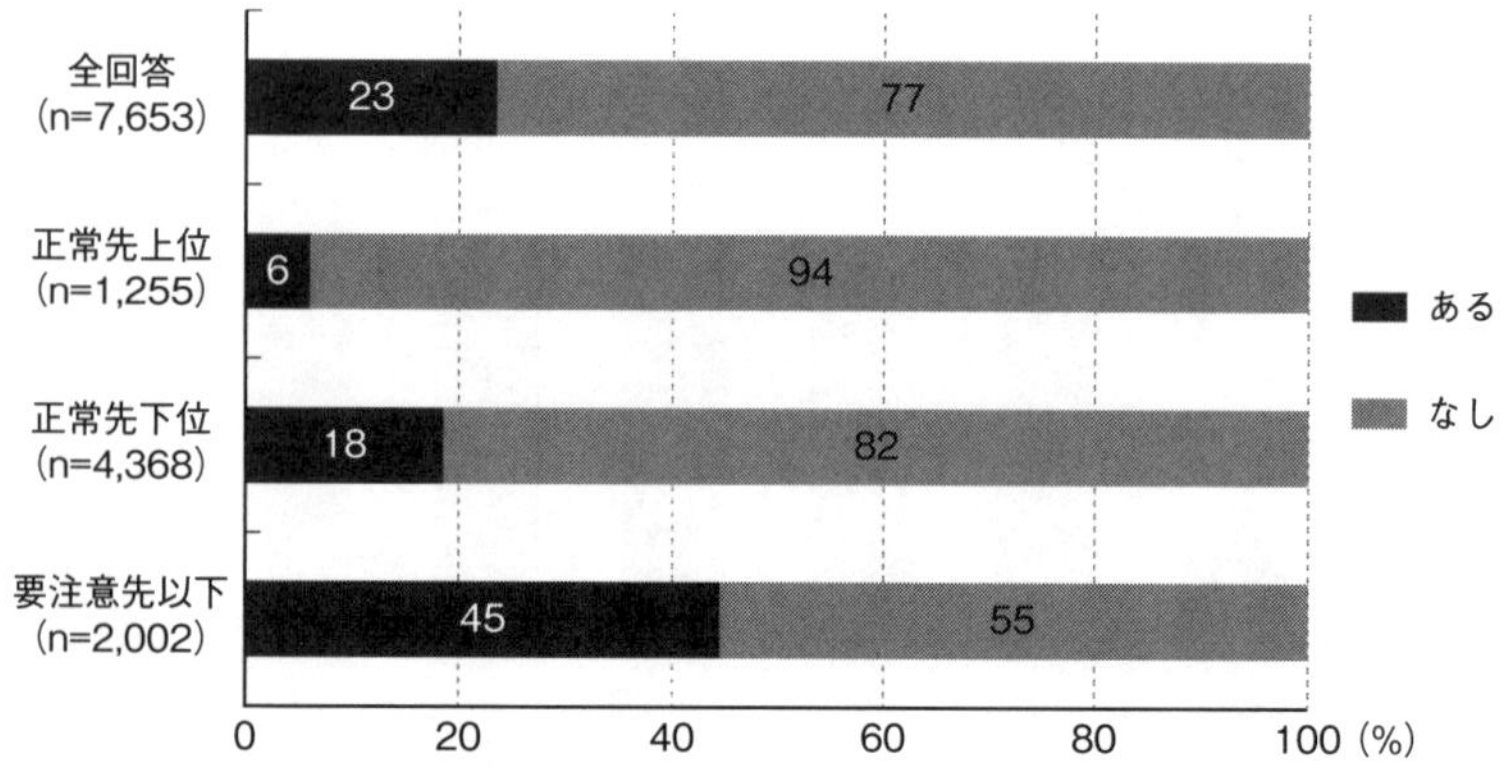

資金繰りに困った時(過去1年以内)にメインバンクから受けた支援の内容

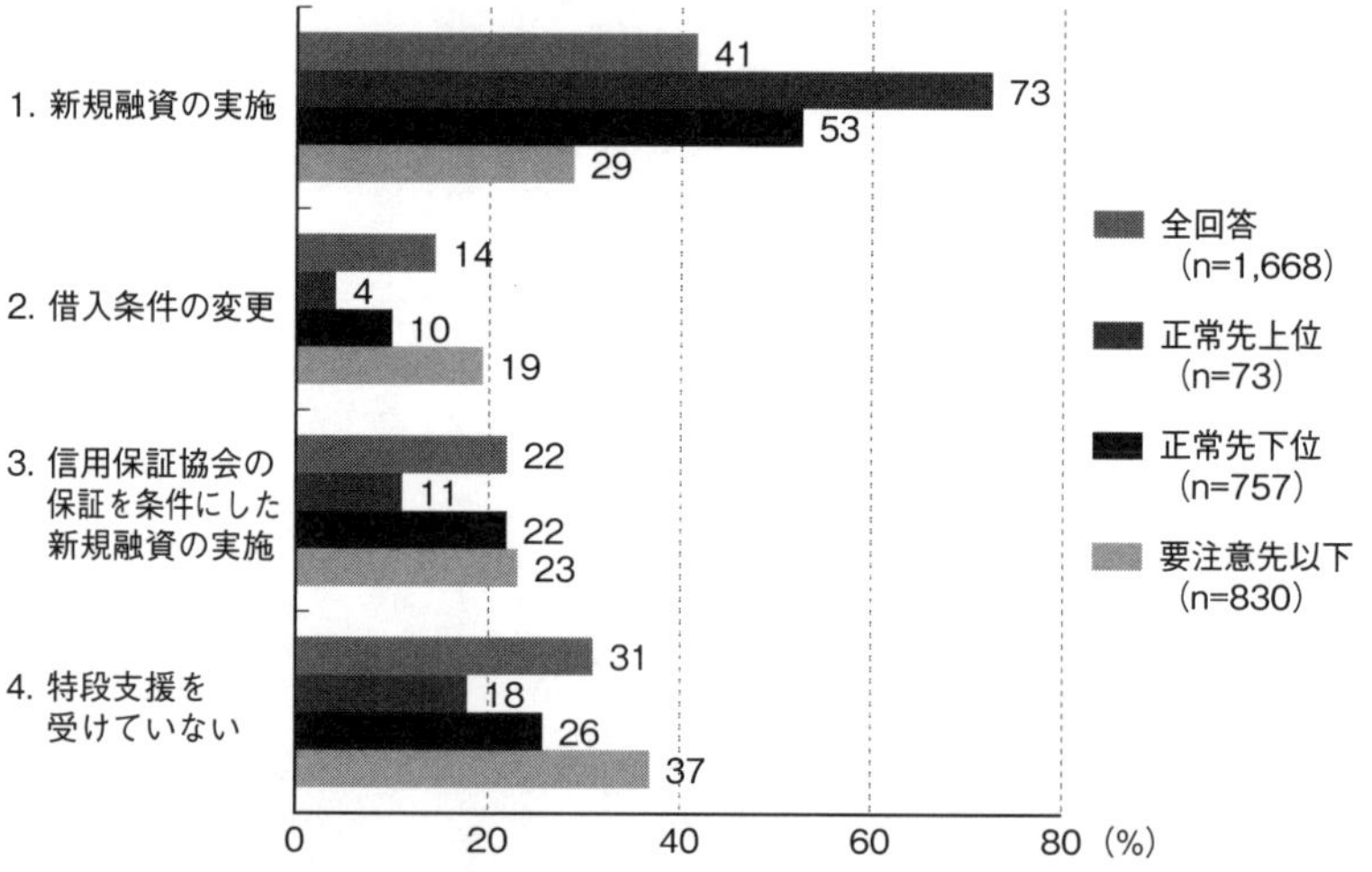

(注) 2017年アンケートの結果

350万社とし無借金企業を4割とすると、単純計算では52・5万社である。

これら企業は銀行から融資を受けているため、入口から排除されているわけではない。言わば、銀行と付き合いながらも構造的に苦しめられている――。中小企業金融円滑化法以降、融資をリスケジュールしている企業は約40万社と言われてきたが、それをはるかに超える数の企業が融資弁済によって資金繰りが逼迫していることが明らかになったのだ。

そのような企業がメインバンクに融資を申し込んだ際、債務者区分が「正常先上位」では73%の企業が新規融資を受けていた。一方、時に赤字になったり、一時的に債務超過になったことがあるような「要注意先」、赤字が続いたり債務超過を解消できないような「要管理先」「破綻懸念先」を合計すると、71%が新規融資を受けられていない。更には信頼関係があるはずのメインバンクから何の支援もなかった企業が38%に上った。

日本型金融排除のメカニズムは、銀行と企業の間の情報の非対称性に元凶がある。自身の債務者区分を知らない企業は、銀行からの回答に理由なく従うしかない。業況が悪くなると、銀行側は「追加融資をしない」と回答してくる。他方で既存融資の約定弁済は続いていき、それによって資金繰りが苦しくなるのだ。

「雨の日に傘を貸さない」と揶揄される行為が、全国各地で繰り広げられていた。

◆「金融検査マニュアル廃止」地ならしに

日本型金融排除の実態が明らかになった17年は、金融庁内も慌ただしかった。3月に金融モニタリング有識者会議が「検査・監督改革の方向と課題」を報告し、発足以降初めて、検査・監督方針に大きくメスが入ったからだ。
12月に金融庁が出した答えは「金融検査・監督の考え方と進め方（検査・監督基本方針）」にはっきり書かれていた。「平成30（２０１８）年度終了後を目途に検査マニュアルを廃止」。そして、『形式・部分・過去』から『実質・全体・未来』へ」——。

日本型金融排除の実態把握は、従来の検査・監督では及ばなかった利用者へのアプローチであり、ポスト検査マニュアル時代を先取りするものだった。金融行政方針に書かれていた「国民の厚生の増大」を目的とした施策を自分なりに果たした調査だったが、「検査・監督基本方針」が見事にそれをカバーしてくれていた。

さらに「ビジネスモデルの持続可能性」によって将来の健全性を見るという重要な視点も盛り込まれていた。かつて金融庁が銀行と分かり合えなかった理由も、金融機関のビジネスモデルを見る視点が、金融検査マニュアルではリスク・資産の質・資本の陰にあってせいぜいどのような業務で収益をあげているか程度でしか関心がなかったとも明記されていた。

金融検査で痛めつけられた金融機関が聞くと元も子もない内容だったが、言葉遣いの巧みさも手伝って、金融庁の改革は目覚ましく進展していた。

金融機関の経営が自分事になっている金融庁職員はまだ多くないものの、検査・監督の基本方針という公式な行政文書に盛り込まれた意義は計り知れない。金融庁の前半3年間は、金融検査マニュアル廃止に向けて時代を一区切りする仕事に没頭させてもらった。

4 「金融庁体験記－パート2－」（金融庁地域金融生産性向上支援室長・地域課題解決支援室長時代）

◆「金融仲介の改善」とは何か

「金融仲介の改善に向けた検討会議」は、外部有識者8名からなり、「担保・保証依存の融資姿勢からの転換、産業・企業の生産性向上への金融仲介のあるべき姿等を議論する」とされていた。15年の金融行政方針に名称も含めて設置が明記されていたこの会議は、地域金融の改革に道筋をつけることが真の狙いだった。

その会議名にもなった「金融仲介」という言葉に、私は大きな期待を感じていた。それは03年にリレバンのアクションプログラムが公表された時に感じた違和感と、時代を経て鮮やかなコントラストになっていた。

「地域金融機関のビジネスモデルを変える」と意気込んだリレバンは、その効果検証のために「地域金融円滑化会議」が設置された。その名称で分かるとおり、問題とされていたのは地域の金融が円滑でないことであり、それは金融検査マニュアルでの自己査定が原因に他ならなかった。

たかが言葉ではあるものの、融資を円滑に行えないようにした張本人から「円滑にしろ」と言われる違和感を想像してみて欲しい。当局と金融機関のかつてないすれ違いの施策だったと言っても、過言ではなかった。

その後金融の円滑化という言葉が社会を席巻したのは、09年の中小企業金融円滑化法の登場によってだった。

この法律の核心は融資の約定弁済を止めることにあり、運転資金なのに約定弁済させられている中小企業の状況を正確に理解してピンポイントで対策を講じるものだった。法案は10月30日に臨時国会に提出され、年末に間に合うように11月30日可決・成立、12月3日公布、12月4日施行というスピード感だった。

運転資金の約定弁済を止めるということは、何のことはない短期継続融資の形を変えた復活であり、金融検査マニュアルの威力を法律によって抑止したのだ。円滑な金融とは、経常運転資金を約定弁済のない融資で対応するという当たり前のことが、この法律のおかげで世に広く知られることになった。

そのような経緯を踏まえて見たときに、金融仲介という言葉には重みがある。金融行政の目的を明示したことと併せて、金融機関に本来の役割を意識させている。円滑な金融という「部分」ではなく、金融機関のありようという「全体」の改善を求めているのだ。

その会議に企業アンケート調査結果を報告し、的確な意見をいただいたことは先に述べたとおりだ。実際には事務局の提起した議題だけではなく、その時々の問題意識を活発に述べ合う会議となった。地域金融の改革ために乗り越えるべき課題は、それだけ山積していたのだ。

◆地域金融の「経営を問う」

会議を重ねるうちに、金融仲介の改善には金融機関が経営理念を再認識する必要があるという意見が多くなった。

例えば17年2月の第7回会議の要旨には以下の発言がある。

【2017年2月開催の第7回「金融仲介の改善に向けた検討会議」】

○銀行経営は、サステナブルなビジネスモデルを追求する経営陣の下で、経営理念・目標に沿って現場がしっかりと働ける体制を作っていくことが重要だと思う。従って、経営戦略・計画、収益管理、顧客対応、融資審査基準、業績目標・評価、ノルマ、人材育成の実態や、取締役会の議論を把握し、経営理念・目標と整合的な意思決定や行動がなされているかを確認すると良いと思う。

○地域金融機関の経営陣と面談すれば、経営理念・目標はしっかり持っておられると感じるが、それを組織に浸透させて遂行していくことが重要である。地域金融機関の取組みの実態把握や金融仲介機能の向上に向けた深度ある対話を通して、経営理念・目標と現場の取組みとのギャップをなくすことが重要であり、金融庁には、経営理念・目標を組織内に浸透させていくことが重要であるということに気付きを与えるような対話をお願いしたい。

この議論は、地域金融の改革に向けて金融庁として何をするのかが焦点だった。16年には金融仲介機能のベンチマークを公表していたが、それに続けて銀行間の比較をするためにＫＰＩを示すべきだという意見も出た。企業アンケートでは日本型金融排除の実態把握に乗り出したこともあり、その議論は回を重ねるごとに熱を帯びていった。

そのような中、17年12月の第10回会議の次の発言が核心を突いた。

【2017年12月開催の第10回「金融仲介の改善に向けた検討会議」】

○当局として取り組むべきことは、ビジネスを作ってあげる、こうすれば収益が出る、こうすればビジネスモデルがサステナビリティーになる、といったことを提示することではなく、その一歩前の様々な課題に対応できていない経営陣に対してどう対応していくかがポイントと考えている。

○こうした観点から、金融機関を含む企業のガバナンス強化に向けた取組みについて3点指摘するが、1点目は、取締役会において経営と執行を峻別し、きちんと議論することが重要である。取締役会の議論の時間配分は足下の執行の議題に終始しており、中長期的な経営課題の議論をしている企業はほとんどない。取締役会において、経営に関する議論もしっかりと行う必要がある。

○2点目は、長期的な視点で経営を考える必要がある。10年後、20年後の社会像を社外取締役も含めて徹底的に議論した上で、現状のビジネスモデルがサステナビリティーであるかを議論する、また、それを半年毎等定期的に振り返り、ビジネスモデルを考え直す必要がないかを議論することが重要である。

○3点目は、地域銀行には、経営人材と中堅・若手行員の人材育成が特に重要であると考えている。取締役になる時には知識や心構えなど教育が必要であるが、そういった教育を行っているところは少ないのではないか。中堅・若手職員はマニュアル的な仕事は的確にこなすが、考えることが必要な仕事をできない行員が増えている。

これは、地銀の経営のあり方に対するストレートな意見だ。折しも検査・監督基本方針で探究型対話への移行が示されたこともあり、いよいよ金融庁が当事者となって地銀と対話する流れができつつあった。

◆検査官の「ロールプレイング」

私は入庁翌年の16年7月からは、検査局の地銀のモニタリング班も兼務していた。指摘型の検査から対話型のモニタリングへの移行は言うほど容易なことではなく、検査官は深い悩みを抱えているように感じられた。

立ち入り検査がなくなったわけではないものの、対話をどのように行うかはなかなか定まらなかった。そこで試行的に実施したのが、公表して間もない金融仲介機能のベンチマークを活用した対話だった。具体的には、同一地域の地銀2行を訪問し、それぞれの銀行が提出しているベンチマークについて、その背景や狙い、評価などを聞きながら金融仲介で目指すものを対話したのだ。あえて同一地域の2行に行うことで、目指すものの違いが明らかになるという読みだった。

検査官の中には中小企業金融円滑化法の下での金融円滑化検査を経験した者もいたが、金融仲介という概念には馴染みがなかった。ところがベンチマークを活用した対話は、私の想像以上に真摯な態度が印象に残った。

特に若手・ベテランの区別なく銀行の説明をじっくりと聞き、そこで自分なりの考えもまとめてくれた。中には秀逸な視点もいくつか見られ、地域の二番手行の方が融資審査の日数が短いということを見つけた検査官もいた。これは競争上の結果に違いないものの、そのことでそれぞれの銀行がどのように法人融資を行っているかが分かるものであり、対話によってビジネスへの理解が深まった瞬間だった。

他方で、そんなことを金融庁が行って何になるのかという意見は、依然として強かった。問題点を指摘することに慣れていた検査官からすると、先の例では審査の遅い一番手行にそのことを指摘すべきだという気持ちになる。もしそんなことをするとベンチマークを銀行の比較には使わないといった約束を反故にすることになるため、辛抱してもらうしかなかった。

検査官に対話に慣れてもらうために、おそらく過去にはなかったと思われるが、庁内研修でロールプレイングも行った。地銀を想定したダミーの中計を作成し、私が頭取役になって主任検査官クラスと若手それぞれと対話したのだ。他の研修参加者はそれを見ていろいろ意見を述べるというスタイルをとったため、多くの検査官の前で私と対話するのはさぞかし大変だったろうと思う。何事もやってみないと始まらないという気持ちからだった。

そこで気づいたことは、検査官の問いがどんどん細部に及んでいくことだった。これはまさにそれまでの検査がレントゲンであったことの証左であり、最初の問いの返答に対して次の質問をより細かくしてしまう癖だった。

しかし相手が頭取だと細部を承知していないこともよくあることだ。そこで検査官が「トップが詳細を把握していないのか」という態度に出ると、先の検討会議の有識者の意見のような経営の議論とは逆のベクトルになってしまう。

些細なことではあるが、検査官とのロールプレイングは金融検査の転換の象徴に思えた。検査官の多くが対話力を鍛え、それを地銀の頭取と実践することで間違いなく地銀の経営には良い効果が生じるはずだ。それまでの検査による指摘が、部分的な効果しかもたらさなかったことからの大きな変化だ。

私も対話する検査官ごとに頭取のキャラクターを変え、中には狸おやじ風にとぼけてみたりもした。とにかくあらゆることが試行錯誤だった。

◆「検査局廃止」その後

18年7月17日付の人事異動通知書は、今でも実家の仏壇に置いてある。「監督局銀行第二課地域金融生産性向上支援室長に配置転換する」。折しもその日は検査局が廃止された日であった。

それに先立つ18年の年初からは、金融仲介の改善に向けた検討会議で「地域金融における競争のあり方」を議論していた。やがて独禁法の特例法につながるその議論は、まさに地銀の将来を見据えた監督官庁ならではのものだった。

そして金融庁の組織も、政策を司る総合政策局と金融機関を監督する監督局に再編され、金融庁発足以来の検査局は姿を消したのだ。

私にとっては、廃止に至る2年間に実際に検査局に所属していた（監督局と兼務）ことは感慨に浸るには十分な出来事だった。広島銀行時代に対峙した検査官の顔が次々と浮かび、あの喧噪は一体何だったのだろうと金融庁の立場で自問自答した。金融検査マニュアルの廃止もカウントダウンに入り、混乱が予想される実務面への対応のために「融資に関する検査・監督実務についての研究会」も開催されていた。

そのような中、18年に新しく長官になられた遠藤さんは、私に政策よりも地域金融改革の前線に立つミッションを与えたのだった。その新設ポストが先の辞令のとおりであり、遠藤長官の考えは11月の検討会議の議事要旨に残っている。

BOX 遠藤長官からのミッション

○今事務年度は、地域の実態をよりきめ細かく把握し、地域金融機関の経営陣と深度ある対話の実践に取り組んでいきたいと考えており、その手段の1つとして、地域生産性向上支援チームを組成した。地域の実態を当庁としても把握し、把握した実態と地域金融機関が認識している状況とをすり合わせながら、単に地域金融機関の取組みに関する議論に止まらず、顧客企業への金融サービスを通じた地域経済の活性化や地域企業の生産性向上にどのような意識を持ちながら取り組んでいるのかについても議論していきたい。

○金融仲介に関する対話やモニタリングの手法については、金融庁としても開発してきたが、未だ確立したものがあるというわけではない。さらに言えば、根本の「望ましい金融仲介のあり方とは何か」という問いに答えることも容易なことではない。

○今事務年度は、こうした課題の解決に皆様方のご意見を十分に参考にさせていただきながらチャレンジしていく年としたい。様々な施策を通じて、金融仲介に関する対話やモニタリング手法を確立するとともに、有識者や業界団体のご意見を伺いながら、望ましい金融仲介のあり方を突き詰めて考えていきたい。地域の実態を踏まえた、手ざわり感のある意見交換を委員の皆様ともさせていただきたい。

この「手ざわり感」という表現は、金融庁内部での政策議論が現場の実情を知らないことで上滑ってしまうことへの遠藤長官ならではの警告だったように思う。

しかも、金融庁職員が〝霞が関を飛び出して地方へ出向く〟という大胆な施策が用意されていた。西欧に「神は細部に宿る」という言葉があるが、物事の本質を突き詰めるためであれば細部を見ることには大きな価値があった。

同時に進められた規制緩和についても、目的を地域活性化に置くものであればどんどん認めるように変わったことも、遠藤長官の類まれな行政センスによるものだった。

◆「金融」外した支援チーム

私は金融庁に入庁して以降、外部からの講演の依頼には原則全て応じることにしていた。それこそが金融行政の目的への自分なりの貢献であり、バランス感覚を保つためにも必要なことだと思っていた。特に事業者からの依頼については、どんなに仕事があっても優先して引き受けていた。

その中で、中小企業家同友会からの依頼が印象的だった。同会では、２０００年代当初から金融アセスメント法の制定を提唱されており、その趣旨と私が発信していたことが似ていると言われたのだ。いただいた同会のパンフレットには、以下の文章が掲載されていた。

BOX　中小企業家同友会のパンフレット

金融庁の「金融検査マニュアル」は、中小企業金融機関へも一律に適用され、中小企業の実情とかけ離れて中小企業金融の不安定化を加速させています。さらに、２００2年4月に予定されているペイオフ解禁は、中小企業と関わりの深い地域金融機関の預金の流失を促進させ、そのことが原因となって中小企業からの融資の引き揚げなどの可能性があるとともに、地域金融機関の存立を危うくする懸念があります。私たちは、このような幾重にも続く金融波瀾の「荒波」を乗り越える強靭な経営体質の強化に努める一方、地域金融機関や中小企業団体など地域の方々と力を合わせ、大きく声を上げ、行動することが求められています。私たちが提唱する金融アセスメント法は、金融問題解決の抜本的な切り札となる仕組みとして多くの研究者、金融専門家、政治家、中小企業団体の知恵を集めながら構想されました。
（出所）「地域と中小企業の繁栄をめざす　金融アセスメント法を成立させましょう」（中小企業家同友会全国協議会）

中小企業家同友会とは銀行時代から親交があったが、金融アセスメント法の制定運動は正直なところ知らなかった。しかしながら、知れば知るほどそれは02～03年頃の金融の問題に真正面から取り組んだものと感じられ、リレバン政策に翻弄されていなければ恐らく賛同していたに違いない。金融検査マニュアルが中小企業に与えた影響に、多くの人が悩まされていたことを改めて知ったのだった。

そのような企業に招かれて話を聞くと、金融行政の情報は全くと言っていいほど届いていなかった。企業アンケートが来たという経営者には数人出会ったが、その大半が怪しいからと中身を見ずに廃棄していた。銀行時代にも垣間見ていたとは言え、金融庁と中小企業との距離は想像以上に遠いことを改めて感じることが多かった。

そんな状況で地域に飛び込むのが「地域生産性向上支援チーム」なのだ。室の名称は地域金融生産性向上ながらチーム名には「金融」がない。企業ヒアリングは財務局が金融機関を飛び越えることが物議を醸したが、その後3年で金融庁が財務局も金融機関も一気に飛び越えることになったのだ。そうであるならば、私がやるしかないと思った。

◆地域で見つけた「金言」

地域生産性向上支援チームは、定まったやり方も前例もないのだからとにかく地方に行くことを優先し、活動内容は後から考えることにした。メンバーもこの上ない混成部隊で、いろいろなバックグラウンドと想いを持った人が集まった。共通するのは期待と不安、しかしこれが新しい金融行政なのだという自覚だった。

何とか財務局に席を用意してもらい、地方に拠点を持ったものの、誰にどのようなことを聞けば良いかは全くの手探りだった。しかし手探りしてこそそこに手ざわりがあるはずで、私には漠然とした勝算があった。

それにつけても良かったことは、いつまでにこれだけの対話をするという計数目標がなかったことで、日が経つにつれていろいろな話が入ってくるようになった。

そのような中、東北のチームが関係者の証言として、中小企業にとって金融機関は「交渉相手であって、相談相手ではない」という意見を報告してきた。この報告を取りまとめた人もセンスが良いと思ったが、この言葉には字面以上の深みがあった。金融庁として金融仲介の改善を進めていたのだが、そもそも金融仲介とは交渉の結果としてもたらされるものなのか。

確かに金利やM＆Aの条件などは交渉で決まる。だからと言って中小企業に金融機関が交渉相手と言われてしまうと、大切なことが抜け落ちてしまう。それを一言で言い表すのは難しいが、地域を同じくする仲間のような感覚だ。確かに初年度の企業アンケート調査では、中小企業の相談相手の一番は「税理士や企業経営者」だったのだが、相談相手ではないからと言って交渉相手と割り切られると何ともやるせない。

金融庁はちょうどこの頃金融機関に「顧客本位の業務運営」を求めていたが、この交渉相手か相談相手かという視点は抜け落ちていた。ある意味顧客本位イコール相談相手という思い込みもあったと思われるが、交渉相手であっても顧客本位は成り立ちうる。

しかしながらこと地域金融に関しては、リレバン以降一貫して相談相手になることを求め続けてきたわけで、何だか振り出しに戻されたような気持ちになった。

地域企業と地域金融、が同じ地域で活動する者どうしとして理解し合い相談相手となるにはどうすれば良いのか。そのことを探究する中で、浮上してきたのが協同組織金融機関の地域コミュニティーという概念だった。

◆「協同組織金融機関」への注目

リレバンの最大の問題点は、地銀と協同組織金融機関とは異なる法律に依っているにもかかわらず、政策で一緒くたにしたことにある。

もともとリレバンとは米国のコミュニティーバンクの営業手法であり、ならば我が国における本家本元は協同組織金融機関のはずだ。協同組織金融機関に対しては金融庁の協同組織金融室が全体を俯瞰しつつも、具体的なモニタリングは財務局に委ねていた。

霞が関から地方を見ると、どうしても各県の一番手銀行に目がいってしまう。03年の足利銀行国有化時の地域の混乱を見るにつけ、金融庁が地銀の持続可能性について目を光らせることに確かな理由がある。

ところが地域生産性向上支援チームが活動してみると、地域一番手行の影は驚くほどに薄い。それもそのはず、数としては中小零細企業が圧倒的に多いために、ランダムに企業と面談すると地銀の取引先に当たらない確率の方が高いのだ。

山形大学の小野浩幸教授（左）と京都信金の増田寿幸理事長

金融機関の数も、地銀よりも協同組織金融機関の方がはるかに多い。ということは、地域に軸足を置くならば、地域金融の主要プレーヤーは協同組織金融機関ではないのか。事実、地銀は規模が大きいために存在感はあるものの、顔の見える経営者は少ない。

他方で協同組織金融機関は、地域や資金量にかかわらず顔の見える経営者が多くいる。そんな協同組織金融機関の経営者と親交を重ねてきた当の本人が遠藤長官であり、その中で出会ったのが京都信用金庫の増田寿幸氏（当時理事長）の「リレーションシップインパクト論」だった。

これほどシンプルで力強い理論は他にはない。

理系の大学卒だった増田氏の真骨頂で、2軸のグラフで縦軸にR（=リレーション）、横軸にP（=プロフィット、パフォーマンス）を置き、原点から右斜め上に線が引いてある。このグラフの意味するところは、Rが高まると自ずとP

増田理事長の理論

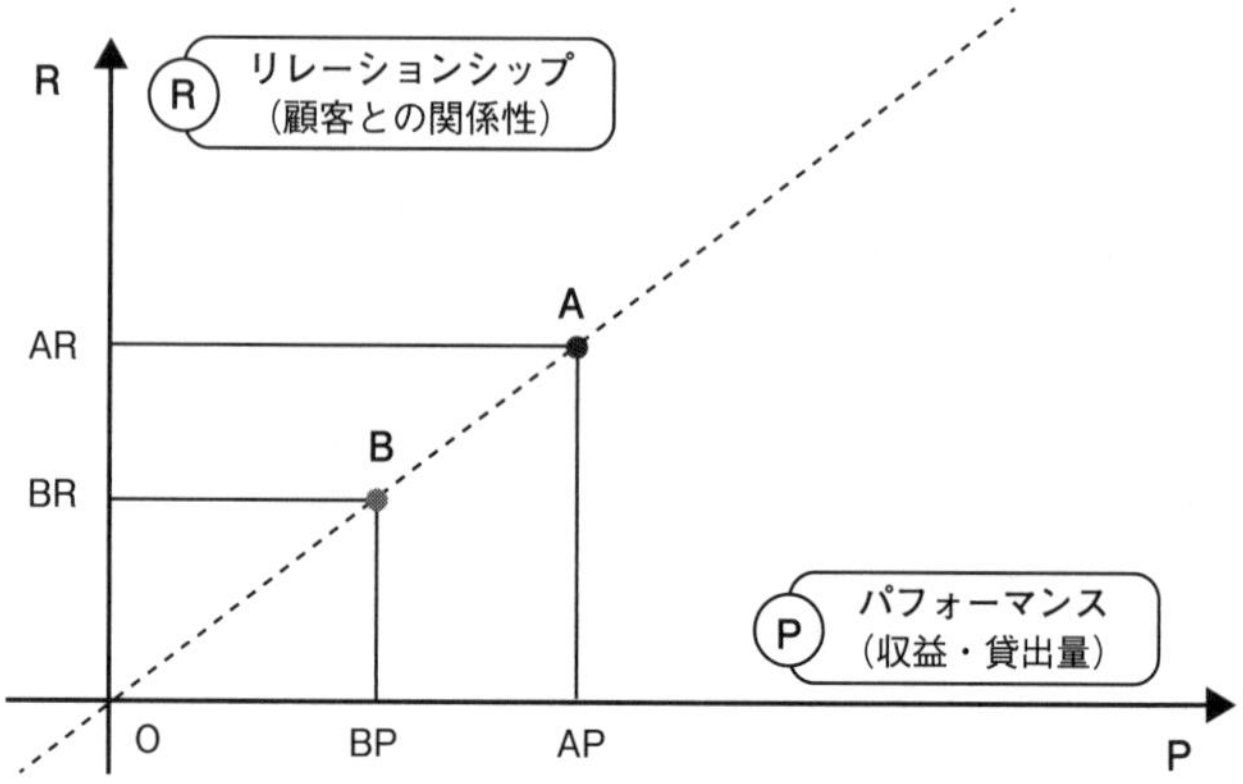

が高まってくるということに尽きる。それこそが協同組織である信用金庫の経営であり、それを実践するのが経営者の役割であると言われたのだ。

ところが、実際の経営者はPを高めることだけに腐心する。それはRを高めてからPが高まるには時間的なラグがあり、それを待てない経営者が多いからだ。この議論は、上場企業が短期的な利益に走ることにも通じるものがあり、多くの上場地銀にはリレバンができないことも証明していた。

リレーションシップインパクト論は、奇しくも山形大学の小野浩幸教授が08年から長い間提唱され続けておられる「農耕型地域金融」に通じるものだった。小野教授はリレバンで顕著になった融資先の奪い合いを「狩猟型金融」としてその持続性に警鐘を鳴らし、替わるべきは地域企業を育てる金融だと主張されていた。

そのためには金融機関の職員は地銀であろうと協同組織であろうと等しく事業を見る目を養い、それをそれぞれの取引先で実践することが重要であることを見抜いておられた。そこで山形大学は、全国に類を見ない「産学

地域経済エコシステムと財務局

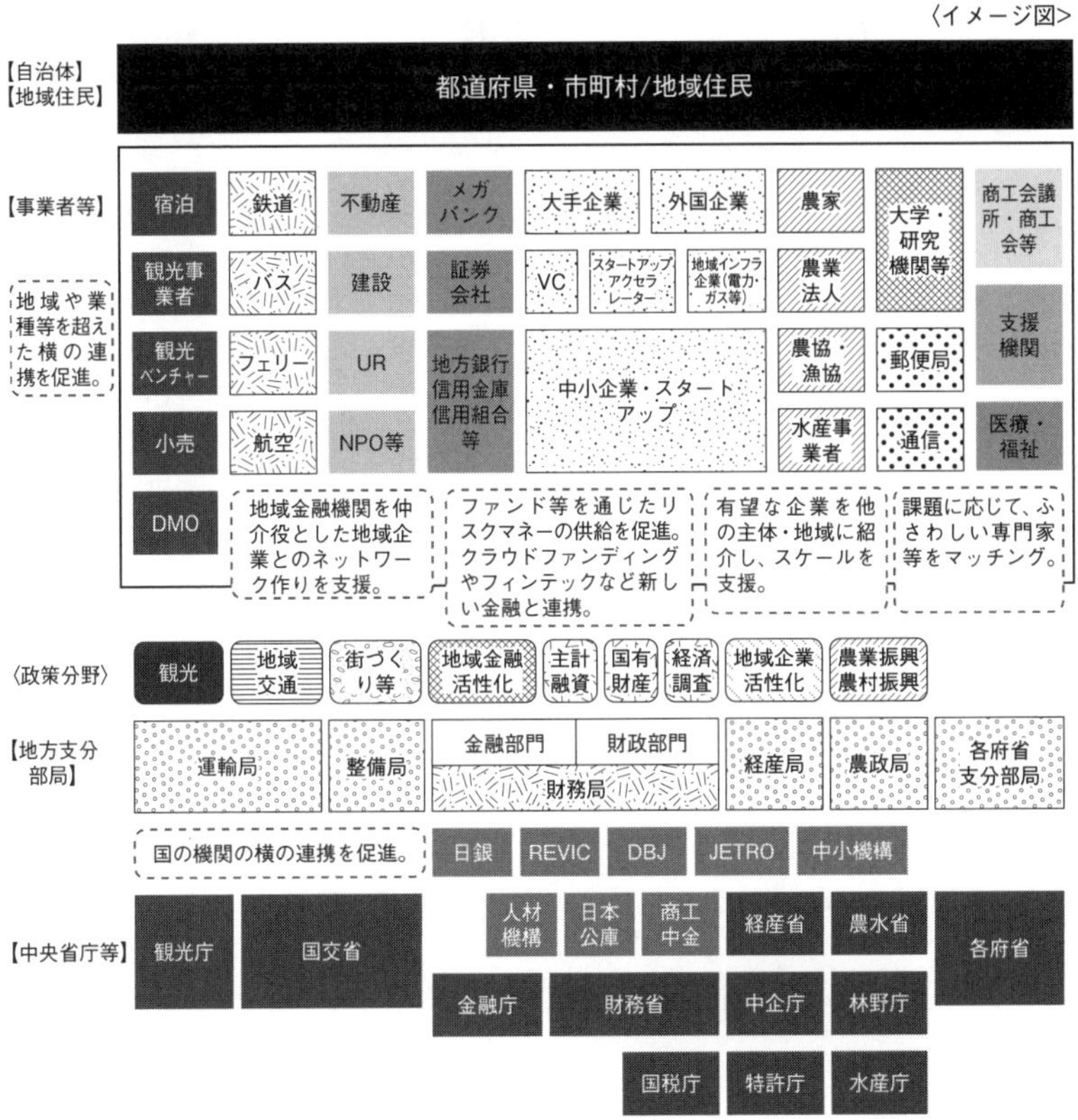

※ 地域経済エコシステム……ある地域において、企業、金融機関、地方自治体、政府機関などの各主体が、それぞれの役割を果たしつつ、相互補完関係を構築するとともに、地域外の経済主体等とも密接な関係を持ちながら、多面的に連携・共創してゆく関係。

※ 地域経済エコシステムは、時代とともに常に変化するものであり、上記に例示した関係者も変化し得る。

（出典）財務省大臣官房地方課作成の資料より

金融庁が「金融仲介機能」をテコ入れへ―金融システム重視から転換―

	監督局 銀行第二課	監督局 総務課	総合政策局 総合政策課
目的	（モニタリング支援）	（地域金融機関支援）	（地域課題解決）
			サポート
主体	地域金融企画室 ←	地域金融支援室（地域課題解決支援室から名称変更） ⇄	地域課題解決支援チーム
	ノウハウ提供		企画・ノウハウ・人材情報提供
主な取り組み	財務局・地域銀行モニタリング室を支援	財務局・財務事務所と連携	有志職員のネットワーク
	企業アンケートなどを実施	情報・ノウハウを蓄積	現場に飛び込み、官と民の結節点に

2015年〜	地域金融企画室
2018年〜	地域金融生産性向上支援室
2019年〜	地域課題解決支援チーム
2019年〜	地域課題解決支援室（現・地域金融支援室）

金連携コーディネータ」という称号を、研修を受けた地域金融機関職員に与えていたのだ。

そのように地域全体で企業と金融機関との結びつきを強くし、地域金融が相談相手となれるようなコミュニティーを形成するにはどうすればよいのか。その探究で辿り着いたのが、地域経済エコシステムという考え方だった。

◆「地域経済エコシステム」とは

地域経済エコシステムは、財務省が財務局を通じて全国に展開しようとしていることを金融庁が後から丸のみしたものだ。財務局の組織に各県に配置された財務事務所があり、財務事務所長は「地方創生コンシエルジュ」を名乗っている。全ての都道府県に設置されている長所を活かして、地域のネットワークのハブになろうという構想

地域課題解決支援に向けた取組み

地域の課題解決

■「地域課題解決支援チーム

金融庁の「政策オープンラボ」の一環として、有志職員が立ち上げたもの。さまざまなネットワークから寄せられる地域課題に対して、メンバーが現場に飛び込み、地方と中央、官と民の結節点になり、課題解決に向けた施策を共に考え、実現を支援していく取組み。

■ 地域金融支援室

地域課題解決支援チームについて、財務局やその他の関係者との調整といったサポートや活動で得られた情報・ノウハウの蓄積と提供を担う。

■ 地域金融企画室

地域金融機関のモニタリング担当（財務局・地域銀行モニタリング室）支援の一環として、地域金融機関の営業基盤となる経済の実態把握を行うとともに、地域金融機関の支援能力向上を支援する。

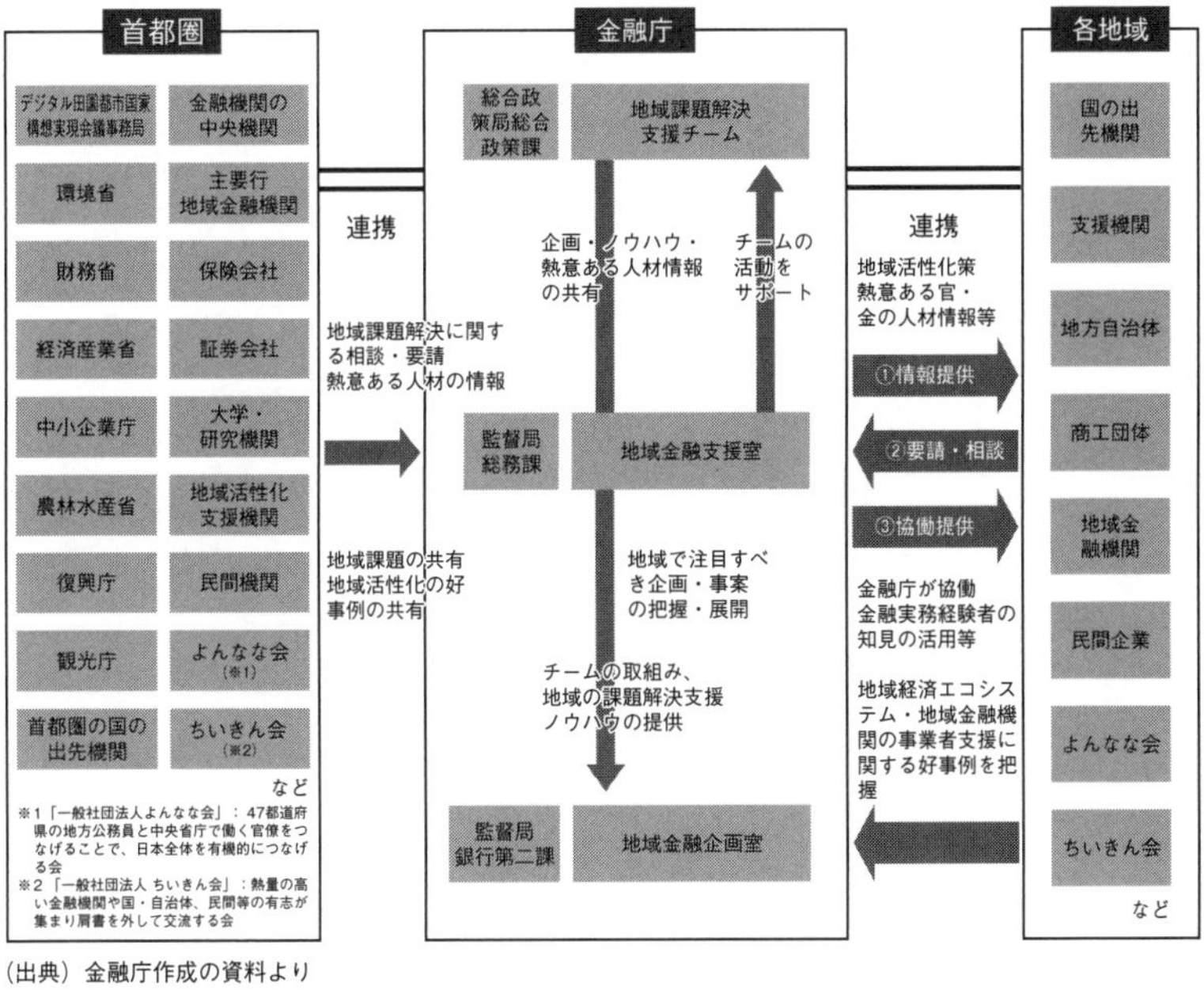

（出典）金融庁作成の資料より

だ。

そうは言っても財務事務所の業務は多岐にわたり、コンシェルジュの二の次感は否めなかった。そこで金融庁は、本庁に司令塔を置きつつ地域に直接出向くという能動性を加えたのだ。その行動がある種の触媒となって地域の関係者がネットワークづくりに積極的に取り組むことにより、結果的に地域経済エコシステムが形になっていくのではないかという発想だった。しかも金融庁には、地域金融機関と容易にコンタクトが取れるという強みがある。

財務省と金融庁が地域活性化について同じ概念を持つことは、財務局にとって好都合のはずだ。些細な違いでは地方創生コンシェルジュの業務は総務部が受け、金融庁の仕事は理財部が受けているということはあったものの、財務局には地域活性化を志して就職した人が多くいる。その人たちにとって所属する部課はどうであれ、財務省と金融庁双方のネットワークが使えるようになるのだ。

事実私が近畿地方の財務事務所を訪れた時に、所長から近畿財務局の有志職員が取り組んでいる「ちほめん」活動について教えてもらった。この活動は組織的な指示はないながら、メンバーが自主的に動いて次々と成果をあげていた。

私が聞いたのは、長距離のサイクリングがブームとなる中で淡路島一周のサイクリングロードアワイチに関する情報を、琵琶湖一周のビワイチの関係者につないだ事例だった。これなどは、近畿財務局が自身のできることを素直に行い、それが地域の人の役に立つ理想的なものである。

企業アンケートによって事業者の現状を把握し地域金融機関と探究型対話を行うことに加えて、地域に直接出向くという地域生産性向上支援チームを備えたことで、金融庁は地域に対してポジティブな影響を及ぼしうる存在になった。そしてその目的を地域経済エコシステムの形成に置くことにより、地方自治体を始めとして、地域の多くの関係者にも賛同を得ることができる。
目的と手段、それに合う具体的な行動が伴った時に、物事はよい方向に動き出すものだ。

◆「地域課題解決支援チーム」の誕生

それと同じ頃、東北財務局の職員で金融庁の協同組織金融室に出向していた菅野大志さんも活動を始めていた。

遠藤長官による金融庁改革の目玉政策の一つ「政策オープンラボ」に、地域課題解決支援チームの創設をエントリーし、採用となったのだ。これは組織として何らかの調整を図ったものではなく、純粋に個人の意思だった。

そして特筆すべきは、その活動をネットワークづくりから始めたことだ。どんな活性化にしても、地域には資源が限られている。それを乗り越えるには、ネットワークの力を頼ることになる。しかも国と地方がダイレクトにつながることができるなら、これ以上の力はない。菅野さんは自らが国の機関にいることを最大限活かして、熱意ある公務員と地域金融機関の職員をつなぐ「ちいきん会」を立ち上げたのだ。

ネットワークには組織にはない長所がある。それは参加メンバーが全員フラットであることだ。一般的に自尊心の強い人はネットワークには不向きと言われている。周りの人に自分を認めさせたいという気持ちが強いからだ。

かつて金融庁の検査官にはそのような人が多かった。ところがネットワークに入るには、言わば他尊心が不可欠だ。他者の考え方や活動を認め、その上で自分も認めてもらうように行動することになる。

2019年3月、東京・丸の内で開かれた第1回ちいきん会

ちいきん会は、それぞれの参加者が属する組織を超えて自らの熱意と意思で集まる場となった。

19年3月24日、日曜日にもかかわらず東京・大手町の三菱地所の本社ビルに多くの人が吸い込まれていった。第1回ちいきん会は、実に230名もの参加者が集まった。ほとんどの人が初対面だったにもかかわらず、異様な熱気に包まれていた。事前に告知されていなかったが、冒頭のオープニングに遠藤長官も登場され、会場のそこここで驚きの声が上がった。

地域金融機関の職員からすると、金融庁長官と言えば雲の上どころか遥か遠いところにいる人だ。その長官がとてもリラックスした雰囲気で挨拶をされ、そのままフラットに車座に入っていく。参加した全員が、真の改革が始まっていることをここに体感したのだった。

ちいきん会によって明らかになったことは、公務員にも金融機関職員にも今の社会をよりよくしたいという気概に満ちた人が数多くいることだ。その思いはそれぞれの組織での業務では必ずしも実現できていない。

ところがネットワークでつながると、他の組織の人の役に立つことが見つかる。例えば公務員が金融機関の人から子育て支援の部署を紹介して欲しいと頼まれる。自分は別の部署なのだが、そこには同期がいる。その人を紹介すると喜ばれるし、自分も大切な役割を果たしたことを実感できる。ならば自分も担当業務をよりよく進めるために、誰かに人を紹介してもらおう。

このように、自分の大切な人を紹介することがネットワークの中では繰り返される。すると普段から大切な人を持とうという気持ちが芽生える。これは、関係が変わると行動が変わりやがては思考が変わるという理論につながる。

経営理念があるから人は行動するのではなく、関係ができたから行動するのだ。検討会議で議論された経営理念の重要性はその通りであるが、その実践にはまずは関係を変えることから始めなくてはならないのだ。

◆「対話路線」への模索

検査・監督基本方針が公表された後、それを基に分野別の考え方と進め方を取りまとめて公表することになっていた。ディスカッションペーパーと呼ばれるこの文書は、その名のとおり金融機関との対話を進めるにあたっての基礎となるもので、17年当初の議論では金融仲介分野も含まれていた。

先行していたのは健全性政策やコンプライアンス・リスク管理分野だったが、金融仲介にも同様にプリンシプルがあるはずだという意見が多かった。

金融仲介のプリンシプルとは何か。これに答えることは容易ではない。なぜなら、金融仲介とは特定の行為ではなく金融機関のありようだからだ。そうだとすると金融機関経営のプリンシプルを示さなければならなくなる。そのことを避けて金融仲介を狭い範囲で定義してしまうと、せっかく検討会議で議論している内容とずれが生じる。

持続可能なビジネスモデルの構築に向けた地域金融機関の経営のあり方

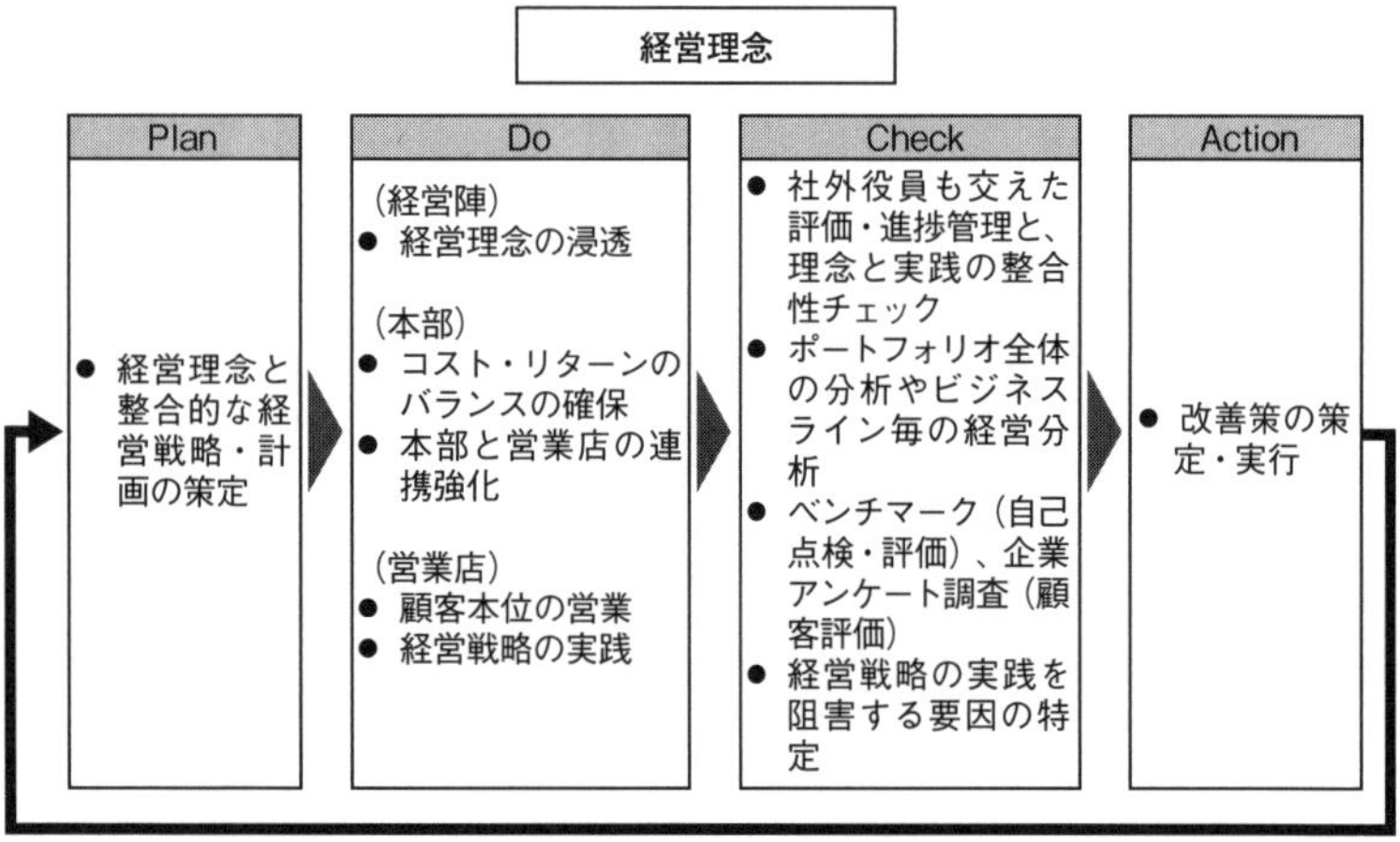

（出所）金融庁「金融行政の実践と方針（令和元事務年度）」

いつどのような形で議論のお呼びがかかるのか待っていたが、他のディスカッションペーパーもかなり時間がかかったこともあり、検討が始まらないうちに17年度が終わってしまった。

18年度から遠藤長官に代わったことで、ディスカッションペーパーの議論から代わってコア・イシューの検討が始まった。私は地域の前線にいるためこれには加わらなかったが、地銀のガバナンスを意識した対話のフレームワークづくりだった。側聞すると金融仲介のプリンシプルよりは現実に即しているものの、コーポレートガバナンス・コードを制定した金融庁らしく、地銀版ガバナンス・コードの色彩を帯びていた。

他方、地域生産性向上支援チームは異なるアプローチで金融機関との対話を試みていた。それはひと昔前に流行ったバランス・スコアカードを応用して、地域金融機関の経営を多面的に捉えて対話しようとするものだった。いずれにしてもどうすればよりよい対話ができるかという模索であり、このようなことにエネルギーをかけるのはとても心地よかった。

権力を持つ者は、判断は慎重でなければならない。しかし時が来たなら大胆に動かなければ何も変えられない。

金融検査マニュアルの廃止日が19年12月で確定したことで、動くべき時は訪れていた。そこで金融庁が地域金融機関に向けて放ったものが、「持続可能なビジネスモデルの構築に向けた地域金融機関の経営のあり方」だった。

それはA4サイズパワーポイント1枚の、霞が関用語で言う〝ぽんち絵〟だった。文章ではなく絵の中のテキストボックスに言葉を並べていく。経営理念をベースに経営全般のPDCAを回していくこと、全てのプロセスでの心理的安全性の確保を求めている。多くのことを言うにも、絵のスペースは限られている。しかも「DO」のテキストボックスには経営陣、本部、営業店それぞれに求めることを書くことにしていた。

そしてそのドラフトが回って来た時には、正直感動した。経営陣のDOには、「経営理念の浸透」のみが書かれていたのだ。

経営理念の重要性は、企業の大小にかかわらず言うまでもない。金融機関も経営理念を掲げながらそれが絵空事で済まされてきたのは、ひとえに認可業種だからだ。社会に受け入れてもらえるかどうかではなく、目的がどうであれ当局から認可がもらえれば営業できるのだ。

ところが地域金融機関は、地域の人口減少等による経済の縮小が待ったなしになっており、それぞれが掲げる地域活性化が単なるお題目では済まされなくなっている。そこで金融庁が地域金融機関の持続可能性に向けて、経営陣に何より求めたことは真の経営理念の浸透なのだった。

金融庁の考え方は明らかに変わっていた。自らがなすべきことは金融機関との対話であることを自覚し、それにより経営者に経営理念の再考を促し、その理念に共感する全ての職員の行動が変わることを目指した。

そのことは、後日、遠藤長官自身の手で「指示の連鎖から対話の連鎖へ」というタイトルでまとめられ、今や金融庁の行動指針となっている。

◆金融仲介機能発揮に向けた「プログレスレポート」

そのような曲折の中で、金融仲介に関するディスカッションペーパーの議論はなくなり、別のレポートを作成しようという意見が出てきた。それがプログレスレポートと聞いた時、静的なものではなく動的なものこそ金融仲介に相応しいと感じた。

そこでタイトルは、「金融仲介機能の発揮に向けたプログレスレポート」にした。細かい話ではあるが、金融仲介と言えば経営のありようであるが、金融仲介機能とすることでより具体的な内容まで記載できると考えたのだ。何よりも、どのような対話を行ったのかを詳細に書きたかった。

発行後の19年10月にプログレスレポートの狙いを週刊金融財政事情に投稿した。

BOX　プログレスレポートの狙い

金融庁は、2015事務年度に金融行政の究極的な目標を明示するとともに、金融機関の金融仲介機能の発揮と金融システムの健全性の維持の両立を目指すこととした。

金融仲介機能の発揮については、地域金融機関に顧客企業との関係性を重視することを求めたり

「金融仲介機能の向上」を見える化
金融仲介機能の発揮に向けた「プログレスレポート」

	第１回	第２回	第３回	第４回
公表	2019年8月	2020年10月	2021年7月	2022年6月
新施策①	企業アンケートスタート	テーマ別調査もスタート（系列シンクタンクの実態調査）	コロナ対応へ支援スタート	コロナ禍の事業者支援へ（「手引書」作成など）
金融機関支援策②	対話スタート（地域金融機関も企業も）	探究的対話に本腰（トップから営業職員まで）	金融機関の実務支援へ（検査マニュアル廃止後の対応策）	金融仲介機能の拡大支援へ（スタートアップ、DX、人材マッチングなど）
地域課題解決策③	現地入り実態調査スタート	初の大規模イベント（Regional Banking Summit）開催	実績も（石川県の制度融資電子化など）	ネットワーク拡大（全国各地で課題解決を考える場「ダイアログ」発足相次ぐ）

レーションシップバンキングからさらに踏み込んで、顧客企業の成長のためのアドバイスやファイナンスを求めている。16年策定の金融仲介機能のベンチマークにおいては、地域金融機関に対して共通ベンチマーク1で顧客企業がどのように成長したかを問い、毎年の企業アンケート調査では、中小企業に対して取引金融機関が事業に必要な融資やサービスを行っているかを尋ねてきた。

そのようななか、金融庁は18年6月に「金融検査・監督の考え方と進め方（検査・監督基本方針）」を公表した。その中で、ベスト・プラクティスの追求のための「見える化と探究型対話」や、金融機関内外の幅広い関係者との対話について言及し、それらを踏まえた新しい金融行政を18事務年度より本格的にスタートさせた。

加えて、新たに18年9月に「地域生産性

向上支援チーム」を組成し、地域経済エコシステムの推進にも関与することとした。金融庁が取り組んだこれらの内容をまとめたものがプログレスレポートである。

金融庁のトライ&エラー・カルチャーについて先に述べたが、自らの行為を余すことなく明らかにするこのプログレスレポートは、探究の続く金融仲介分野にこそ相応しいものとなった。

（出所）週刊金融財政事情「金融仲介機能の発揮に向けたプログレスレポートの要点」（2019年10月21日号）


山形大学の小野教授も登場している。良いものは良い。現場に入り込んでこの目で確かめることで、初めてベストプラクティスは見つかることも体感していた。

◆「地域課題解決支援室」の創設

プログレスレポートが完成間近となっていた19年7月、また新たに辞令をいただいた。「地域課題解決支援室長に併任する」。菅野さんの地域課題解決支援チームの目覚ましい活動が認められ、遂に正式な業務となったのだ。

ちょうど同じ頃、地域金融企画室と地域課題解決支援室の要員に、任期付き職員を募集していた。この時の応募者は私が金融庁で経験した採用では最も多く、しかも地域金融機関の出身者が複数含まれていた。新しい組織が出来たタイミングと重なったことから、思い切って地域金融機関出身者を2名採用していただいた。

加えて地域課題解決支援室では、地銀からの出向を受け入れてはどうかという話が出た。金融庁は大手監査法人や弁護士事務所、コンサルティング会社などからの出向者は数多く受け入れていたが、地銀となると前例がなかった。

しかしこんなことも遠藤長官にかかるとそれがどうしたということになり、とんとん拍子に進んでいった。余談ながら、最初に受け入れた2名は山口銀行と東邦銀行からで、明治維新の宿敵どうしが時代を超えて霞が関で邂逅したと盛り上がった。

15年地域金融企画室、18年地域金融生産性向上支援室、19年地域課題解決支援室、これら新設された組織を見るにつけ、まさに大きく変わる地域金融行政を体現していた。目的として掲げた企業経済の持続的成長のために、特に地域金融の改革は急務だった。

そのため金融庁として何をするかを検討会議で多方面から議論を重ね、検査局廃止と同時に就任された遠藤長官が動いた。そしてそれを根底から支えたのが、菅野さんらの地方創生に熱意ある若手職員だったのだ。

金融庁は動き、そして変わった。入庁して間もなくして聞いた「若い官庁なのでトライ&エラーも必要なんだ」という言葉が今でも耳に残っている。金融機関に求める前に、自らの理念、目的も明らかにした。

地域金融機関とは物理的に遠いというハンディキャップはなくならないが、それを埋めるのに十分な熱意ある財務局の職員が多くいることも分かった。この先どんなに困難な状況が訪れようとも、対話の連鎖がある限り、金融機関それぞれの未来を見据えた行動によって克服できるはずだ。

橋口氏の書かれた文章が改めて思い出される。「行政当局や政策当局も、つねに自分の行政や政策についてある距離をおいてこれを客観視するぐらいのゆとりのある、そして厳しい態度をもつことが必要である」。このことは、間違いなく対話によって実現できるものだ。

広島銀行入行の年に読んだことが、時を経て当事者になったことに人生の不思議を感じずにはいられなかった。

第5章

金融挑戦の時代

試される信用創造機能（玉木淳）

時代背景

「銀行の健全性」から「経済の活性化」へ

2023年3月10日、日本でいえば、横浜銀行とほぼ同じ規模の米国の地銀、シリコンバレーバンク（SVB）が経営破綻した。市場で運用する有価証券で抱えた多額の含み損が財務に直撃し、SNSなどで信用不安が一気に広がり、追い込まれた末の資金繰り倒産だ。

銀行のビジネスモデルはもろい構造だ。

預金は銀行から見れば「負債」であり、預金者から見れば銀行への「貸し付け」である。預金者が要求すれば、銀行はいつでも返還しなければいけない。

一方、銀行は集めた預金を別のところで運用している。企業や個人に融資したり、市場で国債を購入したり。1年や5年、10年といった期間を定め、その間に焦げ付きが発生しないよう細心の注意を払うが、預金者が突然、資金を引き出し始めると簡単に返還資金を用意できなくなるときが発生することもある。

これが「取り付け」と呼ばれる現象で、SVBの破綻はまさにこの取り付け騒ぎ発生した結果だ。

この構造を専門的には「マチュリティー転換」と呼ぶが、ひとたび信用不安が起きるとすぐ倒産してしまう「もろい構造」だからこそ、金融当局も経営者も保守的にブレやすい。少しでも信用不安の芽があれば摘もうとする、まさに「あつものに懲りて膾《なます》を吹く」ことになる。

ただ、金融当局も銀行もリスクを取らないよう過度に保守化すると、本来、銀行に備わっている「信用創造機能」が発揮されにくくなってしまう。経済に血液を送り込む機能にブレーキをかける期間が長期に及べば、いつしか経済成長どころか経済を維持することすらままならなくなってしまう。

これがシステミックに起きたのが平成金融危機を経験した日本の姿だ。金融庁が策定した金融検査マニュアルは信用創造機能に制約を課した象徴であり、忠実にそのルールを守っていた検査官は過剰な信用創造機能をけん制する監視役だった。

その傷痕が最も深く刻み込まれたのが地方経済であり、中小企業だった。21世紀に入って以降、地方では目立った新産業が生まれず、人口減少に歯止めがかからなくなってしまった。新しい事業を始めようにも人手不足が露呈するほど少人数経済に陥る皮肉な状況だ。金融庁も地銀もいつしか平衡感覚を失い、「銀行の健全化」を優先するあまり「経済の活性化」を置き去りにしてしまった。

それでは指をくわえてじっと待っていてよいのだろうか。地銀がリスク恐怖症を克服する術はないのだろうか。地銀が信用創造機能をフルに発動し、銀行も経済も共存共栄できる地域社会を取り戻すことはできないのだろうか。

第3章で詳述した元金融庁長官の遠藤俊英は強力な権限を持つ監督官庁、金融庁自身を改革することにその答えを求めてきた。

第4章で解説した広島銀行出身の日下智晴は地銀自身が自らのアイデンティティ（存在意義）を再認識し、成長するビジネスモデルを探索し続ける肉体改造にこそ突破する道があると行動してきた。

第5章「金融挑戦の時代」を担当した私（日本経済新聞金融エディターの玉木淳）は第三者（メディア）の視点で地銀が反転攻勢できる条件を探ってみた。

反転攻勢の目線は「信用創造機能」にある。銀行は送金や支払いを代行する決済機能、資金繰りをつなぐ金融仲介機能を持っているが、事業から生まれたキャッシュを次の成長に再投資する循環を生むことができる。それを発揮するには産業の黒子役として銀行がサポートし続ける意識や環境、体制が備わっていないと難しい。

およそ20年、地銀取材を続けた経験で見つけたヒントは地銀界の本丸ではなく「周縁部」にあると感じている。取り上げた地銀は明治時代から続く名門地銀でもなく、全国地方銀行協会の会長を務める有力地銀でもない。地銀マンから見れば一笑に付されてしまうかもしれないが、内外の挑戦者たちの姿に迫ると、地銀にも地域にも成長可能なポテンシャルが潜んでいることがよく分かる。

1 「社会課題解決型企業」へ

——冬の時代越える業態転換

北洋銀行は一種独特の地銀だ。

全国地方銀行協会（地銀協）に加盟する戦前からある伝統地銀の仲間ではない。それでも総資産は地銀協会長行を務める静岡銀行に次ぐ全国6位だ。

四半世紀前の1997年、経営破綻した北海道拓殖銀行の道内部門を引き継いだ姿である。今でも経営陣に北拓出身者は少なくない。相互銀行から普通銀行に転換した第二地方銀行の中で異彩を放っているのは間違いない。

北拓時代の遺産を引き継ぎ、100年以上の歴史を背負う北洋銀行。08年の米リーマン・ショックで一時、公的資金を受け入れながらも北海道のトップバンクの地位を守り続けている。

北洋銀行の危機感は本質的だ。「環境・社会への貢献投資と経済成長投資を両立し、未来志向の豊かな地域社会の実現に貢献する」。長期ビジョンに掲げたこの言葉の裏には、成長なくして地域の衰退を防ぐことは難しいという現実を直視していることがうかがわれる。

長引く金融緩和政策が出口に向かい、「金利のある世界」が復活しても地域経済が反転するかどうかはトップバンクの取り組み次第である。地域に眠る社会課題は山積みで、預貸ビジネスでそれを解消できる時代ではなくなった。

北洋銀行が踏み込んだ鉱山にはこれから宝の山と化す鉱脈がある。新たな役割とそれを果たすための新たなリスクテイクの手法をどう編み出すか。北洋銀行はビジネスモデルを預貸依存型から社会課題解決型へ大きく変えるようかじを切った。業態転換とも言える大胆な改革へ踏み込んだ北洋銀行の軌跡を読み解く。

◆片山さつき会長「成功事例」

「これほど大きなものになるとは思いませんでした。顧客ニーズの高さを実感するとともに新たな収益事業となっています」。2023年4月26日早朝7時半、東京・永田町の自民党本部で開かれた金融調査会。招かれた北海道地盤の北洋銀行、山田明取締役が説明していたのは融資のことではなかった。

この会議は「地域金融機能強化PT（プロジェクトチーム）」と呼ばれ、金融調査会会長の片山さつき参院議員が主導してテーマごとに政策を議論している。この日のテーマは「人材ビジネス」。片山会長が地方創生担当相を務めていた2018年、地銀に解禁した副業を巡るその後の状況を聞き取る場だった。

実は北洋銀行は全国で先頭を切って人材ビジネスに参入した金融機関だ。２０１７年に北海道共創パートナーズ（ＨＫＰ）を設立し、そこが手掛ける「人材ビジネスソリューション事業」が大ヒットした。

５年間で売上高は右肩上がりに拡大し、営業損益は実質２年目以降黒字を続けている。ＨＫＰのビジネスは経営コンサルティングやＭ＆Ａ支援、そして人材ビジネスソリューションの３本柱。人材まで組み合わせた三位一体のビジネスモデルはＨＫＰが切り拓いた新たなリスクテイク手法だ。

プレゼン結果を聞いた片山会長は会合後、「地銀の収益拡大策として成功事例よね」と感想を漏らした。

人材ビジネスは地銀の未来を切り開くか（自民党地域金融機能強化PTで挨拶する片山さつき金融調査会長。2023年4月26日、自民党本部）

◆「脱副業」模索

地銀のビジネスモデルが転機を迎える決定打となったのは２０１６年に日銀が発動したマイナス金利政策だった。当時の金融庁の試算によると、３メガバンクですら「年間３千億円程度の減益要因となる」と日銀に伝えたほど。集めた預金を融資に回す預貸ビジネスの割合がメガより高い地銀が本業の融資事業で稼ぐことができなくなれば、金融庁にとっても将来的な健全性を脅かす一大事だ。

HKPの人材事業は右肩上がり―成約件数と収支―

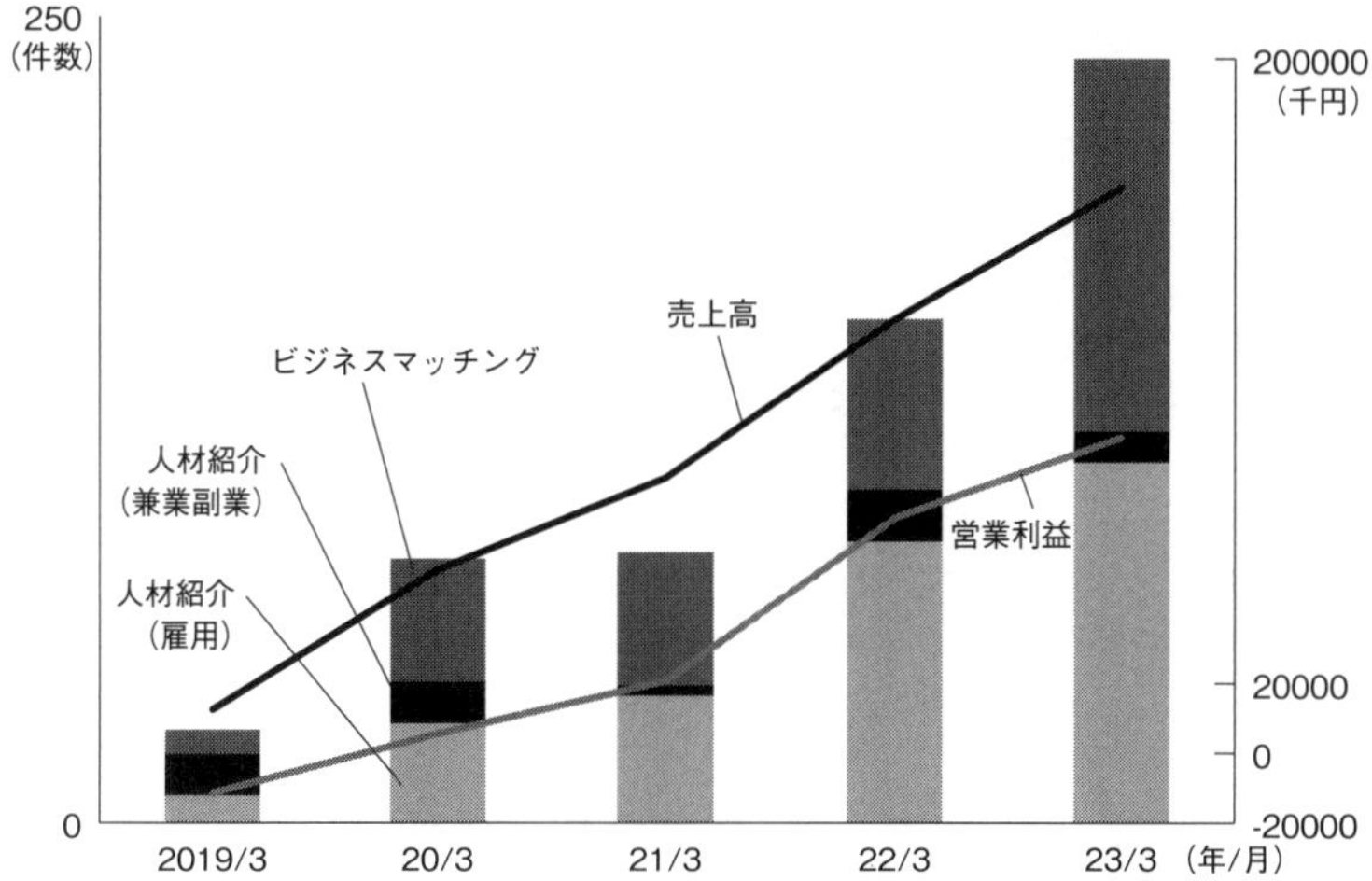

（注）売上高・営業利益は単位：千円

その対策の柱が「副業解禁」だった。銀行が直営すると事業リスクが金融システムに及ぶ恐れがあるため、副業を営む受け皿が必要。それが２０１７年に制度として創設した「銀行業高度化等会社」の解禁だった。北洋銀行のＨＫＰもそれに沿って作られた高度化会社だったが、とはいえ、当初は何をどこまでやってよいのか手探り状態が続く。

後の２０２１年11月に再び銀行法を改正し、金融庁は地銀の副業を事実上、全面解禁した。今では人材ビジネスに限らず、地域商社やシステム提供、最近では再生エネルギー発電事業と副業の幅を広げている。当時は恐る恐る金融庁に探りを入れ、副業可能な事業を探し当てるようなアイドリング期間中で、逆に金融庁は参入ニーズのある分野を探していた。その中で人材ビジネスに白羽の矢を立てたのが北洋銀行だった。

◆北海バネのオーナーは？

「ガタン、ゴトン」。電車の線路と枕木を結ぶ締結部には走行中の電車の重量で破損しないようクッションを敷いている。万が一の脱線を防ぎ、安定走行を実現させているのは「締結バネ」だ。東京都や札幌市内に延びる地下鉄の線路に使われている締結バネを製造しているのは、北海道で知る人ぞ知るメーカー、北海バネ（小樽市）だ。

締結バネだけではない。

自動車のトランスミッション（変速機）を支えるバルブスプリングは品質を評価され、トヨタ自動車に採用されている。雪をかき集めるため回転し、外に雪を吹き飛ばす除雪機のオーガは雪国・北海道に欠かせない部品だ。ホタテ漁に使う部品も牧草の刈り取りに必要な部品もジャガイモの収穫に不可欠な部品も作っている。

北海バネの造田弘幸社長

北海バネは道内にとどまらず、全国で展開する総合バネメーカーだ。

造田《ぞうでん》弘幸《ひろゆき》社長は「農業や水産業が主な産業とイメージされがちな北海道だが、これだけ社会インフラに貢献しているものづくり企業があることをもっと知って欲しい。締結バネが供給できなくなったら、東京や札幌の地下鉄に影響が出るんですよ」と笑う。

1961年創業で年商およそ10億円の中小企業。札幌駅からJR函館線小樽行きに乗ると10駅目、銭函《ぜにばこ》駅の近くに本社を構え、神奈川県綾瀬市にも工場を置く。帝国データバンクによると、新型コロナウイルス禍が猛威を振るい始めた2020年3月期に赤字転落したものの、猛威が落ち着いた22年3月期決算で黒字転換した。よくある中小企業と言えば中小企業だが、決定的に違う特徴がある。

オーナーだ。北海バネの全株式を造田社長が持っているわけでも役職員が持っているわけでもない。帝国データバンクを見ると、1人株主に出てくるのは北海道共創パートナーズ（HKP）の名前だ。2022年4月、HKPが運営する事業承継ファンドが創業者から全株を買い取り、招聘されたのが造田社長だった。

◆社長をスカウト

半年前のことだった。

2021年10月、HKPの松橋敬司マネージングディレクターはオンライン画面越しで後に社長となる造田氏と面談していた。「これは千載一遇だ」。その1週間前に担当者が造田氏と面談していたが、求職条件がドンピシャだった。

「前職　ソニーコンスーマーセールス社長」。2012年、ソニーのテレビなどを販売するソニーマーケティングの子会社として設立された営業専門のグループ会社だが、1000人の従業員を束ねていた。ソニーマーケティングの執行役員も兼務していた。

それより何より目をひいたのは地元へ戻るUターン希望者だった。東京で20年ほど働いていたが、自宅は札幌。育ちは北海道で、定年を機にリクルート系の転職支援会社に求職情報を登録していた。「営業一筋」「経営経験あり」「Uターン希望」。三拍子そろった求職情報は北洋銀行と共同で事業承継プロジェクトを進めていたHKPにとって、渡りに船だった。

「ある会社が事業承継を考えており、そこの経営者を探しているんです。ご興味はおありですか?」。この日の面談は勝負をかけていた。同じHKPのM&A担当者にも同席してもらい、松橋氏は思い切って打ち明けた。

求人と求職のマッチングは有名企業であればよいというわけでは当然ない。「求人側の悩みと求職側の希望がフィットする現実感がなければ結ばれない」(旧リクルートエイブリックやパーソルを経て、今はHKPのシニアディレクターを務める寺嶋聡二氏)。求人情報を提供するHKPにとっても信頼できる人材を推薦できなければ、受け入れ企業の信用を失ってしまう。求人情報を明かすということは、一線を越える覚悟を試される。

「ソニーグループなので経営のプラットフォームができている会社の社長経験です。資金繰りの交渉を経験したことはありません。それでもものづくりへの思いは人一倍あり、メーカーに勤めた経験は生きると思います。心配事はありますが、チャレンジしたいです」

返ってきた答えは率直な内容で好印象だった。たまたま造田氏は松橋氏と大学同窓で、その場で盛り上がったノリの良さも営業マンらしかった。リレーションシップ(密着)をベースに営業してきた松橋氏にとって、経歴では見えない人柄も評価ポイントになる。

21年11月、両者の縁組はトントン拍子で決まり、新生北海バネが22年4月、スタートした。2023年2月にはHKPから紹介された経営企画管理部長を新戦力として迎え入れた。造田社長は「与えられた期間で事業承継の基盤を作るのが私のミッション。ＨＫＰがいなかったら、今の私はありません」と感謝している。

◆「白い恋人」がつないだ縁

北海バネはＨＫＰが人材ビジネスで目指していたモデルだった。それは北洋銀行が新たなビジネスモデルを構築する過程でどうしても超えなければいけないハードルだった。それは「北洋銀行がなぜ、人材ビジネスをいち早く進めようと考えたか」という命題に対する答えとも関係する。

本業との相乗効果をどう出すか――。預貸依存型のビジネスモデルに持続性は失われつつあるが、メインバンクを務めるおよそ2万社には再び成長軌道に乗ってもらわないといけない。北海道でトップシェアを誇る北洋銀行の意地だった。

その背景を知りたく、ＨＫＰを設立した当時の北洋銀行常務、竹内巖氏（現・常勤監査役）に会うことができた。

２０１７年初頭、石井純二頭取（当時）に直談判し、ＨＫＰを設立した立役者だ。トントン拍子で設立されたように映るが、その背景には北洋銀行がたどってきた試行錯誤の歴史があった。

「企業を再生するといえば、銀行員を派遣していた。ただ、銀行員はプロじゃない。経営ロジックを埋め込めなければ会社は成長軌道に乗らないが、その人材が圧倒的に不足していた。自ら人材紹介ビジネスを手掛け、専門人材を紹介できるようにならなければと考えるようになった」

銀行が経済原理に沿って行動すれば、自らの体力の範囲内なら不良債権はさっさと処理してしまえばよい。法的整理して身ぎれいにする手もあれば、自主廃業を勧めるケースもある。ただ、地域社会の持

HKP生みの親、北洋銀行元常務の竹内巌氏（左）と北洋銀行取締役でHKP会長も務める山田明氏（右）

続性を前提に置くと風景は一変する。従業員も取引先も仕事を失い、職も失う。これを繰り返せば地域経済は縮小の一途をたどる。

北洋銀行には成功体験があった。銀行だけでなく、現地の社員と一緒に作り上げた意味で今のＨＫＰにつながる源流だ。

北海道を代表する土産菓子「白い恋人」。２００７年に菓子の賞味期限改ざん事件を起こした石屋製菓（札幌市）だ。石屋製菓はその後再生を果たし、今でも北海道土産の定番として健在だが、北洋銀行は今の頭取、安田光春氏を派遣し、今まさに人材ビジネスを引っ張る山田取締役も送り込んだ。まさにオーダーメードで果たした企業再生だった。

ただ、竹内氏は「こういう成功例は数少ない。伴走支援して、組織的に体制を組むにはどうしたらよいのかとずっと考えていた」と明かす。

転機は常務に昇格した２０１６年に訪れる。日本人材機構の小城武彦社長との出会いだ。日本人材機構は政府系ファンド、地域経済活性化支援機構（通称、ＲＥＶＩＣ）の子会社として設立された国の会社だ。地銀と共同で人材紹介ビジネスの立ち上げを支援しており、その営業で訪れた小城社長と意気投合した。

竹内氏は企業再生の悩みを率直に打ち明けた。「再生は成長軌道に戻すことと同義だ。尽きるところ、人材の力。つまり、経営者だと思っている」。17年9月、ＨＫＰは日本人材機構と共同出資で設立された。

◆営業カルチャー改革

北洋銀行は試行錯誤の真っ最中だった。

竹内氏は常務になる前の２０１５年、現場の営業カルチャーを改革するプロジェクトを指揮していた。「事業性理解」（編集注：企業と経営相談し、事業の成長可能性を理解して融資する姿勢のこと。「事業性評価」と同義だが、「評価」だと上から目線と考え、「理解」に置き換えた。）と呼ぶ営業姿勢へガラッと変える意識改革だ。

貸し出し中心で営業しても低金利競争で銀行の収益も先細りになっている。一方、経営の主な悩みはお金ではなくなってきた。資金繰りよりも人手不足問題に移り、もはやメインバンクであれば食っていける時代は終わりつつあった。

意識転換するには経営者と伴走し、悩みを聞き出すアプローチ法が必須だった。問題はその先。課題を聞き出したとしても、その処方箋を持ち合わせていない。支店の銀行員に全ての悩みを解決するよう学び直してもらう時間もない。

いつしか北洋銀行内部で完結できないことに気づく。「事業性理解を浸透させるには、その受け皿となる課題解決を専門に扱う会社がないと完結しない」。ＨＫＰの源流となる発想だ。

北海バネの話に戻すと、担当者が事業性理解の営業姿勢に変わっていたからこそ、事業承継の悩み相談に乗っていた。銀行の営業現場だけで解決策が見つかるわけはなく、ＨＫＰに相談して初めて造田社

北洋銀行の「法人融資」は先細り―日銀のマイナス金利政策以降の推移―

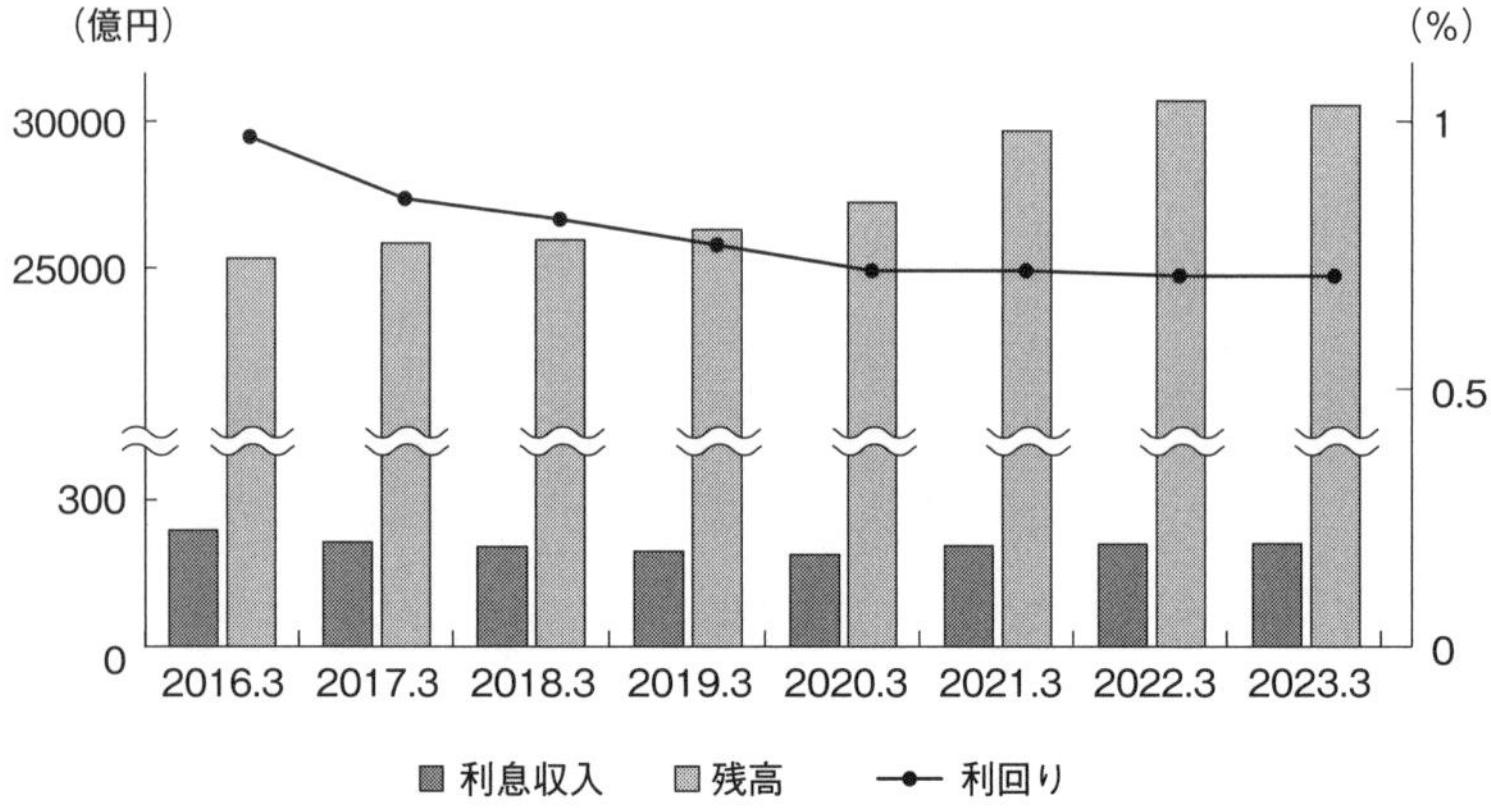

（出典）北洋銀行ＩＲ説明資料「貸出金利息の状況【単体】」を参照

長を紹介することができた。

北洋銀行が見つけた鉱脈は融資、投資、経営支援という三位一体のビジネスモデルを組み立てたことだ。具体的にはメインバンクであり、そこに事業性理解の考え方を浸透させ、さらに人材紹介という武器も備えた。しかも人材紹介を単なるサービスにせず、きちんと手数料を取るよう徹底した。

竹内氏は「ダンピングするのは止めてくれとお願いした。経営課題を解決する覚悟を持って取り組む以上、それに見合った対価をいただかないと持続性を失ってしまう」と振り返る。

北海道内の企業を再生させるための人材プール。何かあったときに適材を適所に送り込むプラットフォームこそ、北洋銀行自体の生きる道につながると考えた。単なる社会貢献ではなく、対価を受け取り、事業を安定的に継続できるようなビジネスにできなければ、持続しない。竹内氏が命じた価格戦略こそ、トップバンク北洋銀行の意地だった。

生みの親、竹内氏が描いたようにＨＫＰは順調に成長

「銀行補助金」の仕組み—先導的人材マッチング事業の場合—

①	年収500万円以上の人材 (主に常勤雇用を想定)	②	年収500万円未満の人材 (主に副業・兼業を想定)
補助額	年収×16%		年収×12%+20万円
条件	補助金総額は必要な経費の総額を上限とする 年収500万円以上の人材については上限額を100万円とする		

した。6人でスタートしたＨＫＰの社員数は今や90人まで増えた。そのうち約50人が人材会社や会計・税理士事務所出身など外部人材だ。自ら専門人材を抱え、人材ネットワークと結びつき、人に関わる困りごとを全て解決すべく体制を整えつつある「人材バンク」に育ってきた。

ＨＫＰが描く夢は「中小企業の本社機能代行業」。経営コンサルティング事業が企画部の機能を一部担うとすれば、人材ビジネス事業は人事部の受け皿と言える。とりわけ、人手不足問題で人の悩みは尽きない。中小企業に手を差し伸べるのであれば、今や人材ビジネスは必要不可欠なピースとも言える。リクルートやビズリーチなど求職情報に強い既存勢力と連携し、求職でも求人でも最良の人材情報がプールしてあるプラットフォーマーになれるかが焦点だ。

ＨＫＰは２０１８年９月に職業安定法に基づき厚生労働相から有料職業紹介業の許可を受けた。北洋銀行は20年４月に日本人材機構の持ち分を買い取り、ＨＫＰを完全子会社化した。今や北洋銀行グループの中核事業であり、北洋銀行の安田頭取も日本経済新聞の取材に対し、「銀行本体と北洋証券、ＨＫＰで全体利益の３分の１ずつ稼げるまでに育てたい」と語っている。

◆「銀行補助金」の意味

ＨＫＰがこれまで成長できてきた陰には強力なサポーターがいたことも忘れてはいけない。

国だ。スタート時に日本人材機構とタッグを組んだことだけではない。自走するビジネスモデルを作るため、体制整備にサポートを受けた意味は小さくない。

いわゆる「補助金」だ。

「補助金」という響きはあまり良くない印象があるかもしれない。とりわけ実業を営まない銀行には、かつて平成金融危機時に公的資金投入の是非が国を二分する議論に発展した記憶もある。しかし、今回の補助金は性格が違う。公的資金を銀行に贈与するという言葉尻だけつかまえると誤解してしまう。

「先導的人材マッチング事業」。２０１４年９月に安倍晋三政権が発表した地方創生事業は東京の一極集中を是正し、地方の人口減少に歯止めを掛け、ひいては経済の活力を増すことにつなげる一連の施策を総称して使われる。その後継として名称を変えていた「まち・ひと・しごと創生総合戦略」（２０19年12月20日閣議決定）が銀行に補助金を出すきっかけとなる。「地域人材支援戦略パッケージ」という、そのものズバリのネーミングで始まった新制度の設計の中で生まれた産物だ。

「先導的」という言葉に補助金を使う意味があった。「マッチングビジネスの早期市場化・自走化を図る」ため、事業化を後押しする設備資金を供給する狙いを込めていた。

新型コロナウイルス禍が猛威を振るい始めた２０２０年４月１日、同事業を運営する内閣府が第１陣を発表した。全国38金融機関を「間接補助事業者」に採択すると発表し、北洋銀行グループのＨＫＰも入っていた。

◆内閣府の「成功パターン」

それから４年。内閣府が描いていた補助金を出す成功パターンとＨＫＰのビジネスモデル構築の思い

内閣府が描く自走への3段階

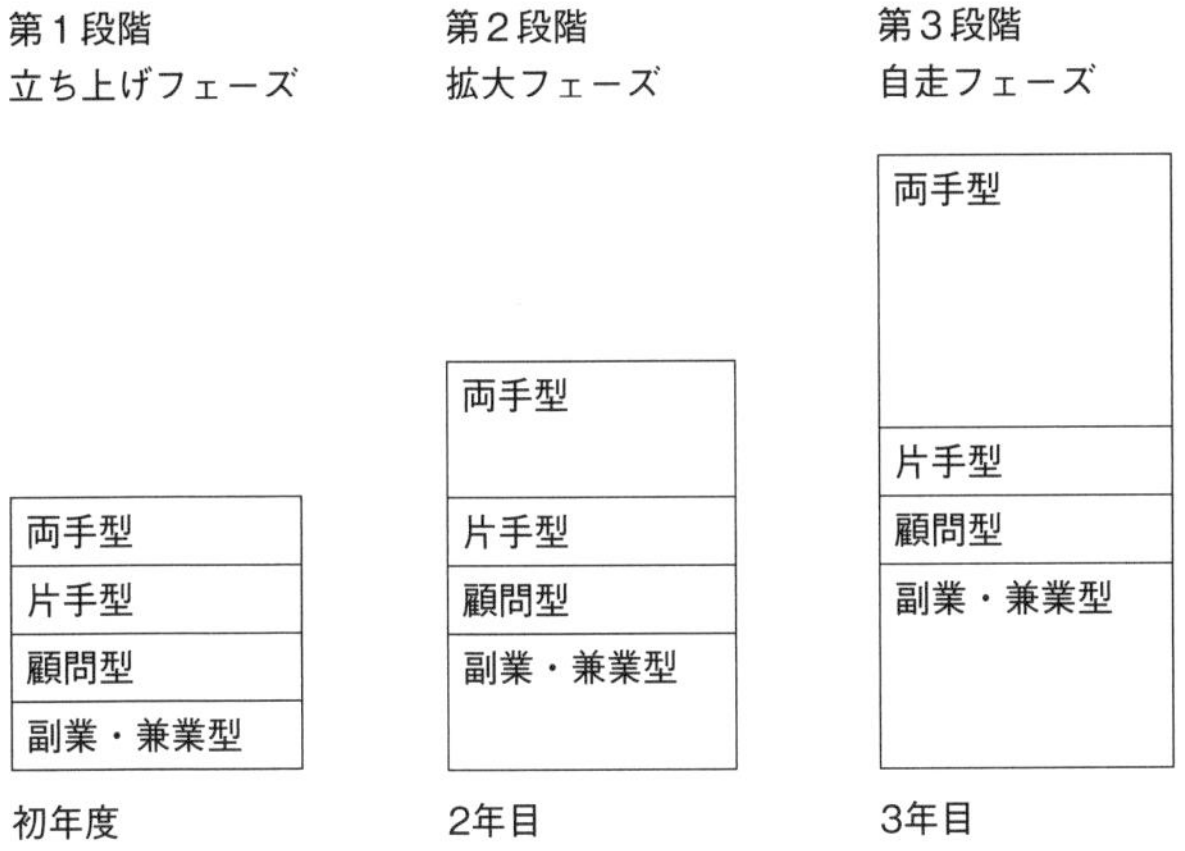

【人材紹介のパターンは】

両手型・自行型	求人企業と求職者の両方を自行で完結するモデル
片手型	人材紹介会社と提携し、求人ニーズをトスアップするモデル
顧問型	顧問人材を紹介するサービス
副業・兼業	副業・兼業人材を紹介するサービス

（出所）内閣府資料

は合致した。第1陣の中でも群を抜いて成功事例と呼ばれるようになる。

　それを理解するにはまず人材ビジネスの収益モデルを知る必要がある。

　外部企業が出した求人情報と外部企業が探した求職情報を結びつけることは職業安定法に基づく許可がなくてもできる。「有料ビジネスマッチング」と呼ばれ、積極的に仲介するというよりそれぞれにマッチしそうな情報があるから伝える程度の紹介ビジネスだ。

　有料の職業紹介事業はそうではない。内閣府が描いていた高みは「両手型」と呼ぶ、ビズリーチのような民間有力企業が実際に展開している人材ビジネス像だ。こういう経営人材が欲しいという情報を本業である融資取引の流れで察知し（求人情報の発掘）、職を探している人材を募る（求職情報の収集）、この2つを両手にたとえたことから、この呼び名が使われる。

現実的にはビズリーチのような外部企業で求職者データベースを持っているところと連携し、一体的に展開することも選択肢ではあるが、補助金交付後、3年間のうちに自前でデータベースを構築するレールを敷きながら自走できるように持っていくのがこの事業の目標だった。

今は第4次公募まで進み、採択された金融機関は直近で119に上る。最近では信用金庫やベンチャーファンドも参入し始めている。それでもＨＫＰが成功例と言われるのは、まさに両手型を実現し、そのマッチング成約件数が2022年度単年度で45件に上り、さらに言えば、それが収益として成り立っているからだ。

誤解のないように記すと、冒頭で書いた「黒字化」とは補助金を含めたものではない。それを除いても黒字化したという意味だ。

実質初年度の18年度は0件だったことを考えれば、まさに事業として継続できる基盤を作ったが、それを支えたのが、3人しか配置できなかった人員を大幅に増員し、中でも人材紹介ビジネスの経験者をプロパー採用できたことだ。さらにエクセルで管理していた状態を脱却し専用システムに切り替え、まさに補助金を設備投資に回した。ＨＫＰの成功方程式はこうしたインフラをきちんと整え、多数のマッチングを実現させる仕組みを作り上げたところにある。

◆金融庁のサテライト

ここまで読んで、不思議に感じることがあるかもしれない。この人材補助金の出し手が内閣府という点だ。対象先が金融機関であるにもかかわらず、全省庁を束ねる内閣官房の下につく内閣府が担う意味は何か。それを読み解くには、金融庁の思惑を知っておく必要もある。

実は内閣府でこの事業を担う地方創生推進室は各省庁の寄り合い所帯ではあるが、その中に金融庁が複数の職員を派遣している。歴代室長は金融庁の元幹部。事実上、金融庁の影響力の下に置かれている。

金融庁は内閣府と違い、銀行法に基づく監督・検査権限を持っている。日常的に監視下に置き、何年かに1回、立ち入り検査に入る。場合によっては行政処分を出し、破綻寸前に陥れば、経営権も営業権も事実上剝奪できる。強力な権限を持ちすぎるあまり、銀行が新たなビジネスを展開しようと相談しても「慎重な判断」と称して門前払いを食らうことも少なくない。

金融庁は発足から20年目の節目である２０１８年7月、権力の象徴である検査局を廃止した。この狙いは遠藤俊英の金融行政経験を解説した第3章に詳しく述べられているが、育成部門の独立性を生み出し、機能を強化する方向だった。内閣府地方創生推進室は育成機能強化の延長線で、金融庁から一部分離独立した部隊と言える。同室は金融庁のサテライトオフィスと呼ばれ、監督と育成を別々の組織で担う連結経営を象徴している。

経済原理に沿って銀行の健全性を損なわないように気をつけるのが監督局銀行第二課の役割とすれば、社会政策の一環で地方経済の活性化に資するよう背中を押すのが内閣府地方創生推進室の機能と言えた。

◆「仲間」も増殖中

金融庁から北洋銀行とＨＫＰに話を戻す。

２０２３年6月22日、札幌市の会議室の一室にあるメンバーが集まっていた。全国の地銀で人材ビジネスに参入した集まりだ。

山口銀行、池田泉州銀行（大阪府）、千葉銀行、七十七銀行（宮城県）、広島銀行……。いずれも北洋銀行と同じように人材事業の本業化を目指す先頭グループだ。「ライバルというより一緒に人材市場を創造する同志たち。わいわいがやがや、お互いの悩みやアイデア、次の展開を語り合う場だ」。ＨＫＰの松橋氏は会合の狙いをこう語る。

同じ道内で人材ビジネスへ参入をうかがっている帯広信用金庫もオブザーバーで参加していた。地銀の人材ムラは地域、業態を超えて広がり始めている。

人材ムラの集まりが開かれていた6月22日、まさに北海バネの造田社長を取材していた。就任から1年超経て、造田社長は次のステップに踏み込もうと意気込みを語った。新たに倉庫を建てることを決めたからだ。資金繰りではなく、設備投資の融資。「まさに今、専門家がいないかＨＫＰさんに頼んだところだ。どこかに良い国の補助金がないかも相談させてもらっている」。ＨＫＰが造田社長への事業承継をお膳立てした結果、北洋銀行は本来持っている信用創造機能を復活させることに成功した。

◆なれるか「地域経済活性化企業」

２０１２年12月に始まったアベノミクス。第２次安倍晋三政権が掲げた３本の矢の１つは「大胆な金融政策」、もう１つは「機動的な財政出動」、３つ目が「民間投資を喚起する成長戦略」だ。

その当時、金融庁が狙いを定めたのは３つ目の成長戦略であり、一丁目一番地にすえたのが地銀改革だった。アベノミクスがスタートして初めてまとめた２０１３事務年度の金融行政方針（毎年一度公表する活動方針）のコンセプトこそ「ビジネスモデルの持続可能性」。翌14年に打ち出された地方創生の一連の政策も金融行政と密接に結びつき、ローカル・エコノミクスの起爆剤は地銀改革となっていく。

それからちょうど10年。金太郎あめと呼ばれた地銀のビジネスモデルは少しずつだが変化が出ている。16年、日銀が発動したマイナス金利政策が地銀の退路を断った影響も大きいが、銀行の他業禁止規定を大胆に緩めた効果はそれを上回る勢いだ。地域活性化に資する業務であれば、何でもできるようになったインパクトは計り知れない。

北洋銀行はビジネスモデルの預貸依存型から社会課題解決型への転換を模索し始めた。お金を貸すだけでなく、仕事を創り、雇用を生み出す。そのためには地域における自らのポジションを単なる黒子役から責任を背負う担い手へ変身する肉体改造でもある。その象徴がＨＫＰであり、人材ビジネスである。

様々な課題を解決するため多機能化した「地域経済活性化企業」。課題を解決した先に地域の企業や住民からそう映るようなコングロマリットグループになれれば、「地銀冬の時代」にようやく終止符が打たれる。

2

「地産地消銀行」へ
——なぜ、名門地銀は見捨てられたのか

今から20年前の2003年、公的資金で救済されたりそなホールディングスが行き詰まったのは身の丈を超えたリスクテイクで不良債権に押しつぶされた末路というのが定説だが、実は違う。

かつて名門地銀だった埼玉銀行が地域に見捨てられた結果というのが真相だ。2002〜04年、筆者（玉木淳）が日本経済新聞浦和支局で見たあさひ銀行（編集注：1991年、埼玉銀行と協和銀行が合併し、92年に改称した）と、その後、大和銀行と合併したりそなホールディングスの断末魔は、地元の支持にあぐらをかいてしまったことの裏返しだ。

りそなの歴史を振り返ると、今の地銀がこれから直面しかねない教訓が少なくない。りそな救済劇は20年の時を経ても対岸の火事ではないことを物語っている。

埼玉りそな銀行は2003年3月にスタートした（埼玉県の土屋義彦知事㊧、さいたま市の相川宗一市長㊥、埼玉りそな銀行の利根忠博頭取㊨）

◆都銀から地銀へ「回転ドア」

日本に1行だけ存在する「地銀ではない地銀」が埼玉りそな銀行である。

地銀ムラの村民ではない。全国地方銀行協会にも第二

地方銀行協会にも加盟していないからだ。

銀行ムラでは都銀だ。大手銀行の一角、りそなホールディングスの１００％子会社だからだ。銀行業界を束ねる全国銀行協会も日本銀行も統計資料で都銀に分類している。

監督官庁の金融庁だけが地銀として接している。県内シェアは預金、貸出金ともに4割を超え、その地のトップバンクに変わりはないからだ。

地銀協に加盟する地方銀行でも第二地銀協に加盟する第二地方銀行でもない「地域銀行」。本来なら99行のはずの地銀の数が金融庁の統計資料だけ１００行に増える。その不自然な差こそ、埼玉りそな銀行が存在する意味である。

埼玉りそな銀行は「銀行分割」で誕生した

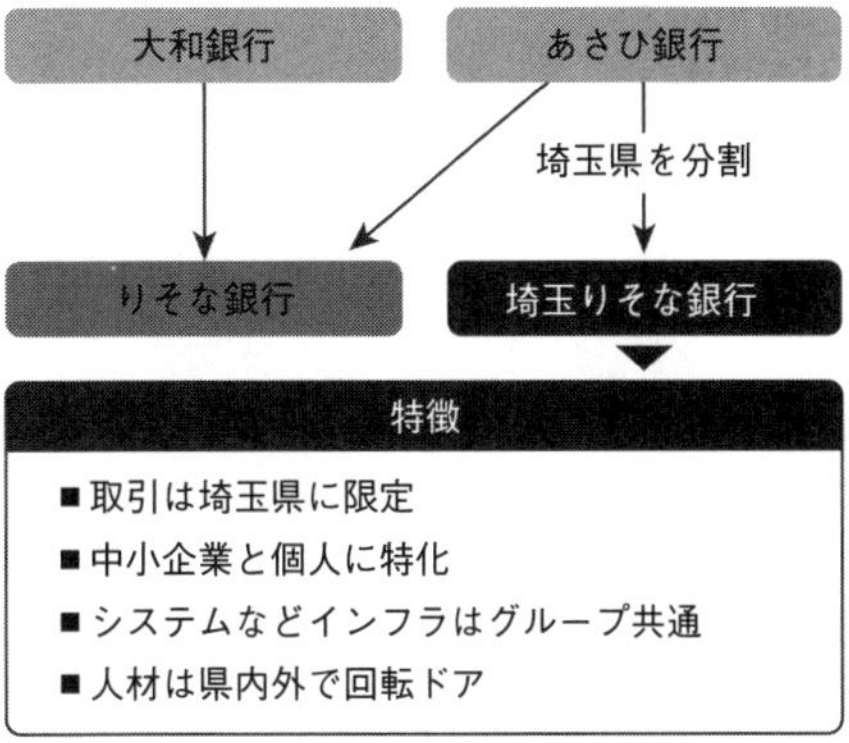

埼玉りそな銀行は独特な地銀だ。独自で新卒行員を採用せず、親会社のりそなホールディングスが採用した人材が入れ代わり立ち代わり出入りする。地縁、血縁、学閥、閨閥が入り乱れる地銀と違い、銀行の門をたたくまでその地域と縁もゆかりもない人が少なくない。

その反動からなのか、地元愛にあふれる行員も少なくない。社会人になって赴任した若者も人事の一環でたまたま配属されたヨソ者も長い銀行員生活を通じて、いつのまにか地元愛が育まれる循環だ。

良い意味で存在する距離感。内向きになりがちな埼玉りそな銀行経営にとって外からの刺激は実は貴重だ。

埼玉りそな銀行は埼玉県だけで完結するビジネスモデルだ。ＪＲ東日本の高崎・宇都宮線と西武・東武鉄道が南北を結ぶその結節地に位置するからこそ、東京へ進出する誘惑に駆られる。北に隣接する群馬県や栃木県を席巻しようとすれば不可能ではないかもしれない。しかし、あえて県域にこだわり、りそなグループ内で分厚い間仕切りを設けている。

「日本唯一の県域に限った地銀」。それでも「全国展開するりそなグループの傘下銀行」。二律背反の経営スタイルこそ、全銀協も日銀もりそなグループのフランチャイズ経営としか見ない理由だろう。

今から20年前の２００３年３月、埼玉りそな銀行は営業を開始した。政府が２兆円に上る公的資金をりそなグループに投入し、議決権の過半を握った実質国有化の２カ月以上前に産声を上げている。自然にできたわけではない。戦後初めてとなる「銀行分割」を使って、戦略的に生み出した新設銀行だった。

20年の時を経て、埼玉りそな銀行が誕生した意味を考えてみたい。

◆「地域銀行」の戒律

「行外秘」と記された１冊の文書がある。２００３年５月、行員向けに公表された「第１次長期経営計画」だ。埼玉りそな銀行スタートから２カ月後、実質国有化と相前後するタイミングに作成された資料だ。

当時は数値ありきの経営計画が当たり前。金融庁が大手金融機関に不良債権比率の半減目標を迫っており、どの地銀も不良債権をいくら減らせるか（不良債権比率）、そのための体力がいくらあるのか（自己資本比率）を競い合っていた。金融庁が統制する「健全性の時代」だった。

しかし、この文書は異彩を放っていた。健全性目標より「目指す銀行像」を重視した構成だったからだ。少し長いが、当時の利根忠博頭取（03年10月から社長）が冒頭に寄せたあいさつ文を抜粋する。

【埼玉りそな銀行頭取の訓示】

－「地域銀行」への原点回帰－

「当行が理想とする『埼玉県の皆様に信頼され、地元埼玉とともに発展する銀行』を実現していくためには、これまで以上に地域に密着した質の高い金融サービスを提供し、実績を示していく他に方法はありません」

「本計画では、『地域銀行』の原点に立ち返り、『地域に密着した営業姿勢』『お客様第一主義』をこれまで以上に強化し、地域トップバンクの基盤を更に確固たるものとする」

「特に、新銀行のベースとなる経営体制の構築については、『地域』『顧客』等を軸に、組織、人事、リスク管理、企業風土等を変革していきます」

「現下の銀行が抱える重荷から既に訣別し、また、潜在成長力豊かな埼玉県を営業地盤とする大きな強みを持っています。この強みと役職員が心を一つにして目標に向かって邁進すれば、必ずやこの荒波を乗り切り、真に『信頼される銀行』となるものと確信しています」

『『地域銀行』への原点回帰」と題したこのあいさつ文は埼玉りそな銀行の「戒律」だ。

目先の利益に目がくらんで経営を傾けてはいけない。収益は結果であり、顧客の悩みに応えれば収益はおのずとついてくる――。サービス業、小売業であれば、至極当たり前の商売道をわざわざ説かないといけない。生き残ることができるかどうかの土俵際に追い込まれていた。

◆「埼玉県限定銀行」の誕生

存在意義を問われ、生死をさまよった時、すがりついたのは自らの支持母体、マザーマーケットだった。

インタビューに応じた埼玉りそな銀行の初代トップ、利根忠博氏
(2023年5月、さいたま市浦和区にて)

埼玉りそな銀行スタートの1年前。りそなホールディングスの前身、大和銀ホールディングスがあさひ銀行と経営統合する02年の出来事だった。

あさひ銀行を含む主要行に対し、監督する金融庁が2003年3月期決算で健全性ルールに合格しなければ、国が実質的に経営する国有化プロセスに入ると宣言していた。経営権の剥奪、つまり、頭取のクビを宣告する手続きを意味する。それを回避する方策が必要だった。

当時、あさひ銀行には公的資金が入っていた。不良債権処理で赤字続きの中、優先株で入れていた株主である国に配当しなければいけなかったが、その原資がない。歴史のたまものだが、埼玉銀行が協和銀行と合併して誕生したあさひ銀行にとって埼玉県市場は金城湯池。埼玉県に限れば、不良債権は少なかった。黒字を確保し、国に配当することができる。金融庁の合格点を得るのに強力な武器となる、と温めていた。それでも当時の梁瀬行雄頭取は自らを解体することになる分社化を渋っていた。

それが一転、埼玉りそな誕生へ向かい始めたのは統合相手、大和銀行の後押しだった。

大和銀行の勝田泰久頭取（当時）は「スーパーリージョナル（広域地銀）バンク論者」だった。ただ、全国の地銀を統合する発想を持っていたが、すぐに入ってくる地銀はいなかった。埼玉りそな誕生は渡りに船に映る。

渋っていた頭取も賛成に傾いていく。埼玉りそなの誕生を妥協の産物と言う人がいるのは、当時、追い込まれていたあさひ銀行の台所事情に目を向けた見方だった。

もともとあさひ銀行の中には、地域銀行への回帰を模索する人たちがいた。経営危機の本質的な意味は取引先との信頼関係にヒビが入ったことであり、それを修復しなかったガバナンスの問題にある。埼玉県市場には武蔵野銀行という地方銀行がすでに存在する。いつまでも金城湯池であり続ける保証はない。

そう考えた筆頭格の人物が埼玉りそな銀行初代頭取の利根忠博氏だった。戒律を書いた人物だ。

利根氏は埼玉銀行が都市銀行に転換した1969（昭和44）年に入行した。埼玉銀行は経営の目線を埼玉県外へ向け始めていた。中堅クラスになったくらいのとき、埼玉銀行は東京のホールセール、国際業務、資金証券業務へ注力分野も移していく。利根氏は「それが最初のつまずきだった」と述懐する。

銀行が黄金期を迎えていた高度成長期、就職人気先だった時代に利根氏は門をたたいた。「銀行の原点は地域銀行にある。集めたお金を産業に回し、経済の活性化につなげる。利益至上主義に走れば、地域金融は無理が生じる」。利根氏が埼玉りそな設立を唱えたのは自らが埼玉県出身だったことだけでは

埼玉県入間市に現存する旧黒須銀行本店

ない。自らの銀行員生活を通じ、埼玉銀行、その後のあさひ銀行の自己矛盾に気づくのは当然と言えば当然だった。

利根氏が書いた戒律はほこりをかぶっていた揮毫《きごう》にヒントがあった。近代銀行の祖、渋沢栄一翁の「道徳銀行」だ。その書を倉庫から見つけ出し、モニュメントにしつらえ直したのが利根氏だった。

◆「道徳銀行」の反省

埼玉県入間市にある「旧黒須銀行本店」。1922（大正11）年、合併で消滅したがこの銀行は埼玉りそな銀行の前身の一つである。

渋沢翁は黒須銀行に揮毫を贈っていた。銀行経営の1つのモデルと考えたのは、「堅実主義と華客本位」にあった。地元の基幹産業だった製糸業に融資し、地域産業の振興に貢献した銀行として語り継がれている。とりわけ、「華客本位」に特徴があった。華客とは得意客、ひいきのお客のこと。「ひいき」と言うと不公平、親密先という微妙な語感が混じるかもしれないが、地元経済をひいきする機関銀行こそ、銀行業の原点だった。

渋沢が唱えていた道徳銀行は「収益は結果であり、顧客の悩みに応えれば収益を頂ける」という考え方だ。目先の利益に目がくらんで経営を傾けることを戒める哲学だ。

1990年代、日本の銀行はこうした理念をなおざりにしていたのではないか。経営破綻した北海道拓殖銀行（現・北洋銀行）、メガバンクに吸収された東海銀行（現・三菱UFJ銀行）、そしてりそなホールディングスになった後に実質国有化されたあさひ銀行。いずれも共通するのはバブル経済の最終コーナーで、後発でネットワークも劣後する銀行が県外に進出していく姿だ。果敢に攻め入った向こう傷、それが多額の不良債権だった。利根氏が埼玉りそな発足にこだわったのは、このことへの痛切な反省がある。

◆「信頼関係」の重要性

利根氏があさひ銀行のかじ取りを任されたのは2001年9月。あさひ銀行が大和銀行と経営統合で基本合意したのを機に経営陣を刷新したタイミングだ。梁瀬行雄頭取（後にオリックス社長）を支える経営企画担当の専務取締役に就任する。

ただ、現実は厳しかった。あさひ銀行は秒読み段階、つまり、資金繰り破綻しかけていた。それから埼玉りそな銀行誕生が決まるまでの半年間、仕事は資金繰り問題に終始する。

利根氏は関係者数人を集めて状況を把握する。すると「来年3月には破綻します」。最も厳しい試算では「1カ月半後に資金ショートします」。数兆円規模の資金が不足していた。

水面下で破綻処理の準備も進めていた。いつ資金繰りが行き詰まっても混乱が起きないように「金月処理（金曜日に破綻宣言して月曜日に預金を返金できるよう体制を整えていくこと）」の訓練も考えていた。ただ、「行員に知れ渡ってしまうと信用不安の火種になりかねない」と判断し、大々的にはできなかった。

あさひ銀行は激動の10年

	あさひ銀行	銀行界	利根氏
1991年	協和埼玉銀行が発足		
92	あさひ銀行に改名		
96		東京三菱銀行が発足	経営管理部長から事務部長へ
97		北海道拓殖銀行が破綻	
98	東海銀行との経営統合発表	金融監督庁が発足	事務システム担当取締役
		日本長期信用銀行が破綻	
99		みずほグループ結成発表	
2000	三和銀行が合流		
	あさひ銀行が離脱		
01	東京三菱銀行へ海外業務移管	時価会計導入	リスク統括・コンプライアンス担当常務
	格下げ	三井住友銀行が発足	
	大和銀行と経営統合発表		企画担当専務
02	大和銀行と経営統合		
	りそなグループに改名		
03	埼玉りそな銀行の営業開始		埼玉りそな初代頭取（10月、社長に改称）に
	県民銀行構想		

統合相手の大和銀行が助けるはずだが、こと資金繰りに関しては距離を置かれてしまう。「まだ別々で、統合交渉の委員会の時にもそういう話は出なかった」（利根氏）。住宅ローン債権5000億円分を証券化したり、預金集めに奔走したり。最後の最後、奥の手だったが、貸している融資を回収し、資金繰りに充てざるをえなくなる。

最も腐心したのは地方公共団体、埼玉県庁と県下市町村との信頼関係の維持だ。公金を預かったり、制度融資を請け負ったり、収納代行を担ったり、当時、全国の銀行で最も多くの指定金融機関を務めていたあさひ銀行は潰れてしまっては困る存在。しかし、県下で貸し渋り・貸しはがしまで踏み込んだあさひ銀の姿勢に県下中小企業の間で不信感と不満のマグマがたまっていた。

あさひ銀行はいつのまにか埼玉県市場を預金調達地と位置づけるようになってしまった。例えば、3000万円以下の融資は効率が悪いから止めるよう本部から指示が下ったこともあった。1997年、北海道拓殖銀行が経営破綻し、銀行破綻が県下経済へ与えるインパクトの衝撃は大きかった。「二の舞以上になると危機感を持って頂いた」。おわび行脚を繰り返し、辛うじて預金を維持してもらえ、首の皮一枚つながった。

◆「再編」の迷走

埼玉りそな誕生が不可逆的な流れになったのは、皮肉にも脱埼玉を目指し再編した結果が失敗だったことにある。

都市銀行に転換した埼玉銀行の脱埼玉路線が最初のつまずきとすれば、協和銀行と合併し、後に銀行名から埼玉を外したことが次のつまずきだった。

合併相手の協和銀行は戦前に貯蓄銀行と呼ばれる業態で全国をベースにしていた。特定の地域を持たず、取引を深耕できる先を大事にする「狩猟民族」。一方、埼玉銀行は都市銀行に転換したとはいえ、埼玉の経済を育てようと考える「農耕民族」。カルチャーの違いは大きく、「水と油」だった。

この一枚岩になれない合併の失敗が1998年から再編相手を巡り迷走を繰り返した「悪夢の3年」を生み出してしまう。

1991年に合併してから7年も経過していた1998年、協和埼玉銀行から改名したあさひ銀行は東海銀行と経営統合すると発表した。このときはあさひ銀行の生きる道に光明が見えた瞬間だった。

東海銀行は愛知県を地盤に成長した都市銀行で、あさひ銀行と同じく戦前の地銀時代の地盤を引き継いでいた。農耕民族同士でウマが合う最適解と埼玉銀行出身のあさひ銀行幹部ももろ手を挙げていた。

ただ、その交渉が始まると暗転する。当時の頭取は協和銀行出身。正式交渉に入ると、交渉が滞るようになってしまう。埼玉銀行側から見れば、「(東海銀行と経営統合した後の) UFJ設立の合意に至る過程で(埼玉と協和の)融和が進んでいないことが裏目に出てしまった。協和はリージョナルバンクに変わることを受け入れられなかった。最後まで一枚岩になれなかった」(利根氏)

東海銀行が横浜銀行に参加を打診し、2行以外に拡大する志向が強かった。そのつど、慎重な姿勢を繰り返したあさひ銀行に不信感を抱いたようだ。横浜銀行の合流は幻に終わったが、三和銀行が合流する計画に発展する。

システム担当だった利根氏は暗礁に乗りかかっていたシステム問題に携わる。事務部長時代、東海銀行とATM提携した縁で知己もあった利根氏が調整に動いたものの、最終的にあさひ銀行は離脱を決めてしまう。

今の三菱UFJフィナンシャル・グループ(FG)、三井住友FG、みずほFGの3メガバンク体制ができる前史。再編相手を失ったあさひ銀行は三菱UFJの前身、三菱東京FGと経営統合へ動くが、頭取交渉で決裂。横浜銀行や千葉銀行など統合相手を探すものの、交渉以前の門前払い。追い詰められていく。

迷走を重ねた末、あさひ銀行が頼ったのは大和銀行だった。この統合は監督官庁の金融庁が大和銀行に依頼し、お膳立てしたお見合い結婚だった。

大和銀行最後の頭取、勝田泰久氏の証言である。

「私が頭取になった01年の8月15日に金融庁の森昭治長官に『1人で来てほしい』と呼ばれた。会ってみると『あさひ銀行が大変なので、おたくでリードしてもらえないか』と打診された。こちらとしても渡りに船だと感じたし、会長だった海保（孝）氏との間でも『やろう』と決めた。それから2週間ほどしてあさひ銀の田中正会長と伊藤龍郎頭取が来た時に、本店は大阪、システムは大和、人事は公平にするがトップは当面私ということでまとまった」

インタビューに応じた大和銀行元頭取の勝田泰久氏（2021年6月、大阪市内にて）

01年9月21日、あさひ銀行と大和銀行は記者会見を開き、経営統合で基本合意したことを発表した。「我が国を代表する地域金融機関の連合体となる『スーパー・リージョナル・バンク』の創造を目指してまいります」。プレスリリース「経営統合の趣旨」にはっきり明記された一文により、埼玉りそな誕生が事実上、機関決定された。

この再編は大和銀行によるあさひ銀行の吸収合併という印象だったが、それでもあさひ銀行側には安堵感が広がっていた。再編迷走劇に終止符を打てたことに加え、協和ｖｓ埼玉の対立も終わりを迎えたからだ。

◆「県民銀行構想」

「あさひ銀行も不良債権の少ない埼玉県の事業部門を分離し

ようと考えていた。場合によってはその株式の一部を外部に売り、公的資金の返済原資に充てることもできる。グループ内で自由度を持たせてもよかった」(利根氏)

大和銀行との統合合意の少し前から、企画担当専務に就くことが内定していた利根氏は大和銀行のカウンターパートに接触していた。スーパーリージョナルバンク構想を描いていることは周知の事実。今度はどういう形で分社化するかが焦点だった。

埼玉りそなはりそなHDの100%子会社だが、当時は完全子会社以外にも選択肢があった。一部株式を外部に譲ること、場合によっては子会社を上場させることも検討課題だった。先述のように分社化自体は国への配当原資を確保するためだったが、外部に株式を売ることで公的資金の原資も確保できないかが焦点だった。上場すれば、地元取引先が株式市場を通じて自由に株式を購入することができる。健全な銀行に復活すれば、株式を買ううまみも出てくると考えた。

りそなHDは02年8月、予定通り埼玉りそな銀行を設立する。金融庁の認可を経て、03年3月、予定通り営業をスタートする。地元との結びつきを強め、地元での信頼を確認できたあかつきには株式を上場することも視野に入れる。

スーパーリージョナルバンク第1号として埼玉りそなが先頭を切った。ただ、それから3カ月も経ない03年5月17日、環境が一変する。国が2兆円の公的資金を追加注入し、実質国有化することを決定したからだ。

この決定は埼玉県内にも衝撃が走る。できたばかりの埼玉りそなの行方を巡り疑心暗鬼が広がった。国が公的資金を注入するのは銀行の申請が前提だ。銀行が自主的に申し出た結果、注入するという建前で言えば、申請主体はりそな銀行。埼玉りそな銀行は分社化されていたので、「埼玉りそなは危機ではない」という声が高まっていた。

ただ、これは地域エゴの発露に映ってしまう。公的資金を注入する根拠の預金保険法は銀行の預金者保護を前提にしており、申請主体を銀行に限っていた。便宜上、りそな銀行が申請する形を採用したが、後に注入した公的資金を親会社のりそなＨＤに移したようにグループ全体の連帯責任と考えていたのは言うまでもない。

それでもりそな実質国有化は「埼玉版りそなショック」を招くことになる。分社化した埼玉りそなを県民銀行として分離・独立するよう求める期待が高まったからだ。

03年11月、埼玉県の上田清司知事は地元財界が埼玉りそなに出資する計画を発表する。「県民銀行構想」と呼ばれる独立運動の口火を切った。

上田清司知事（当時）は埼玉りそな銀行を県民銀行化する構想を発表した（2003年、埼玉県庁にて）

埼玉りそなの利根社長（当時は社長に改称）は内心、安堵していた。埼玉県庁や経済界が挙げた声に表立って賛同できる立場にはない。ただ、当時のりそなグループはＪＲ東日本出身の細谷英二会長肝入りの社外取締役チームがゼロベースであり方を再検討していた。

花王副社長出身でりそなＨＤ社外取締役を務めた渡辺正太郎氏が証言する。

「『浦和の本社を売れ』と言ったが、『それはどうしても売れない』と。それから『なぜ埼玉りそな銀行とこっちを一緒にしないのか』と言ったら行内から『だめだ』という。

だからシンボルである埼玉りそな銀行は残した」

実質国有化後のりそなグループでは、大和銀時代に打ち出したスーパーリージョナルバンク構想を否定するような揺り戻しも起きていた。メガバンクと同じようなワンバンク路線で、効率化による収益強化を目指す動きだ。

その動きを最も警戒し、渡辺氏ら社外取締役の意向に反対していたのが利根氏だった。

「りそなグループ内で（埼玉りそなと他の傘下銀行を）一体経営した方が効率的と考える動きが出てきたからだ。グループ傘下銀行が同一歩調を取る流れが生まれ、埼玉りそなをもう一度、合併しようとする動きもあった。銀行の原点はメガバンクではなく、地域銀行にある。地域でお金を集めて地域の産業に融資すれば、地域経済の活性化につながる。（グループ一体で）利益至上主義に走れば、地域金融に無理が生じる」

◆2つの「SRB」

それから20年。埼玉りそなはなお健在だ。100％子会社ではあるが、埼玉りそな単独で地域商社「地域デザインラボさいたま」を設立し、独自色も出し始めている。県内に営業エリアを限ったにもかかわらず、中小企業等（個人を含む）融資の残高は実質的な営業初年度の04年3月期に反転し、現在までに6割も増えた。

りそなグループの一員としてシステムを共通化しており、余った預金を有価証券で運用する市場運用もりそなHDが代わりに請け負う。他の地銀の営業経費がこの20年、3割近く増えているにもかかわらず、埼玉りそなは6％増にとどまっている。

道徳銀行の揮毫は本店応接室に飾られている（埼玉りそな銀行の現社長、福岡聡氏）

利根氏も「埼玉県を唯一の市場と考えて営業する銀行に生まれ変わったことは地元に寄り添う銀行の原点に立ち戻る意味で成功だった。大手地銀と遜色ないところまで成長できたと思う」と評価する。都道府県域を区切った唯一の「地銀」。地域に山積する悩みに寄り添って、それを解決することに奔走した結果。それは道徳銀行の戒律を守った成果である。

翻って、今の地銀界を眺めると道徳銀行の戒律を守っているところは数少なくなってしまった。資金需要がある大都市へこぞって参戦するのは当たり前。デフォルト率（債務不履行に陥る確率）が低い融資を探して走っている。その象徴は担保を取りやすい不動産融資だ。

日銀データ（全国銀行ベース）によると、この30年で不動産融資は50兆円近く増え、２０２２年12月時点で残高は１００兆円に迫る。融資に占める不動産比率も20%を超える勢いだ。あさひ銀行が埼玉県外融資に走り、不良債権の山を築き始めた１９９０年代初頭、日本の銀行が貸していた規模は今の半分だ。

地域のための銀行に徹することが中長期的に銀行の成長に結びつくという渋沢の遺訓を見失っているとすれば、先行きは暗い。

なぜ、名門地銀が地元に見捨てられてしまったのか。埼玉りそな銀行は英語の頭文字で言えば、ＳＲＢ。スーパーリージョナルバンクもSRB。2つのSRBは地域のトップバンクといえども淘汰されてしまう苦い記憶を刻み込むモニュメントのような存在と言える。

3 「中小企業専門銀行」へ——敵ではなく味方に

地方銀行は想像以上に中小零細企業へ融資していない。横浜銀行は全融資の33%（2022年3月末）。常陽銀行は27%（同）にとどまる。同じく全国地方銀行協会の会長を務めた千葉銀行も静岡銀行も福岡銀行もトップ5すべてが50%に満たず、大企業や個人、地方自治体に貸しているのが実態だ。

2022年12月、そんな地銀協が色めき立った。政府が商工組合中央金庫を民営化する方針を打ち出したからだ。中小企業融資を巡り、それまで黙っていた「民業圧迫論」を展開し、何とか押しとどめようとしたが、後の祭り。2025年6月までに民営化することが決まった。

中小企業零細企業向け融資比率が92・7%に上る商工中金が民間銀行になれば、日本で唯一の中小企業専門銀行となる。地銀協が民業圧迫を叫びたくなるのは分からなくもない。数少ない安定事業を脅かす脅威になりかねないからだ。

ただ、商工中金は本当に敵なのだろうか。都道府県ごとの融資シェアは0・9~5・8%と低い。地銀が張り巡らせる店舗網や人員と比べれば、フランチャイズ力は格段に見劣りする。地銀のネットワーク力を信用創造につなげるには、政府系か否かと無関係にリスクを分け合う専門金融機関が必要なのではないだろうか。

【貸出残高の比較（2021年度）】

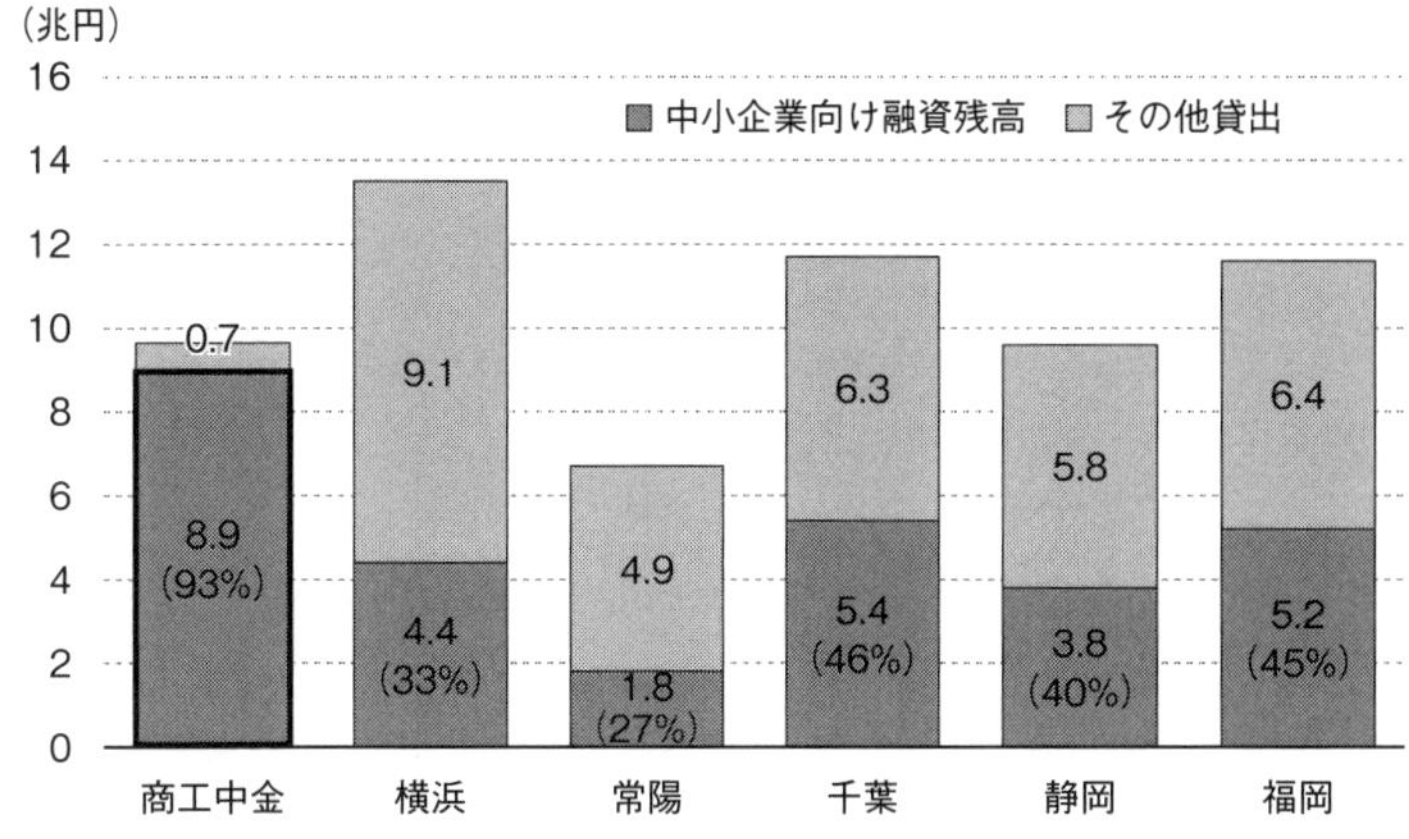

※1：各行決算短信説明資料より
※2：中小企業向け融資残高について、常陽・福岡は中小貸出合計から消費者ローンを控除

商工中金の民営化は地銀がリスクテイク力を蓄えるチャンスになるかもしれない。

◆「合格点」の重み

東京駅八重洲口から出て徒歩5分程度の場所にある商工組合中央金庫の本店ビル。内装は少しレトロな天井の低いつくりで、背の高い人なら少し圧迫感を感じる昭和風な建物だ。２０２３年６月７日午後、そこにある執務室で、関根正裕社長は晴れやかな笑顔を浮かべていた。

「私も本当にそう思ってずっとやってきた。その方向で議論が進んだことはとてもよかった」。その方向とは「商工中金の民営化」のことである。

前の週の5月31日、政府が２０２３年通常国会に提出した商工中金法改正案が衆議院経済産業委員会で可決していた。この法案は公布から2年以内に政府が保有する株式を全て売却するのが柱だ。商工省（経済産業省の前身）と大蔵省（財務省・金融庁の前身）が設立してから87年後、政府

商工中金は完全民営化へ走り始めた

1936年	国と中小企業組合による共同出資で設立
2008年	株式会社化
	完全民営化（2008年から5〜7年後を目途）を規定
09年	リーマン・ショック受け完全民営化を延期（3年半先送り）
11年	東日本大震災受け完全民営化を再延期（さらに3年先送り）
15年	完全民営化を無期延期に（「できるだけ早期に」と修正）
16〜17年	危機対応業務で不正発覚。依存したビジネスモデルから脱却へ
18年	関根正裕社長が就任、存続か廃業か「解体的出直し」
18〜21年	－集中改革期間－
22年	外部有識者「商工中金の経営及び危機対応業務に関する評価委員会」が合格点
23年	政府が商工中金法改正案を通常国会に提出・成立。
	※「民営化＝政府保有株売却、完全民営化＝商工中金法廃止」と定義
25年（予定）	民営化を実施（公布から2年以内に政府が全て保有株を売却）
27年（？）	完全民営化を判断（自己資本の状況、ビジネスモデルの確立状況、危機対応業務の在り方などを勘案。公的資金「特別準備金」の取り扱いも議論）

が自ら株主の座から下りることが事実上決まった。

「根幹は中小企業向けの金融機関として本来あるべき姿にどう立ち戻るか。どういった金融機関が中小企業のお役に立つのか。その結果としての民営化という整理になっている。これに尽きるんです」

経済産業省の中に置かれる中小企業庁は2022年12月16日、「新たなビジネスモデルを踏まえた商工中金の在り方検討会」をスタートさせた。年末の予算編成が迫るこのタイミングに新しい法案を提出する検討会を立ち上げるのは異例中の異例。防衛費増額を巡る財源探しと勘繰られながらも、既定路線と言えば既定路線だった。

「商工中金の経営及び危機対応業務に関する評価委員会」。関根社長が就任した直後の2018年4月以降、4年半の間に累計17回も開かれた民間有識者によるこの委員会はいわば、商工中金の通信簿を付ける役割だ。最終回となった22年8月、「新たなビジネスモデルはおおむね確立できたと評価」していた。つまり、下敷きはすでにこの時点でできていた。商工中金にとって「合格点」を取った意味は重い。落第すれば「廃止」されてしまう、生きるか死ぬかの瀬戸際に立たされていた。合格点は商工中金がこれから存続してよいというお墨付き。関根社長が4年以上進めてきたことが間違っていなかったことを第三者から認めてもらえた意味は大きかった。

◆突きつけられた「解体的出直し」

商工中金が民営化する方向になったきっかけは胸を張れるものではない。２０１６年10月に発覚し、翌17年5月と10月に二度も行政処分を受けた大規模な不祥事を起こしたからだ。政府の危機対応融資を巡り、書類を改ざんしたりして本来対象とならなかった企業に融資していた。その数は国内１００支店のうち97店で発生し、不正に手を染めたとして内部処分を受けた職員は８１３人に上った。全職員の5人に１人が関与していた組織的な不正だった。

その時、中小企業庁が設置した有識者会議「商工中金の在り方検討会」の出した結論が衝撃的だった。「解体的出直し」。在り方検討会の川村雄介座長（当時、大和総研副理事長）は後に振り返った。「つまり、完全民営化の道筋を描く新しいビジネスモデルを実行できなければ、組織として存続させる必要がないということだ」

危機対応融資は焦げ付いた場合、国が8割を補填する損害補償契約付き。それを武器に営業を掛けて、新たなリレーションを築いていたとしたら民業圧迫のそしりは免れない。当時は同じ政府系金融機関の日本政策金融公庫と経営統合するレールが敷かれたと見られていた。

◆関根社長の原点

関根社長は解体するか完全民営化するか、その線引きをはっきりさせるために招かれたようなものだった。18年1月、政府から三顧の礼で迎えられた関根氏とはどういう人物なのだろうか。

直近はプリンスホテル取締役だったが、ホテルマンではない。その前に在籍していたみずほ銀行から転職した元銀行マンだ。みずほの前身、第一勧業銀行に入行し、銀行員として営業に従事。金融史に残るスキャンダル「第一勧銀・総会屋利益供与事件」で揺れた1997年、広報部に在籍し、後に作家となった江上剛氏と共に反社会的勢力と対峙した。

商工中金の関根正裕社長（2023年6月）＝提供：共同通信社

もっと言えば、岸田文雄首相と昵懇《じっこん》の間柄だ。開成高校時代、野球部に所属し、チームメイトだった。早稲田大学雄弁会に所属し、政財界で人脈も豊富だ。

この関根氏の起用が商工中金にヒットした。

商工中金改革を中小企業金融のやり直しと位置づけていたからだ。その意味では、関根氏が歩んできたのが第一勧業銀行だった幸運が重なったのかもしれない。

今ではみずほ銀行に合併し、富士銀行も日本興業銀行も含め母体色を消してしまったが、もともとは特徴的な銀行の集合体だった。

その中でも第一勧業銀行のさらに母体の1つ、日本勧業銀行は戦前、政策を遂行する特殊銀行。第一勧銀はその血が残り、中小企業融資にこだわりのある都市銀行だった。リレーションシップバンキング（地域密着型金融）で有名な第一勧業信用組合は第一勧業銀行の系列で、その名を残しているのはまさに名残だ。

みずほに限らず、メガバンクは「ワンバンク路線」と「総合金融化」へ走っていく。それまで中小企業へ積極的に攻勢を掛けていた姿勢は段々と鳴りを潜めていく。

関根氏がみずほを去ったのはそんな潮流の変化を見たからでもある。商工中金改革を日本の銀行改革、とりわけ中小企業金融をやり直すチャンスと映ったのかもしれない。関根社長の言葉の端々にこうした銀行界に対するアンチテーゼを感じる。

◆リンカーンの名言

関根氏が社長に就任してから印象的だったことは当たり前の常識を壊したことだ。「中小企業のためにならない業務はやらなくていい」

1つは営業現場に数値目標を課す「ノルマ」を廃止した。真のニーズはノルマを課せば発見できるのだろうかという素朴な疑問が背景にあった。

もう1つは個人向けに投資信託や保険を売るのを止めた。個人から手数料を稼ぐ必要があるのかとい

長期金利の状況

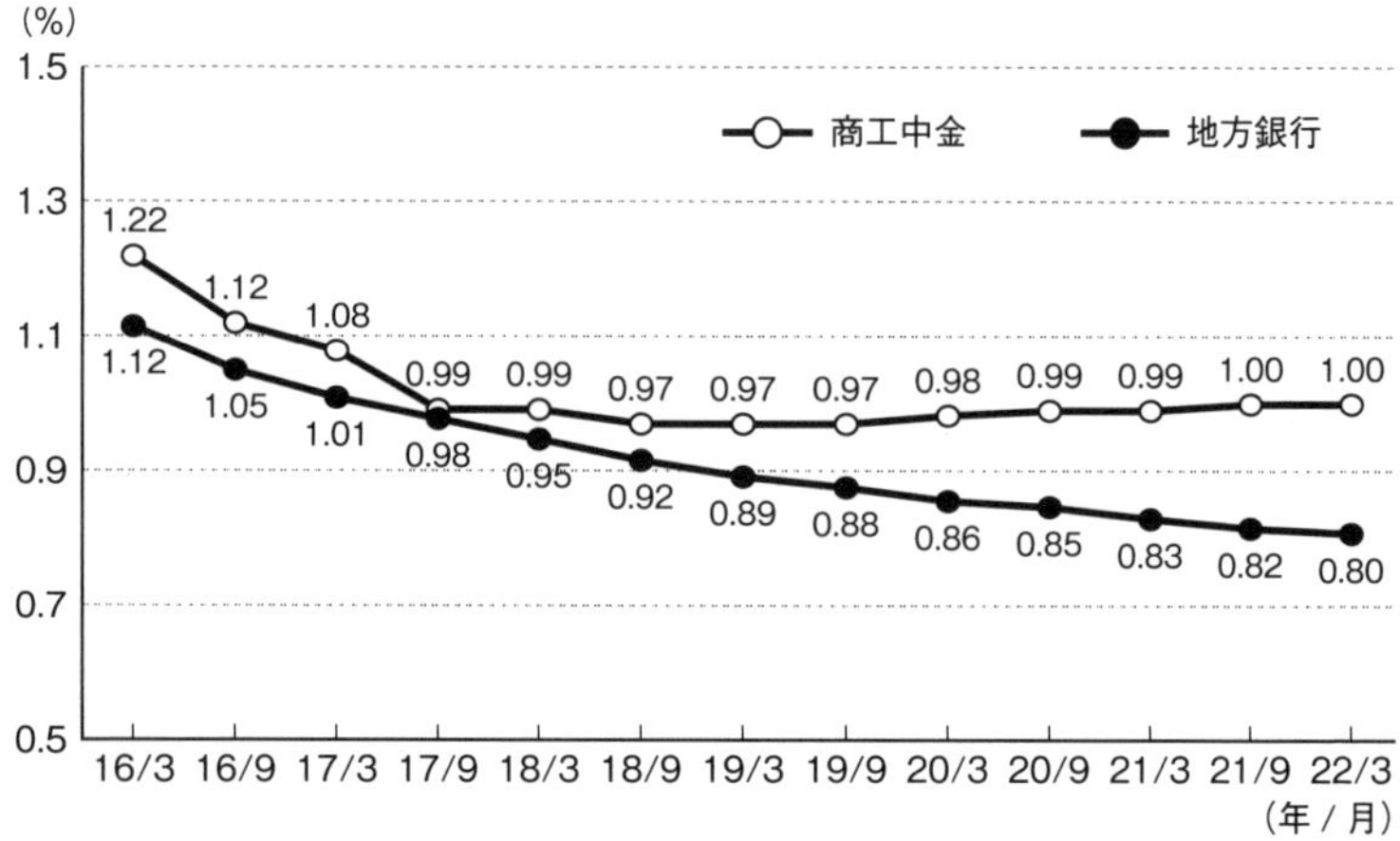

短期金利の状況

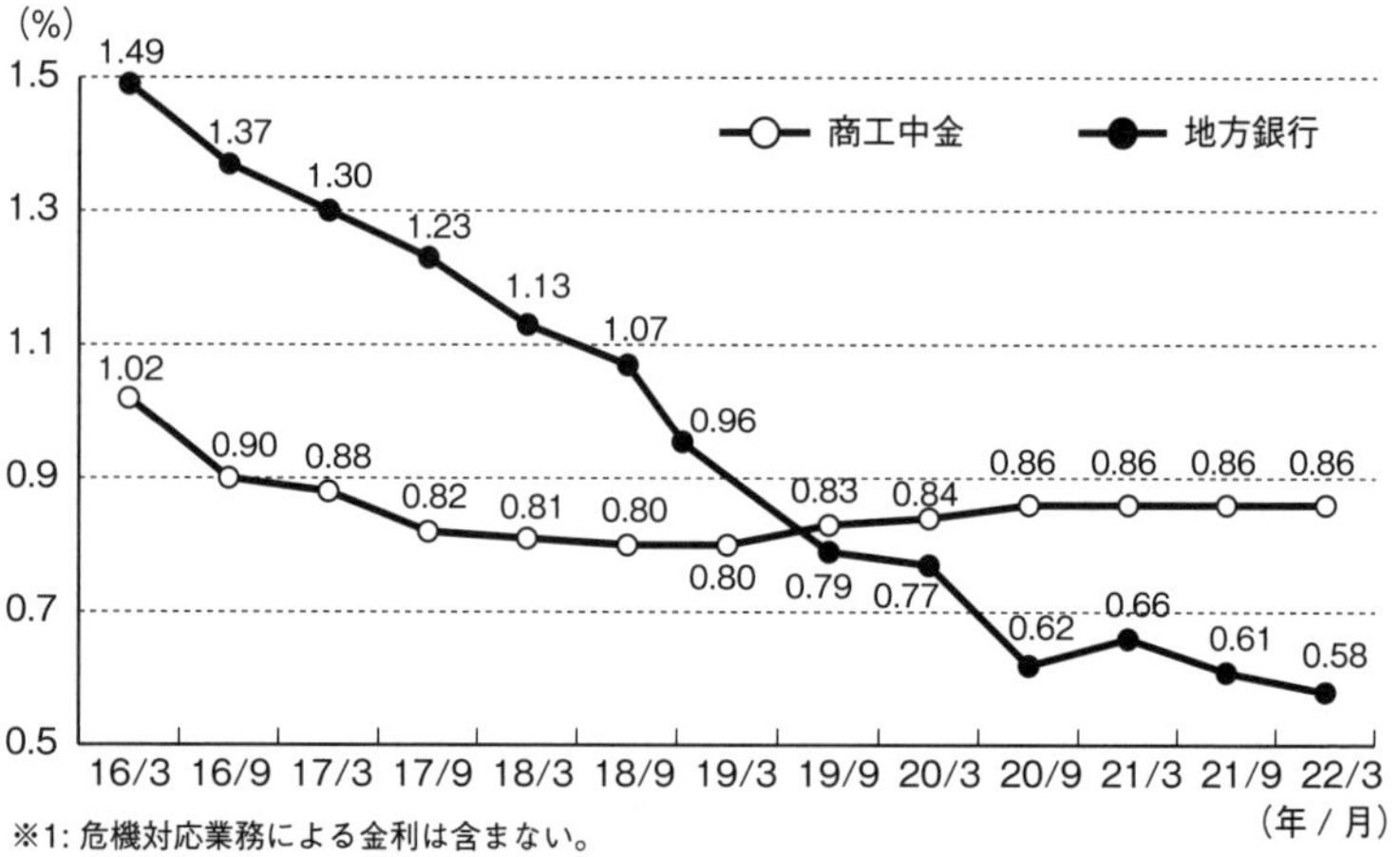

※1: 危機対応業務による金利は含まない。
※2: 国内業務部門における実績。 管理会計ベースの数値。 地方銀行長期・短期は日本銀行「貸出約定平均金利」のストック。
※3:「管理会計ベース」 は、 債務者区分「正常先」「要注意先」 が含まれ 「破綻懸念先以下」が含まれない。

(出典) 商工中金提出資料より

重点分野の貸出残高（億円）

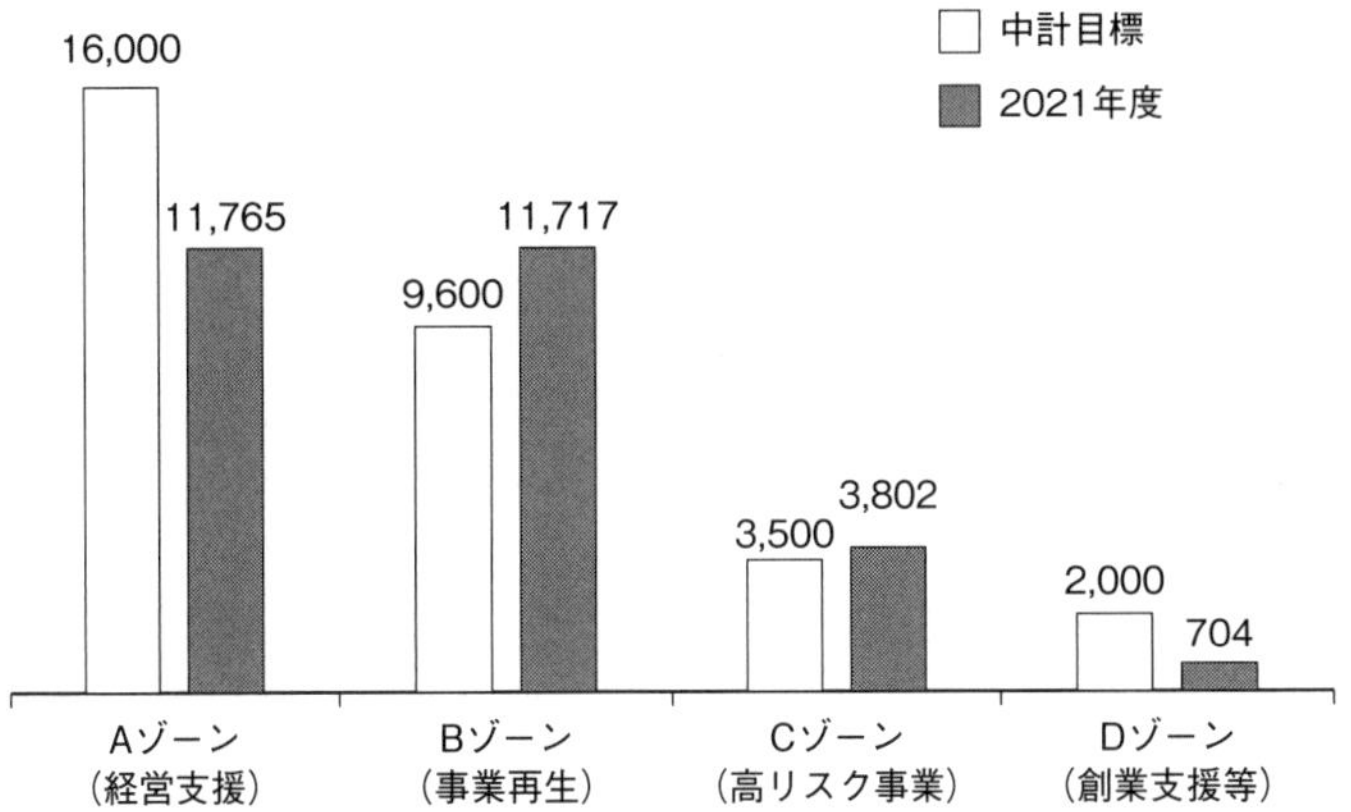

う当然の疑問があった。

３つ目は税公金の扱いや日銀の歳入金代理店も一部を除き廃止した。公共団体の業務に中小企業に役立つニーズがどこにあるのだろうかという常識への疑問があった。

一方、中小企業の役に立つことは何でもやった。経営支援、事業再生、高リスク事業、創業支援等の４つを重点分野に掲げた。前者３つは中期経営計画で掲げた目標を達成し、創業支援は目標に届かなかったが貸出残高は約７００億円（22年3月末）。４年で8倍弱に増えた。営業担当者は取引先への提案時に毎回、その企業の課題と解決策をまとめた「バリューアップレポート」をつくるようにし、「危機待ち銀行」からの脱却を促した。

プロパー貸出残高約7兆１０００億円のうち4割弱が重点分野になった。貸出金利回りは１％を超え、低下する地銀と違い、その水準を維持している。

関根改革とは何か。一言で言えば、商工中金の原点に帰ることだ。昭和金融恐慌後で生じた金融の不具合を埋めるため戦前に中小企業による設立運動から生まれた中小企業の機関銀行だった。中小企業向け融資が9割を超える最大の特徴を生かせば、顧客からの支持は続き、経営基盤も維持できるはず。それをどう時代に合わせるか――。

「中小企業の、中小企業による、中小企業のための金融機関に徹することが我々の使命だ」。関根社長が参考人として呼ばれた国会審議で繰り返したのは、米元大統領リンカーンの名言をもじったこのフレーズだ。

「理念が明確になって、進むべき方向もはっきりしたので、組織内の風通しは相当よくなった」。営業現場の関係者は口をそろえる。

◆「完全民営化」のハードル

「スタート台に立った。これからが本当のスタートだ」。関根社長自身、自らこう鼓舞するように真価を試されるのは、ここからだ。

理念を確立した。骨格も定めた。ビジョンも明確だ。ただ、それが「政府系」という枕詞を外して持続可能かどうかだ。

今回の商工中金法改正は議決権の46・5％を握っている商工中金株を政府がすべて売却することを盛り込んだ。公布の日から2年以内なので2025年6月までのどこかと決まっている。

もう1つが、根拠法である商工中金法を廃止することをもって「完全民営化」と定めたことだ。今回の改正では根拠法の廃止は見送ったものの、公布の日から4年以内に再検証することを決めた。27年6月までに再び議論することを決めた意味は重い。

「完全民営化の実現に向けて経営の自主性を確保しつつ、（中略）金融の円滑化を図るために必要な業務を営むことを目的とする株式会社」

もともと商工中金法は2007年6月（株式会社化を決めた改正時）に同法1条で完全民営化を規定した。同じ政府系金融機関に分類される日本政策金融公庫にはそういう規定はない。債券を発行し市場で資金を調達するだけでなく、預金を集めて融資に回す点で銀行と同じビジネスモデルである以上、いずれ自立することが求められている。

金融機関で唯一、中小企業向けに国の危機対応融資を取り扱っていることは政府系金融機関の独占業務ではないかと勘違いされるかもしれない。しかし、これは実態が違う。システム構築や国への報告義務の負担が重く、予算措置されている業務なので、会計検査院の定期検査に服さなければいけない。民間金融機関がそれらを嫌気し、制度を創設した2008年以降、どこも手を挙げてこなかっただけである。

いずれにせよ、自立したビジネスモデルを構築し、持続可能な姿に作り替える作業はこれから本番を迎えることになる。

◆「政府ルール」と「銀行ルール」

カギを握りそうなポイントがいくつかある。

1つは「政府支援」の行方だ。

政府が株式をすべて売れば、株式会社のガバナンス上、国が権力を行使するのが難しくなる。一般の監督規定を残すのみなので、かつてのように天下りトップをごり押しするのは事実上不可能になる。

商工中金の弱点は？

■健全性の構造　公的資金除くとギリギリの水準に

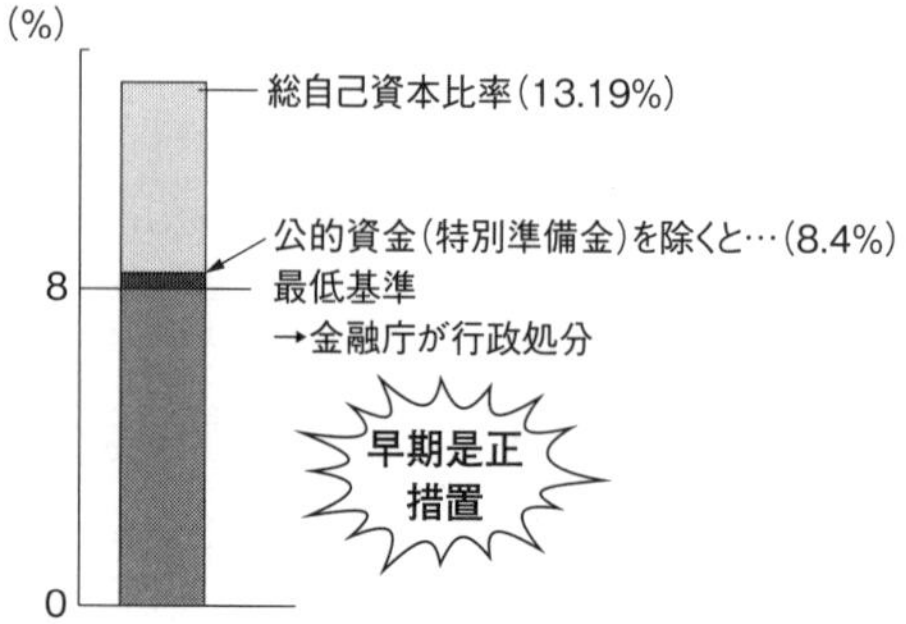

【「特別準備金」が焦点に】
- 政府が保有する普通株式は民間に売却する予定。全て売却できれば資本は目減りしない。
- 「危機対応準備金」は1295億円に上るが、危機対応融資を遂行する上で必要な支援金。
- 株式会社化の時点で政府支援金を資本に振り替えた「特別準備金」は4008億円に上る。これを完全民営化時に国庫納付するかが焦点。
- 現時点では「商工中金がその自己資本の充実の状況その他財務内容の健全性が向上し、その健全性が確保されるに至ったと認められる場合、～中略～国庫に納付することができる」と規定

（注）商工中金はニューヨークに支店を有しており、メガバンクと同じ国際統一基準行なので最低基準は８％となる。

■資金調達の構造　流出しにくい個人預金が少ない

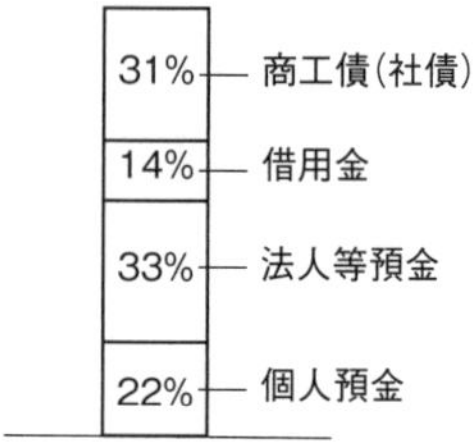

【流動性危機の恐れ】
- 米シリコンバレーバンクはスタートアップ企業などの大口預金が多かった。
- 流出しにくい預金は主に個人と言われる。
- 社債は市場変動の影響を受けやすく、商工中金も09年の67％から36％へ社債調達比率を低下。
- 全国地方銀行協会加盟の地方銀行の預金は69％が個人。

一方、株式会社化の際、政府は「特別準備金」と呼ぶ公的資金を渡している。銀行への公的資金と違い、中小企業の金融円滑化を実現するための財政支援という性格のお金。まさに民営化に向けた持参金だが、この金額は約4000億円に上る。

これはもう1つのカギを握る「健全性ルール」との関係で極めてセンシティブなテーマだ。

特別準備金はバーゼル銀行監督委員会が定める自己資本比率規制と密接不可分だ。自己資本比率規制は国際統一基準行なら8％、国内基準行なら4％を割れば、早期是正措置という行政処分を受ける生命線。今の商工中金はこの対象外だが、民営化すれば、いずれ対象となる方向だ。

テクニカルだが、特別準備金を国に返済する義務があるか否かで自己資本比率規制に直撃する。返済義務が生じれば、中核的自己資本にカウントできなくなるからだ。あくまで商工中金の健全性を確保するため、商工中金が自由に使える資本でなければいけない。

4000億円は巨額だ。今の自己資本比率は13・19％（23年3月末）と余裕があるように映るが、差し引くと8・4％に低下してしまう。ニューヨークに支店を置いている商工中金は実は国際統一基準行。毎年、自己資本に振り向けることができる純利益は100億円前後なので、5年間、安定経営を続けても、自力で4000億円を積み立てるのは事実上不可能だ。

◆収益基盤確立できるか

そこでポイントとなるのが3つ目のカギとなる「業務範囲規制」だ。今回の商工中金法改正案は民間銀行と同じ規制にそろえるように規制を緩和し、かなり大胆に業務を広げることができるようになる。

例えば、強みのある事業再生ではファンドや専門会社に10％しか出資できなかったが、子会社化でき

民営商工中金に認める業務、認めない業務

対象組織	判定	主な内容
持ち株会社	×(※)	「商工中金を子会社とする持ち株会社の設立」は引き続き禁止
商工中金	○	本体で「デジタル化や地方創生など持続可能な社会の構築に関する業務」解禁
	×	本体で「住宅ローンなど個人向け融資業務」を禁止、「外国銀行の代理業務」も禁じる
銀行業高度化等会社	○	子会社経由で「フィンテック、地域商社、自行ＩＴシステムの販売など」を解禁
投資専門子会社	○	子会社経由で「ベンチャー企業への出資制約10%を15%へ」緩和、「事業承継会社の保有上限5年を10年へ」緩和、「地域活性化事業会社」を条件付きで保有解禁
事業再生会社	○	「企業への出資可能比率を10%→100%へ」拡充
銀行子会社	×(※)	「商工中金による子銀行保有」は引き続き禁止

※「改革後の商工中金の業務の状況や社会経済情勢の変化に伴う中小企業のニーズを踏まえ、今後の検討課題とする」とも付記した。

るようになる。再生専門の投資ファンドを自ら持つことができれば、資金繰り融資でサポートしていた世界が大幅に広がる。

人材紹介業やシステム販売業に参入することも可能になる。銀行法で禁止する他業も「銀行業高度化等会社」と呼ぶ別会社を作れば認める規制緩和が商工中金にも及ぶことになった。

あくまで政府がすべて株式を売却した時点で解禁されるが、収益力強化策として潜在力が大きい新規業務である。

政府は４年後の２０２７年に民営化後の業務を再点検することも決めており、この間に民間銀行としての財務基盤と収益基盤を整える必要に迫られる。

総資産で２倍弱の横浜銀行の純利益は４００億円台。総資産では６倍の開きがあるものの全国ネットワークを持つ点で商工中金に近いりそなホールディングスは直近の23年３月期に１６０４億円の純利益を計上している。

いずれも住宅ローンなど個人向け融資、地方公共団

体向け融資、そして投資信託や保険などの販売手数料で稼いだ金額だ。

中小企業に特化した専門銀行で稼ぐようになるハードルは健全性を確保する点で見ると予想以上に高い。

◆聞き慣れない「イネーブラー」

とはいえ、ここまでは政府が決める論点が多く、商工中金は「まな板の上の鯉」である。収益力強化もやり過ぎれば、過剰なリスクを取ることにもなりかねない。では、どうすれば商工中金が自らの努力で持続可能なビジネスモデルを構築できるのだろうか。

ヒントはこれまでの顧客基盤の中にある。

「未来を拓く戦略プロジェクト　イネーブラー事業」。新型コロナウイルス禍が猛威を振るう前の2019年秋、地方経済や地域の中核産業の再興を支援するプロジェクトを始めていた。

イネーブラーとはenable（可能にする）を語源にして、不可能を可能にする伴走者を意味する商工中金の造語だ。

それまでは全国の支店がそれぞれ、担当企業の悩みを聞いていたが、個社の財務の改善にとどまり、全国の中で俯瞰して見る鳥の目がなかった。一方、本部には現場で起きている異変を注意深く見つける虫の目はない。経営陣には時代の変化をとらえて先を読む魚の目がなかった。

三位一体でやり直す新たなスタイルは見えていなかったニーズ、見逃していたシーズ、コーディネートしてこなかったボードをつなぎ直す作業だった。経済活性化、地方創生、そして産業競争力向上。3つの視座でこれまで積み上げてきた取引基盤を総点検する狙いだ。

これは全国津々浦々にネットワークを張り巡らせている商工中金だからこそ可能なプロジェクトだ。その原型は「運送業界」にできている。

◆「運送業界」のメインバンク

「物流の2024年問題」。トラック業界は労働基準法改正でトラック運転手の健康を守る「働き方」と企業の売り上げを確保する「生産性」を両立させなければいけない現実に直面している。時間外労働の上限規制が厳格に適用されれば、輸送力は低下し、放っておけば売上高は減少してしまう。支店だけでサポート体制を構築しても問題は解消しない、業界共通の難題だ。

2023年4月13日、商工中金はその問題に取り組む中小企業をサポートするコンソーシアムを結成したと発表した。運用業界に強い中小企業診断士を抱えるサステナビリティ・DX推進協議会（東京・立川）、専門家を連れてきて実証実験するノウハウのある運輸デジタルビジネス協議会（東京・港）、それを実践する中小企業支援プラットフォームを運営するウイングアーク1st（東京・港）。商工中金がこの問題に真正面から向き合うのは、特別な意味がある。

商工中金は基本的に「資金繰り支援」が主業務だ。個者と向き合い、個別に助ける。すべては「点」だ。

実例を紹介する。運送業者には商工中金ファンが多く、「運送業界の中央金庫」を地で行く取引関係を築いていることがよく分かる。

「商工中金さんには足を向けて眠れないですね」。広島県福山市に本社を置く森近運送の森近博社長は1990年、サラリーマンを辞め、2代目として社長を継いだ。社長業の30年超はバブル崩壊後のデフレ時代とともに歩んだ歴史であり、メインバンクの商工中金と二人三脚で乗り越えてきた軌跡だ。

資本金１０００万円の下請け運送会社だが、某鉄鋼メーカーの鋼材を首都圏各地の工場に運ぶ会社を東京にも設立し、少しずつだが、業容を拡大することができた。その運命の分かれ道は四半世紀前、社長に就任した直後に訪れた。逆説的だが、荷主からの紹介で某都市銀行と取引を始めたことだ。

「土地を購入したり、車両を買い替えたり、設備投資計画を相談したが、業績をドライに見られた。将来を見て欲しかったのに、そっぽを向かれてしまった」

森近運送は1990年代から商工中金をメインバンクに（森近博社長）

別の荷主に相談すると紹介されたのが商工中金だった。１９９０年代は運送業界にとってまさに激動期だった。１つは物流二法と呼ばれる法律が改正され、新規参入が相次いだこと。振り返ると、その後10年で運送業者は大幅に増えた。もう１つは金融環境が信用収縮へ向かっていたこと。都市銀行が不良債権処理を急ぎ始めたタイミング。２０００年前後には3メガバンクに再編したが、その前触れのように融資審査が厳しくなっていた。

商工中金は２００８年に株式会社化されるが、当時は特殊法人。平成金融危機に巻き込まれつつあった都市銀行と違い、政府による支援を受けながら中小企業への資金供給を地道に続けていた。

森近社長は商工中金担当者とのやりとりが忘れられないと

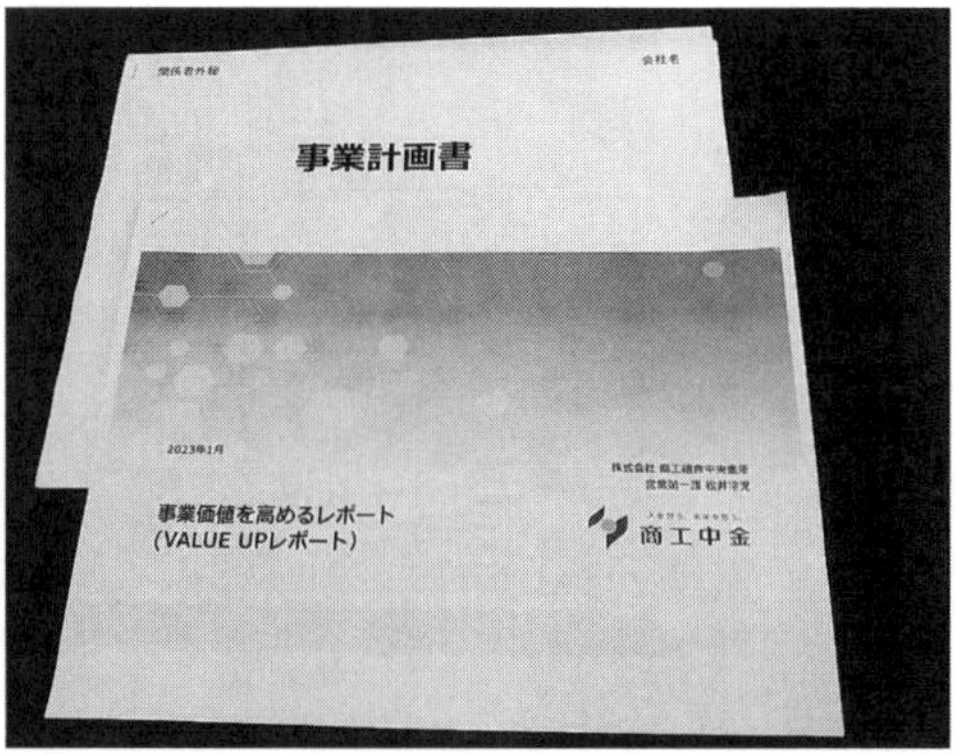

物流業界向けバリューアップレポート

いう。

資金繰り表から決算書まですべて見せてほしいと言われて見せると、お金のやり取りだけでなく人の育て方や会社の理念、どうすれば経営が効率化するかまで、経営課題の洗い出しに付き合ってくれた。「自分のことのように考えてくれた。用事がないと来ないのが他行さん。商中さんは違った」

商工中金に恩義を感じている運送会社は森近社長だけではない。

「リーマン・ショックと東日本大震災。運送業界の二大危機を挟んで慢性的な赤字になってしまったが、寄り添い続けてくれた。商中さんがいなければ、私が社長になることもなかった」。23年4月、父親から事業を引き継いだトレードトラスト（静岡県浜松市）の宮澤稜社長は感謝している。

社長になって商工中金のスタンスに気づいたことがある。「私のことをおだてない。言葉を選ばず直言してくれる。『私はこう思う』と一人称で考えてくれる。時に厳しい指摘も受けるが、不幸にならない提案をしてくれる財務顧問のような存在だ」

メインバンクは地元の浜松いわた信用金庫。日常業務での信頼は厚い。ただ、商工中金はそれと別枠だ。「トレードトラスト宮澤に投資をしてくれているという感覚」を抱いている。

◆「点」から「線」へ

一方、点と点を結びつけ、線を引くのはどちらかと言えば不得手だった。それを克服しようと始めたのがコンソーシアムの結成だ。

森近運送もトレードトラストもこのコンソーシアムの支援を受けた。森近社長は「二つ返事でＯＫした。日々のことに追われてしまい、専門家の目で経営を考え直す貴重な機会になった」。宮澤社長も「財務面で改善を進めてきたが、これからは事業面で改革を進めなければいけないタイミングだった」と評価する。

これはあえて手厳しく言えば、潜在需要を掘り起こしてこなかったことの裏返しだ。資金繰りの相談に乗っていれば寄り添ったことになる、資金繰り支援が目的化した結果の姿である。

金融界の役割分担で言えば、本来なら資金繰りを支えるのは信用金庫や信用組合の役割。協同組織形態はお互いの身をお互いが守ることが行動の原点だ。困っている人がいれば助け合う相互扶助だ。

一方、株式会社形態の銀行はそれだけではない。企業の成長を後押しする信用創造機能を発揮することが期待される。上場すれば、株主からの成長投資も預かり、より一層、成長性を重視した経営に傾いていく。

◆「スタートアップ中央金庫」

関根社長が立ち上げたイネーブラー事業は両方のよいところを取り入れようとする1つの象徴と言える。全国ネットワークを通じ、同じような悩みを抱えた企業と取引しているが、相手の中小企業は横でつながっていない。共通課題はあるはずで、それを横でつなげようというプロジェクトだ。

関根社長は解説する。「例えば、自動車産業。群馬県にはスバルがいる。広島県にはマツダがいる。愛知県はトヨタ、浜松市はスズキ。それぞれにサプライチェーンが存在し、それぞれの支店は別々に支援している。同じ業界で共通課題があるにもかかわらず、バラバラに支援して産業としてサポートできていない」

中小企業はデジタル化、脱炭素化、人口減少などなど、あまりに多様な課題を抱えすぎている。それを1社1社で解決することは事実上不可能だ。それをトータルで解決してくれる経営コンサルタントがいれば重宝される。しかも、その人が融資もしてくれ、場合によっては投資もしてくれる。商工中金が専門機能の集積するハブになれれば、金利収入だけで稼ぐモデルからも脱却できる。

商工中金は「商工組合」の「中央金庫」が本源的な機能である。資金繰り支援で運送業界のメインバンクになっているのであれば「運送業界中央金庫」、サプライチェーンの悩みを解決しようというなら「サプライチェーン中央金庫」、スタートアップを支援したいなら「スタートアップ中央金庫」といった具合に、中央金庫機能を増殖させていく戦略だ。

現代風に言えば「ソリューションビジネス」であり、集めた預金の9割以上を中小企業に貸しているからこそできる「アセットマネジメント」である。今までのように資金繰り支援だけに特化していても増加する廃業を防ぐことはできない。次世代につなげようと思っても安心してサポートしてくれる金融機関がいなければ、後を継ぐ人もためらってしまう。そんな不安を解消してくれるメインバンクは今や民間に数少なくなってしまった。

◆消失した「相互銀行機能」

かつて、それを担っていた金融機関は全国津々浦々に存在した。今、第二地銀と呼ばれる「相互銀行」だ。１９８９年に普通銀行へ一斉転換するまで、高度成長期を草の根で支えていた。商工中金法のような特別法「相互銀行法」で、普通銀行と業務を区別。「相互掛け金」と呼ぶ業務を独占的に認める一方、融資先を原則として中小企業に限定していた。信金の持つ相互扶助機能と銀行の持つレバレッジ機能を併せ持つ、リレーションシップバンクだった。

しかし、大蔵省は相互銀行制度を廃止してしまう。バブル絶頂期の１９８９（平成元）年のことだ。護送船団行政時代、鶴の一声で、民間の銀行と同じ普通銀行に転換せざるを得なくなる。１行の例外もなく、事実上の強制転換だった。

その時、新設されたのが第二地銀だが、その後、減少の一途をたどっている。相互銀行時代、ピーク時（１９７２～75年度。預金保険機構調べ）に72もあったが、今は37（21年度、同）まで減ってしまった。減少率はほぼ半分だ。

平成金融危機がこの地域金融システムを壊してしまった可能性がある。１９９５年から05年の間に破綻した地銀は足利銀行を除くとすべて第二地銀。大ざっぱかもしれないが、中小企業、とりわけ零細企業向け融資は相互銀行が担い、いわゆる伝統地銀はそれぞれの地域で預金を調達し、長期信用銀行や信託銀行に資金を融通する役割分担ができていたが、これを維持できなくなってしまった。貸し渋り・貸しはがしが横行し、社会問題化したのは金融秩序の破壊と無縁ではない。

大蔵省から転換した金融庁が２００３年、地域金融機関に対し「リレーションシップバンキング（地域密着型金融）政策」を始めたのは、その対策の1つだったが、相互銀行時代にワークしていた信用創造機能の復活を意図していた面もある。その意味では正常化の一歩ではあった。

壊してしまった地域金融システムはそう簡単に戻らない。金融機関経営の主流は脱専門金融機関化、総合金融路線。メガバンクを頂点とするヒエラルキーも崩れず、地方銀行も同じようなビジネスモデルを志向し、ミニメガバンクを量産することになる。リレバンを唱えても共鳴するのは主に信用金庫、信用組合。上場している地銀の間には、専門金融機関が担うような融資は費用対効果が低く映ってしまう。

◆「アンチテーゼ」で終わらせてはいけない

関根社長の商工中金改革を相互銀行の復権運動という文脈で読めば、地銀との共存共栄は可能となる。中堅企業との取引でバッティングする商工中金は目の上のたんこぶとも言えるが、中小零細企業へ走っていく原点回帰であれば、リーチの届かない先に対し、地銀もリスクテイクできるようになる潜在力がある。

商工中金は民営化しても株式を上場するわけではなく、中小企業が株主となり、非上場のまま存続する方針を打ち出している。

しかも、商工中金の各都道府県の融資シェアは最も高い和歌山県でも6％弱。全国平均は2％台（単純平均なら2・4％、中小中堅企業向けは約2・8％。2022年3月末、商工中金調べ）だ。

非上場の中小企業専門銀行として、シェア拡大に走らない「スーパーサブバンク」として生きていくのであれば、相乗効果が見込める。専門性と顧客網を組み合わせれば、新たなエコシステムが誕生するのではないだろうか。

世の潮流はフィンテック企業が台頭し、銀行業界も機能を専門領域ごとに分解する「アンバンドリング」。専門性を備えていなければ顧客ニーズを満たすのがそもそも難しくなってきた。好むと好まざるとにかかわらず、金融システムに専門金融機関が組み込まれていかざるを得ない。

地銀界に限らず、商工中金不要論は根強く存在する。それは地銀がすべて担うことができる経営環境が前提だ。迷走を繰り返してきた中小企業金融改革、地域金融システムに成功方程式を見つけるとしたら、「地銀万能論」を取り下げる必要がある。

関根正裕社長が描く商工中金の民営化を単なるアンチテーゼで終わらせてはいけない。

4　「地銀中央機関」設立へ
――地域公益守る究極の選択

郵便局にお金を預けるとそのお金は郵便局に置かれるわけではない。ゆうちょ銀行というグループの銀行に移され、市場で運用する原資になる。全国各地で集めたお金をゆうちょ銀行が代理で運用する姿は「郵便局の中央機関」と呼ぶのがふさわしい。

農協に預けたお金はどこに行くのか。郵便局のように一元管理しているわけではないが、100兆円超の預金の約8割のお金はJA信連のような中間法人を通じて巡り巡って農林中央金庫に集められ、JAグループも中央機関を持っていると言ってよい。全国の信用金庫も信用組合もJAと同じように、それぞれ信金中央金庫、全国信用協同組合連合会という中央機関を持っている。

地方銀行に預けたお金はどう運用されているのだろうか。郵便局ともＪＡとも信金・信組とも違う。それぞれの銀行がすべて自前で運用しており、中央機関を持っていない。正確に言うと、銀行の銀行は日本銀行のみで、地銀のための中央機関を持っていないという意味だ。

なぜ、地銀だけ自分たちの中央機関を持っていないのだろうか。この四半世紀の間、都市銀行は再編を繰り返し、自らの体をメガバンクに作り替え、全国の支店から集める預金を国内外で運用する体制を築いた。地銀はその間、再編に乗り出さず、第二地銀は体力低下で身を守ることに精一杯だった。

本来、グループに中央機関を持つ意味はある。人口も経済規模も文化も環境も全く違う地方経済はひとたび災害が起きたり、特定産業が衰退・停滞したり、人口減少が著しい地域を抱えていたり、局地局地でハンディキャップを背負うことが少なくない。そんな苦境に直面したとき、逆にアドバンテージを発揮している他地域が手を差し伸べればよいだけのことである。中央機関を持たなければ、日銀の支援を待つしかなく、少なくとも機動的かつ戦略的に手を打つことは難しい。

今の金融規制・経営環境の下で、地銀がそれぞれ自力で組織を維持していくハードルは高い。地銀再編ムーブメントがいつまでもなくならないのは構造問題を解消する手立てを探した結果である。ただ、個別再編で地域公益とも呼べる各地の文化や雇用や社会を守ることにも限界が見えてきた。

地域性を維持しながらリスクテイクを拡充するための究極の選択。それが「地銀中央機関」である。

◆足利銀行の蹉跌

今から20年前の２００３年、栃木県の足利銀行が経営破綻した。不良債権に押しつぶされた結果、金融庁の検査結果で債務超過を突きつけられた。

債務超過は国が穴埋めし、足利銀行はその後、5年間、国が経営に関与する「国有化」が行われた。

全国地方銀行協会に加盟する、通称、第一地銀で経営破綻したのは後にも先にも足利銀行だけだった。

足利銀行が経営破綻に追い込まれたのは埼玉県を通過し東京都まで兵站《へいたん》線を延ばした南下戦略の失敗だった。リゾート開発など不動産融資にも走り、リスクテイク姿勢が裏目に出る。バブル崩壊後、それがあだとなり、経営の足をすくった。

足利銀行とはどういう銀行だったのだろうか。地銀第1号は新潟県の第四銀行（現・第四北越銀行）で明治7（１８７４）年に開業した。足利銀行はそれから20年近く遅れた明治28（１８９５）年にできている。当時の行名をそのまま残しているが、栃木県内でシェア1位にもかかわらず、県名の栃木でもなく県庁所在地の宇都宮でもないその名前こそ、足利銀行の由来と関係する。

足利銀行は足利市の繊維業者が設立した地銀だ。明治33（１９００）年に開業した福井銀行も同じように繊維業で富を蓄えた資産家が創業している。それまで設立された地銀は各藩の藩主がお金を出したり、渋沢栄一のような経済人が支援しており、足利銀行は別格だった。「地元が設立した純粋地銀」として、地銀界の中でも先導的な地位を築いていく。

それだけに足利銀行の経営が傾いた衝撃は大きかった。地銀界にとって地銀とは足利銀行のような純粋地銀であり、それが否定されるような現実は受け入れがたいものがあった。金融庁が国有化から再民営化する手続きに入った際、横浜銀行と東邦銀行が音頭を取って、群馬、常陽、千葉、山梨中央、八十二、静岡の6地銀が加わった地銀連合を発足。最終選定で選に漏れてしまったが、受け皿に名乗りを上げたのは、足利銀行の築いてきた存在感と無縁ではなかった。

足利銀行の挫折は教訓を残している。地銀が単独で成長戦略を目指しても、それに見合ったリスクテイク能力に欠けていた現実だ。金融仲介機能をフルに活用しようとすれば、地銀こそ再編でそれに備えた体制を構築すべき存在だったのかもしれない。

◆地銀協とSBI

本節のテーマである「地銀中央機関論」の源流はこの足利銀行にある。地銀界で初めて地銀中央機関の必要性を唱えたのが足利銀行だった。今から86年も昔に足利銀行は全国の地銀を束ねて地銀中央機関構想を提唱していた。

今では親睦組織と化してしまっているが、その運動母体こそ全国地方銀行協会、通称、地銀協だ。

1937（昭和12）年、栃木県の足利銀行の鈴木良作副頭取が発表した「現下重大時局と地方銀行の行くべき途――中央機関建設の提唱――」は『全国地方銀行協会五十年史』にも刻まれている。

この時の発表文を読むと、5つの設立目的が記されている。

これは単なる古文書ではない。実はうり二つの目的を掲げて、活動を始めた金融グループが現代に存在する。「第4のメガバンク構想」を掲げたSBIホールディングスだ。

北尾吉孝会長兼社長が2019年に旗を振って始まった地銀との提携戦略はこの当時の中央機関設立を地で行くような展開をたどっている。

第1号の島根銀行と福島銀行はSBIと提携する前まで財務体質が弱体化し、金融庁から業務改善命令を受けていた。自己資本比率規制に抵触したわけではないが、持続可能性に黄信号が点っていた。しかし、SBIと資本提携することで風景は一変する。信用が補完され、財務内容は好転。機能①と同じ、弱体銀行への援助機能を発揮し、役員を派遣したことで機能⑤のように経営指導も施している。

1937年の「中央機関建設の提唱」
—足利銀行副頭取（地銀協理事）が発表した—

	機能	具体的な権限
①	弱体銀行の整理改善の援助	整理または改善のための長期低利資金の供給、合併の斡旋など
②	預金取付などの際の応急資金の融通	応急資金の融通および支払準備金の集中など
③	統一的資金操作	
④	共同事務の執行	訴訟などの法律事務の代行、帳票類の共同調製、信用調査など
⑤	経営指導監督	業務改善指導、利子協定の指導・斡旋・監督など

（出所）『全国地方銀行協会五十年史』

機能③と機能④は提携行全てに共通するが、ＳＢＩ証券流の市場運用術をアドバイスし、店頭ではＳＢＩ証券が運営する「マネープラザ」を開き始めている。日本では米国のような取り付け騒ぎがまだ起きていないが、提携先は10行に広がっており、機能②のような取り付け防止の機能も備わっていると言ってよい。

◆実在した「地銀中央機関」

足利銀行が唱えた要望書に話を戻す。実はこの時、地銀中央機関設立は成就しなかった。「都市大銀行（今のメガバンク）や金融当局（大蔵省と日銀）は、これを喜ばない傾向があり」（『全国地方銀行協会五十年史』）、潰されてしまう。

しかし、地銀界はあきらめなかった。「融資難の深刻化」と「効率的な証券投資方策の開発」。１９２７（昭和２）年に起きた昭和金融恐慌の後遺症が10年経っても続いており、「融資組合」「証券投資団」の設立へ動き、構造問題を共同で解決する道を模索する。

「共同融資銀行」。活動開始から10年近く経た１９４５年３月、銀行法に基づく普通銀行として、全地銀77行が共同出資

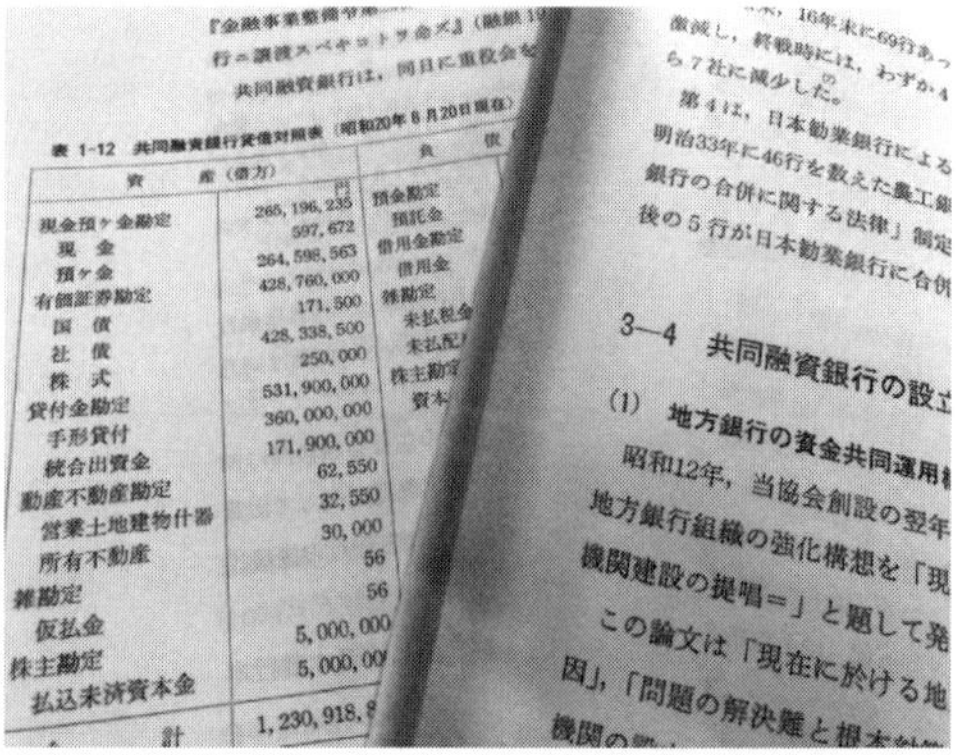

地銀中央機関は実在した『全国地方銀行協会五十年史』

で設立する。地銀協五十年史にも「地方銀行界の多年の宿願であった構想がここに実現した」と記されている。

一方、「証券投資方策」を巡っては同じ3月、「資金統合銀行」を設立する。ただ、こちらは地銀主導ではなく、大蔵省、日銀、大銀行が主導した。とはいえ、「地銀中央機関」は幻ではなく、実在したことのあるビジネスモデルだった。

ただ、敗戦濃厚な追い詰められた状況下、設立から半年で大蔵省から処理を命じられる。金融統制時代のうねりにのみ込まれ、業界の自主経営もかなわず、時代のあだ花のように5カ月で散ってしまう。

◆北尾氏がつなぐ「赤い糸」

戦後も構想熱は収まらなかった。1952（昭和27）年、大蔵省が投資銀行の設立方針を打ち出したことがきっかけだ。

戦前、設立に反対した大蔵省は態度を一変するが、後に所得倍増プランで歴史に名を残す池田勇人大蔵相の意向が色濃く表れている。

「長期信用銀行」。突如、表明したこれに飛びついたのが地銀界だった。「地方産業銀行構想」を意見書として提出し、地銀中央機関を再び設立しようと動き出す。

これが後に日本長期信用銀行（通称、長銀。読み方はちょうぎん）、つまり、第4のメガバンク構想を唱えるＳＢＩが同意なきＴＯＢ（株式公開買い付け）を実施して２０２１年12月に子会社化した旧新生銀行（現・ＳＢＩ新生銀行）の前身となる。

地銀界は長銀の資本金の13・１％を出資し、役職員も派遣する。長銀は設立時、中小企業金融ないしは不動産金融をバックアップするのが役割だった。地銀は長銀の発行する債券を引き受け、代理貸し付けの窓口にもなる。地銀協には「長期資金還元に関する委員会」を設置し、長銀と地銀は今で言う協調融資を行い、業務提携を結んだような関係を築いた。

高度成長期が到来し、バブル経済に沸き、そしてバブル崩壊後の平成金融危機を迎える。その過程で長銀が地銀中央機関になることは夢幻となったが、ＳＢＩとの関係は赤い糸で結ばれていると感じざるを得ない。

当時、長銀とともに設立された日本不動産銀行も地銀中央機関と縁が深い。後に日本債券信用銀行（通称、日債銀。読み方はにっさいぎん）へ改名するこの銀行は今のあおぞら銀行である。

長銀とともに１９９８年、経営破綻し、国によって一時国有化された日債銀は２０００年9月、ソフトバンク、オリックス、東京海上火災保険などの企業連合に譲渡された。ただ、その過程で様々な生き残り策が議論される。

その時の過程を一時国有化中に頭取を務めていた藤井卓也氏（取材した２０１８年当時、プロモントリー・フィナンシャル・ジャパン会長）が日本経済新聞の取材に証言している。「地方銀行とのネットワークを残す姿を目指した。公にするのは初めてだが、第二地方銀行協会の１２００億円の保証基金のようなもので日債銀を買う話が99年春にまとまりかけた」

◆「トライアングル戦略」こそ原型

長銀と日債銀は兄弟のように同じような歴史を歩んできたが、一時、合併することで合意したことがある。米リーマン・ショック後、信用不安に見舞われたときだ。

２００９年7月に合併契約に合意したが、その1年後の２０１０年5月に破談を発表した。この時、水面下で合併を後押ししていたのは当時の金融庁だった。

金融庁のある幹部は「地銀の中央機関のような形で生き残るしかない」と語っていた。結局、その構想は幻に終わったが、地銀界に宿る共同体意識と無縁ではない。

ＳＢＩホールディングスは２０２３年5月12日、ＳＢＩ新生銀行を非上場化すると発表した。公的資金を完済する交渉余地を生むための奇策だが、同行の事業価値を向上させるには上場している意味が薄らいでいたことは間違いない。

付加価値を上げる最大の領域は10行に及ぶ提携地銀との連携策である。ＳＢＩグループの様々な事業と提携地銀を結びつけるハブ、それがＳＢＩ新生銀行の役割だ。「トライアングル戦略」と呼んでいる。

地銀は高度成長期、地元で集めた預金を長期信用銀行や信託銀行を通じて基幹産業に供給するのが役割だった。右肩上がりの時代が終わり、役割を失った時、平成金融危機が襲った。ただ、それでも過去に蓄積した利益が防波堤となる。お殿様と呼ばれるほど、裕福な銀行であったのは間違いなく、地銀協加盟の地方銀行業界では大規模な再編が起きなかった。

異変が起きたのはポスト不良債権時代、２０１０年代以降だ。２０２０年、四半世紀以上続いていた64行体制が崩れ、足元では62行まで減った。20年に十八銀行が同じ長崎県の親和銀行と合併し、21年に第四銀行も同じ新潟県の北越銀行と合併した。十八銀行は8番目に古い老舗。第四銀行は日本最古の地銀だっただけに世間に与えた衝撃は大きかった。

地銀は不良債権処理の時代を自力で乗り越えることができたものの、デフレからの脱却を試みた金融超緩和時代は乗り越えることは難しそうだ。ゼロ金利政策から量的緩和政策、そしてマイナス金利政策へ。足かけ20年以上続く金融緩和政策は、地銀が享受していた超過利潤を奪い去っただけでなく、銀行専業で生き残ることが許されなくなってきた現実を突きつけている。

◆「新たな共同事業を」

それでは地銀界で地銀中央機関を設立しようという機運はあるのか。

全国地方銀行協会の会長に就任し、記者会見するふくおかFGの五島久社長（福岡銀行）頭取兼務（2023年6月、地銀協本部）＝提供：共同通信社

２０２３年6月14日、全国地方銀行協会の定例記者会見。千葉銀行の米本努頭取からふくおかフィナンシャルグループ（ＦＧ）の社長を兼務する福岡銀行の五島久頭取に会長が交代した就任記者会見も兼ねていたが、そこで配られた資料「会長所信」に気になる一文が入っていた。

「銀行業務の非競争領域において、地方銀行間におけるデジタル技術などを活用した新たな共同事業の可能性についても、検討を進めてまいりたい」

「まだ具体的に定まった事業があるわけではない」と前置きしながらも、基本は個別銀行間のテーマという鉄則を一歩踏み出す宣言をした意味は大きい。

一国一城の主である地銀同士は近親憎悪のような関係もあれば、地域をたがえれば希薄な関係もある。共同システムを使う親密行など仲良い地銀同士でつながっている自然発生的な縁だ。それを戦略的につなげようという試みは近年にはなかったが、フィンテック業界が台頭し、背に腹を代えられなくなった面はある。

五島新会長の母体、ふくおかFGは地銀界では異質と言えば異質だ。

福岡銀行を母体にしたふくおかFGは10年以上かけて熊本ファミリー銀行（現・熊本銀行）、親和銀行、十八銀行、福岡中央銀行と次々にグループ化し、九州地方のスーパーリージョナルバンクを形成している。全国を見渡しても地銀中央銀行的に走っているのはふくおかFG、ただ1つだ。

共同事業を俎上《そじょう》に載せようとしたのは、東日本銀行と経営統合し、コンコルディア・フィナンシャルグループを結成した横浜銀行だ。2020年の地銀協会長行時代、内部で検討を開始。静岡銀行、千葉銀行と次々に会長行のバトンを渡し、3年越しで議題に載せることができた。

◆世界初イノベーターの栄光

地銀協自体はもともと地銀中央機関の設立運動の母体であり、革新性のDNAが宿っていた。そのDNAは今から半世紀前には残っているどころか、銀行界を問わず、日本の最先端を走るイノベーターだった。

今から55年前の1968年7月1日。旧電電公社（今のＮＴＴ）東銀座電話局内でセレモニーが開かれていた。「地銀データ通信センター」の開所式だ。

全国地方銀行協会に加盟する62の地銀、約４１００店舗が参加したコンピュターネットワークは、全国規模でリアルタイムに送金が可能となる世界初のシステムだった。後の全銀ネットの前身で、世界のどの銀行よりも早く、フィンテックもない時代、地銀が世界の先頭を走っていた。

五島会長が描く共同事業化は、栄光の時代への復権を試みたいと願う発露なのかもしれない。今ではフィンテック勢の勢いに飲まれ見る影もない。デジタル化が最も遅れた業態の１つに数えられているからだ。

地銀界には過去の遺産が残っている。それをもう一度、活性化できないかというプロジェクト。それが共同事業だ。

地銀データ通信センターの開通から10年後の１９７８年に営業を始めた地銀ネットワークサービス、通称、ＣＮＳがその代表格だ。地銀62行が出資する共同出資会社だ。

「預金口座の振替データ伝送サービス」「コンビニ収納サービス」「公共料金明細サービス」……。地銀界共通の悩みは地方自治体の指定金融機関業務。紙が多く、自由に手数料を取ることが難しく、採算度外視になりやすい。起債を受けていればコストをまかなえていたが、マイナス金利時代に入り、無償でサービス提供するのもままならなくなってきた。

ＣＮＳを今の時代に合った姿に再定義したい――。日進月歩のテクノロジーの進化に背を向けてしまった暗い過去を払拭し、新しいネットワークサービスを作ることが、地銀復権の第一歩になる。ふくおかＦＧ、とりわけ五島氏の問題意識の根っこにある。

◆「長信銀の蹉跌」を超えて

話題を地銀中央機関化に戻す。外圧が加わり、ようやく共同事業に動き出す機運が出つつあるものの、それが一気に地銀中央機関を設立しようという行動につながるかと言えば、答えはノーだ。地銀界が自発的に大同団結する機運はまだない。

その機運が高まっているのは、当事者である地銀ではない。ソトにいる異業種や他業態の中に地銀中央機関の設立をうかがうようなうごめきはいくつもある。

先述のＳＢＩホールディングスによる地銀連合はその原型ができつつある。埼玉りそな銀行や関西みらい銀行、みなと銀行を傘下に抱えるりそなホールディングスは素地ができている。

商工組合中央金庫も民営化を決めた商工中金法改正案に対する要望として、「銀行子会社の解禁」を盛り込んでいた。地銀界から反発が出ると考えた役所が「時期尚早」と判定し、お蔵入りにしてしまったが、連携・協業を深める延長線に子会社化を含めれば、商工中金の専門性と地銀のネットワークを融合できる、と考えた。

商工中金は預金を集めることができるものの、顧客が中小企業に限られるため、流動性危機に陥りやすい弱点が指摘されている。米国のシリコンバレーバンクのように中小事業者の資金移動は激しく、個人ほど粘着性がないからだ。第二地方銀行の中には相互銀行時代の伝統を守り、地域で密着して中小企業融資にこだわる銀行も少なくない。思惑が一致すれば、ＳＢＩ同様、地銀連合を形成できる可能性はある。

足利銀行が唱えた地銀中央機関構想は戦後、日本長期信用銀行（現・ＳＢＩ新生銀行）として結実したものの、その後、高度成長、バブル経済とその後の崩壊を経て雲散霧消してしまった。それを再び地銀のソトの勢力がつむぎ直そうと動き始めているが、地銀界のスピードに合わせていると地域経済の衰退が止まらないという危機感の裏返しだ。

人口減少時代、豊かな経済圏を形成できていた地銀のビジネスモデルが崩れ始めているのは間違いない。地域公益を守るためには、銀行単独で解決することに無理が生じてきている。地銀中央機関構想には、絵空事と割り切れない響きが出てきた。挫折と迷走を経験した地域の金融システムが蘇る起爆剤となる可能性を秘めているのではないだろうか。

BOX 「仕組み債」に映るひずみ——地銀だけの責任なのか

「検査結果に基づく勧告について」。証券取引等監視委員会が2023年6月9日に発表した千葉銀行、武蔵野銀行、ちばぎん証券の3社に出した金融庁への行政処分勧告は「千葉銀ショック」と呼ばれた。

もともとプロ向けに開発された「仕組み債」をリスクを十分に説明せず初心者に販売していた。それが金融商品取引法の「適合性原則」に反すると認定された。望んでいないのに購入してしまった顧客が3割近くに及び、信用を旨とする銀行が手を染めたずさんな実態に批判が集まった。

ただ、地銀界では別の意味で戦々恐々としていた。そのショックに見舞われたのは処分勧告の2週間近く前の5月29日のことだった。

営業主体であり、仕組み債販売の中核を担っていたちばぎん証券が2023年3月期決算で赤字に転落したことだ。厳密に言えば、営業損益が11億3700万円の赤字、経常損益が6億4800

万円の赤字。保有する固定資産を売却し、投資していた有価証券も売って特別利益も計上していたので、最終損益は辛うじて9000万円の黒字を確保したものの、持続可能性に赤信号がともったことを浮き彫りにした。

地銀がグループに抱える証券会社は27社。仕組み債の販売で得られた収益は主にトレーディング収益で計上されるが、営業収益に占めるその内訳が衝撃だ。2022年3月期決算を見ると、トレーディング比率が50％を超えるのは10社。ちばぎん証券は約46％で、それより比率が高い証券会社は16社に上る。仕組み債依存症に罹患《りかん》していると言って間違いない。

ちばぎん証券は仕組み債販売から撤退し、その稼ぎを失った結果、赤字に転落した。これは他の地銀系証券会社にとって対岸の火事ではなく、そもそも証券会社を存続させてよいのか廃業を考えてもおかしくない瀬戸際に立っている。

なぜ、これほど重度の依存症に罹患してしまったのだろうか。法律に違反している以上、罪を罰するのは仕方ないが、リスク管理に長けているはずの銀行が我を見失った意味は重い。

「千葉銀さんを批判してもよいが、それより何より、そうせざるを得ない事情があることを忘れていませんか?」。ある有力地銀幹部から受けた忠告の1つは日銀の金融政策だった。

1999年にゼロ金利政策を発動したのをきっかけに、日銀は米リーマン・ショックをはさんでほぼ一貫して金融緩和政策を続けている。2016年にはマイナス金利政策という未踏の領域に踏み入った。

「金利のない世界」はストックを元手に稼いできた銀行、とりわけ預貸収益に依存していた地銀には減収減益が宿命付けられてしまう恐怖感が芽生えた。千葉銀行は総資産で見劣りするものの、横浜銀行を中核としたコンコルディア・フィナンシャルグループ、福岡銀行が母体のふくおかFGより時価総額が大きい。資本効率の高さを測る指標の1つ「PBR（株価純資産倍率）」も1倍を割れているものの、地銀界で最も高い。「稼ぐ力NO．1地銀」という地位を守ろうとするプレッシャーがなかったと言えば、ウソになるかもしれない。

違法行為に手を染めてよい免罪符にはならないが、金融庁が組み立ててきた規制が複雑で運用しにくいことも無関係ではない。別の地銀トップは「今回は金融庁発の千葉銀ショックだ」と驚いている。

銀行が証券業務に参入する議論はちょうど50年前の１９７３年の証券取引審議会答申「公社債市場のあり方について」がスタートだ。その後組み立てられた銀行が証券業務に参入する条件が、投資家保護を両立させること。微に入り細に入り規制の網の目を張り巡らせたが、その１つが今回の処分勧告の根拠となった「適合性原則」。２００７年、証券取引法から今の金融商品取引法に改題された際、抜本的に強化された。

退職金を手に取り、初めて投資を始めようという初心者に仕組み債を販売したことは倫理的には論外だ。金融庁幹部は「『顧客本位の業務運営原則』に違反した例だ。銀行に紹介する手数料でインセンティブを与えていたのは収益至上主義の現れ」という。問題はこれを1社の法令違反事例と言う個社問題で片付けてよいのだろうか。

金融機関で不具合が生まれ、それが不祥事の形で浮かび上がってくるとき、「我々は知らなかった」というコメントが出てくることは少なくない。商工中金が危機対応融資で不正が発覚した際も「現場の失敗」と整理していたが、後に「経営の失敗」「（商工中金を規制監督する）中小企業庁の失敗」が次々と明らかになった。

「3つのいずれかで答えるのが難しい。お答えは控えさせて頂く」。6月14日、全国地方銀行協会の五島久会長（ふくおかFG社長兼福岡銀行頭取）は就任後初の定例記者会見に臨んでいた。折しも仕組み債で処分勧告が出た翌週。当然、記者の質問は仕組み債問題に集中した。

「経営の失敗」「金融庁の失敗」「日銀の失敗」。現場を性悪説で見るよりも、預金者や取引先を食い物にせざるを得なくなった構造問題に目を向ける必要があるのではないか。そう感じ、五島会長に「3つのどれが主因なのか」を質問した。難しい質問を承知で聞くと、案の定、言葉を濁さざるを得なかった。

ただ、それでも地銀界には声なき声が存在する。「俺らは被害者だ」。舞台裏で聞く本音は記者もその通りだと思う。仕組み債で発生したひずみは金融システム全体の矛盾が露呈した一断面である。

信用創造機能を発揮し、取引先企業の成長をバックアップし、個人の生活を豊かにするお手伝いをする。そうしたいのにそうできないとしたら、地銀、とりわけ現場だけに責任を帰しても不祥事が繰り返されるだけである。形状記憶合金のように……。

第6章

座談会

金融庁模索の時代

命令から対話へ

山形県西川町の菅野大志町長と聞いてピンとくる方がいるかもしれない。「金融育成庁」を語る上で外せない知る人ぞ知るキーパーソンであり、遠藤俊英と日下智晴が金融庁在籍時、一緒にその土台を創ったチームメンバーだ。金融処分庁から金融育成庁へ大きく組織を改造しようと行動した3人はどういう思いで何のために模索してきたのか。それぞれ官から民へ、行政から政治へ身を移した今、それぞれが「回転ドア」から「金融育成庁とは何か」を探ることにした。

今回の書籍の締めくくりに菅野氏の存在は欠くことができない。そもそもこの書籍を執筆するにあたり、2021年春、遠藤と日下を口説き落としたのが菅野氏だった。親子ほど年が離れていても、この3人はまさに同志。なぜなら、菅野氏が金融育成庁を象徴する官民交流組織「ちいきん会」の発起人であり、その活動を認めたのが遠藤であり、後見人になったのが日下だったからだ。

ちいきん会は2019年3月に活動をスタートした。それから4年半、フェイスブックでつながる人数は2023年7月時点で3000人を超える。地銀、信金、信組など地域金融機関の金融パーソンと霞が関各省庁の官僚、都道府県庁や市町村など地方自治体の行政パーソンをつなぐ巨大ネットワークを形成している。

直接のきっかけは遠藤が金融庁長官に就任した2018年7月だ。庁内横断で若手がやりたいことをやる「政策オープンラボ」に菅野が手を挙げたことだ。

遠藤は金融庁創業期（1998~2007年）、平成金融危機を封じ込め利用者保護を徹底させた金融処分庁を自ら体現していた人物。それが成熟期（2008~17年）に移行する過程で、金融育成庁へ転換すべく模索してきた人物である。処分庁の象徴である検査局を廃止した18年7月は遠藤が長官に就任したタイミングであり、模索に一区切り付けた時でもあった。

その一区切りに輪郭をつくる政策こそ、金融庁自身の改革だった。命令から対話へ姿勢を転換する作業であり、トップダウン（上から目線）からボトムアップ（下からの目線）へ意識を変える教育であり、心理的安全性の世界へカルチャーを作り直す人事変革であった。

その政策転換の波に乗ったのが菅野氏のちいきん会だ。２０２２年2月には金融庁からスピンアウトし、一般社団法人「ちいきん会」に発展した。

地銀は株式会社であり、多くが上場しており、その意味は何かと問えば、成長に向けたレバレッジ（テコ）機能を果たすことだ。工場を建てたいのでキャッシュ（預金）を担保に設備資金を出して欲しい、事業の価値を評価して創業を助けてくれないか、地域に眠る資源を有効活用したいので知恵を借りたい。そんなニーズを地銀は紡ぎ出すことができているのだろうか。

金融庁が事業を起こすことは難しい。地銀をせっついても限界はある。とはいえ、事業者が育つのを待っていては時間切れになりかねない。たどり着いた先が「世話人　金融庁」という立ち位置だった。監督という言葉は同じでも野球の監督に近い、地域経済を動かすコーディネーターとも言える存在だ。

今回の座談会は菅野町長が「なぜ、ちいきん会を立ち上げたのか」から始めたい。原点は２０１１年3月11日に発生した東日本大震災にあった。

【対談会の参加者】

遠藤俊英　ソニーフィナンシャルグループ社長兼最高経営責任者（元金融庁長官）

日下智晴　日下企業経営相談所代表（商工中金社外取締役、元金融庁地域金融企画室長、元広島銀行部長）

菅野大志　山形県西川町長（元財務省東北財務局職員。金融庁に2度出向。元地域課題解決支援チームリーダー）

司会：玉木淳　日本経済新聞金融エディター（元金融庁クラブキャップ）

２０２３年６月25日実施

◆「ちいきん会」、東日本大震災が原点

玉木　菅野さんが２０１９年に「ちいきん会」を始めた経緯からお話しください。

菅野　原点は東日本大震災です。私は２００１年、東北財務局に入局し、10年目でした。当時、大きな問題になっていた被災者が抱える住宅ローンの返済問題の担当になったときの経験が下敷きです。債務免除を認める私的整理ガイドラインを弁護士会や金融庁、金融機関で運営する組織を作りましたが、我々財務局はそれを実際、困っている人に届ける役割です。大事なのは広報活動とともに、それを適用する地域金融機関の協力です。生活を再建しなければ次のステップに移れませんから、スピードが命です。被災者がたらいまわしとなるような縦割りで対応する非効率は許されない。

そこで、チームを結成しました。国も地方も官も民も皆一体となって活動していかないといけない局面です。２年間で休日を中心に個別相談会を１００カ所以上開催しました。その結果、運用開始から2年で、債務整理４８３件に加え、もう少しで成立する案件が９００件以上に上り、チームプレーに可能性を感じました。

地域金融監督は「財務局」

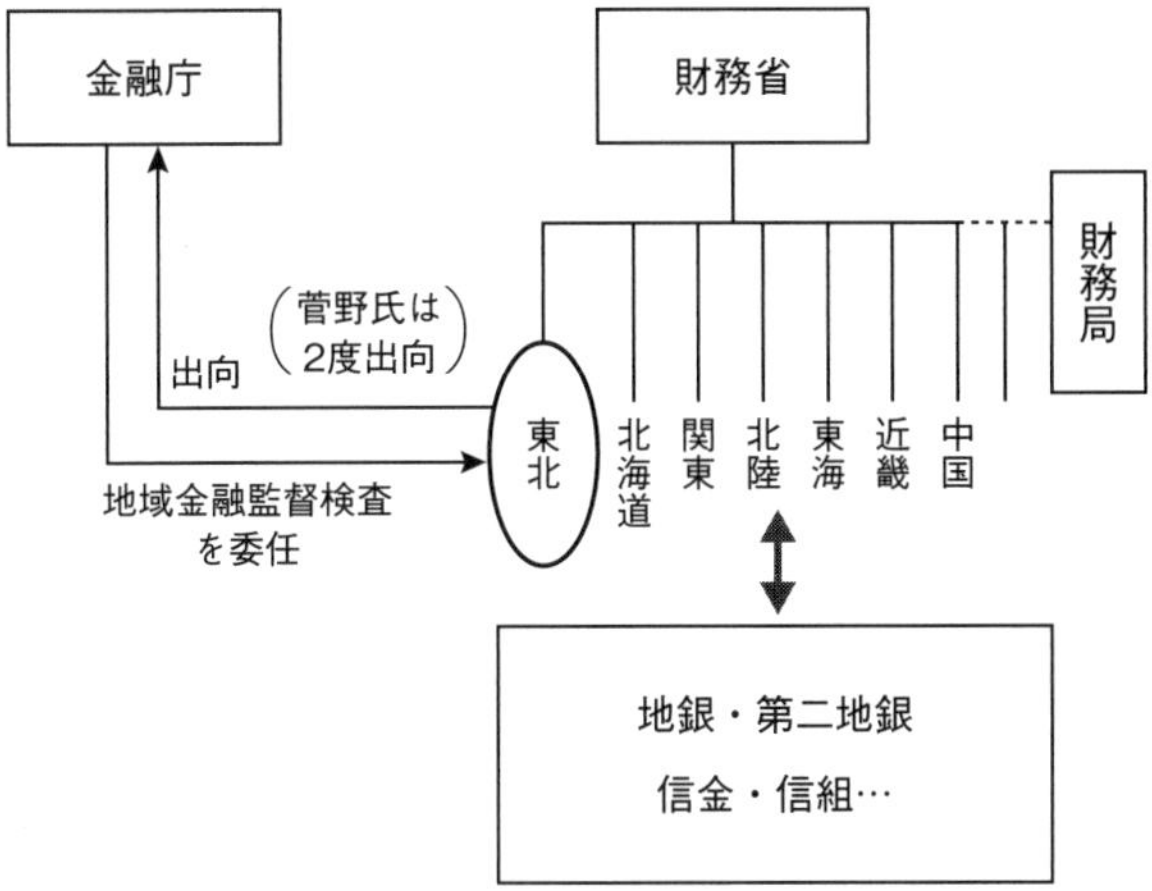

そしてもう1つ。２０１８年の阿武隈急行（本社福島県伊達市）30周年記念プロジェクトです。金融機関と一緒にクラウドファンディングで鉄道支援、沿線支援を行いました。沿線のはちみつを使った地ビールを製造する資金を募り、それを原資に地ビールをつくるほかお祝いイベントを開催するものですね。このプロジェクトマネージャーとなり、この経験では東日本大震災のような危機時でなくても志が同じであれば、一緒になってできるんだと自信になりました。仕事として報告書をまとめました。２０１７年から部活として活動して足かけ１年ですね。金融機関に提案すると七十七銀行や東邦銀行の方が「俺らもやるよ！」と言ってくださった。信用金庫の方々も「我々だってやりますよ！」と連鎖する。「地域のため」という共通目標があれば、手を挙げてくれる人が出てくるんだと。金融機関の監督業務では生まれない輪だと感じ、この活動の輪をどうやったら広められるかずっと考えていました。地元の公務員も金融機関も地域の生き残り競争にさらされ

る一方、閉塞感があって、何か挑戦しないといけないという危機感もありました。

遠藤 議論しているときに金融庁に来たのですか？

菅野 いや、ちょうど、このプロジェクトが終わった後に異動となりました。18年7月ですね。金融庁では、監督局協同組織金融室（協金室）で信用金庫を担当することになりました。

玉木 協金室にいながら「ちいきん会」を始められたのは、どういうきっかけだったのですか。

菅野 協金室はコテコテの監督です。ちいきん会とは別世界だったので、「東北財務局の延長線の仕事もやりたいな」「東京にいながらにして地域のことに携わりたいな」と心の中で思っていました。そうこうするうちに、「政策オープンラボ」という改革プロジェクトが始まるというのを聞きつけ、プロジェクトチームを作ろうと。業務時間の20％までなら「国民の厚生増大に資することに使ってよい」ということだったので、「地域課題解決支援チーム」を立ち上げました。

玉木 ここが後の「ちいきん会」のふ化器になっていくわけですね。

菅野 「よんなな会」（編集注：47都道府県の地方公務員と中央省庁で働く官僚をつなぐコミュニティー。２０１０年にスタートした）との出会いが下敷きになりました。２０１８年11月、ちょうどチームを立ち上げたときなのですが、よんな会を主催していた脇雅昭さんと出会ったことが大きい。総務省の方です。金融をテーマによんな会のイベントを開きたいとオファーをいただいたので、遠藤長官をゲストスピーカーに招くことにしました。これが実現したことがちいきん会を立ち上げる直接のきっかけでした。

玉木　脇さんとはもともとお知り合いだったのですか？

菅野　（金融庁に再び出向する半年ほど前の）２０１８年２月のことですが、四国財務局で若手プロジェクトのリーダーを務めていた寺西康博さんが主催するイベントで知り合いました。寺西さんは、地域は違いますが、同じ財務局職員です。全国の財務局の地方創生の取り組みを表彰する制度でお互い表彰されたことがある同志のような関係です。寺西さんから脇さんを紹介されて、３人で一緒に話していると、今まで全く考えもしていなかったのですが、こういうつながりと熱量を行政に活かしていいんだと気づかされました。18年11月、脇さん主催のよんな会に遠藤さんを招いたとき、公務員と金融マンにはまだまだ連携の余地があることを思い知らされました。逆に言えば、伸びしろに可能性があると感じました。

玉木　遠藤さんとはすでに接点をお持ちだったのですよね？

遠藤　私が課長だったとき（編集注：遠藤は２００５年８月～07年７月までメガバンクなどを担当する監督

局銀行第一課長）菅野さんは係員でしたよね。その時から人間関係が続いていました。

菅野　はい、仰るとおりです。金融庁にもう一度来たとき、遠藤さんは長官になられて、遠い上司でしたけれど（笑）。

玉木　「地域課題解決支援チーム」をつくるとき、遠藤さんに直訴されたそうですね（笑）。

菅野　２０１８年9月、実はご一緒に富士登山に出かけました。疲労困憊の遠藤さんにその場のノリで直訴してしまいました（苦笑）。「協金室の仕事だけだと現場も分かりません。東北財務局でやってきたノウハウも生きてきません。地域に関わる仕事がしたいです！」と。想いに任せてしまいお恥ずかしいですが、それで「政策オープンラボを作るから、それに応募してみろ」と言われて立ち上げることにしました。

遠藤　長官に就任したとき、幹部用メモを作り、その中で政策オープンラボのアイデアを埋め込んでいました。職員に発表したか、これから発表するかのタイミングでしたね。

菅野　それで応募することにしました。（全国信用金庫協会から金融庁に移籍した）奈良義人さんが協金室にいらっしゃったので、最初は2人だけで構想を練りました。いざ、チーム員を募集すると人数は20人、10倍です。地域に関わりたいと考えている熱い金融庁職員がこんなにいるんだとうれしくなりま

金融育成庁の土台作り

事務年度 (7月～翌年6月)	遠藤俊英	日下智晴	菅野大志
2015～17	監督局長	●地域金融企画室長（2015年11月～、途中から検査局「地域金融機関等モニタリング長」も兼務） 監督局総務課「地域金融企画室」とは 目的　地域における金融仲介機能について、企画、立案、調整、情報収集及び情報分析を行う ミッション 企業ヒアリングの企画・調整 各金融機関の金融仲介機能を評価するモニタリング手法の検討 有識者会議「金融仲介の改善に向けた検討会議」の事務局	東北財務局在籍
2018	長官	●監督局銀行第二課「地域金融生産性向上支援室長」を兼務	●協同組織金融室在籍 ●政策オープンラボ「地域課題解決支援チーム」を発足（2018年11月）
	第1回ちいきん会		
2019	長官	●地域課題解決支援室長（現・地域金融支援室長）を兼務 菅野さんらの地域課題解決支援チームをバックアップ	●総合政策局「地域課題解決支援チームリーダー」
2020	退官		
2021		退官	内閣官房「まち・ひと・しごと創生本部事務局」
2022			退官
2023現在	ソニーフィナンシャルグループ社長兼最高経営責任者	日下企業経営相談所所長ほか商工中金社外取締役	山形県西川町長

金融育成庁を支える「4組織」

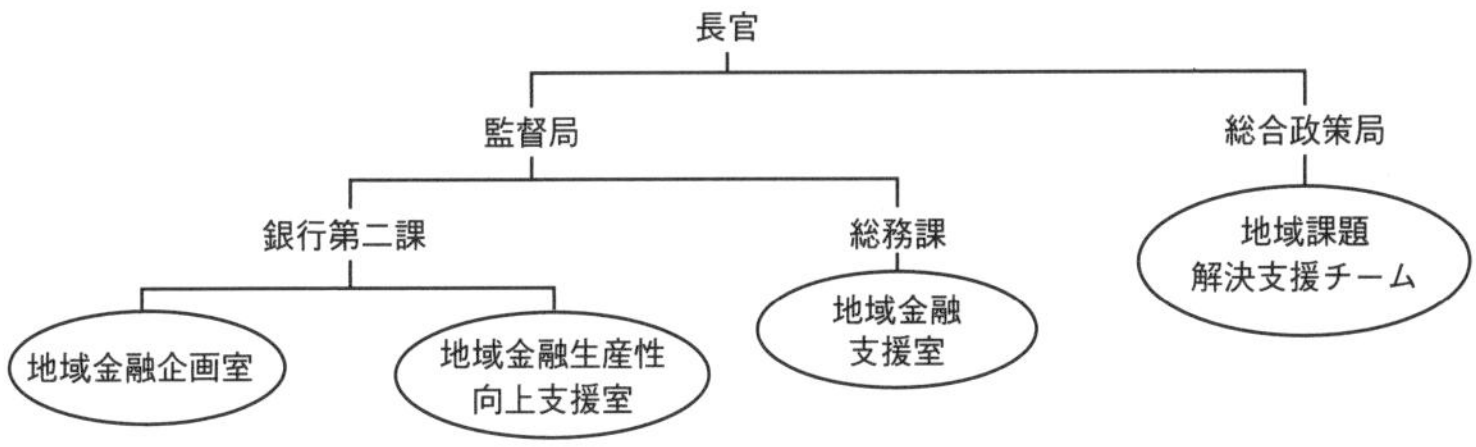

した。

日下　私は遠藤さんが長官になられた2018年7月、「地域金融生産性向上支援室長」を拝命しました。このときは菅野さんとまだ接点がなかったのですが、奈良さんとはそこで一緒に仕事をすることになります。いろいろな部署から人を借りて業務を始めたのですが、協金室が協力するために出してくれた方でした。

玉木　日下さんはそれまで金融庁でどういう仕事をされていたのですか？

日下　2016年7月からは検査局の「地域金融機関等モニタリング長」を兼務しました（編集注：2015年11月に金融庁に移籍後、「地域金融企画室長」として、金融仲介機能に関する政策の企画立案に携わっていた）。検査局がなくなることを機に、金融庁は組織を大きく変えました。その組織の改編よりも重要だったのは、検査官の行動変容です。検査局が廃止される2018年7月までの2年間で苦労したのは、慣れていない検査官の方々に対話を身につけてもらうこと。その流れがあって、地域金融生産性向上支援室長を拝命してからは、地域に出かけて対話することをコンセプトにしました。やや押しかけ女房的でしたが（苦笑）。

玉木　2018事務年度は日下さんの地域金融生産性向上支援室と菅野さんの地域課題解決支援チームが並走することになりました。

遠藤　金融庁の職員は地域に出るべきではないかと感じていました。金融機関の監督だけやっているのでは本当の問題が分からない。財務局に行って財務局の人間と一緒に地域エコシステムの実態について、地域金融機関と対話できないかと。地域金融生産性向上支援室を立ち上げ、日下さんに任せたのはその問題意識からですね。

一方、若い人たちが自分たちのアイデアを実現させるために手を挙げて欲しいと思っていたので、政策オープンラボを始めたのですが、その枠組みの中で、菅野さんが地域課題解決支援チームを立ち上げるのは全然予想していませんでした。出てきた後に、地域課題解決支援チームと、日下さんに率いてもらっている生産性向上支援室をどういうカタチで役割分担し協力してもらうか、これはまあ、やりながら考えるしかないなと。日下さんが率いているんでメンターで関わってもらって、日下さんが調整の解を見つけてくれるかなと（笑）。私がこうしてくれと言ったわけではなく、皆さん、熱意を持ってやっているんできっとうまくいくんじゃないかという気持ちでしたね。

◆「財務局」の思い

玉木　ここでいったん、「財務局」のことをおさらいしたく、皆様に解説いただけますか。金融庁は地域金融の仕事を全国の財務局・支局と全都道府県に設置する財務事務所（沖縄は総合事務局財務部）に委託しています。それぞれ独自に採用し、菅野さんのように金融庁と行き来して人材は交流していますす。ただ、あくまで財務省の出先機関であり、霞が関は財務省と金融庁が分離していますが、地方は未分離です。

菅野　私は２００１年、金融希望で財務局に就職しました。当時は小泉純一郎首相の時代で行政組織や公務員制度改革が盛り上がっていました。実際、２００３年、農林水産省の出先機関である食糧事務所は廃止されました。財務省としても組織活性化を考えざるを得ない危機感が募り、若手でプロジェクトチーム（ＰＴ）を立ち上げることになりました。そのチームは脈々と続き、僕もそのチームで後年、リーダーをやらせていただきました。そのときに阿武隈急行のクラウドファンディングプロジェクトを立ち上げました。財務局の若手ＰＴは地域貢献がテーマで、その最初の世代が僕や寺西さん、今の金融庁の地域金融支援室にいた笠井泰士さん、九州財務局にいる渡邉隆司さんです。

玉木　ちいきん会はこうした財務局の「地域貢献世代」が支えているのですね。

菅野　首長になった今は、当時と比べて楽だなと思います。それは、当時お金も人脈もなく、アイデアと熱意だけでやっていた経験です。

玉木　財務局には今も、若手ＰＴは残っているのでしょうか？

菅野　悪戦苦闘、紆余曲折ですね。時代によって、政権によって、この活動を応援するか変わっていきました。ＰＴ自体はなくなってしまいましたが、財務局総務課に新設された企画係が引き継ぎ、今に至っています。

玉木　金融庁と財務局の関係は古くて新しい課題です。財務局は財産管理や経済調査など金融以外に仕事もやっています。金融行政も財務局が地域金融機関の窓口にもかかわらず、金融庁が出張ることも少なくない。業務を委託・受託する関係は連携するのがなかなか難しい。

遠藤　財務局に対する問題意識は結構古くから持っているんですよ。私は２００２年から全国の財務局を回っていました。何かというと、２００２年から2年間、証券取引等監視委員会の特別調査課長をやっていたんです。特別調査課は地検の特捜部とともに金融証券犯罪を摘発する組織で、財務局で特別調査の業務をやっているのは東京と大阪と名古屋だけ。座席表からも名前と内線番号が消え、財務局からすれば、ベールに包まれている仕事です。それでも金融庁は財務局から人材供給を受ける仲でしたので、特別調査課の仕事内容を説明しつつリクルート活動に全国行脚していました。そこでできた縁から、監視委を離れた後も知り合った財務局職員の方々と交遊を続け、組織内部の様子というか空気は結構、深く理解していたつもりです。

財務局は財務省の地方支分局として、やや失礼ですけれど、権限に基づいた定型的な仕事をこなしている存在なんです。きっちり言われた仕事をやるというカタチができており、地域のために深く入り込んでやりたいという気持ちを強く持っている人からすると物足りないのではと思っていました。

実際、いろいろ話を聞くと、例えば、（経済産業省の出先機関である）経済産業局の方が金融機関とよく話をしている、財務局は監督当局なのでできるだけ距離を置きたいが、経産局は様々な補助金制度を担当しており、いろいろ情報を持っており、しかも、いろいろ教えてくれる。その結果、皮肉にも、経産局の方が親しくなっている。財務局は本当にこのままでいいのだろうかと感じていました。

玉木　日下さんから見た財務局とはどういう存在なのか教えていただけますか。

日下　二面性があります。

金融庁に入ったときから金融庁と財務局は曰《いわ》く言いがたい関係だと気づいていました。時に鋭く対立し、金融庁がこういう政策をやろうと言うと、財務局長会議の場でも「いかがなものか」と異論を述べられることもあります。

かたや、地域の金融機関から見れば、財務局がすべてです。金融庁と直接に接することはむしろやりたくない。財務局が表面的な許認可権を持っているので仲良くしたい。だからこそ、金融庁に入って気づいたのは、財務局がその地域の金融機関と仲良くする方向で行動さえすれば物事はよくなるということでした。

このような財務局の二面性を感じたのは、地域金融生産性向上支援室のメンバーを財務局に常駐させようと動いたときでした。西側で東海財務局、東側で東北財務局にそれぞれ決まり、それぞれの局にお願いしにうかがいました。この調整が難しかった。最後の最後は分かっていただけましたが、財務局の曰く言いがたい性格を垣間見ることになりました。

ただ、奈良さんに東海財務局に常駐してもらおうと調整していたときに、同じ協金室にいた菅野さんと知り合うことができた。「ちいきん会」を立ち上げようとしていた最中で、その後、地域金融生産性向上支援室と融合していくことになります。

◆「遊軍活動」の成果

玉木　ちいきん会は「ダイアログ」と呼ぶ地域ごとのコミュニティーが10以上に増えました。

菅野　各地域ダイアログで自発的にやっているので把握できないのですが、これはよい流れになっています。参加者がお互いつながり、福井から静岡の信用金庫を訪ねたり、自己増殖を始めています。

日下　地域金融生産性向上支援室長をやりながら眺めていたとき、菅野さんのチームが素晴らしいと思ったのは、ネットワークづくりから始めたことです。「地域課題解決」という看板を掲げているが、ネットワークを作ったことでそれぞれがそれぞれの地域課題解決を考えるようになったからです。答えはいろいろ、地域にはそれぞれの事情がありますし。

玉木　地銀同士でそういうネットワークは作れないのでしょうか。横のつながりは強いとお聞きしますし。

日下　もちろん、地銀のネットワークはあります。ところが、縦割りなんです。地銀、第二地銀、信金、信組。業態を超えてというのは難しい……。

玉木　ちいきん会の特徴は参加自由、敷居が低いことですね。

遠藤　金融庁の中ではもともと、地域課題解決より政策オープンラボが先に存在していました。オープンラボをなぜ作ったかと言えば、中堅若手のやや鬱屈したマインドを解き放つため。我慢して仕事しているので、イノベーションマインドを刺激する場をつくりたかったのです。たまたま、その中の1つが菅野さんのチームでした。

途中から、地域課題解決に向けた動きがこれだけ広がってくると、本務でやっている地域金融機関の監督とこの活動はどういう関係になるのかという話になります。情報収集が目的ではないのだけれど、監督に膨らみを持たせることができるようになると考えました。

当時の監督は上から下への目線であり距離感もあったので、金融庁からしても本当の意味で自分たちの言うべきことを言えていませんでした。本来、よい監督とは金融機関ときちんとコミュニケーションできる状態がないと成立しません。

ただ、銀行は免許業種であり、金融庁が監督権限を握っています。だから完全にフラットなコミュニケーションはできないじゃないかと反論する人がたくさんいます。それはそうだけど、「今の状態がいいと思っていますか?」と問いたいですね。

地域に入り込んで情報を収集し、通常の監督行政の目線でしか入ってこない情報より根っこの実態を把握できるようになります。そもそも現場でどういう方々がどういう意識で働かれているかを頭に置きながら、監督ができるようになった効用は大きい。対話する土壌と言い換えてもよいですが、距離感が縮まり対話しやすくなったのは間違いない。

地域ダイアログ（対話会）と成果

時期	ダイアログ	成果
2019年11月と20年1月	熊本	起業創業ワンストップ支援制度（熊本県事業）
2019年11月	東北	オンラインでの新現役交流会（企業と企業OBとのマッチング会）の開催（岩手・宮城・福島）
2020年6月	福島	複業・兼業人材等外部人材活用促進事業（中小企業庁事業）
2020年8月	石川	新型コロナ融資関連手続き～特別保証認定プロセスの電子化～
2021年2月	北海道	中小企業向け兼業・副業活用オンラインセミナー
2021年6月	岩手	北上市での地域団体と地元信金との養蚕イノベーション促進事業（農林水産省事業）
2022年6月	鳥取	産官学金の有志コミュニティ「鳥取の地域金融周辺で地域課題を考える仲間たち」を設立
2022年10月	奈良	川上村でのONSENガストロノミーツーリズム事業（同村事業）
2023年2月	宮城	仙台市と地元信金が中心となって地元中小事業者の販路開拓・商品拡大支援

日下　菅野さんはネットワークを作った後、返す刀で霞が関ダイアログを始めた。刀の返し方がうまいのは、今度は霞が関の他省庁のニーズを拾った。他省庁からすると金融庁にはびっくりするぐらいのネットワークがあって、自分たちの政策を届けたいというインセンティブが働いた。これはまさに「対話の連鎖」で、中でも熱心だったのが環境省だった。

玉木　金融庁は後に環境省と包括連携協定を結ばれましたね。

日下　そうなんです。環境省も出先機関として地方環境事務所を持っているが、国立公園の管理などをされていた。ＥＳＧの流れで環境省の担う領域が増えているタイミングで、それら政策課題を進める推進力を欲していた。金融庁にもおられた環境省の中井徳太郎さん（編集注：20～22年、環境省事務次官。２００６年7月から1年間、金融庁監督局協同組織金融室長）に「すごいじゃないか」と言っていただき、とんとん拍子で連携を深めることになった。

遠藤　環境省には今や地域金融機関の職員も出向していますよね。環境省だけでなく、中小企業庁も他の役所も、心ある役人は自分たちの政策を確実に実施に移して欲しい、予算をとって終わりではない、法律が通って終わりではないと思っています。その後のアフターフォローまできちんとやりたいと思っている人が少なくなく、そういう方々が霞が関ダイアログに参加したんだと思いますね。

菅野　金融庁のホームページにまだ残っていたのでうれしかったのですが、熊本ダイアログはちいきん会ならではの1つの成果です。

地銀と信金は実は同じ地域にいるのに意外と対話していません。お見合い状態と言いますか、遠慮されているんでしょうね。信金からすれば、かつて取引している方々も成長すれば卒業し、地銀との取引に移ります。それでも次の成長予備軍となる起業家の方々にアドバイスして欲しいし、講師として講演もして欲しい。メンターになってくれるような関係を築ければベストですが、取引がないこともあって、信金さんは遠慮してました。これを熊本ダイアログで話してもらうと、銀行さんはあっさり「卒業企業と接触してもらって全くかまいませんよ」。さらに熊本県庁が「それでは県の政策としてオフィシャルな会議を立ち上げ、創業のワンストップサービス拠点を設置しましょう」と仰ってくださり、県の政策として実を結びます。

遠藤　地域課題解決支援チームが熊本に出張し、蒲島郁夫知事にも直訴しましたよね。プロモーションイベントも開きました。金融庁が世話人としてバックアップをきめ細かくやった意味は大きいのではないでしょうかね。それが1つの標準型となり、それを見て他地域でも自走し始めました。

菅野　石川県で実現した制度融資を申請する手続きの電子化はもう1つの成果です。これは日下さんに携わっていただきました。金融庁のホームページを見ると、これは「政策の実効性を上げる遊軍活動」と書いてあります（笑）。

新型コロナウイルス禍の真っ最中、市町村と信用保証協会と金融機関の申請手続きをスムーズにする必要がありました。給付金もさることながら、公的マネーを配ろうとしてもアナログの壁で滞りがち。それは融資も同じでした。経済産業省がそのシステムを作るための補助金を用意し、それを使えば投資費用はゼロで済むにもかかわらず、なかなか前に進まなかったのです。

それは、電子化に取り組む市町村、金融機関、信用保証協会の3者が同時に申請する条件があり、足並みをそろえて県が代理申請する仕組みがネックになっていました。ちいきん会には3者それぞれの担当者が参加し、ネットワークを持っていましたので、「俺たちで、できるかもしれない」と思いましたね。

実際、全国で初めて石川県が売上減少認定の電子化の仕組みを導入しました。全国一斉に電子化を進める金融庁〝正規軍〟がじっくり進めていたので、金融庁幹部からも褒められました。フラットなコミュニティーだからこそ、志を共有できればすぐ実行に移すことができました。

◆回転ドアで見た「その後」

玉木　ちいきん会をスタートして4年です。それぞれのお立場からちいきん会のその後をどう見ているのかお聞きしたいと思います。

日下さんは2021年に金融庁を辞められ、民間に戻られました。日下さんから見て、「その後」はどう映っていますか。

日下　地銀にとって金融庁と対話する敷居が低くなったのは間違いありません。2019年の金融検査マニュアル廃止を見据えて、金融庁自身が物事を変えようという意志を持って対話路線を打ち出した。そこへ菅野さんが現れて、対話の場を「ちいきん会」という形で作った。金融庁が仕掛けてきた歴史だが、いま、各地で起きているのは地域金融機関の職員が地域の方々やほかの金融機関の職員と対話を始めたことです。いわゆる「対話の連鎖」が起きているのは間違いない。

玉木　日下さん、そもそも地銀と市町村の関係を教えてもらえますか。

日下　行政マンと地銀職員は基本的には同じ方向を向いているはずです。ところが、菅野さんも気づいていると思いますが、行政組織ではアイデアを下から上に上げることができない。仮に上がったとしても、上が決裁できない。その意味では、銀行の方が、よほどボトムアップができる組織です。地方では、銀行を辞めて行政に転身する例が多いのですが、組織の違いが明らかになるとこんなはずじゃなかったとなる（笑）。なぜかと言えば、新しいことは議会を通すことが大変だったり、複雑な行政手続きがあるからです。
新しいことをやるには、首長がリーダーシップを発揮するというのが1つのやり方です。その他では、外部の力という観点で金融機関が提案を持っていくというのも現実的なやり方です。行政職員は職務の中で視野が狭くなりがちで、金融知識があるわけでもない。そういった意味で、ちいきん会は地方自治体がブレークスルーする起爆剤になるのではないか。

群馬×長野の地域ダイアログ(2023年5月、群馬県前橋市のしののめ信用金庫前橋営業部)

玉木　遠藤さんはソニーフィナンシャルグループ社長になられました。

遠藤　ソニーと地域金融の世界を無理につなげるのはなかなか難しいのですが、民間企業に移って思うのは、「人を生かし組織を活性化し生産性をいかに向上させるか」という命題は行政だろうが民間だろうが人の集団であれば同じということです。自分の仕事にプライドを持って面白く熱中して仕事をしているか、その状態を創り出しているかがとても重要なことなんです。いろいろな人と話しましたが、ソニーの方々は皆、熱中していますよ。だから、ソニーは復活したと思っています。

役所を辞めた後も地銀の方と接する機会は多いのですが、徐々に仕事の仕方や組織を変えていますよね。金融庁も変わってきている。金融庁の変わる姿を見ながら地銀の方々も「自分たちも変えていいんだな」「むしろ変えるべきだ」と思い始めているのではないでしょうか。人と人がつながりネットワークができれば、ソニーと同じような復活の原理が働くのではないでしょうか。仕事がすぐ発生するわけではなくとも、次につながる可能性が生まれてきます。

翻って自分のことを考えても、今、ソニーフィナンシャルグループ社長になりましたが、面白い仕事に直面すれば、それをぜひやりたいと思うわけです。その仕事に集中して熱中して。それなら「次にこういうプロジェクトをやりましょう!」とか「その分野で活躍している方を紹介しましょう」とか、人と人との関係の結果として、今の自分があるなと改めて感じています。

玉木　菅野さんは町長になられました。

菅野　僕は、地方創生における金融機能の活用をもっと実践したかったんです。金融庁出身の首長はいない。そもそも金融機関出身の首長もあまりいない。

最近の話題で恐縮ですが、先日、「学生さん、街に戻ってきたら500万円まで元利金免除します」というタイアップローンを始めました。町民限定で4つの金融機関とタッグを組みました。たまたま全国で初めてのことだったので、「こういう手があったか」「なるほど」という反響をいただいています。

地方自治体の頭には、業務範囲の中に「奨学金」という発想しかないんですよ。もっと言うと、利息計算や手続き免除となると事務ミスリスクもあります。地方自治体が信用リスクを背負えば、金融機関

山形県西川町の場所

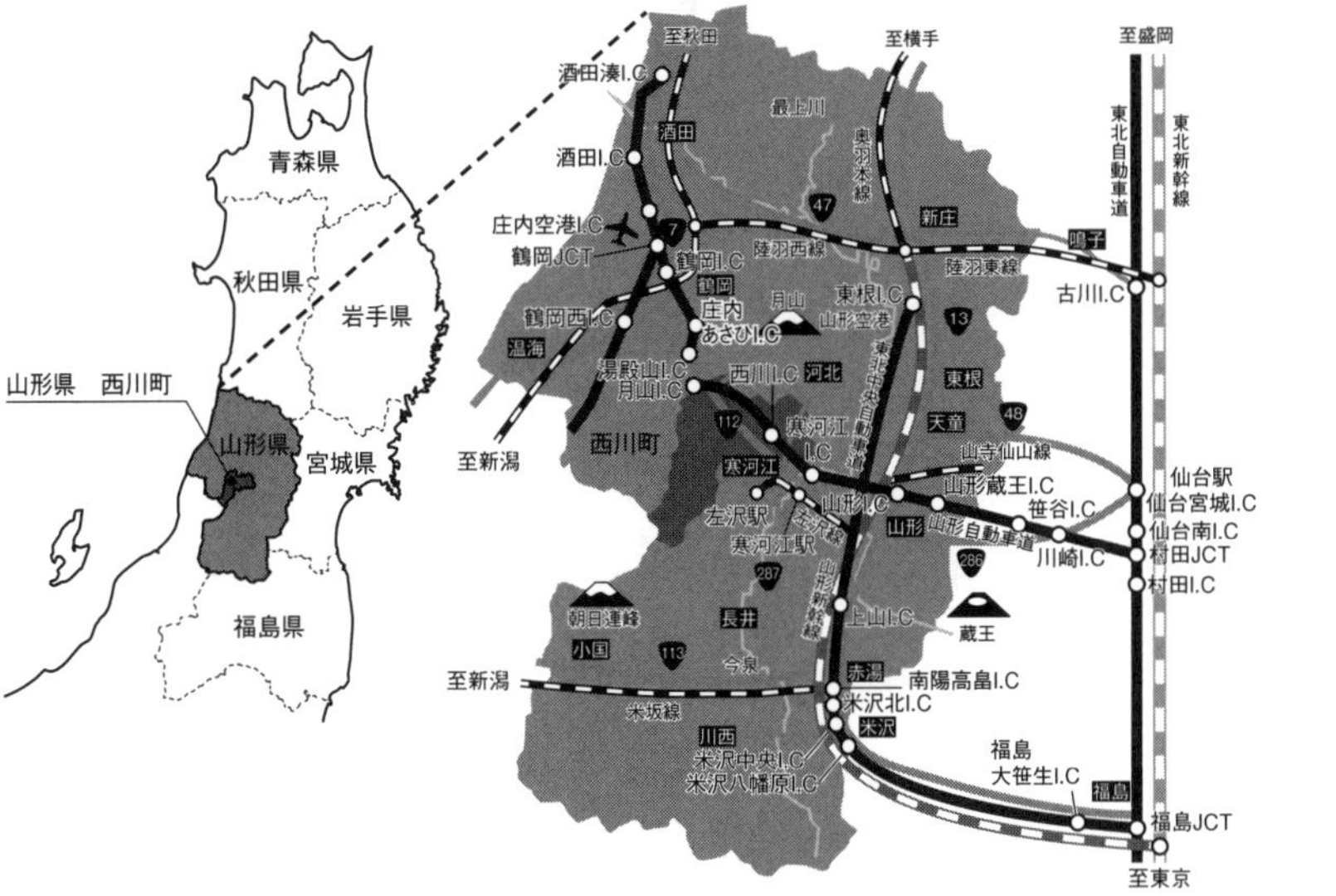

は納得してくれます。市町村と金融機関はもっと協調できる余地はあると思います。

玉木　地銀から提案が来るのでしょうか、それとも西川町から提案したのでしょうか。

菅野　これはある地銀さんから提案をいただきました。我々が「これで困っている」「ここが一番の課題だ」と情報開示し、オープンな姿勢を示せば、金融機関と対話が生まれてきます。地銀さんによって問題意識の領域は少しずつ違います。

別の地銀さんから最近いただいた良い提案は、人口増に伴う住宅建設の件です。実は西川町は社会減が4月以降、止まりつつあるんです。それによって住宅が足りなくなっているんです。土地さえあれば、6カ月で建てることができる住宅業者を探していました。相談すると、別の地銀さんが業者を紹介してくれました。
もう一例を挙げると、道の駅を運営しているのですが、その経営支援についてです。お風呂が付いているのですが、そこで使う重油代がバカにならない。ある地銀さんが「ペットボトルを回収して自分で重油を作りませんか？」と提案していただきました。リユース重油です。成約すれば手数料を支払うことになりますが、それはこちらの悩みを解消してくれるので全くかまいません。

玉木 町長になられて、ちいきん会の力を借りてらっしゃいますか？

菅野 ほぼ9割がたです（笑）。

玉木 ネットワークの威力ですね。

菅野 それはすごいですよ。熱意とつながりがあれば何でもできる。町民の方々にも言っています。もう1つ、ちいきん会のつながりをきっかけにトライしようとしていることがあります。デジタル住民票をＮＦＴ（編集注：偽造や改ざんが難しい代替不可能なデジタルデータ。トークンと呼ばれ、暗号資産技術を使って発行する）で発行したことです。

玉木 これはちいきん会の方からの提案ですか？

菅野　旅行会社なんですが、観光と金融の相性はよくなってきています。

日下　菅野さんは地域課題解決の看板を掲げてきたが、地域課題を解決するものは何かというと、「地域資源」です。その地域資源については、地銀は弱く行政の方が強い。域内の地域資源を網羅的、面的に把握している。ただ、その地域資源をマネタイズするとなると行政はからっきし弱い。地域資源を知っている人と地域資源をマネタイズできる人をうまく掛け合わせる、それをそれぞれの市町村が始めると、日本全国でものすごく面白いことが起きますね。

座談会の様子（写真左から日下、遠藤。菅野氏㊨と金融庁時代を振り返った）

玉木　「地域資源」とは何でしょうか？

日下　例えば、西川町は人口は少ないけれど、山菜が採れたり、月山《がっさん》が見えたり。地元からすれば当たり前のことだけれど、紛れもない地域資源です。それをどうマネタイズして、関係人口を作っていくか。

菅野　確かにマネタイズすることに行政は弱い。経済効果を出せるかが腕の見せ所なのですが、なかなか自治体だけでやるのは難しい。

◆「地域通貨」の可能性

玉木　行政主導で言えば、「地域通貨」が各地で盛んです。仮に税金の納付や公共料金の支払いまでつなげることができれば、単なるプロモーションの商材ではない本当の通貨に生まれ変わります。

菅野　実は地域通貨は今考えています。導入したいと思った動機は町内のお金の流れです。例えば、町内企業に補助金を出しても、そこから先、資金は地域内に収まらない。当然、ほかの町から仕入れたりしますから。それを見える化したいというのが直接のきっかけです。これは金融機関が得意な分野かもしれませんが、協力・非協力で割れてしまっては困るので、行政主導で進めようと準備しています。システムは地元金融機関が提供するものでない方がよいと考えて、実は石川県の北國銀行と調整しています。

玉木　それは画期的ですね。

菅野　西川町だけでなく、隣の町も巻き込みたいと思っています。

遠藤　デジタル通貨は今まで金融機関が発行してきましたが、どうしても広がりに限界があり、あまりうまくいっていないと感じています。なぜか。それは利用者が町民であり市民であるからですよ。どこの銀行に預金口座を持っているかは分からない。たまたま自分のメインバンクがデジタル通貨を発行してくれるなら使うことができるかもしれませんが、別の銀行口座を持っている人はデジタル通貨を受け取ることができません。一生懸命流通させようと努力しているところもありますが、金融機関が主体でやっている限り、ブレークスルーしません。

私は行政が主体になってやるべきだと考えています。デジタル通貨は銀行しか発行できないので、行政が主導してどこの銀行も同じ仕組みで統一して発行することが重要です。名前は金融機関ごとに異なっていてもよい。ただ、仕組みは同じでなければ汎用性を失ってしまう。納税や公共料金の支払いのように、行政が最初に絡むと使うニーズを生むことができます。

玉木　江戸時代にあった「藩札」ですね。日銀券だけでない世界が生まれたら、地域経済にも化学反応が起きるかもしれませんね。

日下　域外とどう交易しているかが見えるようになれば、打つ手も変わりますよね。

菅野　これは早くやりたいんです。これからデジタル住民を1万人にしようという計画があって、彼らにも使えるようにしたいと思っています。

玉木　西川町だけでも徹底して流通させれば、日銀の金融政策も変わるんじゃないですかね（笑）。

菅野　石川県で制度融資の申請システムを作ったときの経験が生きています。完全にアジャイル型（編集注：機敏などという意味から転じて方針の変更やニーズの変化に対応する開発スタイル）で作り込むことができましたので。北國銀行のシステムを使うのも、ちいきん会での活動が巡り巡ってつながっています。

玉木　市町村は行政区画で政策を考えます。金融機関は経済圏で物事を動かそうとします。両者の視点がうまく組み合わされれば、革新的なことができるが、うまくかみ合わなければ齟齬が生じてしまいます。

菅野　観光分野ではその問題が起きています。先日、観光庁が発表したインバウンドのモデル11地域に決勝戦まで残ったのですが、最後、落ちたんです。合格したのは岩手県の「八幡平エリア」。観光庁の方から言われたのは「金融機関の協力を取り付けたことですよ」と言われました。我々は地銀を引き込んでいないわけではなかったが、それが弱かった。

地域のたくさんの事業者を巻き込むコーディネート力が試されています。それは我々より金融機関の方が動きやすいのは確かです。補助金の申請も対象企業の資金繰りを確定する必要があったり、安全性を重視します。そこまで下支えできるのは金融機関だけです。

日下　話題を変えて、アカデミアの世界とのつながりで言えば、山形大学に小野浩幸教授がおられます。小野さんは、歴史があって全国各地の先生方が参加しておられる地域活性学会の金融部会長です。その彼が、ちいきん会、とりわけ主催している菅野さんに目を付けた。

地域活性学会は長らく活動してきたが、停滞感があったそうです。提言はするけれど、それを実践するところで難渋していた。そこで、ちいきん会とコラボできないかと言ってこられた。新しい形での産官学金民のネットワークです。行政と同じくアカデミアも中立的な立場ですが、金融機関や事業者のように何かに肩入れしてもよい人たちとうまく組めないか。その最初のイベントを山形県東根市で開催することを企画された際は、残念ながらコロナのまん延でオンラインになってしまいましたが、2023年11月、山形県の蔵王に三島信用金庫の坂本剛宏さんを呼んで研究会を計画されています。

菅野　坂本さんはちいきん会が産んだスターです。（編集注：官民ファンド「地域経済活性化支援機構」に出向した経験もあり、観光と金融を結びつけ高付加価値な事業を育成しようと活動してきた。「地域再生請負人」の異名を持つ）

日下　ここでどういう化学反応が起きるか注目しています。

◆人口減少下の「活性化策」

玉木　話題を「地域経済活性化」に移したいと思います。日本の人口は2056年に1億人を割り込むという試算が出ています。人口減少問題を避けて通ることはできません。地域経済を活性化する突破口はどこにあるのでしょうか。

日下　これから将来を見据えたとき、人口は確実に減ります。そのこと自体には抗えない。ただ、いま起きているムーブメントは、「1人の人間が1人じゃない」という考え方です。兼業副業のように1人

「人口減少対策」が一丁目一番地の政策

◎目指す将来像

～第7次西川町総合計画キャッチフレーズ～

—第7次西川町総合計画—

8年以内に生産年齢人口増加に向けて、できるだけ早く町民と多様な取組において協働し、町外の方から共感を持って頂ける町となる

「いぐだい　すむだい　してみっだい」~from Nishikawa to the world~

■「定住人口」を増やす！

2030（令和12）年度の人口目標　　人口推計より50人多い4135人

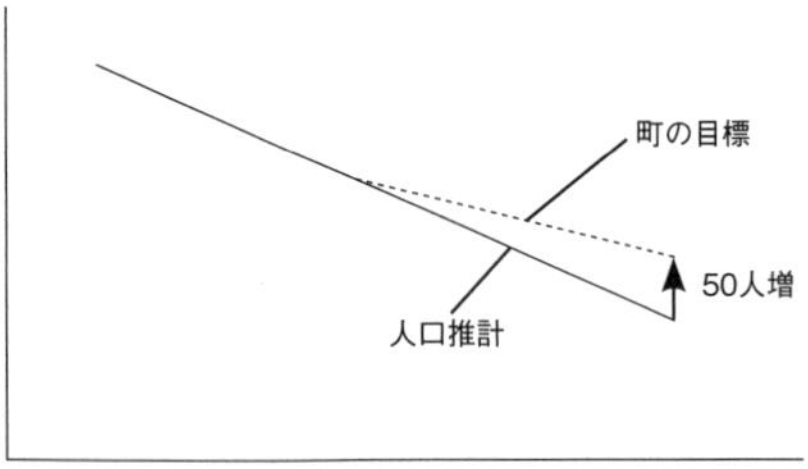

▼50人分の根拠は？

サテライトスクール体験者	8人
教育ローン返済補助金制度利用者	15人
地域おこし協力隊など町外人材の移住	10人
その他の増加分	17人

■「関係人口」を増やす！

	現状（令和4年度）	目標（令和12年度）	施策
交流人口	年50.2万人	年100万人	効果的な情報発信とアンテナショップ
イベント開催参加者数	年1.9万人	年3.0万人	大規模イベントと雪を使った町内全域イベント
コミュニティスペースの来場者数	年200人	年5200人	交流空間整備や公園キャンプ、空き家の利活用
サテライトオフィス誘致事業所数	−	累計6	転職なき移住を可能にするコワーキングスペース整備
サテライトスクール経験者の移住者数	−	累計8人	学校教育に留学事業
保育園留学経験者の移住世帯数	−	累計5世帯	保育園に留学事業
教育ローン元利金返済補助制度利用者の定住者数	−	累計20人	教育ローン元利金返済補助制度「帰ってきてけローン」制度の創設
公式LINE登録者数	年1026人	年2000人	誰もがいつでもアクセス可能な情報交換の機会
西川ファンの人数	228人	50000人	関係人口獲得のためのwebサイト構築
メタバース上のオンライン交流会参加者数	年10人	年400人	NFT・メタバースなどデジタル活用の関係人口創出

2役だったり、住民票は東京都大田区にあるけれど、デジタル住民票は山形県西川町にあるという2拠点生活だったり。それを「関係人口」と言いますが、キーワードになっています。どの地域でも関係人口の増加が中心的テーマになっていますね。

菅野　西川町は関係人口の増加を目標に掲げています。

日下　人口の概念には「定住人口」と「交流人口」、そして「関係人口」があります。関係人口はふるさと納税もそうですし、地方の創意工夫に比例します。例えば、首都圏の大企業に勤める多くの人がどこかの地方の関係人口になれば、雪崩のように劇的な変化が起きてくると思っています。

玉木　西川町の関係人口の政策はどのようなものを置いてらっしゃいますか?

菅野　計画策定から8年後の令和12年（2030年）に、人口の10倍の5万人にするというKPI（重要業績評価指標）を置いています。数値目標まで掲げる市町村はなかなかないと思います。

玉木　関係人口が増えている具体例はどういうものですか。

菅野　定義は自治体でまちまちで、国も定めていません。例えば、今日（2023年6月25日）、三軒茶屋（東京・世田谷）でイベントを開いていました。スタッフだけで40人の関係人口が手伝ってくれました。東京にお住まいですが、西川町へ除雪しにきたり、地域おこしインターンに参加されたり、いろいろな方々です。

企業版ふるさと納税を使われている企業も関係人口ならぬ、関係企業としてカウントします。地域外の個人、企業とどうつながりを持って、西川町で消費したり、経済活動したり、そういう波及効果のある方々を金融機関が招いてくれれば、その金融機関の価値も上がります。

日下 金融庁が急速に進めてきた規制緩和が、地銀の活動領域を明らかに広げています。地域商社や地域活性化事業会社、あるいは地域活性化のための兼業・副業の広がり。銀行本体は預金者保護で業務が限られますが、ミッションの違う関連会社群が地域活性化の起爆剤となるかもしれません。

玉木 あとは銀行本体の構造改革でしょうか。関連企業群に人員を大きく配置転換できれば、影響力は大きく、変化のうねりを作ることが可能ではないでしょうか。

日下 そうです。銀行持株会社を作っているところはチャレンジし始めていますね。ただ、組織内にはものすごくあつれきが生まれます。それらを調整しながら前進するのは大変ですが、着実に動いている。

遠藤 地銀はそれぞれの土地でそれぞれの歴史を刻んでいます。漸進的に映るかもしれませんが、結構、ここ数年で変わってきていると感じています。「このスピードでよいのか?」と言う人もいるかもしれませんが、地域の実情に合わせた自分たちなりのスピード感を理解する必要があります。地銀には中央金融機関が存在しないので、全国に号令を掛けて変化を促すようなことはないですね。

玉木　ユニバーサルサービスを維持できるだけの稼ぐ力がなくなり、東京一極集中と人口減少により地区によっては寿命も見えてきます。地域金融の構造変化に未来はあるのでしょうか。

日下　金融には必ず過不足があります。地方は金融が余っていて、3大都市圏はあきらかに不足している。それをどう調整するか。地銀というメカニズムを通して、地元に運用先がなければ、自行の東京支店で運用しているが、それだけでは時代の変化に追いつかない。

◆「経済再興」と地銀の役割

玉木　地銀がもっとリスクテーカーとなる仕掛けができないものでしょうか。経済停滞を経済復興へ切り替えるきっかけを地銀に期待するのは酷なのでしょうか。

日下　レバレッジをかけて事業を拡大するのはあくまで企業であって、金融機関だけでは何もできません。そこでスタートアップ支援やM&A（合併・買収）サポートも含めて事業者支援に力を入れていますが、いま、地方で加速度的に起きているのはM&Aです。これはびっくりするぐらいの増え方です。

地銀を含め多くのプレーヤーが関与しています。企業だけを見ると分からないのですが、株主や経営者はかなりのスピードで代わっている。昨日と同じ会社なのにM&Aなどで株主だけが変わっている、全国の中小企業は今、フォルムチェンジの真っ最中ですね。

遠藤　経済復興は日下さんが言うように、金融機関以上に企業側がキーになると思います。M&Aによって足腰の強い企業として立ち直れるか、ベンチャー企業が将来を見越したビジネスを生み出すことができるか、そこに金融が必要とされるか。金融機関がいくら強くなっても、その先にいる企業群が素晴らしいものでなければ、不良債権の山を築くだけですよ。

ソニーは東京通信工業の時代は国内金融を活用したが、ソニーになっていち早く米国に参入した時代は米国の名だたる一流金融機関と付き合った。その時に学んだことが、金融をうまく活用すると自分たちは伸びることができるということ。地銀にも同じように伴走できる企業、共鳴できる新興企業は今でもあると思います。

玉木　幾度となく訪れる金融不安の波を越えることができるかということです。景気の波を吸収できる体力と収益力を兼ねそなえた地銀が望ましいことになります。ただ、金融政策も金融行政も銀行を強く縛りすぎている面は否めません。金融システムの設計図を変更しなければ、自由度を持った経営は望めないのではないでしょうか。

遠藤　うーん。金融システムは日本だけ特殊な姿をしているわけではないですからね。グローバルな広がりがある預金という債務をどう考えるかというのは、「銀行とは何か?」を問う一番根っこの問題です。金融システムのルールを抜本的に変えるというより、危機的な状況が起きたときでも将来の萌芽を潰さない運用の工夫を考えるということではないですかね。

玉木　決済性預金にすれば、銀行が経営破綻しても国が預金を全額保証します。国が事実上、100％債務保証する状態はゆがみをもたらしています。本来ならもっとリスクテイクしてもよいものだと思うのですが……。

遠藤　そうそう。逆に言えば、玉木さんが言ったように「100％保証が付いているのだからレバレッジ効かせればいいじゃないですか？」という問いは、制度としてはできているわけですよ。逆にやろうとしない、それでも金融庁の顔色をみて動こうとしない金融機関のカルチャーを変えないといけないわけですよ。制度に問題があるわけではなく、制度を前提とした上での行動態様と行動原理にある。これを作り上げていくのは金融庁と金融機関の共同作業です。

日下　今の話はなるほどと思うのですが、国の政策は経済性と社会性が行ったり来たりする。新型コロナウイルス禍のように経済性が全く期待できないときは軸を社会性に振って物事を進めないといけない。その後国全体が成長しないといけないというマインドになってくれれば、経済性にかじを切ればいい。その潮流をうまくつかみ、日本全体に訪れる次のチャンスに備えないといけないのですが、僕はそろそろ来ると思っています。

玉木　それはどうしてそう思うのでしょうか。

日下　２０２３年5月に広島でサミットがあり、随行していたとある国の新聞記者が地元の１００円ショップに立ち寄った。そこでのエピソードですが、店員に向かって「キミたちはクレイジーだ！」と言い始めたそうです。なぜか。「これだけのものがこれだけの値段で買えてしまう。どうなっているんだ！」。そこではっと気づくのですが、日本では30年間の長きにわたってデフレが続き、ものの値段を下げることしか発想になかった。つまり、本来の価値と販売価格が乖離してしまっている。

遠藤　観光はすでに変化していますね。ホテルの価格はすごく上がっている。価値を見いだし泊まる宿泊客が連綿と現れているからですよ。

玉木　地銀が賃上げし、その地域の中小企業の賃上げを促すよう環境を整える。そういう意味でトップ地銀にはその浸透力がありますよね。

日下　地銀の行員が企業の事業性を評価し、「あなたの商品・サービスの価値はもっとあります」とはっきり言うことが必要です。地域の中小企業が産み出している価値をきちんと見定めて、成長させることができるかが勝負なんです。それを明示的に進めるのなら、地銀の行員の給与を上げてもいいんだと思います。

玉木　各地で地域経済の関係者と金融機関がアコードを結び、目線を合わせることが大事ではないでしようか。「ちいきん会」のような交流する場ができており、昔のように縦割りでそれぞれ悶々とすることはなくなってきました。アコードといえば、政府と日銀だけの専売特許ではありません。縦割りでそれぞれやる余力はもうないはずですよね。

おわりに　地銀も「株主ガバナンスの時代」に

日下智晴

過去と他人は変えられない――。自己変革セミナーなどでこれに続く言葉は、だから自分が変わろうということになる。地域金融に当てはめるならば、創業から今に至る沿革は変えることができず、競争相手の行動も変わらないので、今こそ自己変革が必要だということになる。

遠藤俊英さんとの対談から始まったこの本の製作は、私にとってとても刺激的なものだった。そこで改めて思うのは、金融機関は全体として時代に抗えないということだ。それは経済の血液とも言われるお金を特別に扱えるように認可された存在であることと、それが故の当局の存在が大きいからだ。金融政策は常にトレンドフォローであり、しかも人為であるためしばしばエラーが伴う――。その中で歴史を刻むのが金融機関なのである。

地銀の歴史を振り返るならば、戦時中に成し遂げられたいわゆる〝一県一行主義〟が、渋沢栄一氏に始まる明治以降の銀行の歴史のグレートリセットとなった。その最大の目的は戦時統制であり、それを経験した銀行はＤＮＡレベルで戦後設立の金融機関とは異なる。連綿とつながってきた行為の連続がその銀行の沿革となり、それは変えられない過去として現役行員の行動に影響する。そのような銀行に長く務めた私は、金融庁に転職して多くの金融機関と接する中で、なるほどこうも違うのかと思うことが多くあった。戦後設立の銀行は言うまでもなく、ルーツが相互銀行や信用組合の場合もそうだった。もちろんそれは良しあしではなく、そのありさまを見つめなければ何も始まらないということだ。そのため、当局のエラーの大宗は、金融機関を大雑把に括る行為から生まれたものなのだ。

この本の締めくくりに、戦後の地銀の歴史を改めて時代分けする。これは私が40年近く――祖父の口伝を含めると90年近く――そのありようを見てきたからこそ思うことであり、この本に通底している考えを端的に示すものだ。それを、「殿様の時代」「自分探しの時代」「金融庁による統制の時代」と呼ぶことにする。

「殿様の時代」は、戦後の高度成長を背景とした過度の資金需要期に始まる。この時代は事業者が銀行に列をなし、リレーションシップボローイングを行っていた時代である。その時代のエピソードが、我が国を代表するホンダの50年史に掲載されている。

「(前略)藤澤(藤澤武夫常務取締役)は、メーンバンクの三菱銀行に初めて支援を要請した。同じく『松明は自分の手で』にその時のいきさつも書かれている。『銀行に対しては、私は何でもしゃべった。いっさい隠しごとをせず悪い問題も全部銀行に言った。(中略)すべてを知っていれば銀行も正確な判断ができるわけですよ。(後略)』。この時三菱銀行は当時の鈴木時太京橋支店長、川原福三常務の英断で、Ｈｏｎｄａを全面的にバックアップしてくれたのである。『この手術に絶大な後援をしてくれた三菱銀行は、本田技研が存続する限り永久に忘れてはならない。とくに、一身を投げ打って自分の信ずるところを重役に積極的に説明し、周囲の困難があったにもかかわらず、終始一貫、所信を通し努力して下さった鈴木時太支店長の名を、みなさんは忘れないでほしい』と藤澤は翌１９５５年1月発行のホンダ社報12号に書いている」

藤澤氏は銀行に対して事業に関する情報の非対称性を少なくしようと努力されており、銀行は上座に座って事業者の話を聞くのがリレーションシップボローイングの基本である。このように、預金を集めることを当局から認可された銀行は、支店で待っていればその収益の源泉である融資が労せずとも積み上がる時代だったのだ。しかも、銀行の中でも選ばれた人たちが事業者からの開き役で、多くの行員は預金獲得のノルマに追いまくられて疲弊していた。「殿様の時代」は、どの銀行でも概ね同じように融資の権限がそのまま力の源泉となっていたのだ。

そのような銀行だが、企業の内部留保が積み上がってくると、そうも言っていられなくなる。そのような時代の変化を受けて当局が行ったのが、1982年施行の銀行法改正である。それにより、「自分探しの時代」が始まることになった。その時代は、金利の自由化、業務の拡大がありながらも、戦後形成された長短分離をはじめとする機能別金融が維持されたのが特徴である。広島銀行の場合、それはイコール橋口頭取が経営されていた時代なので、地銀の中でも最もエッジが利いていたのではないかと思われる。海外も含め店舗網を急速に拡大させるとともに、資産も大きく積み上げる過程で住専にも貸し込んだ。振り返ってみれば、当局の施策へのフォローだったことが分かる。そしてこの時代の最大のイベントが1989年の相互銀行の一斉普銀転換であり、一県一行が決定的に崩れ去るとともに、全行が例外なく自分探しをせざるを得なくなったのだ。その結果は実に悲惨なもの――バブル経済の崩壊と相次ぐ金融機関の破綻――だったことは深く歴史に刻まれることになった。

ハードランディングしてしまった「自分探しの時代」は、金融危機後の大蔵省の解体と金融検査マニュアルの誕生によって、「金融庁による統制の時代」に移行することとなった。その時代の検証こそがこの本のテーマであり、いろいろな角度から切り込んでいる。地域金融に関しては何といっても金融庁の存在は絶大で、非常に深いメンタルレベルにもその影響は及んでいる。

一方で金融庁への過大な期待が集まる時代であったことで、副作用も頻発することになった。代表的なものは２００３年から始まったリレーションシップバンキンクによる中小企業融資の競い合いで、「殿様の時代」の預金ノルマよりもはるかに深刻な融資ノルマ――債務者の負債増加を喜ぶ――という行為を生じさせることになった。その過程での地銀の劣化ぶりは著しく、同じ地域の協同組織金融機関との間で極限まで相互不信が広がってしまった。そのような状態では、地方創生を政府がいくら叫んでも、地域にエコシステムが存在していなければ成し遂げることなど不可能なのだ。そのような時代は、主として金融庁による自己改革と規制緩和によって、ようやく幕を下ろすことができたのである。

ここから先は私見であるが、「金融庁による統制の時代」の次に来るのは、「株主の時代」ではないかと思っている。金融庁の政策的な限界と市場環境も加わって、今や上場銀行の多くは解散価値を下回る株価しかついていない。言わば現代社会において公正・公平とされる資本市場から、完全なダメだしをくらっているのが上場地銀なのである。今こそ株主の声に真摯に耳を傾け、自己変革を成し遂げていかなければならない時代に入ってきたのだと感じる。

それを先取りするものが、同一地域での銀行統合であり、単独持ち株会社設立の動きである。機関投資家も、地方にダイナミズムが生じるならその動きを捉えるために地方を代表する企業である銀行に投資するのは間違いない。ＳＢＩ新生銀行を見るまでもなく、銀行のＴＯＢも容認される時代となっている。この「株主の時代」を通り抜けた先に、本物の「地方の時代」がやってくるのだと確信している。

主な参考文献一覧

『恐れのない組織』エイミー・C・エドモンドソン（英治出版）
『開発主義の暴走と保身　金融システムと平成経済』池尾和人（NTT出版）
『瓦礫の果てに紅い花　ヒロシマに美術館をプレゼントした男の物語』長谷川智恵子（WAVE出版）
『危険社会　新しい近代への道』ウルリヒ・ベック（法政大学出版局）
『金融システム改革　50年の軌跡』西村吉正（金融財政事情研究会）
『金融行政の座標軸　平時と有事を越えて』佐藤隆文（東洋経済新報社）
『金融動乱　金融庁長官の独白』五味廣文（日本経済新聞出版）
『金融危機の本質　英米当局者7人の診断』石田晋也（金融財政事情研究会）
『銀行員は生き残れるか　40万人を待ち受ける運命』浪川攻（悟空出版）
『[検証]　BIS規制と日本』氷見野良三（金融財政事情研究会）
『最後の防衛線　危機と日本銀行』中曽宏（日本経済新聞出版）
『実録　戦後金融行政史』大月高監修（金融財政事情研究会）
『実践！　リレーションシップバンキング』多胡秀人（金融財政事情研究会）
『[小説]　銀行頭取』橋口収（経済界）
『新・日本構造改革論　デービッド・アトキンソン自伝』デービッド・アトキンソン（飛鳥新社）
『世界標準の経営理論』入山章栄（ダイヤモンド社）
『全国地方銀行協会五十年史』（全国地方銀行協会）

『戦後日本の地域金融　バンカーたちの挑戦』　伊藤正直、佐藤政則、杉山和雄編著（日本経済評論社）
『戦略的金融システムの創造「1930年代モデル」の終焉とその後にくるもの』　内藤純一（中央公論新社）
『ダイアローグ　対立から共生へ、議論から対話へ』　デヴィッド・ボーム（英治出版）
『地域金融の経済学　人口減少下の地方活性化と銀行業の役割』　小倉義明（慶應義塾大学出版会）
『チームが機能するとはどういうことか』　エイミー・C・エドモンドソン（英治出版）
『地銀　構造不況からの脱出「脱銀行」への道筋』　高田創（きんざい）
『日本の銀行　銀行経営の未来図を探ぐる』　橋口収（銀行研修社）
『バーゼル委員会の舞台裏』　国際的な金融規制はいかに作られるか』　秀島弘高（金融財政事情研究会）
『平成金融危機　初代金融再生委員長の回顧』　柳澤伯夫（日本経済新聞出版）
『平成金融史　バブル崩壊からアベノミクスまで』　西野智彦（中公新書）
『リージョナルバンカー　地域への愛情が創意工夫を生む』　古瀬誠（きんざい）
『リレーションシップバンキングと地域金融』　筒井義郎・植村修一編（日本経済新聞出版）
『ワイズカンパニー　知識創造から知識実践への新しいモデル』　野中郁次郎・竹内弘高著、黒輪篤嗣訳（東洋経済新報社）
『鄭一君物語　ある財務官僚の昭和史』　境光秀（財経詳報社）

著者略歴

遠藤俊英（えんどう・としひで）

1959（昭和34）年、山梨県生まれ。山梨県立甲府南高校卒業後、東京大学法学部を経て、1982（昭和57）年、旧大蔵省に入省。84（昭和59）年、ロンドン大学に留学。88（昭和63）年、米子税務署長を務めた後、国税庁国際業務室を経て、90（平成2）年から2年間の銀行局銀行課勤務（課長補佐）で、金融行政に初めて携わる。主税局、IMF（国際通貨基金）を経て、2002（平成14）年に金融庁証券取引等監視委員会特別調査課長として再び金融行政に戻る。14（平成26）年に検査局長、15（平成27）年に監督局長を歴任後、18（平成30）年から第10代長官を務め、20（令和2）年に退官する。23（令和5）年6月から株式会社ソニーフィナンシャルグループ代表取締役社長 兼 CEO。

日下智晴（くさか・ともはる）

1961（昭和36）年、広島県東広島市生まれ。私立修道高校卒業後、神戸大学経営学部会計学科を経て、1984（昭和59）年、広島銀行に入行。総合企画部担当部長、融資企画部長、大阪支店長、リスク統括部長を歴任し、2015（平成27）年10月、広島銀行を退職し、金融庁に移籍する。監督局の地域金融企画室の初代室長のほか、検査局の地域金融機関等モニタリング長や事業性評価モニタリング室長を兼務したほか、監督局の地域金融生産性向上支援室長や地域課題解決支援室長も務め、地域金融の改革に尽力した。21（令和3）年9月に定年で退官。祖父が開設した日下企業経営相談所を再興し、代表を務める。22（令和4）年6月から商工組合中央金庫社外取締役。

玉木淳（たまき・じゅん）

1975（昭和50）年、神奈川県藤沢市生まれ。神奈川県立光陵高校卒業後、慶応大学経済学部を経て、1999（平成11）年、日本経済新聞社に入社。流通経済部に配属後、2002（平成14）年からの浦和支局勤務で旧あさひ銀行を担当し、金融取材を本格的にスタート。05（平成17）年、金融庁クラブに異動し、20年間、ほぼ一貫して金融行政、金融ミクロ取材を続ける。20（令和2）年、金融プロ向けデジタル専用媒体「NIKKEI Financial」の創刊に携わる。共著に『金融庁2.0』『地銀波乱』『リージョナルバンカーズ』。21（令和3）年4月から金融エディター。

地銀改革史

2023年9月25日　1版1刷

著　者　遠藤俊英
日下智晴
玉木　淳

発行者　國分正哉
発　行　株式会社日経BP
日本経済新聞出版
発　売　株式会社日経BPマーケティング
〒105-8308　東京都港区虎ノ門4-3-12
ブックデザイン　野網雄太
本文組版　朝日メディアインターナショナル
印刷・製本　シナノ

ISBN978-4-296-11479-5 Printed in Japan